普通高等教育"十二五"规划教材·安全工程专业

城市公共安全

——理论方法及应用

刘茂　张青松　编著

中国石化出版社

内 容 提 要

本书系统介绍了公共场所人群聚集风险分析与评价理论，城市开放空间、城市路网及车辆交通等疏散理论，城市敏感目标恐怖袭击风险分析理论，突发水污染事件风险理论等城市公共安全理论及方法，同时应用上述理论及方法进行了实例分析，包括歌剧院和地铁车站在火灾下的人群疏散、开放空间路网疏散及城市在毒气泄漏事故中的交通疏散、工业设施恐怖袭击风险评价、松花江水污染事件风险评价及应急管理等。

本书适用于安全科学与工程、环境科学与工程、城市建设、城市规划与设计、防灾减灾、消防、市政和公安等专业的高等院校本科生及研究生的教材和参考用书，以及相关专业的工程技术人员和政府管理者参考。

图书在版编目(CIP)数据

城市公共安全：理论方法及应用/刘茂，张青松编著．
—北京：中国石化出版社，2014．3
普通高等教育“十二五”规划教材
ISBN 978－7－5114－2648－2

Ⅰ．①城… Ⅱ．①刘… ②张… Ⅲ．①城市－公共安全－高等学校－教材 Ⅳ．①X956

中国版本图书馆 CIP 数据核字(2014)第 025746 号

中国石化出版社出版发行

地址：北京市东城区安定门外大街 58 号
邮编：100011　电话：(010)84271850
读者服务部电话：(010)84289974
http://www.sinopec-press.com
E-mail：press@sinopec.com
北京富泰印刷有限责任公司印刷
全国各地新华书店经销

*

710×1000 毫米 16 开本 20.5 印张 393 千字
2014 年 4 月第 1 版　2014 年 4 月第 1 次印刷
定价：40.00 元

《普通高等教育十二五规划教材·安全工程专业》

编写指导委员会

（以姓氏笔画为序）

序言

安全是人的身心免受外界因素危害的存在状态(即健康状况)及其保障条件。

人类在社会历史发展的漫长进程中，对安全认识的过程经历了自发安全认识、局部安全认识两个阶段。到20世纪初，随着工业生产高度系统化带来了复杂的安全问题，人们开始进入系统安全认识阶段。在20世纪中叶，在工业工程和生产技术工程人员中出现了运用系统安全认识的技术理论解决种种安全问题的、专职的安全技术人员。与后来的安全系统认识相对应，安全科学学科理论创建的标志是1981年德国锅炉专家库尔曼用德文出版《安全科学导论》一书，指出："应该将安全科学看作是相互渗透的跨学科的科学分支"，"研究技术应用中的可能危险产生的安全问题。"1983年日本井上威恭教授将生产过程中的种种安全技术理论概括为安全工程学。1985年我国召开全国劳动保护科学体系第二次学术讨论会，笔者公开发表了《从劳动保护工作到安全科学之二——关于创建安全科学的问题》等论文，开始了安全科学学科理论的创立与实践，并获得重大成果，得到学术界认可。中国科协主席、工程院院长朱光亚的评价是："……在我国1993年7月1日开始实施的国家标准《学科分类与代码》中，实现以'安全科学技术'为名列为标准的一级学科(代码620)，为在学科科学分类中打破自然科学与社会科学的界线，设置'环境、安全、管理'综合学科，从而在世界科学学科分类史上取得了突破，做出了贡献。"以此为基础，开始了从系统安全理论认识向安全系统理论即安全学科理论认识的升华，进入了安全科学学科理论的创立与实践的关键时期。

系统安全认识是对安全存在领域的认识，即对安全的外延和静态的认识。而安全系统认识是对安全自身作为相对独立系统的认识，该系统由安全的学科科学(即是对安全自身的本质及其运动变化规律的理论)、应用科学(解决安全实践问题的方法、手段、措施的理论)和专业科学(是将学科科学理论转变为应用科学理论的桥梁和载体)三种科学学科及一个特定问题研究(如安全事故研究)四个方面构成。

安全系统认识是对安全的本质、运动变化规律及其保障条件的认识，是人类对安全从现象到本质的理论认识规律上的一次科学革命。安全科学学科理论的创立则是安全科学革命成功的标志，体现了人类进入对安全本身的内涵结构、功能及其完整的理论体系认识的新阶段。

安全系统本身需要有结构保障作为条件，其结构理论是“‘安全三要素四因素’系统原理”。安全的保障条件表现为安全科学技术体系结构，这个体系结构的横向是安全人体学、安全物质学、安全社会学、安全系统学四个分支学科；纵向是由安全哲学(桥梁安全观)、安全学(安全基础科学)、安全工程学(安全技术科学)、安全工程(安全工程技术)三个台阶四个层次构成。

创立安全科学理论的基础是“科学哲学思想、系统科学方法、科学学的内容与框架。”

由于安全科学学科理论的创立，致使在我国科教六大部门中获得了一级地位，分别为一级学术团体、《国家图书馆分类法》一级类目、一级学术刊物《中国安全科学学报》、国家标准《学科分类与代码》安全科学技术一级学科(代码620)、单列安全工程师技术资格和经历32年的艰辛历程，终于在2011年2月经国务院学位委员会第二十八次会议通过的《学位授予和人才培养学科(专业)目录》中将“安全科学与工程”单列为工学门类的第37个一级学科，标志着安全科学学科、专业高等教育进入新阶段。如何完善和加强安全类专业基础理论教材建设已是当务之急，此次中国石化出版社邀请教育部高等学校安全工程学科教学指导委员会部分同志及关心安全类专业教材建设的同志组织编写《普通高等教育“十二五”规划教材·安全工程专业》，以构建“安全科学与工程”一级学科、专业相匹配的安全科学技术体系基础理论教材，提升“安全科学技术”学科科学教育水平，培养高素质的安全工程技术及管理人才，满足国民经济和社会的安全科学发展的需求，是一项值得称道的具有重要意义的善举。

我作为一名安全科教工作35年的老兵，亲历了在我国成功创立安全科学技术一级学科，自始至终参加“安全科学与工程”一级学科、专业目录的创立，经历了艰难而曲折的历程，深感当今安全科学和学科建设与发展局面来之不易。今天有幸与大家共享成果，倍感欣慰。如今虽已80老朽，仍愿继续在安全科教发展的道路上尽自己绵薄之力。

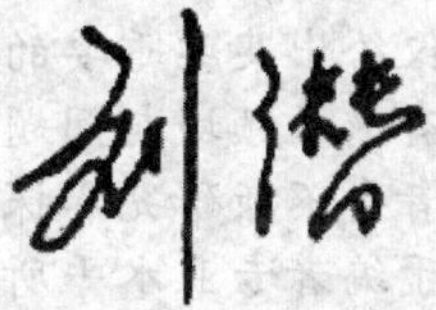

2013年10月于北京

前 言

新世纪全球进入城市化时代，我国目前正处于城市化高速发展阶段，预计到2020年城市化率将提高到60%以上，城镇人口将超过8亿，随之产生一系列城市公共安全问题。人类对资源过度开发破坏了环境，并使得自然灾害的频度和强度不断上升；另一方面，城市规模扩大导致城市人口及财富的过度集中，一旦发生各类事故的直接损失特别巨大。我国目前正处于经济快速发展期，又是社会矛盾较为集中的社会发展阶段。城市的重要性也使城市为敌对势力和恐怖分子破坏和攻击的目标。

南开大学城市公共安全研究中心，通过十几年教学与科研活动，坚持以城市公共安全问题为研究对象，运用风险分析理论研究城市事故灾害的发生发展和演变的规律和机理，寻求规避、降低和转移这些城市风险的理论与方法，取得了一系列有价值的研究成果。

本书以这些科研成果为素材，重点突出公众场合下人群聚集风险及在事故灾害条件下的人群疏散的城市公共安全的核心问题，以城市及城市大型人群聚集场所如体育馆、歌剧院、地铁站和城市路网及工业设施等在火灾、毒气泄漏或恐怖袭击下的如何实施人群疏散进行定量分析。疏散类型多种多样，有建筑物内疏散、城市开放空间路网疏散、交通车辆疏散。从某种意义上说，城市公共安全最重要问题是研究当事故灾害发生时，如何进行人群安全疏散的问题。

另外，本书还对工业目标及地铁车站恐怖袭击的严重与恐怖分子博弈这一日益突显的城市安全问题进行探讨。城市膨胀发展，突发环境污染事件也是城市公共安全范畴里的新问题。本书以松花江水污染事件为例，它影响和威胁了很多城市，成为用水安全大问题，对突发事件的预报、预警及应急进行探索，唤起人们对这类问题的警觉和应对。

本书是南开大学城市公共安全研究中心八十名博士生和硕士生几十年的辛勤劳动成果和智慧结晶，主要内容来源于他们的学位论文、科研报告及公开发表的文章，其中各章节主要编写者及做出重要贡献的同学有：第三章田玉敏、第四章董邵忱、第五章张青松、第六张陈庚、第七章张董莉、第八章张铮和赵国敏、第九章刘冬华。

本书由刘茂和他的学生张青松副教授主持编写完成，并由张青松统稿全书。

最后要说，本书似乎更像研究专著，作为教材，还有局限性，不够系统和全面，仅仅给出某些重要的理论和方法及其应用，对于纷繁复杂的城市公共安全问题，仍有很多领域与问题有待研究和开发，城市公共安全学科的发展需要更多的年轻学者去不断研究和探索。

由于编者专业水平所限，书中肯定有很多错误和值得商榷的地方，希望读者及同行专家不吝指正。

目录

第1章 绪 论

1.1 城市公共安全相关术语 …………………………………（ 1 ）
1.2 城市公共安全研究范围 …………………………………（ 3 ）
1.3 城市化进程中公共安全特征 ……………………………（ 4 ）
1.4 我国城市公共安全发展历程 ……………………………（ 6 ）

第2章 城市公共安全理论方法/ 7

2.1 城市公共场所人群疏散理论方法 …………………………（ 7 ）
　2.1.1 人群心理及行为理论……………………………………（ 7 ）
　2.1.2 人群疏散行为理论及模型………………………………（ 16 ）
　2.1.3 人群疏散过程拥挤踩踏事故风险理论方法…………（ 47 ）
2.2 城市开放空间人群疏散理论方法 …………………………（ 55 ）
　2.2.1 开放空间与城市道路网络理论…………………………（ 56 ）
　2.2.2 开放空间人群疏散模型…………………………………（ 58 ）
　2.2.3 基于 GIS 的开放空间人群疏散技术…………………（ 62 ）
2.3 城市交通应急疏散理论方法 ………………………………（ 69 ）
　2.3.1 应急疏散车流分配理论…………………………………（ 69 ）
　2.3.2 交通应急疏散模拟技术…………………………………（ 75 ）
2.4 城市敏感目标恐怖袭击风险分析理论方法 ………………（ 80 ）
　2.4.1 恐怖袭击风险分析理论基础……………………………（ 80 ）
　2.4.2 工业设施恐怖袭击风险评价方法………………………（ 83 ）
　2.4.3 基于博弈论的恐怖袭击风险定量评价方法……………（ 85 ）
2.5 城市突发性水污染事故风险评价理论方法 ………………（ 96 ）
　2.5.1 突发性水污染事故风险评价基本理论…………………（ 96 ）
　2.5.2 突发性水污染事故概率估计方法………………………（ 98 ）
　2.5.3 突发性水污染事故后果评价方法………………………（101）

第3章 火灾场景下歌剧院人群疏散模拟/ 109

3.1 建筑人群疏散安全性评价 …………………………………… (109)

3.1.1 安全疏散评价程序…………………………………… (110)

3.1.2 人群疏散设计的优化………………………………… (112)

3.2 建筑火灾及人群疏散模拟软件 ………………………… (113)

3.2.1 建筑火灾模拟软件 CFAST …………………………… (113)

3.2.2 人群疏散模拟软件 Building EXODUS ……………… (115)

3.2.3 Building EXODUS 与 CFAST 的联系 ………………… (116)

3.3 歌剧院人群疏散模拟与分析 …………………………… (118)

3.3.1 案例简介…………………………………………… (118)

3.3.2 人群及其行为特性的确定…………………………… (120)

3.3.3 一层观众厅人群反应时间规律的研究……………… (121)

3.3.4 一层观众厅人群疏散时间的研究…………………… (124)

3.3.5 二层至五层看台疏散时间的模拟…………………… (126)

3.3.6 所有楼层疏散时间的模拟结果……………………… (127)

3.3.7 歌剧院火灾烟气蔓延模拟计算……………………… (127)

3.3.8 人员疏散安全的综合分析结果……………………… (136)

3.3.9 人群在火灾场景中疏散模拟………………………… (138)

第4章 地铁车站火灾风险分析与人群疏散模拟/ 147

4.1 地铁车站火灾烟气分析 ………………………………… (147)

4.1.1 火灾烟气基本概念…………………………………… (147)

4.1.2 地铁车站火灾烟气特性……………………………… (148)

4.2 地铁车站火灾烟气模拟 ………………………………… (151)

4.2.1 火源的设计…………………………………………… (151)

4.2.2 基本参数的设定……………………………………… (152)

4.2.3 模拟方案及模拟结果………………………………… (155)

4.3 地铁车站疏散模拟优化 ………………………………… (164)

4.3.1 模拟条件设定………………………………………… (164)

4.3.2 不同火灾烟气的疏散模拟…………………………… (169)

4.3.3 人群疏散模拟优化…………………………………… (171)

第5章 体育赛场人群聚集风险分析与评价/ 179

5.1 体育赛场人群聚集风险指数评价 …………………………… (179)
5.1.1 体育赛场人群聚集风险指数构建 ………………………… (180)
5.1.2 体育赛场人群聚集风险评价 ……………………………… (181)
5.1.3 计算机模拟技术用于通道通行能力指数分析 ………… (213)
5.2 体育赛场人群聚集风险定量评价 …………………………… (216)
5.2.1 体育赛场滞留人数定量计算及应用分析 ……………… (216)
5.2.2 改进的疏散时间定量计算模型及应用分析 …………… (225)

第6章 城市开放空间人群疏散定量计算/ 231

6.1 某城市道路网络概述 ……………………………………… (231)
6.2 人群疏散最短路径计算 …………………………………… (233)
6.2.1 事故场景的静态网络分析 ……………………………… (233)
6.2.2 事故场景的动态网络分析 ……………………………… (235)
6.3 开放空间人群疏散最大流计算 …………………………… (236)
6.3.1 静态网络最大流疏散 …………………………………… (236)
6.3.2 动态网络最大流疏散 …………………………………… (241)

第7章 重大毒气泄漏影响下城市区域交通疏散/ 245

7.1 毒气泄漏扩散与急性中毒 ………………………………… (245)
7.1.1 影响扩散的因素 ………………………………………… (245)
7.1.2 扩散模型 ………………………………………………… (248)
7.2 毒气泄漏事故后果分析与应急疏散预案 ………………… (251)
7.2.1 筛选毒气泄漏事故场景 ………………………………… (251)
7.2.2 毒气泄漏事故后果分析 ………………………………… (254)
7.2.3 毒气泄漏应急疏散预案 ………………………………… (255)
7.3 某城市外环线液氯罐车泄漏对交通影响分析 …………… (259)
7.3.1 毒气泄漏事故后果分析 ………………………………… (259)
7.3.2 基于 OREMS 疏散路网搭建与仿真 …………………… (263)

第8章 城市敏感目标恐怖袭击风险分析/ 273

8.1 恐怖袭击概述 ……………………………………………… (273)
8.1.1 恐怖组织的结构和行为特征 …………………………… (273)

8.1.2 恐怖袭击的重点目标…………………………………… (276)
8.2 城市工业设施恐怖袭击风险评价 ………………………… (278)
8.2.1 工业设施恐怖袭击风险评价指标体系的建立……… (278)
8.2.2 评价指标的赋值标准…………………………………… (279)
8.2.3 工业设施恐怖袭击风险评价应用实例……………… (284)
8.3 基于博弈论的地铁车站恐怖袭击风险定量评价 ………… (291)

第9章 城市突发性水污染事故风险评价/ 297

9.1 突发性水污染事故风险源分析 ……………………………… (297)
9.1.1 潜在风险源定性分析方法……………………………… (297)
9.1.2 水风险指数法…………………………………………… (299)
9.2 松花江流域突发性水污染事故风险评价 ………………… (302)
9.2.1 案例概况…………………………………………………… (302)
9.2.2 松花江突发性水污染源事故概率估计……………… (305)
9.2.3 松花江突发性水污染事故后果评价………………… (306)
9.2.4 松花江突发性水污染事故应急管理………………… (309)
参考文献 ………………………………………………………… (312)

第1章 绪论

随着我国经济的快速发展，城市特别是大城市人口数量和密度大幅度增加，城市公共安全事故灾难发生的频率也越来越高，同时由于城市显著特征即人群高度聚集致使事故后果无限放大。如美国“9·11事件”，发生在人群聚集的高层建筑内；韩国大丘地铁事故，发生在人群密集的地铁内；中国的SARS在城市范围内传播速度之快，危害之大，引起社会巨大恐慌。城市公共安全是指城市中的安全问题，由于城市问题与安全问题的耦合，使城市公共安全研究变得异常复杂。

1.1 城市公共安全相关术语

(1)安全

顾名思义“无危为安，无损为全”，安全意味着没有危险，尽善尽美，这是与人的传统的安全观念相吻合的。随着对安全问题研究的逐步深入，人类对安全的概念有了更深的认识，并从不同的角度给它下了各种定义。

其一，安全是指客观事物的危险程度能够为人们普遍接受的状态。该定义明确指出安全的相对性及安全与危险之间的辩证关系，即安全和危险不是互不相容的。当将系统的危险性降低到某种程度时，该系统便是安全的，而这种程度即为人们普遍接受的状态。

其二，安全是指没有引起死亡、伤害、职业病或财产、设备的损坏或损失或环境危害的条件。此定义来自美国军用标准 MIL－STD－382C《系统安全大纲要求》。该标准是美国军方与军品生产企业签订订购合同时约束企业保证产品全寿命周期安全性的纲领件文件，也是系统安全管理基本思想的典型代表。对安全的定义也从开始时仅仅关注人身伤害，进而到关注职业病，财产或设备的损坏、损失直至环境危害，体现了人们对安全问题认识进化的全过程，也从一个角度说明了人类对安全问题研究的不断扩展。

其三，安全是指不因人、机、媒介的相互作用而导致系统损失、人员伤害、任务受影响或造成时间的损失。

本书中定义为：安全是在人类生产过程中，将系统的运行状态对人类的生命、财产、环境可能产生的损害控制在人类能接受水平以下的状态。

(2)公共安全

如何界定公共安全问题，国外、国内学者有各自不同的看法。公共安全含义，通常有广义和狭义之分。广义上的公共安全是指不特定多数人的生命、健康、重大公私财产以及社会生产、工作生活安全。它包括整个国家、整个社会和每个公民一切生活方面的安全(从国防安全、环境安全到社会福利保障等)，自然也包括免受犯罪侵害的安全。狭义的公共安全主要包括来自自然灾害、治安事故(如交通事故、技术性事故等)和犯罪的侵害三个部分。在国内，学者邓国良认为："公共安全危机事件是指自然灾害事故、人为事故和由社会对抗引起的社会冲突行为，危害公共安全，造成或可能造成严重危害后果和重大社会影响的事件。"学者吴爱明认为："公共安全是指社会公众享有安全和谐的生活和工作环境以及良好的社会秩序，公众的生命财产、身心健康、民主权利和自我发展有安全的保障，最大限度的避免各种灾害的伤害。"学者白钢认为："公共安全问题属于公共产品范畴，是运用公共权力的政府必须向公民提供的服务。严格意义上的公共安全问题，大致可以划分为生产领域的公共安全问题和非生产领域的公共安全问题。"

《国家突发公共事件总体应急预案》中定义突发公共事件为突然发生，造成或者可能造成重大人员伤亡、财产损失、生态环境破坏和严重社会危害，危及公共安全的紧急事件，包括四大类即自然灾害、事故灾害、公共卫生事件和社会安全事件。

本书中定义为：公共安全是指自然灾害、事故灾害、公共卫生事件和社会安全事件对人类的生命、财产、环境可能产生的损害控制在人类能接受水平以下的状态。

(3)城市公共安全

城市公共安全是研究城市由于自然因素和人为因素导致的自然灾害、事故灾难、公共卫生事件和社会安全事件对城市带来的风险，这些风险存在于生产、生活、生存范围的各个方面，包括衣、食、住、行、休闲娱乐等各个领域及环节。城市公共安全问题是城市问题和安全问题的耦合，由于城市和安全问题本身的复杂性，使得城市公共安全问题变成更为复杂的系统问题。

城市公共安全具有人群聚集、脆弱性和社会敏感性，若城市公共安全作为一个系统，它的风险，由于人群的聚集而被放大；由于系统的脆弱性而易受攻击和破坏；由于系统的社会敏感性而被激化及猝变。随着经济和社会的快速发展，我国城市化进程日益加快，由此带来的公共安全问题日益突出。

1.2 城市公共安全研究范围

2006年1月，《国家突发公共事件总体应急预案》发布，根据突发公共事件的发生过程、性质和机理，突发公共事件主要分为以下四类：

①自然灾害。主要包括水旱灾害、气象灾害、地震灾害、地质灾害、海洋灾害、生物灾害和森林草原火灾等。

②事故灾难。主要包括工矿商贸等企业的各类安全事故、交通运输事故、公共设施和设备事故、环境污染和生态破坏事件等。

③公共卫生事件。主要包括传染病疫情、群体性不明原因疾病、食品安全和职业危害、动物疫情以及其他严重影响公众健康和生命安全的事件。

④社会安全事件。主要包括恐怖袭击事件、经济安全事件和涉外突发事件等。

本书基于以上四类突发公共事件，结合现代城市特征及事故灾害特点，提出了具体的城市公共安全研究范围，包括如下七个方面。

(1)城市自然灾害

城市自然灾害包括：旱灾、洪涝、台风、冻害、雹灾、火山、海啸等。对我国历年发生的各种灾害进行统计分析，可发现对城市人身和财产损失最大的灾害为洪水和地震。

(2)城市工业危险源事故灾难

主要对象为城市区域内有毒有害、易燃易爆的物质和能量及其工业设备、设施、场所。

(3)城市公共场所事故灾难

城市中由于人群高度聚集、流动性强，并存在火灾、拥挤等许多潜在的事故隐患，而易于发生群死群伤事故的有限活动空间。城市公共场所分为两大类，即封闭类公共场所和开放类公共场所。

(4)城市公共基础设施事故灾难

城市公共基础设施是既为物质生产又为人民生活提供一般条件的公共设施，

是城市赖以生存和发展的基础。包括城市生命线中的水、电、气、热、通信设施和信息网络系统以及地铁、轻轨等设施。

(5)城市道路交通事故灾难

城市道路交通系统主要由三个基本要素所组成，即车辆、环境(道路和信号)和道路使用者(包括驾驶员和行人)。城市道路交通安全是指某一城市、路线、路段或交叉路口交通的安全程度，是交通事故发生情况是否严重的客观反映，它在一定程度上表现交通安全设施与交通管理的水平。

(6)城市突发公共卫生事件

诸如AIDS(Acquired Immune Deficiency Syndrome)等造成公众健康严重损害的重大传染病疫情、突发水污染、群体性不明病因疾病、重大食物和职业性中毒以及其他严重影响公众健康的事件。

(7)城市恐怖袭击事件

恐怖分子、暴力主义者在城市中故意制造极端事件，如恐怖爆炸、纵火、毒气释放等。

城市自然灾害、城市基础设施事故灾难、城市道路交通事故灾难专业性较强，具有独特的理论基础和研究方法，城市工业危险源事故灾难研究方法相关书籍介绍比较多，因此本书中均不做介绍。重点针对城市公共场所事故灾难、城市恐怖袭击事件和城市突发公共卫生事件的理论、方法及应用进行介绍。

1.3 城市化进程中公共安全特征

20世纪以来，城市化就成为世界性潮流，与工业化相辅相承，推动人类社会的发展。关于城市化的定义，社会学、人口学、经济学等不同的学科有不同的标准。但综观各种定义，均体现了城市化的内外两种涵义，外在表现为城市规模的扩大和城市人口的增长，内在表现于城市素质的提高和城市社会结构的调整。城市化进程中公共安全特征表现如下：

(1)城市规模急剧扩张，城市设施密度内密外疏

以城市为主线的社会网络体系的形成最终导致了城市规模的扩张和结构的复杂。城市作为人工环境，本身就有很强的脆弱性和很大的安全隐患。国内外城市发展的实践证明，城市的规模越庞大，功能越复杂，公共安全方面潜在的危机也就越明显。一方面，中心城市内城的重新开发，功能过度集中，人口密度大且流动频繁，基础设施密集并趋于超饱和状态，高密度环境区容易给人造成不安全感。另一方面，城乡演替式区域，由于位于城市边缘，设施与功能不完善，建筑

杂乱无章，环境质量差，外来流动人口较多，社会治安比较乱。这种内密外疏的城市结构不利于城市基础设施的布置，给各种资源供应和防灾减灾带来巨大压力，加大了城市安全风险。

(2)城市规划与建设急功近利，缺乏公共安全理念

城市化是城市空间持续地隔离、入侵和演替的过程，是城市空间持续地生产和再生产，消费与再消费的过程。一方面，政府判断发展的指标是城市的繁华以及城市的现代性格局，而城市公共安全需要大量的资金投入，而且短期之内不能产生看得见的效益，所以常常无法进入城市规划的主题。另一方面，开发商们只对利润和保持城市的商业活动感兴趣，而对城市基础设施的配置和防灾减灾不负责任，在缺少必要法律制度约束的情况下，对城市公共安全更是漠不关心，较少配置必要的疏散避难设施，反而追求更高的开发强度，造成开阔空间大量流失，使人们对安全的基础需要得不到满足，不适当的城市开发已经成为城市生活的一种威胁和不安全感的制造者，而城市建设的急功近利心态，正是这种恶性循环的基础性动因。

(3)城市基础设施系统整体脆弱

城市基础设施对城市安全的影响在近年来连续发生的公共安全事件情况下，越来越受到人们的关注。2005 年 11 月哈尔滨城市水污染问题更是险些引发社会危机。随着社会分工的细化，自动化程度的提高，维持整个城市运行的各个因素紧密连续，环环相扣，也成为城市人民最基本的生存条件。其中一个环节出现问题，将通过连锁反应造成整个城市瘫痪，进而引发社会危机。由于历史原因，我国大多数城市的基础设施本来就非常薄弱，而随着城市规模的迅速扩大，城市基础设施建设长期落后于城市的扩展和城市人口的增加。城市生命线网络越来越庞大并长期处于脆弱的高负荷运转之中，不仅造成了对来自外界危害的防范困难，而且由于自身可靠性的脆弱所派生出来的安全问题也常常会导致重大损失。

(4)城市综合防灾能力不足

各类城市灾害都不是孤立发生的，常常是牵一发而动全身，主要灾害发生后往往伴随多种次生灾害的发生，一种灾情的形成多是由于集中灾害叠加的结果。以地震为例，可以造成水坝、堤岸坍塌，诱发洪灾，造成煤气管道破裂引发火灾，城市电网破坏，供水管道毁坏等等，使城市支撑体系顷刻间瘫痪。但是长期以来，城市防灾标准低，投入长期不足。城市防灾减灾规划一直被认为城市规划中的一项专项规划，而且大多是针对单一灾种和单一系统的规划，各专业防灾规划自行其是、条块分割，甚至自相矛盾，其研究对象是以自然灾害为主，而以整个城市或地区为系统，统筹兼顾城市安全与多灾种的综合防灾规划很少。城市公共安全意识淡薄，防灾规划大多流于形式，可操作性不强。与此同时，城市尚未形成统一的公共安全管理体制，没有经常性的预案和工作准备，难以做到积极的防范和应变。

1.4 我国城市公共安全发展历程

建国初期，由于我国计划经济占主导地位，城市面临的首要威胁还是自然灾害(地震、洪水、台风等)和较简单的人为灾害(火灾、交通事故、犯罪等)。因此我国关于安全城市的探讨相应集中于一般层面上的防灾减灾研究。随着社会的进步和市场经济的发展，城市人口急速增长，城市职能发生变化，城市中不安全因素增多，致灾和成灾因子有不断扩大的趋势。城市安全研究领域扩展到城市防灾、城市治安和城市防卫三个方面。同时，安全城市的内涵在学术研究与实践中不断得到充实。首先，从灾害学中逐渐分化出一支以城市防灾减灾为研究对象的学科——城市灾害学。其次，在城市规划中也有专门的防灾减灾规划，主要在硬件方面布置安排各种防灾工程措施，在软件方面拟定城市防灾的各种政策及指挥运作体系。其又细分为城市防洪规划、城市消防规划、城市减灾规划和城市人民防空规划四个方面。然而，城市规划和城市的弊病之间的关系并没有为规划者更多的认识。城市规划在处理城市发展和市民安全、和谐共处时，并没有体现出前瞻性和灵活性，城市安全体系还存在很多漏洞。

新世纪人为活动对城市影响凸显，城市安全问题复杂多样。一方面，随着人类住区机能和设施的不断完善，人、自然和环境之间的关系变得越来越复杂，威胁城市的因素增多；另一方面，因为市场经济的活跃和人口流动性的增强，社会问题多样化，人为因素对城市的作用不断显现并强化，可能形成的破坏程度比以往任何时候都要严重。2003 年 SARS 病毒造成全国恐慌，2006 年吉林石化爆炸事件导致大量污水排入松花江，造成哈尔滨全市停水。这些都令城市安全问题变得复杂多样化。

国家对城市安全予以高度关注，研究领域向更广范围延伸，安全是城市可持续发展过程中不可或缺的因素。SARS 的突发使公众安全成为社会关注的焦点，学术界也展开了如何应对突发事件和保障公共安全的探讨，内容涵盖灾害发生的整个过程：灾前城市综合减灾固化，灾中应急预案、救援措施，灾后综合灾情评估体系等。2006 年 1 月 8 日，国务院发布了《国家突发公共事件总体应急预案》(以下简称《预案》)，将突发公共事件进行了分类、分级，将公共安全事件从传统的自然灾害、事故灾难扩展到公共卫生事件、社会安全事件，并按照各类突发公共事件的性质、严重程度、可控性和影响范围等因素，将其分为 4 个等级。同时《预案》中还明确提出了应对各级各类突发公共事件的工作原则和各级政府部门的职责。

第 2 章 城市公共安全理论方法

城市公共安全系统的风险来源、风险形成过程、风险潜在破坏机制、风险影响范围以及风险破坏力错综复杂，单一的管理技术或单一的工程、技术、财务、组织、教育和程序措施都有局限性，都不能完全奏效。必须综合运用多种理论方法、手段和措施，才能以最小的成本将各种不利后果减少到最低程度。

2.1 城市公共场所人群疏散理论方法

本书中城市公共场所定义为：由于火灾、拥挤等潜在危险性大、人群高度聚集、流动性强而易于发生群死群伤事故，聚集人数不少于 50 人的公共区域或场所。主要包括娱乐、商业、体育、交通、餐饮、宗教及节日庆典区域或场所。

而对于典型的城市公共场所，给出了两个限定条件：

①规模要大于 500 人；

②限制为经常性的人群密度大于 1 人/m^2。

2.1.1 人群心理及行为理论

人群的心理及行为理论是人群疏散行为理论的前提，人群疏散状态下的行为研究是建立在人群的共同心理及行为研究的基础之上。

2.1.1.1 正常人群的行为

(1)人群的概念

根据 P. Livet 的观点：人群不只是表示具有不同行为的个体，而更是具有一定行为的统一体。根据这个观点，可以给出人群定义：许多半类似物体或人处于一个共同环境中，面对着相同的命运，并表现出共同的一些特征。根据这个概念，可以得出：

人群并不只是个体的简单组合；在人群中，个人的心理和行为发生了某种程度的改变；人群的行为具有统一性。

(2)人群的分类

城市公共场所人群构成复杂，一般可以分为以下类型：

①物理性人群。利用接触密度来描述，并不表现出重要的群体行为。这种人群是传统的、临时性的，相互是独立无约束的。

②心理性人群。是具有共同兴趣的人们聚集在一起，或者人们对同样的刺激具有同样情绪上的反应。例如，球赛、政治讲演、祈祷、火灾、意外事件或骚乱等。心理性人群的类型有：游客人群；表达性人群或被激怒的人群，如社区集会或政治游行的人群。

③暴民(充满敌意的/具有挑衅性的)。是这样一些人群，他们的情绪极度兴奋和激动，丧失了理智，也会失去对法律、规则以及他人的敬畏。类型如下：逃跑性暴民；挑衅性的暴民；获取性暴民；表达性暴民等。

值得注意的是，这几种人群在一定的条件下是可以转化的。

研究人群种类的重要性在于：一是对人群类型之间异同的正确评价可以帮助研究人群的行为。二是安全疏散预案的制定应与人群类型相对应，即对不同类型人群所采用的管理程序和人群控制技术是不同的。

(3)正常人群移动的基本特点

①正常人群的分布

城市公共场所人群的分布主要取决于人群活动区域的类型。

a. 泊松分布

人群是由个体自由形成的群体。在一般正常步行的情况下，当熟悉的人们相遇时，会在局部区域相遇形成人群；当一些互不相识的人们被某些因素(吸引人的事情)所吸引时，也会在局部区域形成人群。这种自由加入和离开的人群现象可以由泊松分布来描述。由 k 个成员构成人群的频率可以表示为：

$$p_k = \frac{1}{e^{\lambda} - 1} \quad \frac{\lambda^k}{k!}(k = 1, 2, \cdots\cdots) \tag{2.1}$$

式中 λ——特征常数。

b. 高斯分布

当人群聚集到一个目标位置的时候使用高斯分布。例如当人们在街上看见某个著名流行歌手的时候会集结成群，这时的人群满足这种分布。

c. β – 分布

人群沿着街道一边行走，在远离车道的情况下使用这种分布。

②正常人群的移动

在正常情况下，人群的移动通常会出现以下的现象：

a. 单向运动

即人群都朝一个相同的方向运动。

b. 双向运动

人群的双向运动分两种情况，一种是人群向相反的方向运动，如图 2 – 1 所示，另一种是人群的十字交叉的两个方向的运动，如图 2 – 2 所示。

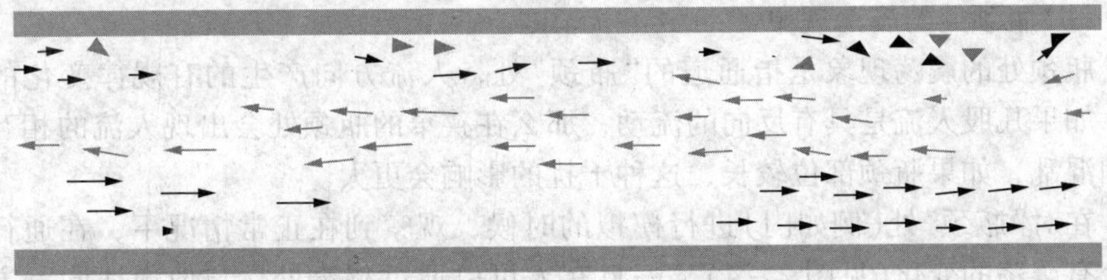

图 2 – 1 人群向相反的方向运动

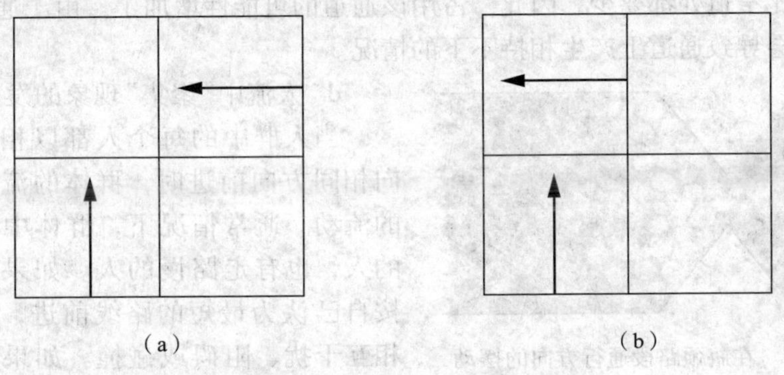

图 2 – 2 人群的十字交叉运动

c. 自组织现象

在人群的自组织现象中，最典型的是人群中狭窄通道的形成、瓶颈处的震荡现象、排队现象等。

(a) 人群中狭窄通道的形成

狭窄通道主要是由于步行者为了避开其他行人要不断改变自己的速度而形成的。这是人群自组织行为的一个重要现象。狭窄通道的数量根据人行道或者走廊的长度、宽度、流入和流出的量的不同而变化，狭窄通道的形状也是随时间不断发生变化的。在图 2 – 3(a) 中可以看到明显的狭窄通道的形成。

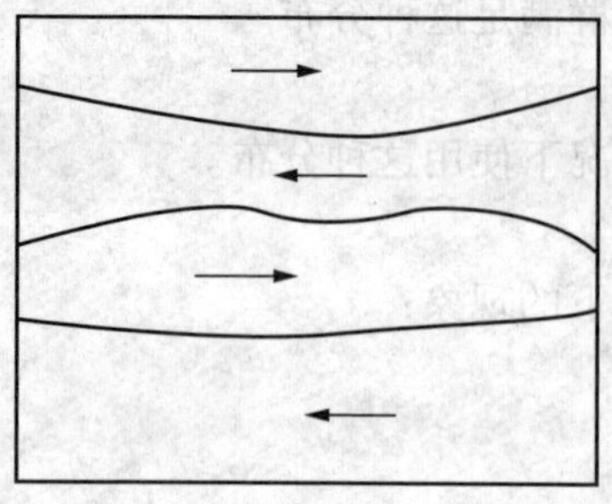

(a) 步行运动中典型通道形成的现象

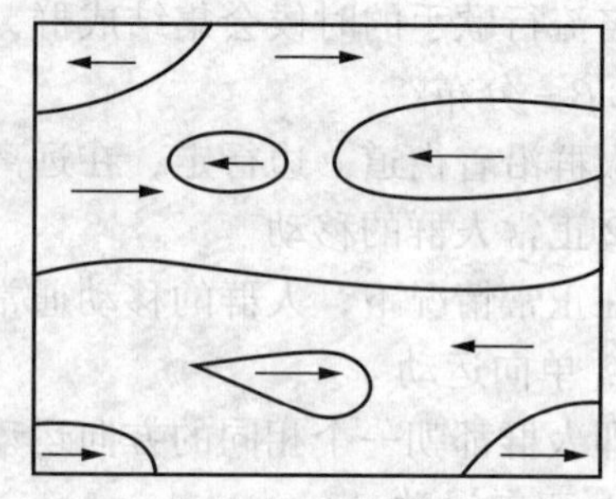

(b) 人流中“聚集”现象的发生

图2-3　正常人流的自组织现象

(b)瓶颈处的震荡现象

瓶颈处的震荡现象是指通道的“瓶颈”处，人流方向产生的有规律变化的情况。如果几股人流是具有反向的流动，那么在狭窄的瓶颈处会出现人流的相互干扰和混乱，如果瓶颈部位较长，这种干扰的影响会更大。

在对“瓶颈”处(例如门)进行模拟的时候，观察到在正常情况下，在通行方向上有震荡的变化(见图2-4)。一旦有人可以通过狭窄处，与他通往同一方向的人就很容易跟随，因此这时沿该方向上等待通过的、相互间推搡的人数和所受到的压力比窄道处都要少，因此，占用该通道的可能性增加了。由于通行方向的不断改变会导致通道上产生相持不下的情况。

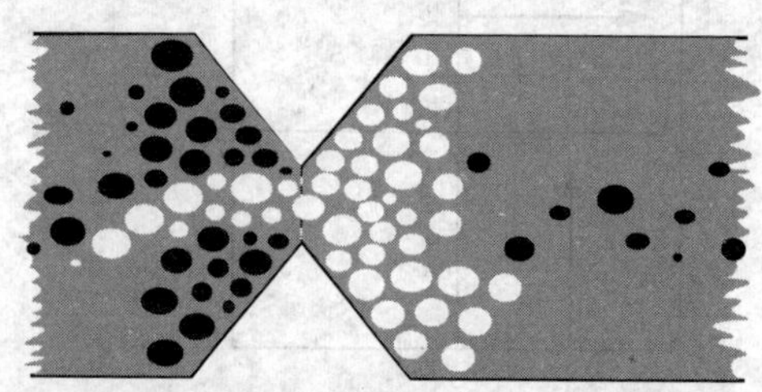

图2-4　在瓶颈路段通行方向的摆动

d. 人流中“聚集”现象的发生

当人群中的每个人都以相同的步速向相同方向前进时，群体的流动是稳定的流动。通常情况下，群体中有走路快的人，也有走路慢的人。如果每个人都按自己认为最短的路线前进，就免不了相互干扰、阻碍或碰撞。如果人群密集度较低，则在此点流动停滞并形成一个旋涡，周围的人绕行，如图2-3(b)所示。如果人群密集度很高，由于背后强大的压力，此点后面的人可能踩在跌倒的人的身上或被绊倒。

e. 排队现象

在售票处、入口、电梯等地方人群有时候自动出现排队行为。这种排队现象可以分为以下三种类型：

类型1：步行者在柜台前形成队伍，依次等候服务；

类型2：步行者在门前形成队伍，然后从门中间通过；

类型3：在车辆门前排队，然后依次上车。

研究排队理论一般做下面的假设：一是队列有专一的路线；二是人员到达方

式遵循泊松分布；三是服务时间服从指数分布。

研究表明，人流最稳定的结构与相互作用强度最小的情况相对应。

紧急情况下人群共同的自组织现象将会发生许多变化，即当大量人员在一个封闭的环境中面临共同的命运时，共同的自组织现象表现为：拥挤、有组织的等候与流动、人流的旋涡、传播效应等。

③正常状态下行人的移动规则

尽管很拥挤，但是人们一般不愿走弯路，有证据表明行人会选择到达目的地的最快路径，但不是最短路径。行人认为弯路降低了他们到达目的地的努力，他们的路径类似于多边形。

行人愿意以自己期望的速度行走(即最小能量消耗)，没有必要为了准时到达目的地而加快速度。人群期望速度呈高斯分布，近似平均值为1.34m/s，标准偏差为0.26m/s，但是平均速度受到情况、性别、年龄、时间、目的、环境等的影响。

行人之间以及行人与边界(如街道、墙和障碍物)之间会保持一定的距离。行人越焦急，距离越小，并且距离会随着密度增大而减小。在某些有特殊吸引的地区，人群密度会增加。另外，速度增加，人群密度也会减小。

2.1.1.2 人群聚集状态下的心理及行为

心理学认为，个人的行为来自于人的内在心理状态与过程，是内部心理活动的结果。在人群聚集的公共场所，人群的行为也是外界因素对人心理刺激后的一种反应，因此，对影响人群行为的心理因素的探索与分析是研究人群行为的前提。

(1)人群心理因素分析

人群是由个体构成的，因而人群的心理特性包含个人心理的一切特性，同时人群心理特性又有它的特殊性。在人群中个人要根据自己的心理状态采取某种行为，同时个人行为又要受到其他人行为的影响。

影响人群心理因素很多，其中一个重要因素就是社会标准，它对人群心理起决定作用，其次是人群所在的环境因素和人群群体的构成。人群的好胜心理、从众心理等是人群心理特性不同于个人心理特性的重要特征，人群的这些心理特征对人群群体行为有重要的影响。

(2)人群聚集状态下的特殊现象

①无个性化或失去个性化现象。在人群聚集的状态下，个人可能会不知不觉地采取和群体相同的态度和行为，即从众行为，表现为：盲从、随从、遵从或顺从，同时，群体也不允许某个个体的偏离行为。

②情绪感染现象。由于人员密度大，人际距离近，集群行为的情绪感染像雪崩一样容易蔓延，而这种情绪感染的关键还在于“循环反应”，或情感的互动。这种感染会吸引原来无动于衷的旁观者积极加入，也使个体和群体失去了平时的

理智。

③偏离的恐惧现象。群体喜欢与群体的意见一致者而不喜欢偏离者。群体把可能把偏离者排斥在外，抛弃他，惩罚他。而个体则为了避免群体的孤立、抛弃、虐待和惩罚尽可能地与群体保持一致，即使违心也身不由己。对偏离的恐惧是人们遵从群体的原因之一，也是集群行为的动力之一。

④极端行为现象。由于群体的无个性化、责任分散、群体压力、情绪感染，人们常常会做出极端的反应，并极力证明自己的“不落后”、“不保守”，而使集群行为具有极大的能量，形成空前的破坏性，一发而不可收拾。

⑤“从众”现象。“从众”是一种社会性的传播行为，即从个人到群体心理的转移过程。在这种心理的作用下，个人行为转化为其他人的行为。这种“从众”行为是非理性的，因为它通常会导致严重的后果，如过分拥挤、疏散速度降低等，最终导致死亡人数增加或损失剧增的严重后果。

解释这种行为的理论有催眠效应、和谐一致、原始本性的共同激励、循环反应、社会依附性、自私行为等。

(3)人群共同心理和行为的 CDE 理论

可用 CDE 理论来解释人群聚集状态下的共同心理和行为，该理论是在对人群聚集状态下的特殊现象进行深入研究的基础上得出的。

CDE 理论的含义包括以下三个方面：

①C 的含义。C 包括三个方面的含义。聚合(Convergence)：人群中的个体表现出共同行为的趋势，这种趋势使他们汇聚在一起，并表现出一些共同的特征。这时个人的特点转化成人群的特性，如头脑、态度、信心、自控性等。传染(Contagion)：人群的共同行为对个人行为具有催眠作用，即具有强烈的传染作用。在共同行为的作用下，个人对自己的行为变得失去意识，即个体对于共同行为具有不可抗拒的感觉。临界人群(Critical Mass)：人的数量越大，种类越复杂，越容易形成临界人群。在临界人群中，人的各自能力不同，但是都为了达到共同的目标——在危险中幸存。

②D 的含义。D 是指人群中个人个性的被减弱(Deindividuation)。个人在人群中的状态表现为两个基本的方面：一是个人自我意识的减少：个人在群体中自我意识最少、缺乏计划、行为失控。二是个人体验的改变：表现为精力集中受到干扰，判断力受到干扰，感觉时间过得太慢或太快，极端的情绪，不现实的感觉，感觉的扭曲。大量证据表明：这种个性减弱的状态会造成更加极端的行为。

③E 的含义。E 是指紧急情况下人群共同行为的标准模式(Emergent Norm)。人群的共同行为是由于突发危机的严重后果而产生的。危机情况产生了一种不确定性和紧急压力，迫使人们共同行动起来而产生了相互作用的过程。人群之间的相互作用产生了一种新的、紧急情况下的标准结构，这种结构决定了共同行为。

当危机发生的时候，共同行为迫使人们放弃原来建立起来的合理观念。即当危险发生的时候，松散的人群转化为团结一致的人群，在一个彼此靠近的空间里，表现出改变外部环境的共同愿望。在紧急情况下的人群共同行为与其他社会组织一样，具有标准的组织结构。研究表明，持久的社会关系对于人群共同的行为起决定性的作用。

2.1.1.3　人群的恐慌心理及行为

在遇到意外事故发生时，人群的心理状态会发生一些相应的变化，这种变化是因人而异的。但是，恐慌心理是人群在紧急情况下的一种典型的共同心理。恐惧感的产生是由于缺乏应付或摆脱可怕的或陌生的情境的力量或能力而造成的。恐慌是人在面临险境时产生的一种极度紧张和害怕的情绪。这种情绪反应增强了个体保护自己和逃避危险的能力，它是人的一种本能反应。

(1)恐慌的定义

经典的关于“恐慌”的定义是：突然感觉到特别害怕和恐惧，这通常会对人体带来影响，这种感觉源于真实的或者假设的某种危险，人们对这种危险认识不清，常常会导致人们在保卫自身安全的过程中一些过分和判断不当的行为。

根据这个定义，恐慌行为是一种恐惧或逃跑的行为，这种行为常常是过分和判断不当的，可能并不局限于某个人，更可能传播到一群人。根据逃生模拟实验，“恐慌”可以定义为：由于害怕而引起的逃生行为，这种行为是不合常理的、非适应性的，而结果会减少人群逃生的可能性。

(2)引起恐慌的原因

引起惊慌的原因可以归结为以下几个方面：火灾等意外事故；情绪失控；气愤或暴力；由于外部环境引起的人群恐慌；空间的局限；人群密度过大；幻想产生的恐慌。

在紧急疏散情况下的计算机模型绝大数研究都是针对恐慌情况下的人群行为的。

(3)恐慌的典型行为特征

恐慌乱跑是产生灾难性后果的共同行为之一，目前由于这种行为而导致灾难的发生频率在增大。下面出现的几种行为是典型的恐慌行为特征：

①每个人都变得非常紧张，并且趋向于盲目行动；

②每个人的速度都比正常情况下要快；

③个人之间开始推挤，相互作用成为主要特征；

④在通过“瓶颈处”时，人群十分混乱；

⑤在出口处拥挤加剧，由于人与人靠得很近时相互之间存在摩擦力和挤压力，使人的速度降低，产生了“越快越慢”的现象及出口前拱形堵塞的分布，如图 2 - 5 所示；

⑥人群之间的相互作用，可使压力高达 4450 N/m，这个压力足以使钢条弯曲，把砖墙推翻；

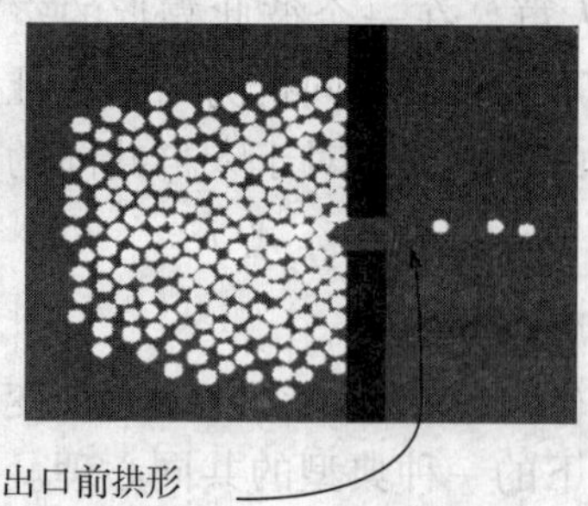

图 2-5　出口前拱形堵塞的分布

⑦由于有人跌倒或受伤，而摔倒受伤的人形成了障碍，使疏散的速度变得十分缓慢；

⑧人群趋于表现出“从众”的现象，即盲目模仿他人的行为；

⑨备用出口经常被人忽视。

实践证明，恐慌降低人们的意志力，丧失逃生的信心，放弃积极的逃生努力。这种回避态度会让人陷于坐以待毙的状态中，不利于人的逃生。

(4)恐慌理论

对于恐慌理论的研究可以归结为以下 3 个发展阶段。

①关于恐慌的最古老的理论是：人们在可怕的紧急情况下失去了人性，变成了受恐惧控制的动物。

②第二种理论是：“恐慌”是一种社会共同行为，人们并没有变成动物，而是趋于为了个人的需要而不关心他人的命运。

③最新的理论是：人们在恐慌中并未变成动物，也没有放弃与他人的关系。相反，人们在极度危险的情况下继续扮演着社会结构中的角色，并继续关心他人的命运，因此，经常将自己的生命陷入危难中，这种行为也被称为“利他”行为。

(5)恐慌的定量描述

在恐慌的状态下，人的行为主要表现为心理的紧张、速度的变化等，因此，恐慌可以采用下面的定量描述。

①个人的波动大小

当人们紧张时，会造成较大的行为波动。可用下式表示：

$$\eta_i = (1 - n_i)\eta_0 + n_i\eta_{\max} \tag{2.2}$$

式中　n_i——某人 i 的紧张程度大小，$0 \leqslant n_i \leqslant 1$；

η_0——人的正常状态；

$\eta_{\max}$——人的最大波动状态。

②速度的变化

人在处于恐慌的状态下，在时间 t 时的速度 $v_i^0(t)$ 可以表示为：

$$v_i^0(t) = [1 - n_i(t)]v_i^0(0) + n_i(t)v_i^{\max} \tag{2.3}$$

式中　$v_i^0(0)$——开始时的速度大小；

$v_i^{\max}$——最大的理想速度大小；

$n_i(t)$——t 时人的紧张程度大小。

③紧张程度的表示

在 t 时刻人的紧张程度大小可以用下式表示：

$$n_i(t) = 1 - \frac{\bar{v}_i(t)}{v_i^0(t)} \tag{2.4}$$

式中　$\bar{v}_i(t)$——沿理想方向的平均速度大小。

一个人大脑的高度紧张是由于他对特定环境的判断结果，这种判断可由环境中的 3 个参数来表示：重要性、不确定性和紧急性。

a. 情况的严重性。决定人大脑的压力。重要性大，意味着压力大，即一个人更情愿对情况做出反应。

b. 不确定性。涉及避免损失对策的好坏，对决策者而言，不确定性大小与大脑压力相关，例如，一个好方法意味着不确定性较低，大脑压力也较小。

c. 紧急性。决定着做出决策的时间大小。

因此，这 3 个因素决定了影响一个人决策的大脑紧张程度的大小，在紧急情况下，一个人大脑紧张强度下，可表示为：

$$F = f(I,\ U,\ T) \tag{2.5}$$

式中　I——情况的严重性带来的压力；

U——由于不确定带来的压力；

T——由紧迫性决定的可利用的时间。

如果，I，U，T 均大，那么大脑的紧张程度就会很大，而且会影响决策过程；另一方面，降低这 3 个因素会有效减小大脑的紧张程度。需要开发研究的框架是在紧急情况下，通过改变参数来研究大脑的紧张程度。

总之，我们需要尽可能多的数据和在恐慌情况下实验性的研究，以便使上面的模型更接近于真实。

(6)恐慌情况下的人群行为

紧急情况下的人群行为有多种，但是主要可以分为两类，即“适应性行为”和“非适应性行为”。

①适应性行为

“适应性行为”是指可能有利于其他人员的疏散或可以采取诸如限制火焰、烟气、热量蔓延或者其他避免事故损失的行为。“适应性行为”是人的高级行为的一种体现，它反映了人们摆脱了恐慌的心理状态，而与不利环境积极抗争的精神状态。

②非适应性行为

据观察，在拥挤的环境里，大部分死难者都是由于人群的“非适应性”行为而丧命的，而并非完全是灾难本身(如火灾)的原因。所谓“非适应性行为”，是指人员在疏散过程中发生的不利于他人安全的行为，如奔逃、互相推挤、将别人撞倒以及互相踩踏等等，这些行为是造成人群灾难性事故的主要原因之一。

研究在人群环境中的“非适应性”行为，必须从生理学和社会学的角度仔细研究在恐慌状态下人类的行为。

"非适应"人群行为是在紧急情况下人群的常见行为，该行为的危害是加剧人群的恐慌、不利于人群的疏散，其最终后果是造成严重的人员伤亡。因此，"非适应"人群行为的研究方法必须与紧急情况相结合，而紧急情况是一个由多个人员组成的复杂系统，大量人群环境的模拟需要借助计算机模拟技术来实现。

需要指出的是，在某些情况下，某些"非适应性"的行为，也许当获得成功时就变成了"适应性行为"，因此，二者之间是可以相互转化的。

2.1.2 人群疏散行为理论及模型

人群疏散行为特性决定了人群的疏散能力大小。

2.1.2.1 人群疏散行为理论

在疏散过程中人群的行为是很复杂的，可以把人群疏散行为理论主要归结为IHPQ 理论。IHPQ 理论包括相互作用(Interaction)、从众行为(Herding)、延迟时间(Pre－movement)、过度排队等候(Queuing)四个方面，这四个方面从不同角度对人群疏散行为进行了解释。另外，其他的理论还包括最小努力行为理论、边际效应理论等。

(1)相互作用理论

①疏散过程中相互作用的种类

每个人在疏散时都有可能遇到 3 种不同的相互作用，即人与人的相互作用，人与受限建筑的相互作用以及人与事故环境的相互作用。这些相互作用能够影响人员的行为，从而影响决策的过程。而人员与环境相互作用的方式使疏散过程变得更加复杂。

当人员之间的距离较大时，几乎没有相互作用；当相距较近时，就会发生移动方向的偏转；当这个距离再接近时，会发生严重的碰撞。在熟悉的人员之间还具有相互吸引的作用，人与墙壁之间主要存在相互排斥的作用。

②人与人之间的相互作用力

当人与人靠得很近时，相互之间存在摩擦力和挤压力，正是这种力的作用使人的速度降低，产生了"越快越慢"的现象以及出口前"拱形堵塞"的分布。

a. 推力。推力发生在当人想向某个方向移动时而受阻时，有时推力的发生是某人在人群中努力维持私人空间。

b. 力沿人群的传播。许多研究者发现，力会沿人群像冲击波一样传播，而这种传播不是瞬间的。

c. 力是具有方向性的，应当是矢量而不是标量。

d. 从模拟力的角度来说，力对人员会产生两种重要的影响。当人处于力的极限时，人会受伤，这种伤害会对受伤者(不能动，不能通过出口)及其周围的人产生影响。当人处于非极限力时，力会对人的移动产生影响。被模拟的行人会向被推挤的方向走，而不能沿自己喜欢的方向走。

e. 局部特征。如果人群中的许多人在一个类似的方向上受推挤，那么这些力会结合起来对受力者产生很大影响。通常，受伤者发生在人群的前部，这是由于来自后面的力的叠加。有些报道已下结论，伤害一般发生在人群中间，因为来自前面墙的推力与来自后面的推力交汇在一起。

日本的东京大学开发了一种DEM模型，对于人群密度和人与人之间的相互作用力进行了研究，并与所做实验进行了对比，结果实验结果与得出的密度—作用力曲线吻合的很好。实验表明，当人群密度为10.5人/m^2时，人体所受到的平均作用力为1100N；当人群密度为7.5人/m^2时，人体所受到的平均作用力为400N。

(2)从众行为理论

从众是一种社会性的传播行为，即从个人到群体心理的转移过程。在这种心理的作用下，个人行为转化为其他人的行为。这种从众行为是非理性的，因为它通常会导致严重的后果，如过分拥挤、疏散速度降低等，最终导致死亡人数增加或损失剧增的严重后果。

假设行人努力离开一间充满烟气的房间，但首先要找到一个可见的出口，每个行人可以选择个人的方向或随从其他同伴的平均方向，或在一定范围内，二者兼而有之。我们假设，两种选择的权重分别为$(1-p_i)$和(p_i)，$0<p_i<1$，因此，当p_i很小时，选择个人的行为，当p_i很高时，选择聚集行为。

个人最终行为的方向由下面的模型确定：

$$e_i^0=\mathrm{Norm}\{(1-p_i)e_i+p_i[e_j^0(t)]\} \tag{2.6}$$

式中 e_i^0——个人最终行为的方向；

e_i——个人可能选择的方向，

$e_j^0(t)$——周围其他人的平均方向；

p_i——跟随他人的可能性。

从众行为可以由图2-6来描述。

图2-6用粒子来模拟疏散过程中的人们努力逃离一间充满烟气的具有两个以上出口的房间。该图表明多数粒子努力相互跟随，具有“从众”或合作的最优度，这时中等程度的人群形成了，他们互相协作离开了这个房间。相比之下，通过另外一个出口的人员则很少。

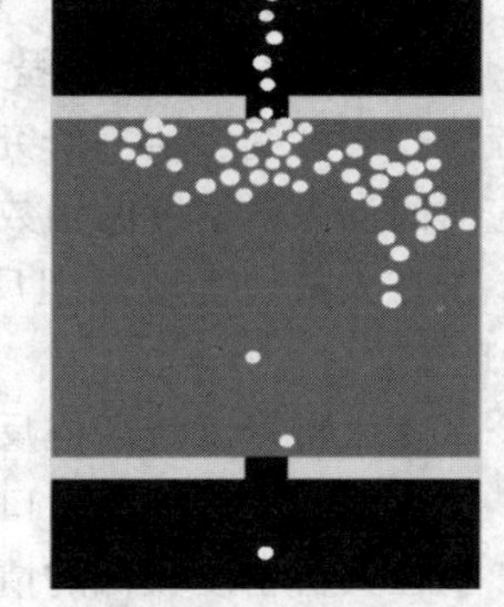

图2-6 疏散过程中的从众行为

(3)疏散前延迟(或预行动)时间理论

一般，人员的疏散时间包括以下几个组成部分：

$$t_{ev}=t_d+t_a+t_p+t_m \tag{2.7}$$

式中 t_d——紧急事件被探测到的时间；

t_a——自动报警系统启动的时间；

t_p——人员开始疏散前的延迟时间；

t_m——人员在通道上的疏散时间。

大量案例表明，人员的延迟时间对整个疏散过程起着非常重要的作用。在真实的事故灾害中，人员的延迟时间是呈一定规律的概率分布函数，一般利用正态分布和三角分布来研究延迟时间的规律。所以式(2.7)中的几个组成部分并不是彼此相互独立的，而这种相互关系仅靠手工计算的方法是难以得出的。

根据Sime的关于人员疏散行为的研究结果表明，人员对于紧急事件的延迟时间占全部疏散时间的2/3，而实际用于疏散通道上的时间只占全部疏散时间的1/3，该结果又被称为“三分之二/三分之一分割法”，由此可以看出人员疏散前延迟时间的重要性。

在紧急情况下，人群疏散前延迟时间反映了人员在开始疏散前所花费的时间，包括了所有疏散前活动所需要的时间，即确认报警信号、准备离开。延迟时间的长短取决于：

①建筑结构特点；

②人员状态，如意识状态，包括睡觉/清醒/醉酒；可移动性；年龄；熟悉性；社会依附性；角色等；

③管理系统的质量；

④报警系统的类型等。

延迟时间可能有几秒种(当人员清醒、训练有素、熟悉建筑物和报警系统时)，或者许多分钟(当人员需要帮助的情况下)。非常重要的是，在某种情况下，人员反应的时间可能比实际行走的时间还要长。

(4)疏散过程中的“过度排队等候”

在疏散过程中，“过度排队等候”现象的形成是很普遍的现象，即已经不能移动的人阻碍了那些已经开始移动并想通过的人们。

研究结果表明，如果“过度排队等候”现象消失足够快，那么“过度排队等候”现象不会影响疏散过程。另一方面，如果“过度排队等候”现象消失太慢，那么疏散过程会受影响。研究还表明，“过度排队等候”现象的形成与消失是平均反应时间和人群密度的函数。

①在人群密度较高但反应时间较短时，出口处比较容易形成“过度排队等候”现象。

②在人群密度较高但反应时间很长时，出口处不易形成“过度排队等候”现象，这是由于人们到达出口处的时间间隔较长的缘故。

③在人群密度较低的情况下，出口处不易形成“过度排队等候”现象。

“过度排队等候”现象也可叫做“瓶颈”现象。

当 n 股人流到达某个出口时，发生“瓶颈”现象的条件是：

$$\sum_{i=1}^{n} N_i B_i > NB \tag{2.8}$$

式中　N——该出口的通行系数，人/(m·s)；

B——该出口的宽度；

B_i——第 i 个出口的宽度；

N_i——第 i 个出口的通行系数。

“瓶颈”现象的出现会使人流出现严重的滞留，延缓疏散速度。

(5)其他理论

上述 IHPQ 理论概括了人群疏散行为的主要特征和机理，下面的理论又从不同的角度解释了人群疏散行为的过程。

①最小努力行为理论

人在疏散时总是力图通过最短的可能途径，用最小的努力逃生，利用老鼠的模拟试验也证实了这一点。人的最小努力行为常常会造成或加剧人群拥挤等现象。

②边际效应理论

人群流动像粒子流的假设意味着最快速的流动到中心降低，在侧边的人群移动较快。中间一些人被人流暂时困住，不得不沿某些通道行进或形成某个局部涡流，而其他人则被人流卷(带)走。

③“越快－越慢效应”理论

“越快－越慢效应”也叫做“由于过热而变得过冷”，是指在紧急情况下，由于恐慌每个人都力图加快速度疏散出去，出口处人群之间的摩擦系数增加，整体的疏散速度反而降低了。“越快越慢的效应”是许多火灾中造成人群伤亡的原因之一。产生这种矛盾效应的原因主要是由于人群恐慌的心理。

④疏散中的障碍理论

这种理论认为，人在疏散过程中主要遇到两种障碍，即：固定的障碍，如墙壁等；可移动的障碍，如人。

另外，障碍理论还对人群疏散中的心理障碍进行了研究，即：在空间比较大的地方，心理物理空间大，心理障碍小；在空间比较小的地方，心理物理空间小，心理障碍大。

⑤恐惧波的传递

人也可看成是容易激动的单元，他们可能在受到外界刺激(达到一定程度)而激动起来。一旦激动起来，每个单元遵循一定的内部规则传递这种激动及难以控制的恐慌心理。研究表明，在密集的人群中会有恐惧波向前传播的现象发生，而且这种波的产生和传播只有当达到一定临界条件时才会发生，而且与人群数量紧密相关。此外，人还有向经常使用的出入口疏散、趋光性等行为特点。

2.1.2.2 人群疏散能力分析

在火灾等紧急事件中，人群疏散能力受到许多因素的影响，主要有：人群密度、疏散速度、出口有效通行能力等。

(1)人群密度与人流密度

①人群状态

人的行为在很大程度上取决于人群状态。在不同的人群状态中，人的行为可能具有以下几种现象：无任何妨碍；有妨碍；受约束；比较拥挤；拥挤；堵塞。

人群的不同状态可以用人群密度或人流密度来描述。

②人群密度及人员容量

a. 人群密度(ρ)

人群密度反映了一个空间内人员的稠密程度。人群密度通常用单位面积上分布的人员的数目表示，即：

$$人群密度 = 全部人数/全部面积\quad (人/m^2) \tag{2.9}$$

或者用其倒数表示，即每个人占有的地板面积，单位为 m^2/人。

人群密度的确定要综合考虑多个因素，如建筑的使用功能、建筑的不同地域、同一地域的不同时间等。其数值应以区域内可预见的最大人群密度为准。

人群密度可由经验值确定，具体可参照表 2－1。

表 2－1 不同用途房间的人群密度表

房间用途	人群密度 ρ/(人/m^2)
集合用房(剧场、电影院)	1.0～2.0
娱乐用房(酒吧、歌舞厅等)	0.4～1.0
教育用房(学校、研究机构)	0.7～1.0
膳食用房(餐厅、食堂)	0.5～0.8
商业用房(百货商场等)	0.2～0.5
办公用房(办公室、写字楼等)	0.2～0.5
住宅用房(旅馆、饭店、医院)	0.1～0.2

为确保疏散人流迁移流动的安全性，在安全疏散通道中，需控制其人均最小占有面积为 0.28m^2/人，即最大人群密度 $\rho = 3.57$ 人/m^2。

b. 人员容量

一个空间的人员容量是指可预见的会出现在该空间的最大人数。出于安全考虑，应在设计中采用最大的预计人员容量。人员容量可按照下式计算：

$$人员容量 = 人群密度 \times 建筑面积$$

③人流密度(D)

人流密度是指人群中人体的实际面积与人流总体面积(外轮廓面积)的比值，

它反映人群的拥挤程度。可用下式表示：

$$D = Nf / WL \quad (m^2/m^2) \tag{2.10}$$

式中　N——人流中的人数；

f——个人水平投影面积；

W——人流宽度；

L——人流长度。

不同年龄、性别、种族的人，人体尺寸数据及水平投影面积有所不同。这些数据的使用可由使用者根据具体情况自己选择。

(2)疏散速度

①影响疏散速度的因素

a. 人群密度对速度的影响

正常情况下，公共场所行人的步行速度为1～2m/s，根据日本研究人员的统计，正常情况下步速的平均值为1.33m/s。但是，当人群密度增大时，疏散速度就会相应减小。

此外，在疏散过程中的密集人群中，人在运动时受前后方向行人的影响远大于左右方向的影响。位于前方的行人对行人运动速度的影响远大于位于两侧的行人，其差距在10倍以上。

在人群低密度的情况下，由于人员之间的相互影响小，这时决定速度的主要因素更可能是人员的行为特性，如年龄、可移动性和编组等。

b. 人与人之间的距离对速度的影响

人与人之间的相互距离对速度也有影响。在人与人之间的距离大于1.6m左右时(即人群密度约为0.5人/m^2时)，行人运动速度不受行人间距离的影响。但间距低于1.6m后，行人的行走速度迅速下降，人与人之间的相互影响也随人与人之间的距离减小而增强。直到为0.3m时，行走速度降低为0，此时对应的人群密度约在5～6人/m^2左右。

②常见的速度模型

a. 速度模型一

根据Predtechenski和Milinskii的研究成果：

·正常情况下的速度

在水平通道上的平均速度是人流密度的函数，即

$$v = 112D^4 - 380D^3 + 434D^2 - 217D + 57 \quad (m/min) \tag{2.11}$$

式中，$0 < D \leqslant 0.92$

经过门的移动速度为

$$v_o = v[1.17 + 0.13\sin(6.03D - 0.12)] \quad (m/min) \tag{2.12}$$

下楼梯的移动速度为

$$v_\varphi = v[0.775 + 0.44e^{-0.39D} \cdot \sin(5.16D - 0.224)] \quad (m/min) \tag{2.13}$$

·火灾情况下

在火灾紧急情况下，人员有恐惧感，相同密度下的移动速度增大，Predtechenskii 和 Milinskii 发现两个速度间的关系，如下：

$$v_e = v \cdot \mu_e \tag{2.14}$$

水平通道和通过敞开的门时，$\mu_e = 1.49 - 0.36D$；下楼时，$\mu_e = 1.21$。

b. 速度模型二

在这个模型中，行进速度与人群密度的关系公式参考了 Predtechenskii 和 Milinskii 的研究结果：

$$当\rho \geqslant 1.0\ 人/m^2\ 时 \qquad v_h = v_{max}/\rho \tag{2.15}$$

$$当\rho < 1.0\ 人/m^2\ 时， \qquad v_h = v_{max} \tag{2.16}$$

在这里，v_h 是水平行进速度，v_{max} 是最大水平行进速度，ρ 是人群密度，v_{max} 根据出口容量在 0.5m/s 到 1.5m/s 之间变动。ρ 是以一个逃离者四周 30m 为半径的半圆的空间来计算的。如果 ρ 低于 1 人/m²，$v_h = v_{max}$ 不变。

如果门附近的人群密度较高，人群不能一起通过或必须在门前排队，那么可以假设当一个人周围半径为 1m 的半圆内的人群密度超过 6 人/m² 时会发生排队现象。

c. 速度模型三

据 Togawa，Ando，Aoki 等人研究结果，速度与人群密度变化之间的关系为：

$$v = v_0 \rho^{-0.8} \tag{2.17}$$

这里的 ρ 是人群密度，v_0 就是常量 1.34m/s。

该研究表明，当人群密度 $\rho = 1.0$ 人/m² 时，人流迁移流动呈自由流动状态，相应的迁移流动的水平速度为 $v = 1.3$ m/s；当人群密度 $\rho = 2.0$ 人/m² 时，则人流迁移流动开始呈现滞留流动状态。相应的迁移流动的水平速度为 $v = 0.7$ m/s；当人群密度 $\rho = 5.38$ 人/m² 时，则人流迁移流动完全处于停滞状态。相应的迁移流动的水平速度为 $v = 0.0$ m/s。

d. 速度模型四

根据 SGEM 模型，人群的疏散速度与人群密度的关系可用图 2－7 来表示。

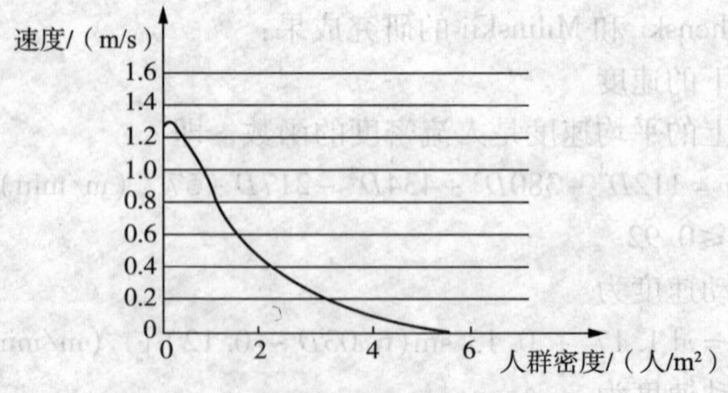

图 2－7　人群疏散速度与密度的关系

图2－7中关系可以表示为：

$$\mu_i=\begin{cases}1.4 & \rho\leqslant 0.75\\ 0.0412\rho^2-0.59\rho+1.867 & 0.75<\rho\leqslant 4.2\\ 0.1\quad(\approx 0) & \rho>4.2\end{cases}\tag{2.18}$$

式中　μ_i——人群中第 i 个人的速度，m/s；

ρ——人群密度，人/m²。

(3)出口有效通行能力

①通行系数(N_{eff})

出口的通行能力一般用通行系数来表示。人流的通行系数(N_{eff})是指在单位时间内，人流通过某一单位横截面宽度的人数，其单位为：人/(m·s)。

人群的流动随着人群密度的变化而变化，当人群密度增加到一定程度时，就会出现因通路阻塞而停止流动的现象。日常生活中，通行系数一般不会超过2人/(m·s)，当通行系数小于1人/(m·s)时，人流则是不连续的，此时的人流属于自由行进状态。

②通行系数与人流密度的关系

出口通行能力 N_{eff} 与人流密度 D 的关系，可用经验公式来表示如下：

$$N_{\mathrm{eff}}=1.34D\left[1-e^{-1.93\left(\frac{1}{D}-\frac{1}{5.4}\right)}\right]\tag{2.19}$$

二者的关系如图2－8所示。

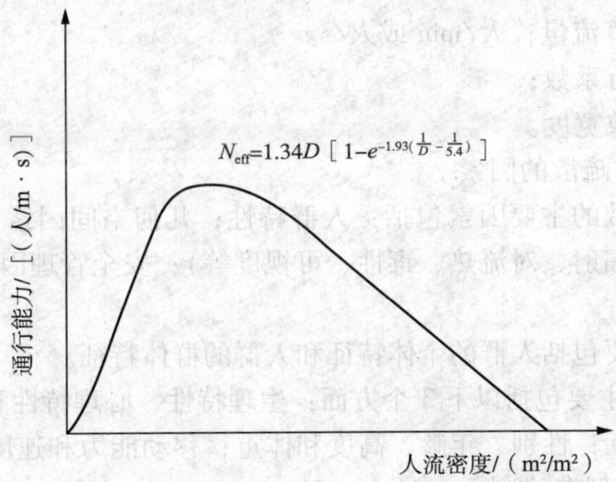

图2－8　人流密度与出口通行能力的关系

从图2－8可以得出，出口的通行能力受人流密度的影响，当人流密度较小时，通行能力随人流密度的增加而提高；但当人流密度较高时，通行能力随人流密度的增加而减小。

在安全疏散设计时，考虑应急疏散的状态，走道中人群流动系数一般应取1.5人/(m·s)，楼梯间出入口应取1.3人/(m·s)，避难间出入口取1.5人/(m·s)。

③有效疏散宽度 W_e

有效疏散宽度是指疏散通道或出口净宽度减去边界层宽度后的宽度，而边界层宽度是指人与疏散通道或疏散出口的边界存在的距离，这一部分宽度不能被人员疏散利用。各部分疏散通道的净宽度为：

a. 对于走廊或过道，为走廊或过道两侧墙之间的距离；

b. 楼梯间内为台阶踏步的宽度；Paul 使用的“有效楼梯宽度”，其定义为：“有效楼梯宽度是考虑边缘效应的楼梯宽度，它等于楼梯宽度的两边在距离墙体的方向上各减去 150mm 或 6in；或者在距离楼梯扶手的方向上各减去 90mm 或 3.5in”。下面是两个经验公式：

$$有效宽度(m) = 楼梯宽度 - 2 \times 0.09$$

或

$$有效宽度(m) = 楼梯宽度 - 2 \times 0.152$$

c. 沿走道布置的座位之间的距离；

d. 两排座位间最狭窄位置处之间的距离。

当疏散通道内有扶手时，有效宽度采用按无扶手时计算的有效宽度和按有扶手时计算的有效宽度两者中的较小值。

④人群流量 F_c

人群流量 F_c 是指在疏散通道上通过某一点的流量的大小，用下式表示：

$$F_c = N_{eff} W_e \tag{2.20}$$

式中 F_c——计算流量；人/min 或人/s。

N_{eff}——通行系数；

W_e——有效宽度。

(4)影响人群疏散的因素

影响人员疏散的主要因素包括：人群特性；几何空间因素；事故因素(包括烟气层高度、热辐射、对流热、毒性、可视度等)；安全管理因素等。

①人群特性

人群特性主要包括人群的个体特征和人群的群体特征。

a. 个体特性主要包括以下 3 个方面：生理特性、心理特性和经验水平。

生理特性包括：性别、年龄、高度和体重；移动能力和速度；敏捷性；肺活量大小(与动作类型有关)。

心理特性包括：自信心；耐心；反应时间；信息感知能力。

经验水平指人员在紧急情况下处理危机事件的能力。

另外，人员对建筑物的熟悉程度、人员的警惕性和觉悟能力、人员与周围疏散人员的社会关系等对疏散能力也有一定的影响。

b. 人群的群体特征主要受人群类型的影响。其中行动不便人员疏散的安全问题是近些年来倍受关注的问题。

行动不便的人员主要是指老、弱、病、残以及婴幼儿，这些人员有许多行动局限，这增加了他们的风险。在高层建筑等特殊场所中，这些人员的安全问题更加突出，因为在火灾中使用电梯是不允许的。在这种情况下，必须为他们提供足够的避难区域和疏散工具。

②几何空间

几何空间因素主要包括空间结构、地面坡度、走道的尺寸、出口数量等。

a. 建筑空间结构

主要包括高层建筑、地下建筑及水上公共场所。

人群在高层建筑中的疏散特点是：垂直疏散距离长，并且火灾中要受到烟气和火焰的影响。

地下建筑如地铁、地下停车场、地下商场等。地下建筑内安全疏散有以下几方面的不利因素：不能进行自然采光，全靠人工照明，火灾时不能确保事故照明和疏散标志的正常使用；地下建筑火灾时逃生的出口和路线比地面建筑少且疏散距离较长；地下建筑发生火灾时，会造成人员的严重缺氧或中毒，阻碍人的正常呼吸，从而影响逃生行动。

水上公共场所主要是指客船、游船等。船舶是漂浮于水面的建筑，在我国许多沿海城市，船舶不但是水上运输的主要工具，而且也是公共娱乐场所之一。人群在水上公共场所的疏散特点与前二者又有明显的不同。

b. 地面坡度

在不同的地面坡度下，人群的通行能力不同，这种关系可由图2－9来表示。

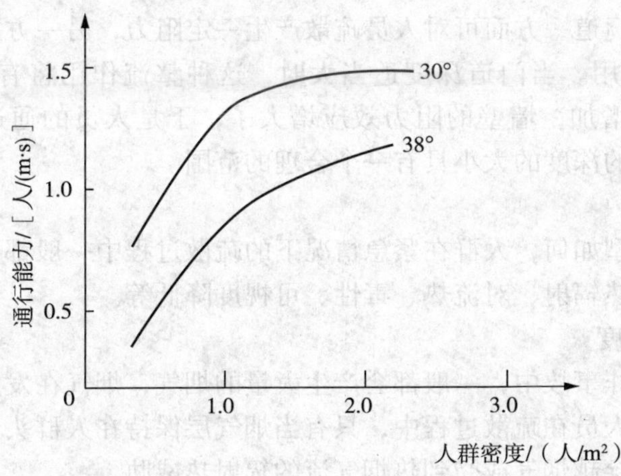

图2－9　地面坡度、人群密度与通行能力的关系

从图2－9可以看出，在相同的人群密度下，地面的坡度越大，疏散能力越小。

c. 出口宽度

当室内出现紧急情况后，人员一般只能由门口出去。如果门口较宽，人员疏散出去的时间较短，但当门口宽度增大到一定程度时，再增加门口宽度对缩短人员的疏散时间已没有太大的意义，如图2-10所示。

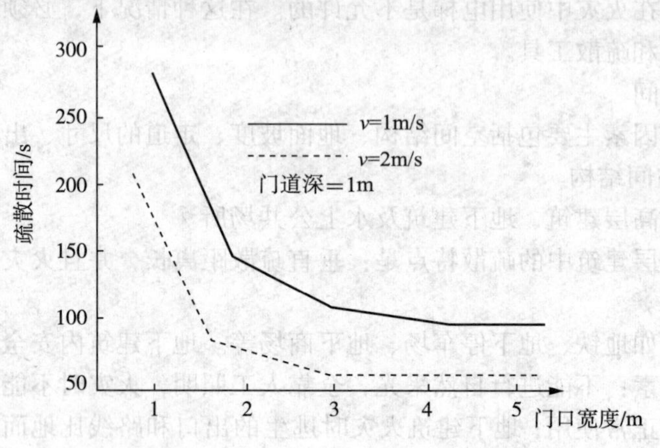

图2-10 门口宽度与疏散时间关系图

d. 出口的数量

出口的数量越多，越有利于人员疏散，这主要是因为：人们在选择出口时的余地越大；单位时间内通过出口人流总量越大。

e. 门道的深度

门道的深度对人员的疏散也具有重要影响，这主要是墙壁对人的作用力增大的结果。门口宽度越窄、门道越深，墙壁对人的作用时间越长，同时疏散速度也会越小。不过，门道一方面可对人员疏散产生一定阻力，另一方面也可对行走人员产生“整流”作用。当门道深度适当大时，这种整流作用将有助与人流顺利。随着门道深度的增加，墙壁的阻力效应增大了，于是人员的通过时间又有所延长。因此，门道的深度的大小具有一个合理的范围。

③事故因素

无论事故类型如何，人群在紧急情况下的疏散过程中一般都要受到这些因素的影响：烟气、热辐射、对流热、毒性、可视度降低等。

a. 烟气层高度

在火灾或爆炸事故中，一般都会产生大量的烟气，烟气在发展蔓延过程中有其自身的规律。人员在疏散过程中，只有当烟气层保持在人群头部以上一定高度时，人员才不必穿越烟气或受到热烟气流的辐射热威胁。

b. 热辐射

根据人体对辐射热耐受能力的研究，人体对烟气层等火灾环境的辐射热的耐受极限是2.5kW/m^2，处于这个程度的辐射热灼伤几秒钟之内就会引起皮肤强烈疼痛，辐射热强度为2.5kW/m^{2}的烟气相当于上部烟气层的温度约达到180～200℃。而对于较低的辐射流人员可以忍受5min以上。对于很短的暴露时间，人

甚至可以忍受 $10kW/m^2$ 辐射流。人体对辐射热的耐受极限值如表 2 - 2 所示。人员忍受热辐射的时间可由下式得到：

$$t_m = 133/q^{1.33} \tag{2.21}$$

式中　t_m——由于皮肤疼痛造成机能丧失的时间，s；

q——单位面积辐射热强度，W/m^2。

表 2 - 2　人体对辐射热的耐受极限值

辐射热强度	$<2.5kW/m^2$	$2.5kW/m^2$	$10kW/m^2$
耐受极限值	>5min	30s	4s

c. 对流热

实验表明，呼吸过热的空气会导致热冲击和皮肤烧伤。空气中的水分含量对这两种危害都有重要影响。对于大多数建筑环境而言，人体可以短时间承受环境的对流热。当人员暴露于水分含量小于 10% 的热空气中，可用下式计算在温度 T 时人员丧失活动能力的时间：

$$t_{ICONV} = 5 \times 10^7 T^{-3.4} \tag{2.22}$$

d. 毒性

当窒息性和刺激性气体的剂量超出极限值，人员可能发生严重的机能丧失。毒性产物的作用部分取决于暴露剂量，部分取决于暴露时间。当毒性产物发生混合时，不同产物的作用大致上为叠加效应。

e. 可视度

一般烟气浓度较高则可视度降低，逃生时确定逃生途径和做决定所需的时间都将延长，表 2 - 3 给出了适用于小空间和大空间的最低减光度。小空间到达安全出口的距离短，人员对建筑物可能比较熟悉，要求就相对松一些。大空间内人员很可能对建筑物不熟悉，为了确定逃生方向，寻找安全出口需要看得更远，因此要求减光度更低。

表 2 - 3　建议采用的人员可耐受的可视度极限值

参数	小空间	大空间
光密度/(OD/m)	0.2	0.08
可视度/m	5	10

④安全管理因素

安全管理系统包括建筑的管理、关键设备(如火灾自动报警、灭火设备等)的管理与维护、建筑内人员的管理与培训、防火管理、火灾监督及安全、应急计划步骤等。

国内外大量事故案例表明，在紧急情况下，人群在有和没有经过训练人员帮助下的两种疏散行为有着许多差别，尤其是当疏散人群是特殊人群时。因此，平时的疏散计划的制定以及疏散演习的定期开展是十分重要的。

2.1.2.3 人群疏散时间的研究

(1)疏散时间的组成

人群的疏散时间包括从事故发生至到达安全区域或室外的全部时间。单纯从人群本身的角度来说，一般包括以下4个部分：通知时间、反应时间、疏散前活动时间、行走时间。前三个又叫做“延迟时间”(delay time)或“预行动时间”。

在住宅建筑中进行的疏散训练结果表明，一般而言，行走时间小于全部疏散时间的25%；在办公楼中，延迟时间可能很短，行走时间占据较大比例。

①通知时间

通知时间是指从事件发生到发出报警或人们开始感觉到事故迹象的时间。通知时间可以进行模拟，也可以利用专业知识进行判断。这些模型包括：可以估计烟气层温度和位置的ASET模型；可用来模拟热量和水喷淋启动的DETACT模型；可以估计击碎玻璃报警的BREAK1模型。在不同的建筑物类型和报警系统下，通知时间是不同的。

②反应时间

反应时间是指人员从听到报警或观察到事故迹象至决定行动的时间。目前没有这方面的模拟技术，这段时间的分析取决于观察或专家判断。这段时间的长短取决于人员在熟睡还是清醒的状态、听力、头脑的智力、年龄等。

③疏散前活动时间

疏散前活动时间是指人员准备疏散的时间或寻找避难区域的时间。疏散前活动包括决定离开或实际开始朝出口或避难区域行走之前的全部活动。这些活动因不同的建筑类型而不同，目前也没有这方面的模拟技术，这段时间的分析取决于观察或专家判断。实际上，反应时间和疏散前活动时间一般合起来考虑，在数据收集中一般不可能将二者分开，一般多利用从反应时间到人员开始疏散的时间。

④行走时间

行走时间是疏散时间中最后一个组成部分，是指人员实际花费在疏散路程上的时间，行走时间有许多人工计算方法。行走时间是速度和至安全出口距离的函数，并且因人而异。

(2)延迟时间数据的获取

在实践中，获得延迟时间的方法有两种：一是事后调查问询，二是在演习中利用录像机拍摄，两种方法各有利弊。安全工程师应该在工程设计中考虑延迟时间的实际分布的情况。

(3)国外对于反应时间实验的结果分析

虽然人们已经做了大量的工作研究人们对报警系统的反应以及个人在疏散前用于准备工作的延迟时间，这些结果值得我们参考。

①Tong 和 Canter 的研究结果

他们发现，45%的人(随机抽查了71人)不能正确区分火警和其他报警系统，如汽车警报、安全警报等。在有烟气的情况下，这种情况可能会更加严重。

②Geyer 的研究

他发现，在被调查的人员之中只有13%的人一开始就意识到了火灾警报。为了克服人员不能正确鉴别不同形式的警报的困难，人们采用了比传统用铃声报警更加精密的方法，例如现代报警信息系统的采用使人员反应更加迅速。

另外，报警系统的位置对人员疏散前的影响也是很大的，尤其是报警系统的有效性和最优化问题。

③Proulx 和 Sime 的研究

Proulx 做了大量实验来研究人员对警报的反应，他在加拿大的4座公寓里做了实验来研究人对警铃的反应。结果表明，人员的特性、报警时的环境、警报的类型十分重要。从图2-11可以看出，反应时间的范围为0~26min。

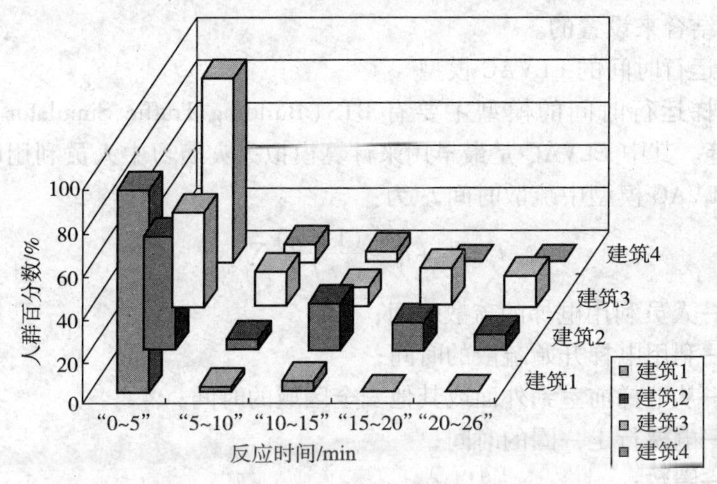

图2-11　加拿大的4座公寓中人员反应时间的分布

虽然分布结果相对类似(0~26min)，但是平均值却因疏散位置而不同，这表明，人员鉴别警报的能力与个人的位置有关。

Proulx 和 Sime 针对人员对不同类型报警系统的反应进行了研究，结果发现，反应时间的差别很大。他们在火车站站台对疏散效率进行了研究，研究结果如表2-4所示。

表2-4　人员对不同报警类型的反应

警报类型	开始疏散的时间①	清空站台用的时间②
使用警铃	8min15s	14min47s
使用 P. A. 通知疏散	1min15s	10min30s
使用 P. A. 通知疏散并告知火灾位置	1min30s	5min45s

①开始疏散是指≥1/2的不可移动人群开始行动。

②清空站台是指站台上没有一个人。

Proulx 和 Sime 的研究还发现，只有 13% 的人对警铃有反应；45% ~55% 的人对文字警报有反应；而 70% 的人对声音和图像警报有反应。

从数据研究中发现，在确定反应时间时，有几个因素应当考虑，这包括：报警系统的类型、疏散者相对于事故的位置、不同场景对个人的影响等。另外，人员活动类型、建筑结构类型对反应时间的分布也有影响。一般而言，小股人流的反应时间范围窄一些，而大量人群的反应时间范围相对大一些。

(4) 利用电梯的疏散时间

①特殊人群的疏散方式

现在的电梯并不是用作疏散出口的，也不应该在逃生中使用。然而，对于特殊人群来讲，利用电梯逃生可加快火场逃生速度，因此，也被考虑可作为特殊人群的逃生工具。一般供这些人员逃生用的电梯，是和暂时避难区域 AORS (Areas Of Refuges) 结合来设置的。

②电梯运行时间的 ELVAC 模型

估算电梯运行时间的模型主要有 BTS (Building Traffic Simulator)、ELVAC、ELVACTE 等。其中 ELVAC 是最早用来计算模拟火灾演习中人员利用电梯疏散的时间。在 ELVAC 模型中疏散时间 t_e 为：

$$t_e = t_a + t_0 + \frac{(1+\eta)}{J}\sum_{j=1}^{m} t_{r,j} \qquad (2.23)$$

式中 t_e——人员利用电梯的疏散时间；

t_a——利用电梯开始疏散的时间；

t_0——从电梯前室到外面或其他安全区域的时间；

$t_{r,j}$——电梯行走一圈的时间；

m——圈数；

J——电梯的数量；

η——电梯的无效路程。

电梯行驶一圈全过程的时间取决于电梯移动时间和人群利用电梯的人数。从电梯前室到安全区域的时间是按人们通常的方法来估算的。

电梯行走一圈的时间为静止的时间再加上两倍于走完路程时间，即：

$$t_{r,j} = \text{停靠时间} + 2 \times \text{行驶单程路程的时间}$$

静止的时间包括打开和关闭电梯门的时间、人们进入电梯的时间和离开的时间。

ELVAC 模型没有考虑电梯的“烟囱效应”对人员疏散的影响，这是该模型的缺陷所在。

(5) 可用疏散时间 (ASET) 和所需疏散时间 (RSET)

火灾中，人员疏散可利用疏散时间 (ASET) 和所需疏散时间 (RSET) 如图 2-12 所示。

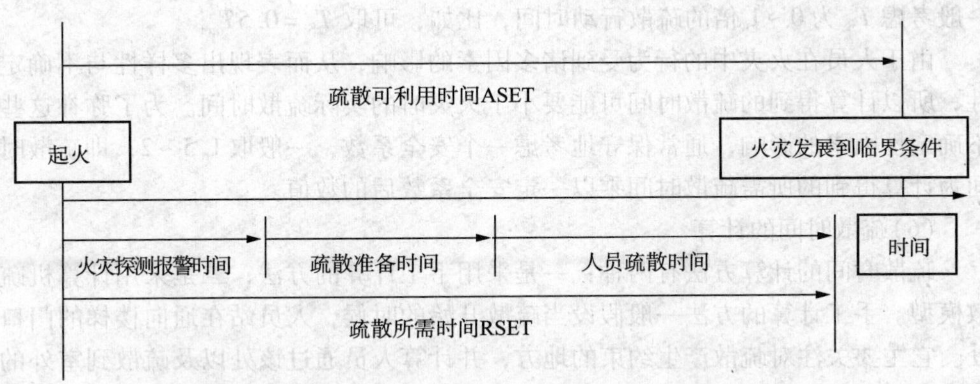

图2-12　可用疏散时间(ASET)和所需疏散时间(RSET)示意图

①所需疏散时间(RSET)

RSET 包括三个部分，即：火灾探测报警时间 Detection Time(DT)；疏散准备时间 Pre-movement Time(PMT)；人员疏散时间 Flow Time(FT)。

②可用疏散时间(ASET)

ASET 是指从开始着火至火灾发展到临界条件的时间。

火灾中人员的危险临界条件的判定可参照国外的有关标准。依照新西兰《消防工程设计指南》(Fire Engineering Design Guideline)8.7 人员安全可接受条件：火灾对人员的影响主要包括对流热、辐射热、烟气能见度和烟气毒性4个方面。安全临界条件可以概括为：

烟气层高度应当维持在人员所在位置2.1m以上的安全高度；烟气层在2.1m时烟气层平均温度不大于180℃；烟气层高于2.1m时，烟气平均温度可以稍高。

2.1m以下空间即人员所处的环境温度不应高于60℃，可见度应大于10m，烟气的减光系数应小于$0.1m^{-1}$。

当界面低于人眼特征高度时，也可根据其中有害燃烧产物的临界浓度判定是否达到了危险状态，例如当CO浓度达到2500×10^{-6}就可对人构成严重危害。

另外，对于高大空间，烟气层高度的临界条件可用下式来判断：

$$H_s \geqslant H_c = H_p + 0.1H_B \tag{2.24}$$

式中　H_s——烟气层高度；

H_p——人员平均高度；

H_B——建筑空间高度；

H_c——危险临界高度。

③确保人员安全疏散的条件

火灾中确保人员安全疏散的条件是：

$$ASET \geqslant RSET \tag{2.25}$$

二者之间的差越大，安全性越好。我们把 T_S = ASET - RSET 叫做安全裕度。

一般考虑 T_S 为 0 ~ 1 倍的疏散行动时间，比如，可取 $T_S = 0.5T_{act}$

由于人员在火灾中的行为受到诸多因素的影响，从而表现出多样性与不确定性，所以计算得到的疏散时间可能要小于火灾时的实际疏散时间。为了弥补这些不确定性因素的影响，通常保守地考虑一个安全系数，一般取 1.5 ~ 2，即疏散时间为计算得到的所需疏散时间乘以一定安全系数后的数值。

(6) 疏散时间的计算

疏散时间的计算方法有两种：一是采用手工计算的方法；二是采用计算机疏散模型。手工计算的方法一般假设当疏散开始的时候，人员站在通向楼梯的门口处。它主要关注对疏散产生约束的地方，并计算人员通过该处以及疏散到室外的时间。

①传统疏散时间的工程方法

传统的工程方法对于疏散时间的估算公式如下：

$$\text{ETET} = T_{dist} + T_{flow} \tag{2.26}$$

式中 T_{dist}——速度最慢的人，行走最长距离所需要的时间；

T_{flow}——全部人员通过可利用出口所需要的时间。

$$T_{flow} = \frac{Q}{\sum N'B'} \tag{2.27}$$

式中 Q——疏散总人数；

N'——出口的通行系数；

B'——出口总宽度。

②局部改进的计算方法

在对式(2.26)进行局部改进的基础上，一般采用式(2.28)来估算：

$$t_e = t_p + \sum \frac{l_l}{v} + \frac{\sum pA_{area}}{\sum N_{eff}B_{avail}} \tag{2.28}$$

式中 t_e——总的疏散时间，s；

t_p——人员预行动(延迟)时间；

l_l——每个房间/空间内从任意点到出口的距离，m；

v——行走速度，m/s；

p——人群密度，人/m^2；

A_{area}——每个房间的面积，m^2；

N_{eff}——有效的通行能力，人/(m·s)；

B_{avail}——门的可利用宽度，m。

由于人员的行为受到诸多因素的影响，从而表现出多样性与不确定性，所以人工计算得到的疏散时间可能要小于实际的疏散时间。该公式虽然考虑了延迟时间的大小，但是没有研究其分布规律。另外，对于人员之间的相互作用也没有考虑，因此该公式的使用具有一定的局限。

③考虑延迟时间分布的疏散时间估计

在真实的事故灾害中，人员的延迟时间是呈一定规律的概率分布函数，一般简化为正态分布或三角分布来研究延迟时间的规律，如图2－13和图2－14所示。

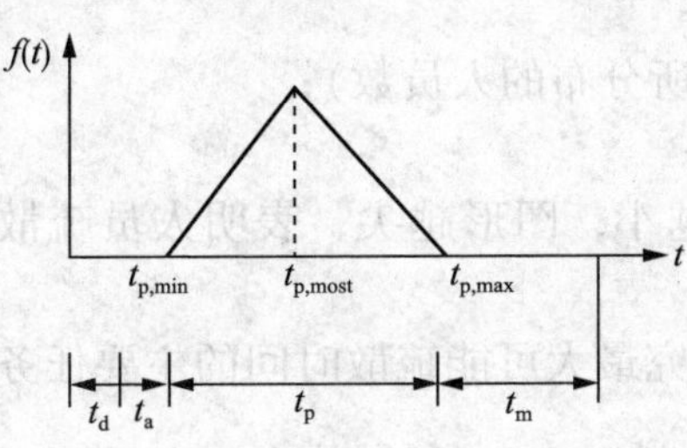

图2－13　延迟时间为三角分布时的疏散时间

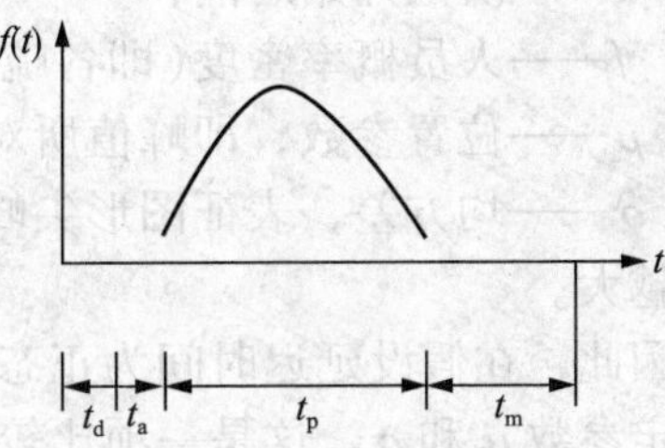

图2－14　延迟时间为正态分布时的疏散时间

图中：t_d——紧急事件被探测到的时间；

t_a——自动报警系统启动的时间；

t_p——人员开始疏散前的延迟时间；

t_m——人员在通道上的疏散时间。

最大可能疏散时间的定义为：最大延迟时间与人员在通道上疏散时间的总和。即：

$$t_{e,max}=t_{p,max}+t_m \tag{2.29}$$

在一给定火灾场景下，只有当火灾被探测到、报警系统启动以后，人员才开始疏散，因此，t_d 和 t_a 相对而言比较固定，这里可以暂时不考虑。

a. 当延迟时间为三角分布时

当假设 t_p 为三角分布时，$f(t)$ 为三角分布的概率密度函数。

那么，三角分布下延迟时间的平均值为：

$$\overline{t_p}=\frac{t_{p,min}+t_{p,most}+t_{p,max}}{3} \tag{2.30}$$

在不考虑 t_d、t_a 的情况下，$t_{p,min}=0$

假设：$t_{p,max}=2t_{p,most}$

因此，$\overline{t_p}=t_{p,most}$

从而可得到：$t_{e,max}=2\overline{t_p}+t_m$ (2.31)

显然，$t_{e,max}$ 随着 $\overline{t_p}$ 的变化而变化。

当 $\overline{t_p}=0$ 时，那么 $t_{e,max}=t_m$

也就是说，在平均延迟时间为零的情况下，最大可能疏散时间等于人群在疏散通道上的实际行走的时间。

b. 当延迟时间为正态分布时

当假设 t_p 为正态分布时，$f(t)$ 为正态分布的概率密度函数，即：

$$f=\frac{1}{\sqrt{2\pi}\sigma}\exp\left[-\frac{(t-\mu)^2}{2\sigma^2}\right] \tag{2.32}$$

式中　t——疏散开始时间；

f——人员概率密度(即各疏散开始时间所分布的人员数)；

μ——位置参数，即峰值所对应的 t 值；

σ——均方差，表征图形尖峰水平。σ 越小，图形越尖，表明人员疏散的强度越大。

因此，在假设延迟时间为正态分布时，研究最大可能疏散时间的主要任务就是确定参数 μ 和 σ。这是一项比较复杂的工作。

④建筑内人群疏散时间的综合计算公式

基于前面的分析，结合人群的相互作用理论以及速度与密度的关系，提出建筑内人群疏散时间的综合计算公式，如下式：

$$t_e=t_p+\left(\frac{l_{max}}{v}+\frac{\sum pA_{area}}{\sum N_{eff}B_{avail}}\right)\times K \tag{2.33}$$

式中　t_p——人员预行动(延迟)时间；

l_{max}——空间内从任意点到出口的最长距离，m；

K——基于人与人之间相互作用的修正系数。

其他符号的意义同前，人群密度可以根据各种不利的情况，取平均值。

这里修正系数 K 的取值如下：

当 $\rho\leqslant 1$ 人/m^2 时，$K=1.0$；

当 1 人/m^2 $<\rho\leqslant 2$ 人/m^2 时，$K=1.2$；

当 2 人/m^2 $<\rho\leqslant 5$ 人/m^2 时，$K=1.5$；

当 $\rho>5$ 人/m^2 时，$K=2.0$。

人员预行动(延迟)时间可以根据建筑的类型、人员特性和报警系统的种类来综合确定。

该公式的优势是综合了延迟时间的分布规律，并且综合考虑了人群密度和相互作用对人群疏散的影响。

疏散时间的手工计算方法只是一种粗略的方法，为了更客观地对疏散进行评估，现在一般采用计算机疏散模型。目前，有许多疏散模型可供选择，其特点各不相同。人们主要关注：疏散模型是否可以精确地对特定建筑类型的疏散场景进行模拟，以及使用者如何进行选择等实际问题。

2.1.2.4　人群疏散模拟方法及模型

(1)动物实验和疏散演习

①动物实验结论

国外利用老鼠的试验模拟得出了许多类似人群疏散规律的结论，例如：

a. 封闭空间内的动力学特征，如出口处拱形人流的形成；疏散行为的相互干扰；自发组织的排队等候。

b. 老鼠总是力图通过最短的可能途径，用最小的努力逃生等。

②国外疏散演习结论

a. 日本举行的超市疏散实验

在日本举行的超市的疏散实验表明，在紧急条件下人群的运动与正常情况下是不同的：46.7%的人员能够听从警报信息和观看指示标志，并且能够在服务人员的指导下行动；26.3%的人员能够离开受影响的区域，并努力离开该地方；16.7%的人员使用下一个可到达的出口；3%的人员随从他人；3%的人员避免聚集在一起；2.3%的人员偏好明亮的出口；1.7%的人员任意选择出口逃生。

b. SCHNEIDER 根据演习对于疏散行为的分类

大约10% ~15%的人员行动合理，还能指导别人离开危险区域；大约70%的人员感到恐慌，但能够在别人指导下行动；大约10% ~15%人员的行动不可预测，不知所措或者四散奔逃。

c. 英国举行的商场疏散演习

经常出入商场的人对内部结构、布局、通道比较熟悉，对出口选择较大。60%以上顾客选择最近出口，而多数被选择的疏散出口是经常出入的出口。出口地迅速打开对时间有影响，当光线从出口外面射进来时，人们就会加快疏散。人在火灾中的行为取决于与他们责任相关的角色，习惯于使用熟悉的通道。由于有误报，人们常常对警报不关心，其行为取决于他们在紧急情况下获得的信息。对人员疏散行为产生重要影响的因素包括：建筑规模，人在建筑中作用(公众，或是服务员)；在楼层位置；对于火灾的了解(知识)；对于通道的熟悉；烟气的发展。如果商场有对所有人员的疏散训练计划，这对减少疏散时间很帮助。

值得指出的是，疏散演习的主要结果与计算机模拟的结果具有比较好的吻合。

d. 人群在选择疏散出口时的规律总结

按照出口标志、广播和疏导系统疏散选择出口(53.3%)；尽快远离烟火(12%)；选择最近的出口(24.7%)；跟随其他人(6.7%)；使用熟悉的门(1.7%)；利用紧靠门的窗户(1.0%)；选择不拥挤的出口(0.7%)；其他。

虽然动物实验和疏散演习两种方法可以为人群疏散模拟提供一些可供参考的重要结论，但是由于二者各自存在的某种缺陷，在实践中难以广泛应用。因此，计算机模拟技术已经成为该领域目前的发展方向。

(2)人群疏散的计算机模拟原理与方法

计算机模拟物体移动的原理是根据物理特性的动力学，但是这种原理不适合模拟人的移动。因为人的行为与物体不同，主要表现为：人们能够根据环境的变化选择他们自己的方向。因此，在模拟人的移动时必须捕获人们如何认识环境并且如何对环境所起的反作用、如何确定移动方向等这些基本因素。

一般模拟人的移动有两种方法：基于规则的(Algorithmic)或基于辩证法的(Dialectic)。计算机模拟人群行为的基本规则是OMCA[目标(O)、运动性(M)、限制条件(C)和同化作用(A)]，具体来讲，目标即设法移动到一个期望点或终点；运动性即设法保持人的最佳速度；限制条件即设法保持在环境中人和其他物体之间最小的距离；同化作用即对环境的识别和反应所耽搁的时间。

上述规则没有涉及组织行为规则，也没有包含人的心理状态参数。

①人群疏散的计算机模拟原理

人群疏散的计算机模拟原理可用图2－15来表示。模拟原理主要分为三个方面，即空间的表示方法、人群的表示方法和人群行为的模拟方法。

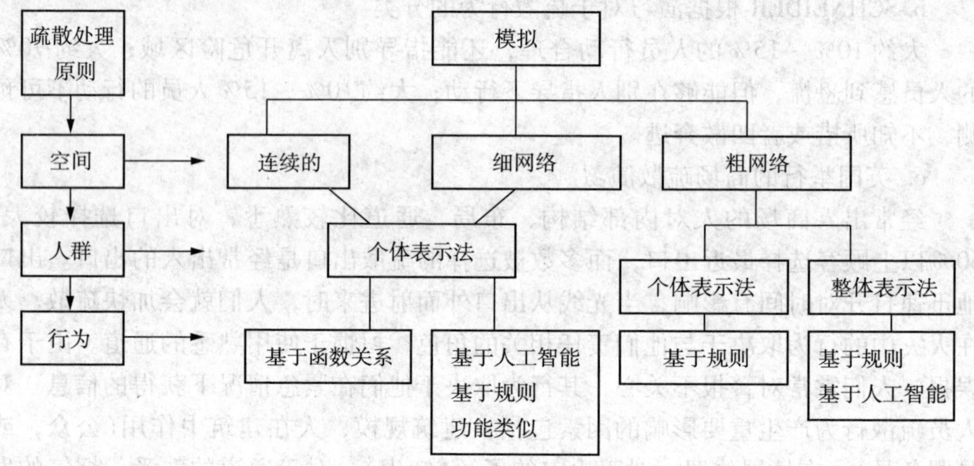

图2－15 计算机模拟原理

②疏散模型的结构与模拟方法

目前，计算机疏散模型按照是否考虑人员的行为因素可以分为运动模型、局部行为模型、行为模型。

a. 运动模型

这些模型研究人员由一点到另外一点(出口或安全区)的运动，其关键作用是可以显示：拥挤区域、排队等待、“瓶颈”处等。这种模拟基本不考虑人员行为因素。

b. 局部行为模型

这些模型主要计算人员运动，但也模拟一些人员行为，如人员反应时间的分布、人员特性、追赶行为以及烟气对人员的影响。

c. 行为模型

这些模型除了考虑人员朝特定出口的运动之外，还结合了人员在不同条件下的决策行为，具有风险评估的能力。

这些模型的结构以及模拟技术与方法如下所述。

a. 网格结构

网络结构是指人员在整个建筑物内的运动方式，主要可以分为以下三种：

细网络即建筑平面被划分成许多细小的网格单元，人在网格之中运动。

粗网络即建筑平面被划分成房间、走廊、楼梯等，人员在房间之间运动。

连续网络即将 2D 连续空间应用于结构的楼层平面，允许人员由空间的一点到建筑中的另外一点。

细的连续网络可以模拟建筑空间内障碍物的存在，因为障碍物会影响人员对于道路的选择；而粗网络只能模拟人员由建筑的一部分到另一部分的运动。

b. 人群特征的表示形式

这包括两个方面，模型如何表示人员的行为，以及人员与建筑物的关系。

模型如何表示人员的行为有两种方法：全面的；个人的。全面的模型从总体角度把所有人员看作是具有相同性质的人群组合。这种方法又叫做群体分析法。个人的模型追逐每个人在模拟过程中的运动情况，并给出每个人的信息资料，如位置随时间的变化等。这种方法又叫做个体分析法。

人员与建筑物的关系也有两种方法：全面的；个人的。全面的，人员自动地对整个建筑有全面的了解，并且知道最优疏散路线。个人的，个人对建筑物内的疏散路线不了解，根据他对楼层的了解、个人的经验以及周围人们的信息来选择疏散路线。

c. 模拟行为的方法

模拟人的行为是模拟人员疏散过程中最复杂、最困难的方面。到目前为止，还没有哪一个模型能完全模拟人员疏散行为的各个方面的特征。另外，并不是所有的人的行为特性都能被充分认识和完全量化的。

无行为准则。这种模型完全依赖对人群的运动和空间几何形状的表示来影响建筑物内相关人员的疏散，并对其进行预测判断。

函数式行为。模型用一个方程或一组方程来描述整个人群的特征，以便达到全面控制人员响应的目的。尽管这些模型可以将人确定为个体，但由于所有的个体均受到设定函数的影响，且会以一定的方式对这种响应产生反作用，因此它简化了个体行为。所用的函数不一定是按照实际生活在该建筑物内的人员的行为来建立，有可能来自于其他从事人员行为模拟的研究领域，例如，磁场力模型的方程就来源于物理学。显然，认为人的运动和行为完全由该函数决定并不够恰当，不过该函数可以根据人的运动预先加以修正。

复杂行为准则。模型通过复杂的物理方法来隐含表示人的行为决定准则。这些模型可能是基于第二手数据建立的，包括心理的或社会的影响数据，因而它强烈依赖于第二手数据的准确性和有效性。

基于行为准则。明确考虑有关人员的个体行为特征的模型通常采用基于行为准则的模拟方式来决定。它允许现场人员按照预先规定的一套准则来做决定，这些准则可以在一些特定情况下起作用。大多数行为准则都是随机模型，不过也有的模型同时包含了确定性方法和随机性方法，因此在应用模型时应依据情况具体选择。

人工智能方法。近年来，人工智能方法已经应用于人的行为模型研究。个体人员被设计成能对周围环境进行只能分析的模拟人或与之相近的智能人。因此它可以准确地表示人员独立做决定的过程，但它取消了模型的使用者对现场模拟人员行为的控制权。

随机性行为。表示许多规则和基于条件的模型是随机的，在反复模拟之中，结果是变化的。一些模型具有将某些行为随机地分配给某些特定人群的能力。许多局部行为模型具有随机分布反应时间、行走速度、FED 或观察烟气的能力。

当结合火灾的情况时，一些模型采用 Purser、Bryan、Wood、Jin 的数据来开发一些人员面对这些情况时的规则，这些行为包括转身、减速、爬等。

d. 火灾数据的输入方法

疏散模型输入火灾数据的方式有以下几种：

从其他模型中引入火灾数据；允许使用者在疏散中的特定时间输入火灾数据；疏散模型有自己的火灾模型；不能结合火灾数据，只在“演习”方式下运行，“演习”方式等价于在建筑内进行的没有火灾情况下的火灾演习。

CAD 的输入方法：如果模型可以将 CAD 图输入电脑，那么将提高模拟的精确性并节约时间。目前有三种情况，即：模型允许 CAD 输入电脑；模型不允许 CAD 输入电脑；模型正在升级使之具备该功能。

e. 可视化技术

可视化允许使用者看到空间内出现的拥挤、或“瓶颈”现象。目前有三种情况，即：2 - D—二维可视化图；3 - D—三维可视化图；N—没有可视化功能。

f. 模拟结果的验证方法

目前，模拟结果的验证方法有：利用规范的要求来验证；利用火灾演习或其他人员运动实验来验证；利用过去疏散实验的文献来验证；利用其他模型来验证。

一些行为模型对人员行为进行定性分析，虽然人员行为很难在火灾演习中获得，但是过去火灾演习的数据可以同模拟的结果进行比较。

(3)人群疏散模拟模型

人群的移动可以在不同的人群和空间范围内模拟。行人移动数学模型主要有两种不同的描述方式，即宏观模型和微观模型两类。宏观模型又称流体模型，主要用于早期设计的调整疏散方案设计；而微观模型是与人群行为有关的模型，主要用于研究个体行为参数对于疏散能力等的影响。人群疏散模型分类的框架如图 2 - 16 所示。

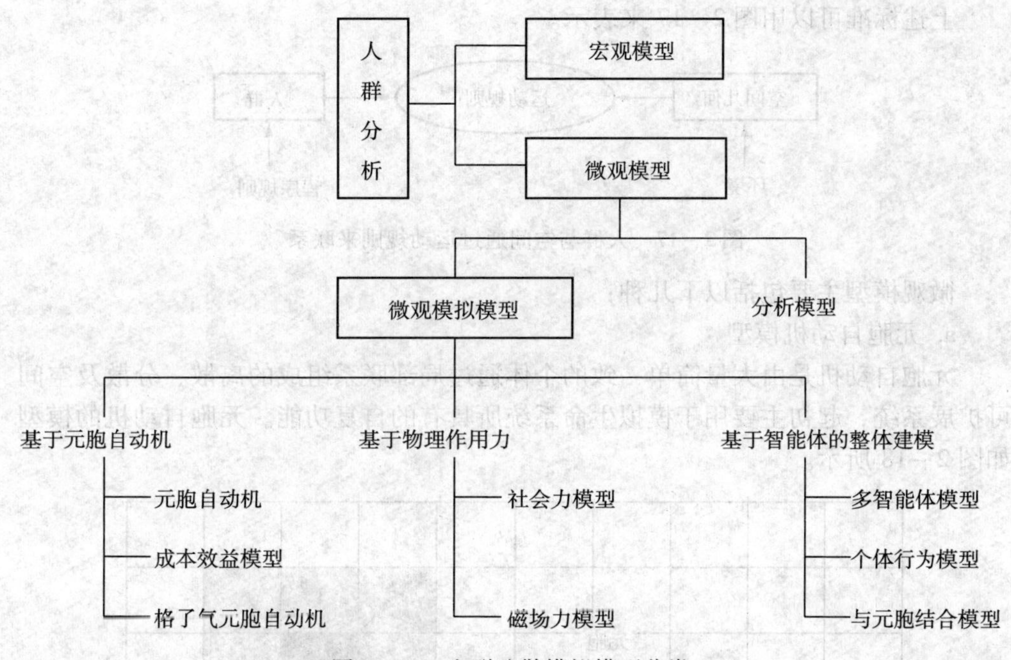

图2－16　人群疏散模拟模型分类

①宏观模型

a. 基本理论

该类模型基于这样的观点：人群的运动与流体和气体类似，因此不考虑人与人之间的相互作用，其优势是它们可用来做粗略的分析使用。

其原理是：流动容积＝平均速度×平均密度

此模型的基础是以关于密度和流动关系的数据作为补充的连续方程。

b. 宏观模型的局限

宏观模型关于“人群的运动与流体和气体类似”的前提是存在明显缺陷的，因为，流体和人群之间还是有本质区别的。人群动力学中包含这样的事实：人群不完全遵守物理定律。因为人可以选择自己的方向，能够随意开始和停止，因此，人群的运动不完全遵循能量守恒的定律。

一般来说，当人群密度高于临界密度（临界人群密度一般是指在1人/m^2以上）时，不考虑个人的心理模型，使用宏观模型较适宜；当人群密度低于临界密度时，需要考虑人的心理因素、空间意识和空间几何形状，使用微观模型较适宜。对于复杂的实际运用，可以考虑两种手段相结合。

②微观模型

微观模型是按下列标准来定义的：

空间的详细描述；个人特性的详细描述；统一的运动规则；考虑个人能力和特点。

上述标准可以用图 2－17 来表示。

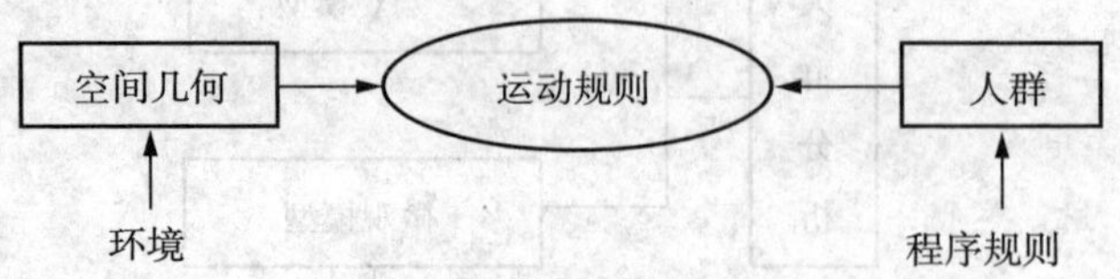

图 2－17　人群与空间通过运动规则来联系

微观模型主要包括以下几种：

a. 元胞自动机模型

元胞自动机是由大量简单一致的个体通过局部联系组成的离散、分散及空间可扩展系统，起初主要用于模拟生命系统所具有的自复功能。元胞自动机的模型如图 2－18 所示。

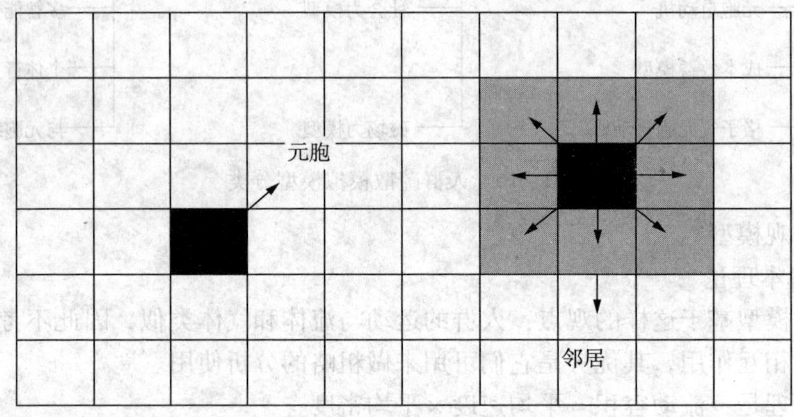

图 2－18　元胞自动机可能的转化位置

(a)基本原理

模型中，通常做法是把建筑物的平面空间划分为微小正方形单元格。在任意时刻，一个单元格要么被占据(障碍物或个体)，要么为空。因此个体的空间位置可以由个体所处的单元格的编号所唯一标示。在仿真的过程中，时间被划分为等长的时间段，在每一时间段，所有个体依照所处的环境和自己的行为规则选择是留在原格还是移动到相邻的 8 个单元格中的一格(如图 2－18 所示)。此类模型，一般都是用概率的方法给出个体移动到邻格或留在本格的概率，再确定个体的行为。总体来说，元胞自动机技术具有构造简单，运算能力强，所需硬件条件比较低等特点。

目前用于研究人群动力学并且基于元胞自动机的代表性模型是由 Ansgar Kirchner 提出的，通用模型如下所示：

$$p_{ij} = N \cdot \exp(k_D D_{ij}) \cdot \exp(k_S S_{ij}) \cdot (1 - n_{ij}) \cdot \xi_{ij} \tag{2.34}$$

式中　D_{ij}——元胞的动态场值；

S_{ij}——元胞的静态场值；

k_D——动态场关联参数；

k_S——静态场关联参数。

而参数 n_{ij} 如果为 0，则说明个体在当前细胞内，如果为 1 说明其他情况。

$$N = [\sum_{i,j} \exp(k_D D_{ij}) \cdot \exp(k_S S_{ij}) \cdot (1 - n_{ij}) \cdot \xi]^{-1} \tag{2.35}$$

每个行人基于转移概率 p_{ij} 选择下一步移动的目标元胞。

格子气元胞自动机是一种特殊的元胞自动机模型，采用串行更新规则(考虑对研究对象随机编号，然后按照编号顺序进行规则更新)，而元胞自动机是并行规则。格子气元胞自动机可以更好的解决行人之间冲突的问题。

成本效益模型是由 Gipps 和 Marksjo 提出的。与元胞自动机不同之处在于，每个格子被一个行人占有并基于行人之间的亲近性指定一个分数，分数代表了个体之间的排斥效应和平衡周围的个体效应，每个元胞的分数是总的分数的和。此模型虽然简单但由于元胞及行人的分数任意给定，所以不能够被现实数据来校正。

(b)优缺点分析

元胞自动机模型中，时间空间和状态变量都是离散的，这使得它们适于高性能的计算机模拟，另外元胞自动机模型对于数据的更新是非常简单和快速的。但应该看到特别是在行人运动和疏散模型中元胞的智能性比较欠缺，行人从一个格子移动到另外一个格子给人的感觉就是跳过去的一样。然而现实中涉及人的行为的运动往往是比较复杂的，这是元胞自动机单独用于模拟人群行为的局限之处。

b. 基于物理作用力的模型综述

基于物理力作用模型大部分属于连续模型，即人的坐标、时间及其他的一些量都是连续而非离散的，这种模型的核心是建立一组动力学的微分方程，通过这些微分方程将各个量的变化联系在一起。只要给出了初始的条件，模型就可以模拟出之后的状况。下面以两种典型的基于物理作用力的模型进行分析。

(a)社会力模型

社会力模型是由 D. Helbing 和他的同事一起建立的，并引入了“社会力”的概念，即一个人所受到的环境(包括环境中的人和物)所施加的“社会力”并非是直接作用在他身上的物理概念上的力，而只是环境对它行为影响的大小的度量。并建立了基于个体之间相互作用力的“社会力”模型，其数学描述是非常值得参考的。对于“社会力”模型的描述比较多，但基本原理都是相同的。对其简单介绍如下：

结合动力学的基本观点：

$$\frac{dx_i(t)}{dt} = v_i(t)\,;\ m_i \frac{dv_i(t)}{d(t)} = f_i(t) \tag{2.36}$$

对人流进行离散和粒子化，建立疏散动力学人群中个体的行为力模型，其一般表达式为：

$$f_i(t)=m_i\frac{v_i^0(t)e_i^0(t)-v_i(t)}{\tau_i}+f_i^{soc}(t)+f_i^{phy}(t) \tag{2.37}$$

其中就包含社会力$f_i^{soc}(t)$和物理力$f_i^{phy}(t)$，

社会力又有社会排斥力$f_{ij}^{rep}(t)$和他人以及特殊吸引物对人造成的社会吸引力$f_{ij}^{att}(t)$和$f_{ik}^{att}(t)$组成，即：

$$f_i^{soc}(t)=\sum_{j(j\neq i)}[f_{ij}^{rep}(t)+f_{ij}^{att}(t)]+\sum_k f_{ik}^{att}(t) \tag{2.38}$$

其中，

$$f_{ij}^{rep}(t)=A_i\exp[(r_{ij}-d_{ig})/B_i]n_{ij}\cdot\left[\lambda_i+(1-\lambda_i)\frac{1+\cos(\varphi_{ij})}{2}\right] \tag{2.39}$$

物理力是由与他人接触碰撞产生的身体力$f_{ig}^{ph}(t)$和边界给疏散人群的碰撞力（简称边界力）$f_{ib}(t)$组成，即：

$$f_i^{phy}(t)=\sum_{j(\neq i)}f_{ig}^{ph}(t)+\sum_b f_{ib}(t)$$

$$f_{ij}^{ph}(t)=k\theta(r_{ij}-d_{ij})n_{ij}+\kappa\theta(r_{ij}-d_{ij})\Delta v_{ji}^t t_{ij}$$

$$f_{ib}=\{A_i\exp[(r_i-d_{ib})/B_i]+k\theta(r_i-d_{ib})\}n_{ib}-\kappa\theta(r_i-d_{ib})(v_i\cdot t_{ib})t_{ib} \tag{2.40}$$

在“社会力”模型中，由于对影响个体的因素考虑的比较全面，对个体行为的建模也很合理，该模型可以很逼真的模拟人群的疏散过程，特别是一些非线性的自组织现象。除了社会力模型外，还有很多连续建模的方式，如 SIMULEX、网格模型等。目前来看，连续型模拟模型是人群疏散模拟研究的方向。它的许多优点使在模拟时更加的真实，但运算能力还是太高，限制了其应用。

而对于“社会力”模型来说存在两个问题，一是模拟中的个体不能重叠，但在现实尤其是人群密度相当高的情况下，个体之间是可以部分重叠的，即空间中的同一个位置可以同时占有多个人。二是该模型由于比较复杂并没有用现实数据校正。

(b)磁场力模型综述

日本的 Okazaki，S 与其他研究者提出了“磁场力”模型，在模型中把每个行人的移动看作磁场中的一个磁体，正极代表每个人和障碍物如墙或柱子，负极代表个体的目标。每个个体通过负极的吸引力移动到他的目标，并通过个体之间以及个体与建筑之间的同级相斥来避免碰撞。

个体之间的“磁场力”依据库伦定律进行计算。

$$F=(k\cdot E_{q_1}\cdot E_{q_2}/r^3)\cdot E_r \tag{2.41}$$

从目标、墙和其他个体施加到每一个个体上的总的力决定了每一个个体在不同时刻的速度。不同模型形式下的平均速度、人群密度、流量都是不同的。而通过模拟能够反映这些量的变化。如果个体或元素的磁场载荷设定的比较大的话，那么排斥力的强度就会加大，从而导致个体与其他个体或是墙之间保持很远的距离，结果是人群密度和流量就会很小。反之，人群密度和流量会变大。

在模型中另一个比较关键的力为避免与其他个体碰撞的力。

这个力可以通过下述规则来表示，即看其前面有没有人，如果有，绕开行走。个体 A 试图避免与个体 B 碰撞，此力通过加速度 a 来施加到个体 A 上。a 通过下式计算：

$$a = vA \cdot E\cos\alpha \cdot E\tan\beta \tag{2.42}$$

磁场力模型对于个体避免碰撞的思路是非常值得借鉴的，但是与成本效益模型类似，由于个体磁场力强度是任意指定的，所以很难利用现实数据进行校正。

(c)其他微观模型

还有一些研究者提出的其他的微观模型，如 W. J. Yu 提出了离心力模型；Takashi Nagatani 提出的平均领域模型(mean－field model)；Muranatsu 等人提出了研究偏向于随机行走者的格子气模型(CA 模型的一种)。还有应用于更大尺度空间中聚集行人研究的空间有序排列模型(Space Syntax)、离散选择模型等。

(d)微观模型的比较和分析

一般而言，微观模型由两个部分组成：即使人朝目标前进，使人与其他人和障碍物互相排斥。效益－成本的元胞模型使用的是随意打分法，而磁场力模型和社会力模型具有许多物理意义的变量。社会力模型是高度数学化的，而磁场力模型使用的是启发式方法。3 种主要微观模型的比较见表 2－5。

表 2－5 主要微观模拟模型比较

对比项目	效益－成本的元胞模型	磁场力模型	社会力模型
运动目标	获得分值	正的或负的磁场力	目标速度
排斥力影响	花费分值	正的或负的磁场力	相互影响力
行人运动	离散的	连续的	连续的
变量值	人为赋值	物理意义	物理意义
现象解释	排队	排队，路径发现，疏散	排队，自组织，振荡改变
编程定位	基于元胞	启发式	数学
疏散应用	可能	可能	不可能

2.1.2.5 人群疏散对策

人群的疏散对策主要包括总体疏散对策和个人疏散对策两类。

(1)总体疏散对策

疏散的总体对策根据人员的特点、建筑的特性等因素来分，一般分为 4 种对策：疏散、缓慢疏散、避难和原地躲避，如图 2－19 所示。

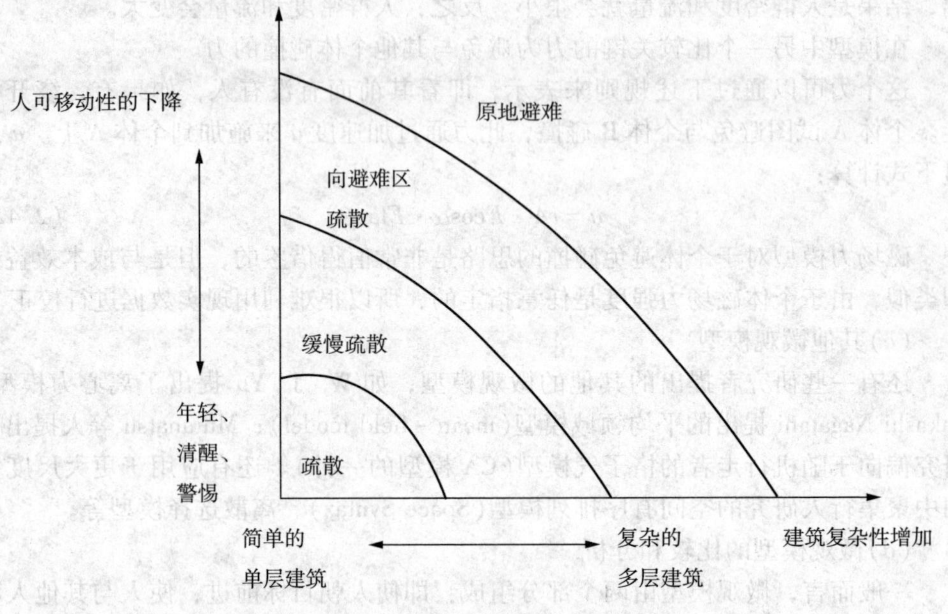

图 2－19　疏散与避难的四种对策

从图 2－19 可以得出：

①建筑越复杂，人群疏散越困难。

②人群的可移动性越低，疏散越困难。

对于残疾人、医院的病人等来讲，一般选择暂时在避难区躲避以等待救援的对策。正常人应就近选择疏散出口，当然平时疏散计划的制定和疏散演习开展对于疏散对策的选择也有重要影响。

(2)个人疏散对策

①个人的决策过程

个人在确定或评价所处危险的环境时，一般采用以下 6 个过程，即识别、证实、定义、评价、行动和重新评估，如图 2－20 所示。

②个人行为的动态过程

在以上的 6 个行为过程中，必须指出的是这些行为是具有动态的过程，其数量、速度以及强度都在不断调整。在一个人识别危险的过程中，他的心理和生理状态通常低于平时。在证实和定义危险的过程中，附近受到威胁的人们也会与其他人联系。在行动阶段开始的时候，人们的活动量极大，而在重新评估和重新行动的时候，这种活动强度变得更大。随着每个阶段的进行，人的压力也逐步增加，这个过程如图 2－21 所示。

③个人疏散对策的确定规则

a. 个人的规则

主要是基于经验的、合理的思维以及本能。

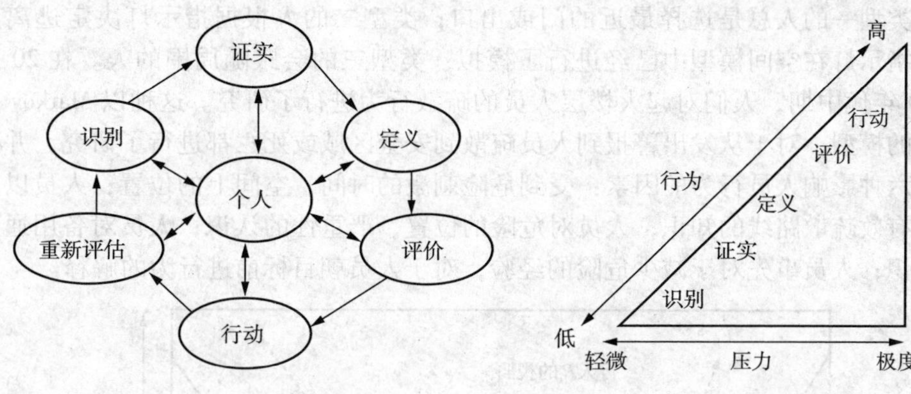

图 2－20　个人的决策过程　　　图 2－21　个人行为的动态过程

b. 社会的相互作用规则

主要基于社会的统一性、私人空间以及社会许可决策规则。这时决策的选择将基于一些模式，这些模式包括：当不存在大脑紧张或紧张程度很低时，个人趋于遵守他(她)的经验和社会统一性规则；在大脑紧张程度较低情况下，个人趋于使用合理的思维模式来寻求解决方法，这时不完全遵守社会统一性规则；当大脑紧张程度很高时，个人趋于更加个性化，依个人本能来行动；大脑高度紧张的程度会减小个人对于周围环境的意识。当个人的意识最小时，个人会利用寻求社会认可的方法来确定自己的行为；极度高的大脑紧张状态会使个人的决策能力承受太大的压力，甚至会造成暂时(临时)心理混乱。

假设即使在危险的情况下，人们的行为仍能保持合理的决策过程，在这种情况下仍努力达到较好的结果和目标。例如在剧院火灾中如果能相互合作并依次疏散，那么对人群是有利的，从而增加了人生存的可能性。另一方面，如果一些人相互拥挤，那么个人也许会感觉到如果他/她不参与拥挤，他/她的安全生存的机会就受到了威胁。对个人而言，最后行为过程也许就是参与拥挤，以使个人安全生存的机会最大。

④人群之中个人的局部行动

a. 个人的局部行为

个人在人群之中通过其视野来避免与障碍物如墙或其他人的碰撞。假设行人 P_i 的速度为 v_i，身体半径为 r_i，目前的位置为(x_i，y_i)，在该视野之中的所有其他人员的道路由每个人的信息空间大小来定义。当预料到将要发生碰撞时，就调整下一步伐，这样他就可以总与其他人保持一定的距离。决定可行走区域和不可行走区域的空间数据在这个计算中也可采用，如图 2－22 所示。

b. 疏散路线的选择

个人逃离路线的选择方式分为三类，即：根据自己的判断；根据建筑的结构；根据他人的选择。

类型一的人总是选择最近的门或出口；类型二的人根据指示灯决定逃离路线，指示灯在空间模型中已经进行了模拟；类型三的会跟随周围的人。在 20 世纪 70 年代中期，人们对起火楼层人员的疏散行为进行了研究。这种以 Markov 为基础的模型，对于从发出警报到人员疏散到安全区域或死亡都进行了研究，并确定了六种影响人员行为的因素：受到危险刺激的时间、空间上的位置；人员以前对于有效疏散路线的知识；人员对危险的位置、严重性的认识；人员对备用通道的认识；人员事先对于减少危险的经验；对于人员朝目标前进行为的解释。

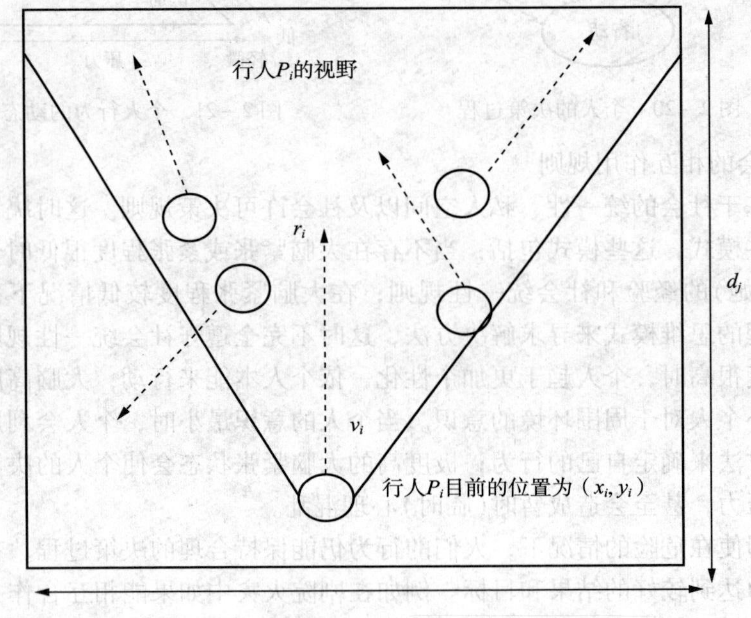

图 2－22　个人的局部行为

c. 疏散通道的当量长度。一般而言，最短的疏散路线并不意味着疏散时间最短或者安全性最优，因为人群疏散要受到人群密度、火灾等事故中环境的影响等因素。对于同样长度的疏散路线，在不同的人群密度和事故危害下，人群的疏散速度和时间是不同的。

某条疏散通道的当量长度可以用下式来表示：

$$l_i = (1 + C_1 + C_2)l \qquad (2.43)$$

式中　l_i——疏散通道的当量长度；

C_1——事故因素的惩罚系数；

C_2——由于人员之间相互作用等因素造成的通行困难惩罚系数；

l——疏散通道的实际长度。

疏散通道当量长度的概念表明，为了确保疏散的安全性，疏散者应当选择当量长度最短的路线。

2.1.3 人群疏散过程拥挤踩踏事故风险理论方法

人群疏散过程拥挤踩踏事故风险主要存在三个特征：一是人群恐慌特征；二是恐慌人群在疏散或逃跑过程特征描述；三是恐怖人群在特定狭窄区域表现出的特殊现象。

2.1.3.1 人群拥挤踩踏事故风险四阶段理论

(1)理论基础

人群拥挤踩踏事故风险(四阶段)理论以风险理论、人群行为科学理论和事故致因理论等为基础，结合特定区域(如赛场出口)人群流动特征等因素提出的一种全新的事故风险理论体系。

①风险理论

风险为一种潜在的危险状态，包括两层含义，即事故或灾害发生的可能性及其危害性后果。风险的大小取决于后果的严重性和发生概率的大小。人群拥挤踩踏事故风险理论的内涵主要体现在人群拥挤踩踏事故发生过程的四个阶段事故发生的可能性及后果的描述。

②人群行为科学理论

行为科学理论涉及心理学、社会学、人类学和管理学，行为科学的研究使管理思想出现了重大的转变，即从强调个体特征转移到注重"群体动力过程"。人群拥挤踩踏事故的主体为人群，人群中的个体的心理、行为等等会影响事故发生的可能性以及后果的严重程度。

③事故致因(突变)理论

伤亡事故是一个由人、物共同作用从而导致人受到伤害或人、物同时遭到损失的过程。事故突变理论可以解释事故发生前后，系统某些参数的连续变化引起系统状态的突然变化，系统存在的两个状态(事故、安全)的转换过程，以及在相同条件下的两个系统为何发生事故的情况等问题。人群拥挤踩踏事故的发生也是系统某些状态参数如人群密度或人群流量突变的结果。

(2)理论阐述

人群拥挤踩踏事故风险(四阶段)理论是基于风险理论、人群行为科学理论、事故致因(突变)理论，并结合目前对于人群研究的相关动力学模型(如社会力模型)以及计算机模拟技术(如多智能体建模)而提出的针对特定区域("瓶颈"之处如出口、楼梯及通道狭窄之处等)人群运动的规律及拥挤踩踏事故形成机理和预测方法进行研究的一种理论体系。

事故致因理论认为人、物、环境是导致事故发生的主要原因，尤其是能量的突然释放，而人群拥挤踩踏事故风险的制造者主要是人的因素。在特定环境(事故场景如火灾、爆炸等)及物(建筑空间结构等)的因素的影响下，导致人心理产生非常态反应如恐慌，从而产生一些无理性的盲目行为，导致人本身能量的突然释放(如速度增加等)。因此人群拥挤踩踏事故发生，是一个随时间变化而能量聚集的过程，是一个由量变到质变，能量突然释放的过程。依据人群移动特征这个过程可以分为四个阶段即自由移动阶段、滞留阶段、拥挤阶段和踩踏阶段，而拥挤踩踏事故最可能发生四个阶段中后三个阶段。因此分别针对这四个阶段开展相关风险研究，可以为揭示人群拥挤踩踏事故发生、发展规律提供理论支持。图2－23为人群拥挤踩踏事故风险(四阶段)理论及人群运动四阶段过程。

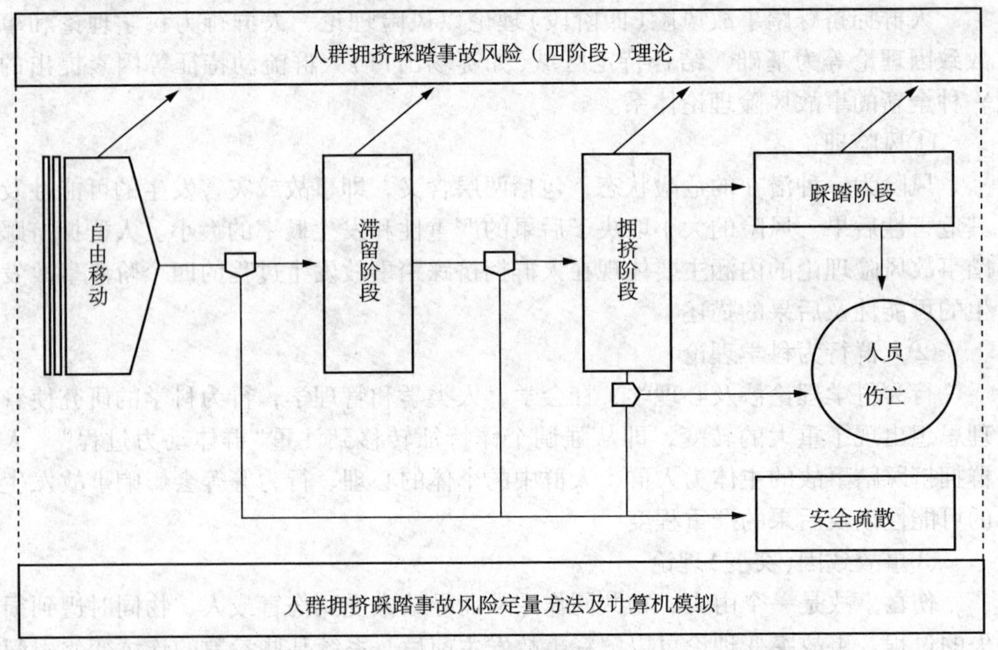

图2－23　人群拥挤踩踏事故风险(四阶段)理论及人群运动四阶段过程

由图2－23所示的人群拥挤踩踏事故风险的四个发展阶段来说，自由移动阶段是相对比较简单的，是与所研究环境参与的总人数相关的一个量；而对于踩踏阶段来说，踩踏并不能够在静态人群中发生，踩踏事故只能发生在行人移动过程中。人群移动过程中，踩踏可能在拥挤之前发生，也可能发生在拥挤之后发生，并且在踩踏事故可能不发生在最危险的行人所在点上。但是如果一旦踩踏事故最开始发生在一些不危险的点上，那么这个新的点就会成为最危险的点并且事故会在此点附近蔓延。目前很难对此阶段进行相关分析。现阶段人群拥挤踩踏事故风险研究主要体现在前三个阶段即自由移动、滞留和拥挤阶段，而滞留和拥挤阶段又是本研究的重点。下面对于特定区域人群拥挤踩踏事故风险形成阶段分析，如图2－24所示。

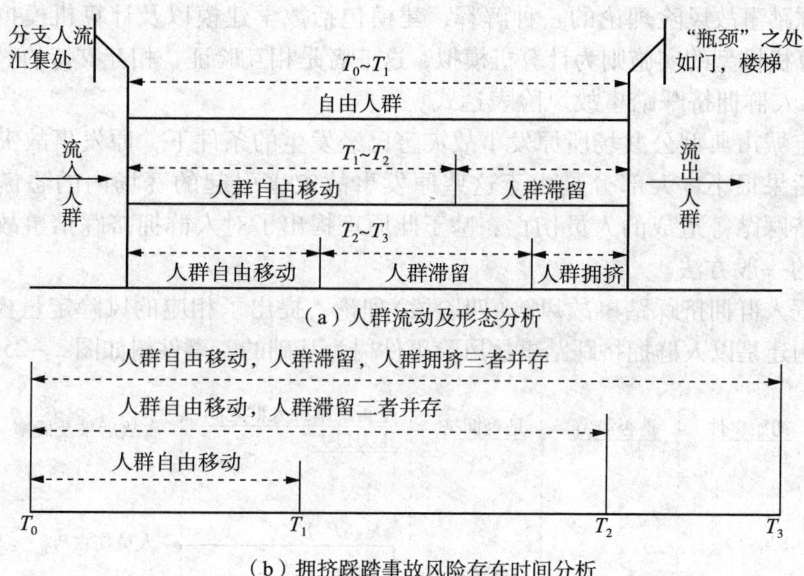

（a）人群流动及形态分析

（b）拥挤踩踏事故风险存在时间分析

图2-24 特定区域人群拥挤踩踏事故风险形成阶段分析

由图2-24可以看出，在T_0到T_3时刻内，人群拥挤踩踏事故最有可能发生在接近T_3的时刻，也就是发生在滞留人群尤其是出现的拥挤人群之中。这个过程影响参数为人群密度、移动速度和出口人群流动系数，这三个量是相关的。自由移动人流出现拥挤踩踏事故的可能性几乎没有，但自由移动人流对人群滞留和人群拥挤阶段的出现有直接关系，并对事故后果产生较大影响，原因在于自由移动的人流是一个持续增加的过程，并且是不断转化的过程，三者之间并没有明显的界限。从图2-24可以看出，在T_0~T_1时刻人群密度比较小时，全部人群都为自由移动状况，但在T_1~T_2时刻，由于进入"瓶颈"之处的人群大于从"瓶颈"之处疏散的人群，此时自由移动人群逐步转变为滞留人群，也就是说随着人群密度的增加，人群移动速度越来越慢，出现滞留现象。当"瓶颈"之处人群密度达到最大时，人群流动系数变为零，也就意味这个时刻人群不能疏散出去，"瓶颈"完全堵塞，这时人群出现拥挤，随后的滞留人群逐步转变为拥挤人群，相应的自由人群转变为滞留人群，当分支入口处人群还在不断增加，而"瓶颈"之处人流无法进行疏导时，各阶段人流转化加快，如果不采取任何措施，靠近"瓶颈"处的拥挤人群中的个体之间受力达到一定程度，使得个别弱势人员(老人，小孩)出现伤亡，引发人群更大的恐慌，从而使的人群行为更为失控，导致人群拥挤踩踏事故发生。

2.1.3.2 人群拥挤踩踏事故风险模型构建

人群拥挤踩踏事故风险模型的构建的理论基础为人群拥挤踩踏事故风险(四阶段)理论，即针对人群疏散过程的四个阶段分别进行建模。对于模型的求解也是人群拥挤踩踏事故风险理论的一种解释，建模包括数学建模以及计算机模拟模型两种，计算机模型的实施则为计算机模拟，这三者是相互验证，相互支持的。

(1)人群拥挤踩踏事故风险表达式

假定城市典型公共场所原发事故灾害已经发生的条件下，原发事故灾害风险的伤亡后果很小，大部分是由于这些原发事故灾害引起的赛场内的恐慌人群惊跑、拥挤踩踏等造成的人员伤亡。基于此原理提出了对人群拥挤踩踏事故风险模型构建的一般方法。

依据人群拥挤踩踏事故风险(四阶段)理论，提出了相应的风险定量模型，总体模型构建是以人群拥挤踩踏事故风险事件树为基础的。事件树如图2－25所示。

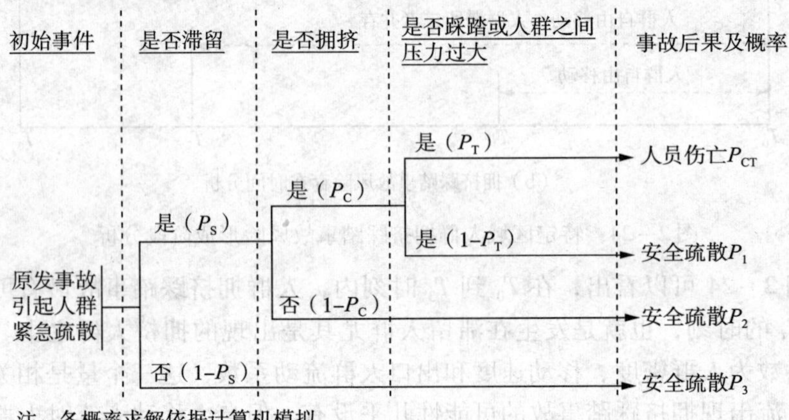

图2－25　人群拥挤踩踏事故风险事件树分析

因此人群拥挤踩踏事故风险计算的表达式如下：

$$R_{CT}=P_{CT}\cdot C=P_S P_C P_T\cdot C \tag{2.44}$$

式中　R_{CT}——人群拥挤踩踏事故风险；

P_{CT}——人群拥挤踩踏事故发生频率；

C——人群拥挤踩踏事故后果；

P_S——人群出现滞留状况的频率；

P_C——人群出现拥挤状况的频率；

P_T——人群出现踩踏状况的频率。

对于城市公共场所来说，影响恐慌状态下人群疏散的因素很多，涉及方方面面，要建立一个全面的完善的模型目前是不可能做到的，因此本定量模型只是一个简化模型。

在城市公共场所事故统计分析中，只是对引发人群拥挤踩踏事故的原因及后果进行了分析，并没有给出一个对于发生频率的统计。实际上，事故发生的概率是一个非常难以确定的问题，传统的方法是基于大量统计数据，而对于本研究对象来说，这是很难得到的。这些突发事件的高度随机性，很难纯定量地估算概率。人群拥挤踩踏事故最主要的特征为人群高度密集，也就是特定区域内的人数的多少决定了此风险的易发程度，因此对某特定区域人群拥挤踩踏事故风险概率(频率)用此区域滞留人数(Stranded Number，N_S)与场所受影响的总的人数(Total Number，N_T)比值来表示，即：

$$P_S = N_S / N_T \tag{2.45}$$

人群拥挤踩踏事故导致后果就是人员伤亡，而人员受伤是一个比较难以界定且宽泛的概念，并且不容易反映此事故的严重程度，因此以事故风险易发程度中的特定区域滞留人群的死亡人数(Fatality Number，F_N)来表示，即

$$C = F_N \tag{2.46}$$

前面提到人群高度密集不一定会发生事故，只有在某些特定触发因子的作用下才有可能发生拥挤踩踏事故，触发因子 λ 定义为拥挤踩踏事故风险易发程度与后果的一个相关系数。因此人群拥挤踩踏事故风险(Crowd Congestion and Trampling Risk，R_{CT})可以表述如下：

$$R_{CT} = \lambda (N_S / N_T) F_N \tag{2.47}$$

式中，N_T 可以用设计人数或是事故发生时城市公共场所的总人数等来确定；而 N_S、F_N 和 λ 的确定是一个比较复杂的问题，下面分别进行详细介绍。

(2)风险模型主要计算参数求取

①滞留人数 N_S 的确定方法。

依据日本 Togawa 推导出来的疏散时间计算公式，我国的温丽敏、马莉莉、刘强等人依据此公式分别在各自的领域进行了分析和应用，但主要集中在对疏散时间的求解。借助此疏散计算公式但不直接求疏散时间，而是把研究重点放在影响人群拥挤踩踏事故风险的滞留人数计算，并根据计算出的滞留人数与总人数比值来表示事故发生概率，找出此种事故根源及解决方法，从而解决了上面的人群拥挤踩踏事故风险定量问题。

特定区域滞留人数 N_S 是一个随时间变化的量，对其推导如下：

在人群疏散方向上取一基准断面 P，则向断面 P 前进的人群称为流入群集；流出断面 P 继续前进的人群为流出群集，如果由于某种原因，例如通路变窄或遇到门、楼梯、台阶等通道性质的改变，便容易引起人群在基准断面 P 处的滞留与混乱，在断面 P 处滞留的人群称为滞留群集，它等于流入群集与流出群集人数之差，如图 2-26 所示。

a. 集结人数 N_1

设在群集区内，人流经 n 个内部通道分支入口最后汇集到一个总出口疏散，自疏散开始时刻起($t=0$)到 T 时刻止，到达 P 点的集结群集人数为：

$$N_1 = \sum_{t=1}^{n} \int_0^T f'_i(t) B'_i(t) \mathrm{d}t \tag{2.48}$$

式中 $f_i'(t)$——第 i 个分支入口的群集流动系数(指单位时间内单位空间宽度通

过的人数），人/(m·s)；

$B'_i(t)$——第 i 个分支入口的人流宽度（通常用出口宽度来近似计算），m；

n——分支入口的数目，个。

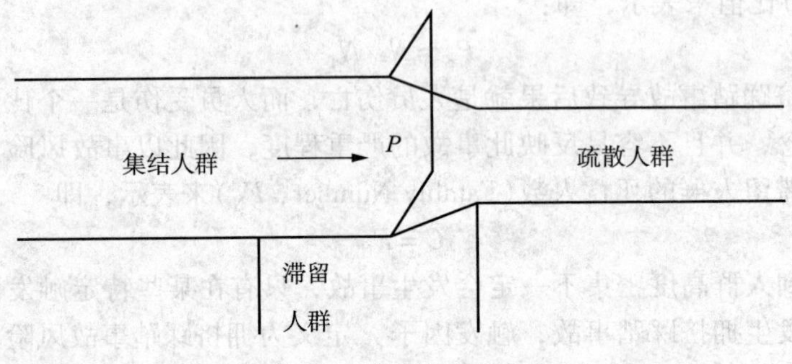

图 2-26 群集流动示意

b. 疏散人数 N_2

自疏散开始的时刻($t=0$)开始，到 T 时刻终止，经过 P 点疏散出的人群人数包括疏散初期流出的人数和 $t=T_0$ 时刻出现滞留后疏散出的群集人数，则：

$$N_2 = \sum_{i=1}^{n} \int_{0}^{T_0} f'_i(t) B'_i(t) \mathrm{d}t + \int_{T_0}^{T} f(t) B(t) \mathrm{d}t \tag{2.49}$$

式中 $f(t)$——总出口群集流动系数，人/(m·s)；

$B(t)$——总出口的人流宽度（通常用出口宽度来近似计算），m；

其他符号意义同前。

显然，上式右边第一项表示在时间 $0\sim T_0$ 内，人流经 n 个分支出口集结于总出口断面 P 处并自由流出的人流；第二项表示在时间 $T_0\sim T$ 内，通过总出口断面 P 处疏散的人数。

c. 滞留人数 N_S

到时刻 T 止，在断面 P 处滞留的群集人数为：

$$N_S = N_1 - N_2 = \sum_{i=1}^{n} \int_{T_0}^{T} f'_i(t) B'_i(t) \mathrm{d}t - \int_{T_0}^{T} f(t) B(t) \mathrm{d}t \tag{2.50}$$

符号意义同式(2.49)。

因此，只要初始条件已知，就可以通过式(2.50)得到滞留区域人数，也就是可能发生人群拥挤踩踏事故暴露下的滞留人群 N_S。

②死亡人数 F_N 的确定

众多人群相关的事故灾害表明人群聚集可能导致严重的结果，通常人群死亡结果可以分为两种类型：一种是个体由于踩踏而致死，在这种形式下尽管人群密度比较高，但行人仍可以移动。任何个体跌倒后，由于站立着的人的脚的踩踏，或是其他人绊倒而压在身上导致窒息。第二种类型为行人拥挤致死，在这种形式下，人群密度是非常高并且人群移动几乎是不可能的。当拥挤发生时，人群之间的压力会压迫个体的肺部，然后在站立中导致窒息而死亡。

a. 拥挤踩踏事件中力的作用

人群中可以产生不可承受或不能控制的力。事实上，拥挤踩踏事故中的人群死亡主要是由于由压力导致的窒息而不是新闻媒体中报道的“踩踏”。事故过后，现场因压力而弯曲的钢质扶手表明，这种力要超过4500N。这种力的产生是由于推挤，人群之间相互倾斜压在其他人身上的多米诺效应。拥挤踩踏事故中的人群拥挤有两种类型：人群在垂直方向上相互堆叠和水平方向的相互拥挤。

人群之间在垂直方向上相互堆叠时，一些人压在另一些人上面，或者有水平的推挤和倾斜力时就会发生压缩性窒息。在美国国家标准局对护栏的研究中表明，3 个人尽力倾斜产生的力为 792 N，推挤的力为 609 N 。与此相似，在澳大利亚建筑技术中心，3 个人一起用倾斜的姿势可以产生 1370 N 的力。这一研究表明，在恐慌状态下，5 个人能够产生 3430 N 的力。

拥挤状态下人群之间的力可以由社会力模型来解释。根据 D. Helbing 的在恐慌状态下的社会力模型，恐慌状态下人与人之间的相互作用力为(忽略吸引力的作用)：

$$f_i(t) = m_i \frac{v_i^0(t) e_i^0(t) - v_i(t)}{t_i} + \sum_{j(\neq i)} f_{ij}(t) + \sum_b f_{ib}(t) \tag{2.51}$$

式中　$m_i \frac{v_i^0(t) e_i^0(t) - v_i(t)}{t_i}$为加速度项；

$f_{ij}(t) = \left\{A_i \exp[(r_{ij} - d_{ij})/B_i] + kg(r_{ij} - d_{ij})\right\} n_{ij} + \kappa g(r_{ij} - d_{ij}) \Delta v_{ji}^t t_{ij}$是人与人之间的社会力影响项和恐慌状态下身体接触时的作用力项；其中，$d_{ij} = \| r_i - r_j \|$表示不同行人质心之间的距离，$n_{ij}(t) = [n_{ij}^1(t), n_{ij}^2(t)] = \frac{r_i - r_j}{d_{ij}}$是从行人 j 指向行人 i 的标准化向量，如果 d_{ij} 小于 $r_{ij} = (r_i + r_j)$，行人之间将相互接触。$A_i \exp[(r_{ij} - d_{ij})/B_i]$为人与人之间的社会力，$k(r_{ij} - d_{ij}) n_{ij}$为身体间的相互挤压力，$\kappa(r_{ij} - d_{ij}) \Delta v_{ji}^t t_{ij}$为行人 i 靠近行人 j 时阻止相互间切向运动的摩擦力。

如果 $x \geqslant 0$，则函数 $g(x)$ 等于 x，否则，函数值为 0。而且 $t_{ij} = (-n_{ij}^2, n_{ij}^1)$ 表示切线方向，$\Delta v_{ji}^t = (v_j - v_i) t_{ij}$表示切线上的速度差值，$k$ 和 κ 表示常数。

同理：$f_{ib} = \left\{A_i \exp[(r_i - d_{ib})/B_i] + kg(r_i - d_{ib})\right\} n_{ib} + \kappa g(r_i - d_{ib})(v_i \cdot t_{ib}) \cdot t_{ib}$为人与边界之间的作用力(包括社会力作用和接触作用力)。d_{ib}表示到墙 B 的距离，n_{ib}表示垂直于墙壁的方向，t_{ib}表示垂直的切线。

b. 恐慌

在触发事件发生后，人群会产生严重的恐慌情绪，恐慌状态下的人群会产生不理智的行为，从而使事故急剧恶化。人群的恐慌程度可以用恐慌度表示：

$$p_i(t) = 1 - \frac{\overline{v_i}(t)}{v_i^0(0)} \tag{2.52}$$

式中　$p_i(t)$——反映了恐慌度；

$v_i^0(0)$——初始速度；

$\overline{v_i}(t)$——向期望方向运动的平均速度，随周围人群密度的变化而变化。

恐慌可以因行人的相向运动而触发。这会延迟人群疏散的时间，从而使得人群中出现不耐烦和推挤，这可以根据 $v_i^0(t) = [1 - p_i(t)]v_i^0(0) + p_i(t)v_i^{\max}$ 用增加期望速度来描述，其中，$v_i^0(t)$ 为实际运动速度（观察得到的），$v_i^0(0)$ 是初始的速度，$v_i^{\max}$ 是最大的期望速度。

c. 拥挤事故持续时间

人群拥挤事故的主要死亡原因是窒息，是在高压下导致的窒息，其次是因踩踏致死。根据调查，拥挤事故的受伤状况主要表现为：不省人事（78%），呼吸困难（100%），鼻腔流血（47%），耳道流血（52%），头颈部、口腔及皮肤黏膜瘀斑和出血（100%），眼结膜水肿及眼球突出，四肢骨折等，无颅内出血发生。昏迷程度与踩踏时间直接正相关，进一步导致脑水肿及颅内出血，并最终死亡。根据事故调查，拥挤事故的持续时间非常短，事故发生时犹如爆炸冲击波的速度冲击人群。事故过程一般在 3～10min 左右，若以 3min 为产生拥挤踩踏伤亡后果的时间，事故后果与时间呈指数关系，则时间与后果之间的关系表示为：

$$C \propto e^{\frac{t}{3}} \tag{2.53}$$

式中　C——事故后果，指伤亡人数；

t——事故持续时间。

据研究，拥挤踩踏事故的主要伤亡原因是窒息，这与人的胸部受力而导致呼吸受阻有直接关系。根据事故调查，发现现场的钢质护栏在拥挤中发生变形，而导致这种变形产生的力至少为 4500N，拥挤事故发生的最短时间为 3min 左右，由此假设：拥挤事故中当力大于 4500N 时，只要持续 3min，就会致人死伤。超过临界时间以后，由于多米诺效应的影响，人员的死伤会呈指数增长。

因此死亡人数 F_{N}（后果）表示为：

$$F_{\mathrm{N}} = \sum_{i=1}^{m}\left[f_i(t) \geqslant 4500,\ t \geqslant 3\right] \cdot e^{t/3} \text{其中，} f_i(t) \geqslant 4500\mathrm{N},\ t \geqslant 3\mathrm{min} \tag{2.54}$$

式中　$f_i(t)$——可以用上面提到的社会力模型计算；

m——胸部压力超过 4500N 的人数，可通过计算机模拟得到；

t——事故持续时间。

③事故触发因子 λ 分析

从离场人群事故分析可知，原发事故导致人群恐慌，但在疏散过程中出现拥挤踩踏事故的主要诱发原因还是由恐慌人群内部引起的。由于人群中的个体差异，也就是弱势人群（由于赛场人员的构成和行动的步速情况是有一定关系，如年轻人步速比儿童或老年人要大，因此这两项以一个基本参数表示）占的比例越大，出现事故的可能性就越大。另外恐慌下的人群的行动方向主要是基于“从众”心理，也就是哪个出口或通道人群聚集的越多，人群的行动方向就容易指向哪里。人群信息通畅程度也是影响人群伤亡后果的一个触发因子。

因此触发因子可以用弱势人群（老人、儿童和残疾人占的总人数的比例）、出口的吸引力（表征人群行动方向，尤其是某主要出口或常用出口周围几个看台的人群疏散方向，也就是说人群下意识的行动方向与出入口的熟悉程度以及周围人群趋向有关，影响事故易发性）和拥挤人群信息通畅程度（影响人群后果程度大小）等来表征。

(3) 人群拥挤踩踏事故风险定量模型（CCTRM）表达式

①模型表达式

由以上分析可知，人群拥挤踩踏事故风险定量模型（CCTRM）表达如下：

$$R_{CT} = \lambda(N_S/N_T)F_N$$

t 时刻特定区域滞留人数 N_S 通过下式求得：

$$N_S = N_1 - N_2 = \sum_{i=1}^{n}\int_{T_0}^{T} f'_i(t)B'_i(t)\,dt - \int_{T_0}^{T} f(t)B(t)\,dt$$

t 时刻特定区域滞留人群中的死亡人数 F_N 通过下式求得：

$F_N = \sum_{i=1}^{m}\left[f_i(t) \geqslant 4500,\ t \geqslant 3\right] \cdot e^{t/3}$，其中 $f_i(t) \geqslant 4500\text{N}$，$t \geqslant 3\text{min}$。

上式中 $f_i(t)$ 为滞留人群之间的作用力（社会力），通过式下式求得：

$$f_i(t) = m_i \frac{v_i^0(t)e_i^0(t) - v_i(t)}{t_i} + \sum_{j(\neq i)} f_{ij}(t) + \sum_b f_{ib}(t)$$

触发因子 λ 通过专家打分、评判可以得到。

②模型分析

一般意义下的人群拥挤踩踏事故风险大小可以通过上面一系列表达式求得。在上述表达式中，目前对于人群疏散或逃跑过程中特定区域内滞留人数大小的计算可以通过滞留人数离散模型进行求解。表达式中死亡人数的大小是一个比较难以确定的因素，其不能通过实验或方程推导得到，因此需要借助计算机模拟来进行求解。

2.2 城市开放空间人群疏散理论方法

本书中城市开放空间定义为：在一定城市区域内，具有多重功能和目标的城市建筑实体以及实体之外的开放空间体，它既包括城市建成区内的建筑设施和环境空间，又包括道路、广场、避难场所等具有一定社会经济功能的人工地面。

对于人群的疏散程序主要分为两部分：一是大量人群由建筑物向室外空间的疏散；二是从户外向安全避难场所的疏散。开放空间疏散这一概念主要是为与建筑物内的疏散区别开，主要研究“从户外向安全避难场所的疏散”。开放空间人群疏散管理的主要工作就是要在城市网络的环境下，对整个疏散系统进行合理规划，使其发挥最大效率，把受灾区域内的居民迅速及时地转移到安全地点。

2.2.1 开放空间与城市道路网络理论

2.2.1.1 城市道路网络理论

自然界和人类社会中，大量的事物以及事物之间的关系，常可以用网络来描述。对于一个城市构建的网络，网络的节点可以是道路交叉口、危险源、事故发生点、各类基础设施等，网络的边就是连接这些点之间的道路。

道路网络的定义：由点集 $V=\{v_i\}$和 V 中元素的无序对的一个集合 $E=\{e_k\}$所构成的二元组，记为图 $G=(V, E)$，这种点或边带有某种数量指标的图称为网络。

(1)网络数据结构

在现实世界中，人员的流动、货物的流通和服务的分配以及资源和能源的运输，还有信息的沟通都构成了一个可以定义的网络系统。这种网络系统一般通过一个线性的图形机构来描述，称之为地理网络(GeoNetwork)。虽然网络系统应用于诸如道路、交通、电信、电力、通信、水利、石油、燃气、自来水等形形色色的行业领域中，但可以抽象地认为，地理网络由两种基本的元素构成，即边(Link)和节点(Node)。

①边(Link)

边是地理网络中的线状要素。一般用以表示网络中流通、传输、沟通的通道或者线路。例如，在城市道路中，路口和道路可以构成一个简单的网络系统，其中道路就可以看作是网络的边。在一个网络系统中，边和边必须在节点处相邻。

②节点(Node)

节点是地理网络中的点状要素。简而言之，节点就是网络中的边和边相邻接的交点。例如，在城市道路中，路口和道路可以构成一个简单的网络系统，其中道路交叉口就可以看作是网络的节点。同一个节点上的邻接边可以只有一条，也可以有多条。节点中又有下面几种特殊的类型。

a. 障碍(Barrier)。禁止网络中链上流动的点。

b. 拐点(Turn)。出现在网络链中的分割节点上，状态属性有阻力，如拐弯的时间和限制(如在发生事故时由于堵塞不允许左拐)。

c. 中心(Center)。是接受或分配应急资源的位置，如医院、避难点等，其状态属性包括资源容量(如总量)。

(2)网络的矩阵表示

用矩阵表示网络对研究网络的性质及应用常常是比较方便的，网络的矩阵表示方法有权矩阵、邻接矩阵、关联矩阵、回路矩阵、割集矩阵等，这里只介绍权矩阵形式。

定义　网络 $\boldsymbol{G}=(V, E)$，其边 (v_i, v_j) 有权 w_{ij}，构造矩阵 $\boldsymbol{A}=(a_{ij})_{n\times n}$，

其中
$$a_{ij}=\begin{cases}w_{ij}, & (v_i, v_j)\in E\\ 0, & \text{其他}\end{cases} \tag{2.55}$$

称矩阵 $\boldsymbol{A}$ 为网络 $\boldsymbol{G}$ 的权矩阵，权 w_{ij} 可以是道路长度、通行时间等参数。

2.2.1.2　城市开放空间与城市道路网络理论

城市开放空间可以分为点、线、面三种空间形态，这三种形态又恰好是构成网络的基本要素。因此，在城市开放空间人群疏散这一问题上，可以把城市简化为一个互相连通的网络，根据其网络特性对人群疏散进行分析研究。对于一个城市网络，道路和路口、事故地点、安全避难场所可以构成一个简单的网络系统，道路可以看作是网络的边，路口、事故地点、安全避难场就可以看作是网络的结点，如图 2－27 所示。事故地点对应城市网络中的 v_s，各个路口分别对应 $v_2\sim v_5$，避难场所对应城市网络中的 v_t，各个路口之间的道路对应城市网络中的边。

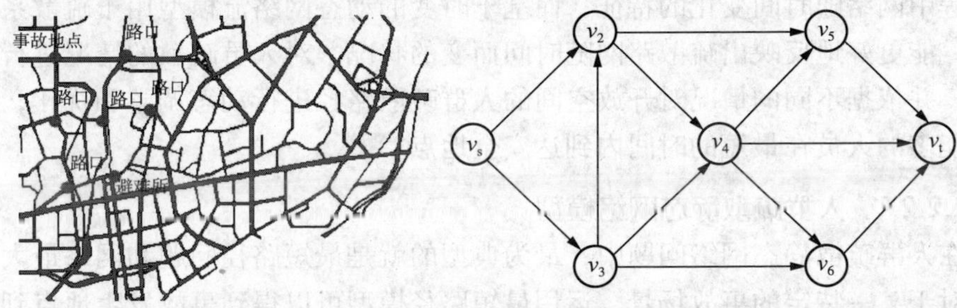

图 2－27　城市开放空间与城市道路网络

人群疏散问题包括建筑物内的人群疏散和建筑物外开放空间的人群疏散。建筑物内的疏散路径选择主要是运用人群动力学理论和方法；而建筑物外的人群疏散由于具有一定的特殊性，主要运用网络分析方法来解决实际问题。其特殊性表现在以下方面：

①城市的平面可以被转换为网络结构；

②把人群作为一个整体进行考虑，忽略个体差异；

③人群运动具有一定的规律性；

④可以把城市网络中的人群运动看作流体运动；

⑤可以忽略个体人员之间的相互作用。

在城市开放空间人群疏散的问题中，研究的是突发事故下大规模的人群疏散

问题，可以忽略人群中个体的差异，从宏观上对该问题进行研究，因此，运用网络分析方法可以合理有效的解决问题。

2.2.1.3 开放空间疏散的路径选择技术

开放空间疏散路径的选择取决于网络的优化技术，事故的发生及其影响地点作为网络的源节点；避难场所的位置作为网络的目标节点；与连接它们的道路构成疏散网络，而对这个疏散网络的优化技术就是开放空间的疏散路径选择技术，主要以网络流优化为基础。

本书中疏散路径选择是基于开放空间危险源的分布，以及周边道路交通、人口密度分布等信息，构建开放空间的道路交通网络以及人口数量查询系统，建立有效的疏散路径选择模型并确定疏散路线；同时根据事故灾难的影响范围、人员疏散的情况以及避难场所的设置，根据网络分析模型(网络中的最短路、最大流等)对人员疏散路线和方法进行调整。

2.2.2 开放空间人群疏散模型

开放空间人群疏散模型包括静态网络疏散模型和动态网络疏散模型。静态网络的结构及参数优化问题主要包括最短路径、最大流问题，但是不能反映实际疏散过程中网络随时间变化的特征；而基于时变的动态网络流模型用于疏散系统的优化，能更好地反映出疏散路网随时间而变的状况，对人员疏散的情况进行实时监控，并依据不同的情况对开放空间的人群疏散路径进行动态调整和优化，保证尽可能多的人员在最短的时间内到达安全地点。

2.2.2.1 人群疏散静态网络模型

在人群疏散静态网络问题中，最为典型的就是最短路径问题和网络最大流问题。对于某一特定的事故场景，运用最短路径模型可以得到事故发生地点到安全避难场所的最短路径长度以及所经过的道路，使人员能够快速的到达安全场所；运用网络最大流模型可以针对某个区域内的道路网络，计算出网络中所能疏散的最大人群流量，保证尽可能多的人员到达安全地点，对于决策者制定应急疏散预案是具有一定的指导作用。

(1)最短路径模型

最短路径问题是网络理论中应用最广泛的问题之一。许多优化问题可以使用这个模型，如设备更新、管道铺设、线路安排、厂区布局等。最短路径问题最常见有五类：两指定点间的最短路径；各点对之间的最短路径；从某一指定点到其他所有点之间的最短路径；两个指定点之间通过某些指定点的最短路径；第二、第三……第 K 最短路径。

本书运用该模型研究突发事故下人群疏散的最短路径问题，设城市网络为 G

$=(V, E)$，v_s 为事故发生地点，v_t 为安全避难场所，城市网络中的道路长度为 l_{ij}（$l_{ij}=\infty$ 表示 v_i，v_j 间无道路），求一条道路 u，使它是从 v_s 到 v_t 的所有路中总长度最小。即：

$$L(u)=\min\sum_{v_i,v_j\in u} l_{ij} \tag{2.56}$$

Dijkstra 算法由 Dijkstra 于 1959 年提出，可用于求解指定两点事故发生地点 v_s、安全避难场所 v_t 间的最短路径，或从指定点 v_s 到其余各点的最短路径，目前被认为是求网络最短路径问题的最好方法。算法的基本思路基于以下原理：若序列$\{v_s, v_1, \cdots\cdots v_{n-1}, v_n\}$是从 v_s 到 v_n 的最短路径，则序列$\{v_s, v_1, \cdots\cdots v_{n-1}\}$必为从 v_s 到 v_{n-1}的最短路径。

下面给出 Dijkstra 算法基本步骤，采用标号法。

可用两种标号：T 标号与 P 标号，T 标号为试探性标号(tentative label)，P 为永久性标号(permanent label)，给 v_j 点一个 P 标号时，表示从 v_s 到 v_j 点的最短路径，v_j 点的标号不再改变。给 v_j 点一个 T 标号时，表示从 v_s 到 v_j 点的估计最短路径的上界，是一种临时标号，凡没有得到 P 标号的点都有 T 标号。算法每一步都把某一点的 T 标号改为 P 标号，当目标节点 v_t 得到 P 标号时，全部计算结束。对于有 n 个顶点的人群疏散网络，最多经 $n-1$ 步就可以得到从事故发生地点到安全避难场所的最短路径。

步骤：

①给 v_s 以 P 标号，$P(v_s)=0$，其余各点均给 T 标号；

②若 v_i 点为刚得到 P 标号的点，考虑这样的点 v_j：(v_i, v_j)属于 E，且 v_j 为 T 标号。对 v_j 的 T 标号进行如下的更改：

$T(v_j)=\min[T(v_j), P(v_i)+l_{ij}]$

③比较所有具有 P 标号的点，把最小者改为 T 标号，即：

$P(\overline{v_t})=\min[T(v_i)]$

当存在两个以上最小者时，可同时改为 P 标号，若全部点均为 P 标号则停止，否则转回②。

(2)开放空间人群疏散最大流模型

最大流问题是一类应用极为广泛的问题，本书运用该模型对城市网络中人群疏散的最大流进行分析。通过对城市网络中的道路通行能力和人群疏散流量进行分析计算，可以优化突发事故时城市网络的疏散能力，有效指导人群的疏散，使尽可能多的人员同时离开危险地区。

如果把图 2-28 看作是人群疏散的道路网络，v_s 为事故发生地点，v_t 为避难所，v_1，v_2，v_3，v_4 为道路路口，边上的数表示该道路的最大通行能力，如何安排各道路的人群数量才能使从 v_s 到 v_t 的总人群流量最大，这就是典型的最大流问题。

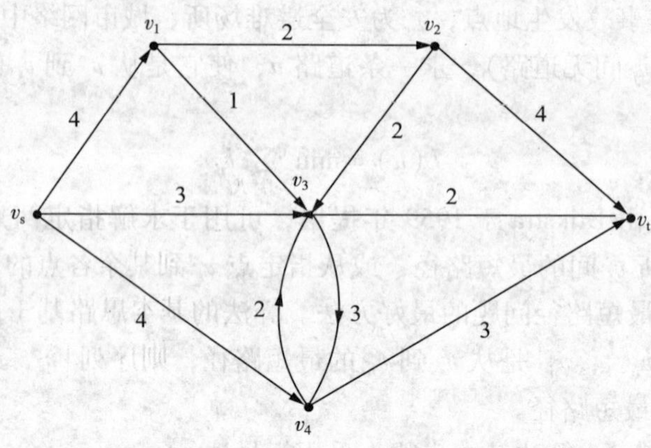

图 2-28 人群疏散的道路网络

最大流问题的模型是由 Ford 和 Fulkerson 于 1957 年最早提出的，基本思路是从任一个可行流(例如 $f=\{0\}$)出发，判断网络 N 中有无关于 v_s 到 v_t 增广链。若没有这样的增广链，则 f 是最大流；若有这样的增广链，则可根据以下定理中的两个算式，对 f 进行调整，得到一个新的流量更大的可行流 f'；对 f' 再重复上述过程，直到找不出 v_s 到 v_t 增广链为止。

$$f'_{ij}=\begin{cases}f_{ij}+\theta,\ v_iv_j\in P_\theta^+\\ f_{ij}-\theta,\ v_iv_j\in P_\theta^-\\ f_{ij},\ v_iv_j\notin P\end{cases}\tag{2.57}$$

增广链 P_θ：从 v_s 到 v_t 的一条链，顺这条链使网络的总流量可以增加，则称该链为增广链，记为 P_θ。

Ford - Fulderson 标号算法

步骤 1　令 $f=\{f_{ij}\}$是任意可行流，可能是零流。令 $v_s=v_0$，给 v_s 一个永久标号(-，∞)。

步骤 2

①如果所有标号点都被检查，转步骤 4。

②找一个标号但未检查的点 v_f，并做如下检查：对每一个弧(v_i，v_j)，如果 $f_{ij}<c_{ij}$，且 v_j 未标号，则给 v_j 标号($+j$，$\zeta(i)$)，其中 $\zeta(j)=\min\{\zeta(i),\ c_{ij}-f_{ij}\}$；对每一弧($v_j$，$v_i$)，如果 $f_{ij}>0$，且 v_j 未标号，则给 v_j 标号($-j$，$\zeta(i)$)，其中 $\zeta(j)=\min\{\zeta(i),\ f_{ij}\}$。

如果 v_t 被标号，则转步骤 3；否则返回①。

步骤 3　由点 v_t 开始，使用标号的第一个元素构造一条增广链 P(点 v_t 的标号的第一个元素表示在链中倒数第二个点的下标，而这第二个点的标号的第一个元素表示倒数第三个点的下标，如此类推)，在 P 上作 $\zeta(t)$平移得新的可行流 f'(标号的第一个元素的正负号表示通过增加或减少弧流来增大流值)。以 f' 代替 f，

去掉点 v_s 外的所有标号，转步骤 2。

步骤 4　这时可行流是最大的。把所有标号点记为 S，未标号点记为 T。

从算法的过程可以看出，只要 N 中存在增广链，算法就一定能找到增广链。所以当标号算法中止时，就一定达到了最大流。当弧容量为无理数时，可以找到例子，使算法不能在有限步内终止，而且流的极限值严格小于最大流的值。实际问题中容量全为有理数，可以把容量乘上一个适当的因子，化为全是整数的情形。因此，我们可以仅讨论容量全是整数的情形。此时根据整流定理，最大流 $v(f)$ 也是整数且有上界，可以从一个整数可行流开始，每一步取 θ 为整数。若最大流值为 $v(f)$，因为每一次增广，流的值至少增加一个单位，因此，最多增广 $v(f)$ 次，即在有限步内必可求出最大流。

2.2.2.2　人群疏散动态网络模型

动态网络是传统静态网络在时间维的扩展，动态网络流理论在优化疏散规划方面已得到初步的应用。动态网络模型是一个静态网络流程问题离散时间的扩展，可以分配流程为一组预定时间段 $t=1, 2, \cdots, T$ 的集合。动态网络模型可以截取不同的时间片段，根据人群疏散的实时信息，对人群疏散进行动态的调整，为整体应急提供服务。

在实际的疏散过程中，城市网络中道路的通行能力可能会随着时间的改变而发生变化。考虑到事故灾难会造成道路堵塞或者通行能力降低，可能导致应急疏散网络随时间而改变，需要建立基于时变的动态网络流模型分析疏散网络，从整体上对系统进行优化。

(1) 动态最短疏散时间模型

在静态网络中，一般使用最短路径模型来确定灾害发生时的应急或疏散路径，可以为应急疏散预案提供指导。在实际情况中，有时不仅要考虑道路长度最短，还要考虑疏散时间最短，因为随着时间的变化，某些道路可能发生拥挤和堵塞。

定义：$G=(N, A)$ 网络，N 为节点的集合，A 为边的集合，在每个弧 $(i, j)\in A$ 中，假设运动时间 λ_{ij} 是连续的，G 在时间范围 T 内的时间扩展定义为动态网络 $G_T=(N_T, A_T)$。

$N_T=\{i(t) \mid i\in N;\ t=0, 1, .., T\}$

A_T 包括运动弧 A_M 的集合

$$A_M=\{i(t), j(t') \mid (i, j)\in A;\ t'=t+\lambda_{ij}\leqslant T;\ t=0, 1, .., T\}$$

延长弧 A_H 的集合为

$$A_H=\{i(t), i(t+1) \mid i\in N;\ t=0, 1, ..., T-1\}$$

有 $A_T=A_M\cup A_H$

时间段 t 取决于基本单位 θ，其中运动时间可被测量。θ 越小模型描述的实际的流程进展就越精确。

设城市网络为 $G_T=(N_T, A_T)$，N_s 为事故发生地点，N_t 为安全避难场所，城市网络中的道路长度为 A_{ij}($A_{ij}=\infty$ 表示 v_i，v_j 间无道路)，求一条道路 u，使它是从 N_s 到 N_t 的所有路中总时间最短。即：

$T(u)=\min\sum_{v_i,v_j\in u}(A_{ij}/s_{t,i})$，$s_{t,i}$表示 t 时刻第 i 条道路上的疏散速度。

(2)动态网络最大流疏散模型

在动态网络最大流模型中，用 $x_{ij}(t)$表示流程，时间 t 在节点 i，在时间 $t+\lambda_{ij}$到达节点 j。从节点 i 在时间 t 到时间 $\lambda_{ii}=1$ 在相同节点的流程表示选择留在建筑内疏散者的数量。此流程用 $y_i(t+1)$，$y_i(t+1)$：$=x_{i(t),i(t+1)}$

运动弧的容量$(i(t), j(t+\lambda_{ij}))\in A_M$ 用 $b_{ij}(t)$定义，

$$b_{ij}(t)=\min\{b_{ij}(t'): t'=t, t+1, ..., t+\lambda_{ij}\}$$

延长弧的容量$(i(t), i(t+1))\in A_H$ 由节点容量 $a_i(t)$定义，表示在时间 t 有多少疏散者可呆在节点 a。用 $\phi(X, Y)$作为一般目标，q_i 作为在任何 $i\in N$ 的节点最初疏散者数量，疏散过程离散时间动态网络模型可阐述如下：

$$\max\sum_{t=0}^{T}\phi(X, Y)$$

$$y_i(t+1)-y_i(t)=\sum_{k\in \mathrm{pred}(i)}x_{ki}(t-\lambda_{ki})-\sum_{j\in \mathrm{succ}(i)}x_{ij}(t)$$

$$t=0, \cdots, T;\ \forall i\in N;$$

$$y_i(0)=q_i,\ \forall i\in N$$

$$0\leqslant y_i(t)\leqslant a_i(t),\ t=1, \cdots, T-1;\ \forall i\in N$$

$$0\leqslant x_{ij}(t)\leqslant b_{ij}(t),\ t=0, \cdots, T-\lambda_{ij};\ \forall (i, j)\in A$$

$\mathrm{pred(i)}=\{j|(j, i)\in A\}$；$\mathrm{succ}(i)$：$=\{j|(i, j)\in A\}$分别为节点 i 的前身和后续点。

2.2.3 基于 GIS 的开放空间人群疏散技术

城市疏散系统的基本思路是发生了某种形式的重大事故灾害，根据全局最优化原则，确定最佳疏散策略及疏散路线。整个系统涉及到大量与地理空间相关的数据，包括城市人口分布、避难场所(人防工程)分布、交通网络等。对于地理数据信息管理、分析及可视化，地理信息系统 GIS 具有明显的技术优势。以 GIS 作为平台为基础，实现疏散系统的优化，利用 GIS 管理数据及可视化输出，同时 GIS 丰富的用户交互功能及快速响应功能也使得疏散优化系统成为可能。

人群疏散决策过程有一个重要的特点就是涉及的空间信息量巨大，如周围环境、应急力量的分布和配置、道路状况、救援车辆等。在传统的指挥决策系统中，往往只能对文本数据和图纸进行查寻和推理，在效率和准确性方面存在许多不足。GIS 技术的最重要的特征是其集成管理大量的多专题的空间与属性数据的能力，它可把实时信息、危险源特性、区域性质等属性信息与地表空间位置相

连，以组成完整的决策信息数据库，方便查询、管理、分析、调用和显示。

2.2.3.1 GIS 系统简介

基于 GIS 的空间分析源于 20 世纪 60 年代地理和区域科学的计量革命，在开始阶段，主要是应用定量（主要是统计）分析手段分析点、线、面的空间分布。后来更多的是强调地理空间本身的特征、空间决策过程和复杂空间系统的时空演化过程分析。如在地图上测量地理要素之间的距离、方位、面积，乃至利用地图进行战术研究和战略决策等，都是人们利用地图进行空间分析的实例，而后者实质上已属较高层次上的空间分析。

地理信息系统集成了多学科的最新技术，如关系数据库管理、高效图形算法、插值、区划和网络分析，为空间分析提供了强大的工具，使得过去复杂困难的高级空间分析任务变得简单易行。空间分析赖以进行的基础是地理空间数据库，其运用的手段包括各种几何的逻辑运算、数理统计分析、代数运算等数学手段，最终的目的是解决人们所涉及到地理空间的实际问题，提取和传输地理空间信息，特别是隐含信息，以辅助决策。

2.2.3.2 GIS 系统开发

目前应用型 GIS 开发主要有三种实现方式：独立开发模式；单纯二次开发模式（宿主型二次开发模式）；集成二次开发模式（GIS 组件开发模式）。

独立开发难度太大；单纯二次开发模式受 GIS 平台所提供的脚本语言的限制；集成二次开发模式结合了 GIS 平台软件与可视化开发平台的组件开发模式的优点。利用 GIS 组件实现对空间数据库的管理、分析功能，又可以利用其他可视化开发平台提供的丰富的、功能强大的编程组件和环境，不仅能大大提高应用系统的开发效率，而且使用可视化软件开发工具开发出来的应用程序具有更好的用户界面，更强大的数据库功能。可靠性好、易于移植、便于维护，学习周期较短，容易上手，成为 GIS 应用开发的主要方向。

基于 GIS 的疏散可视化平台如图 2－29 所示。

2.2.3.3 MapObjects 简介

MapObjects 是一组基于 COM 技术的地图应用组件，它由一个称为 Map 的 ActiveX 控件（OCX）和约 45 个自动化对象组成，在标准的 Windows 编程环境下，能够与其他图形、多媒体、数据库开发技术组成完全独立的综合性应用软件，是基于前端应用业务的良好的地图开发环境。

MapObjects 是全球最大的 GIS 软件供应商 ESRI 公司在业界最早推出的 GIS 软件组件，是全球范围内使用最广的 GIS 组件，也是潜在错误被最充分暴露并得以纠正的软件组件，其稳定可靠性无以置疑。有经验的程序员都知道，在软件开发过程中，稳定性压倒一切，而这正是 MapObjects 能被成功应用的重要前提和保证。作为 ESRI 公司 GIS 软件族的重要成员，凭借 ESRI 公司在 GIS 领域的领先技术和市场地位，MapObjects 操作的数据资源与 ESRI 的旗舰产品 ArcGIS 完全兼容。除了矢量数据以外，MapObjects 还能够读取多种格式的栅格数据，如 BMP、TIF、JPEG、ArcInfo Grid、Erdas Image 等。MapObjects 本身也能够生成 Shape 文件格式的 GIS 数据，该格式已经成为 GIS 业界事实上的基于桌面应用的标准。采用 MapObjects，能够最大限度地与主流 GIS 技术融合，保护用户在数据生产、功能开发以及人员培训上所作的一切投资。

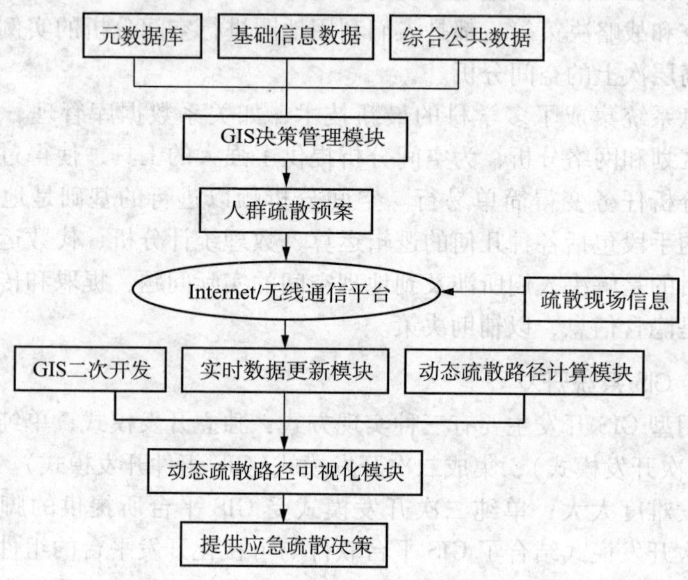

图 2－29　基于 GIS 的疏散可视化平台

从 MapObjects 所提供的功能接口来看，常用的地图应用基本上都能实现，例如：

①创建新的 Shape 文件；

②更新属性或图形数据；

③绘制点、线、椭圆、矩形和多边形等图形要素；

④绘制描述性的文本注记；

⑤地图简单点取查询、空间查询、相对位置查询、SQL 逻辑条件查询等；

⑥空间统计；

⑦地图缩放和漫游；

⑧动态显示实时或顺时数据，如 GPS 动态监测；

⑨地址匹配；

⑩投影变换；

⑪Buffer、Union、Intersect 等空间分析算子。

通过调用这些接口，能够开发从简单的电子地图应用，至复杂的基于 GIS/GPS/RS 的 3S 应用。利用空间分析算子，甚至可以构造出具有一定复杂度的空间分析模型。由于提供了数据更新接口，用户能够扩展出自己的编辑工具，使之能够满足更为广泛的应用要求。

2.2.3.4　MapObjects 开发过程

MapObjects 的使用和开发过程与其他的 ActiveX 控件没有两样，在 Visual Basic、Delphi、Visual C + + 等能够支持控件开发的编程环境下，一旦把控件插入到编程项目中，就可以通过接口使用控件所提供的各种方法。

MoNetBroker 是对 ESRI MapObjects 开发包产品的扩展，它以 OCX 控件和类型库的方式提供给那些熟悉 MapObjects 的开发人员，帮助他们利用 MapObjects 中的数据图层，方便地实现几何网络的连通性分析、非连通分析、两点路径分析、多点路由分析等强大的功能。MoNetBroker 可以紧密并方便地与 MapObjects 相结合，实现高效的网络连通性分析和路径分析等功能。并且具有节点转向和线路单行控制、末梢点线选择等丰富的处理能力。MoNetBroker 可以直接读取图层数据 MapLayer，而且将结果可以直接返回成 MoStrings 和 MoRecordset 的类型，实现了与 MapObject 的无缝集成。也就是说，只要是 MapObjects 能够加载的矢量数据格式，MoNetBroker 都可以普遍支持，如 Coverage、ArcSDE、ShapeFile、CAD、VPF 等。另外，MoNetBroker 还可以支持逗号分隔文本等格式的其他网络数据格式，并且可以根据空间坐标自动建立网络拓扑。

2.2.3.5　基于 MapObjects 及 MoNetBroker 控件的疏散路径选择

(1) 程序界面

图 2 - 30 为 VB 程序界面截图。

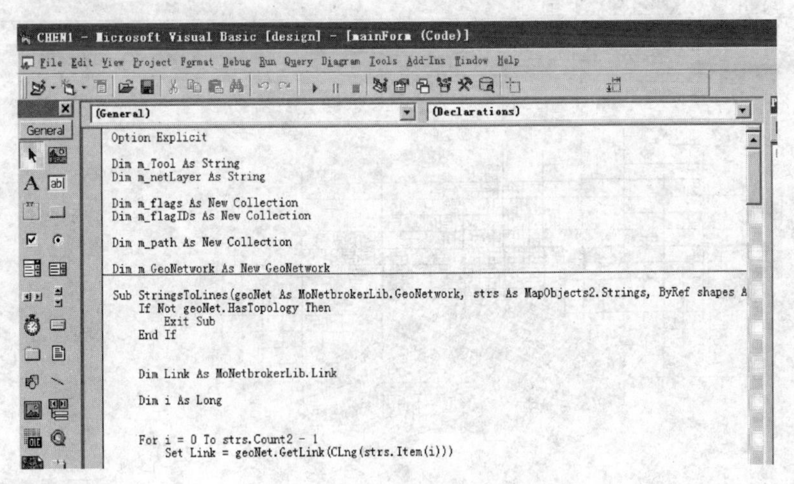

图 2 - 30　VB 程序界面截图

(2) 运行 VB 程序

完成各个子模块的编写后，对程序进行调试，不断的进行修改和调整，运行程序的界面如图 2 - 31 所示。

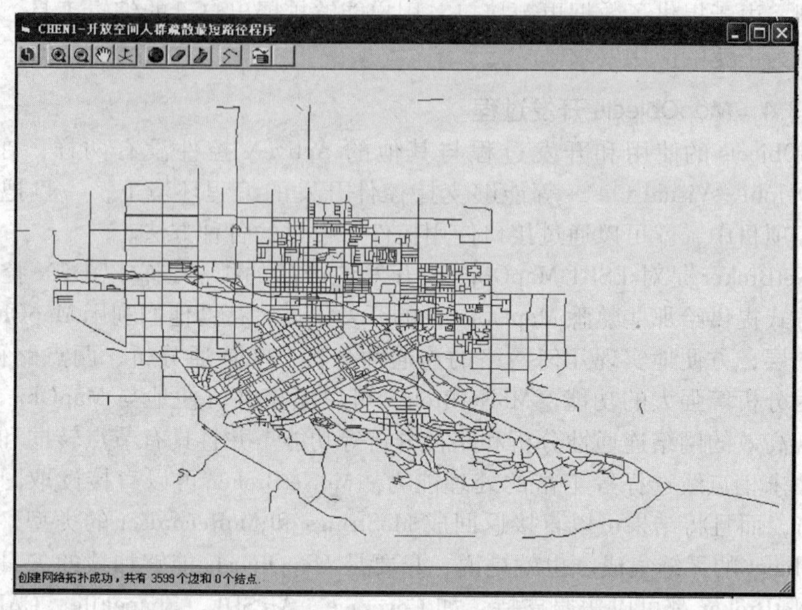

图 2－31　运行开放空间人群疏散最短路径程序

(3)选择源节点和目标节点

通过点击工具栏上的按钮，在城市地图上选择源节点和目标节点，即事故发生地点和安全避难场所，如图 2－32 所示。

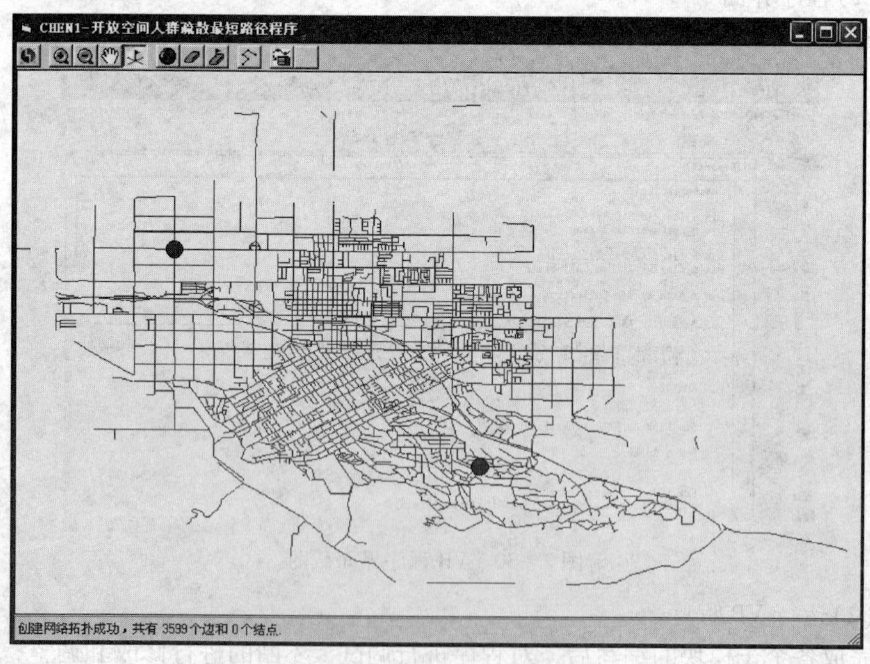

图 2－32　选择源节点和目标节点

(4)进行最短路径的网络分析

选取到源节点和目标节点后，点击工具栏上的路径选择按钮，得到人群疏散的最短路径，路径长度标于程序界面的左下方，如图2-33所示。

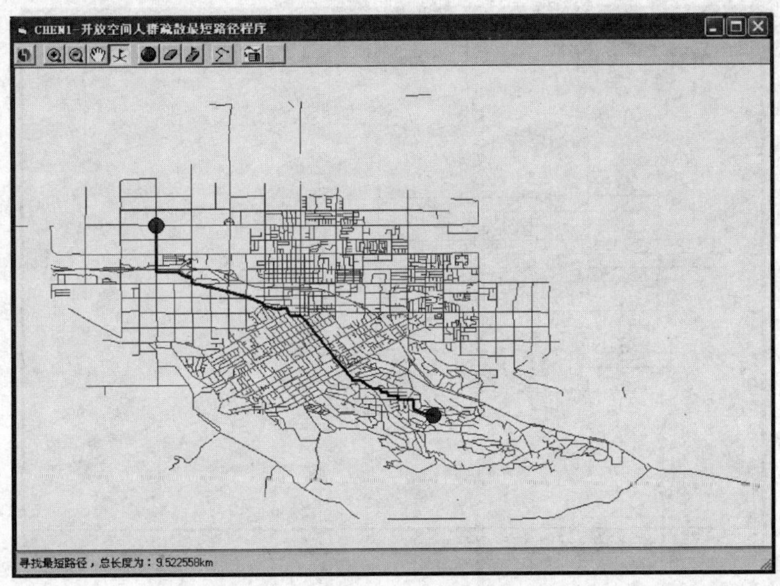

图2-33 人群疏散的最短路径显示

2.2.3.6 动态网络模型的路径选择

(1)根据实时信息修改疏散条件

在实际的疏散过程中，疏散条件会随着时间的推移而不断的变化，这就需要根据实时的信息来调整疏散策略。在GIS系统中，需要改变Shape文件中的相关内容，如图2-34所示。

Shape	Fid	Tid	Length	Rl_	Rl_id	Prefix	Name	Type	Suffix	Cfcc	Zipl	Zipr
PolyLine	2	1	0.006	1	1		GREENSPOT	RD		A40	92329	92373
PolyLine	6	7	0.001	2	2	E	3RD	ST		A31	92374	92374
PolyLine	8	5	0.004	3	3		5TH	ST		A31	92374	92374
PolyLine	7	8	0.001	4	4	E	3RD	ST		A31	92374	92374
PolyLine	4	9	0.002	5	5		BOULDER	AVE		A40	92374	92374
PolyLine	3	10	0.003	6	6		ORANGE	ST		A31	92374	92374
PolyLine	11	5	0.003	7	7		STATE HWY 30			A40	92374	92374
PolyLine	12	11	0.001	8	8		STATE HWY 30			A40	92374	92374
PolyLine	13	12	0.001	9	9		STATE HWY 30			A40	92374	92374
PolyLine	10	14	0.002	10	10		ORANGE	ST		A31	92374	92374
PolyLine	14	15	0.000	11	11		ORANGE	ST		A31	92374	92374
PolyLine	15	16	0.001	12	12		ORANGE	ST		A31	92374	92374
PolyLine	17	13	0.002	13	13		STATE HWY 30			A40	92374	92374
PolyLine	18	17	0.003	14	14		STATE HWY 30			A40	92374	92374
PolyLine	16	19	0.004	15	15		ORANGE	ST		A31	92374	92374
PolyLine	19	20	0.000	16	16		ORANGE	ST		A31	92374	92374
PolyLine	18	21	0.001	17	17		STATE HWY 30			A40	92374	92374
PolyLine	21	22	0.003	18	18		STATE HWY 30			A40	92374	92374
PolyLine	20	23	0.003	19	19		ORANGE	ST		A31	92374	92374
PolyLine	22	25	0.003	20	20		STATE HWY 30			A40	92374	92374
PolyLine	24	26	0.001	21	21		ALABAMA	ST		A31	92374	92374
PolyLine	25	27	0.001	22	22		STATE HWY 30			A40	92374	92374

图2-34 修改Shape文件中的属性

(2)选择源节点和目标节点

通过点击工具栏上的按钮，在城市地图上选择源节点和目标节点，即事故发生地点和安全避难场所，如图 2－35 所示。

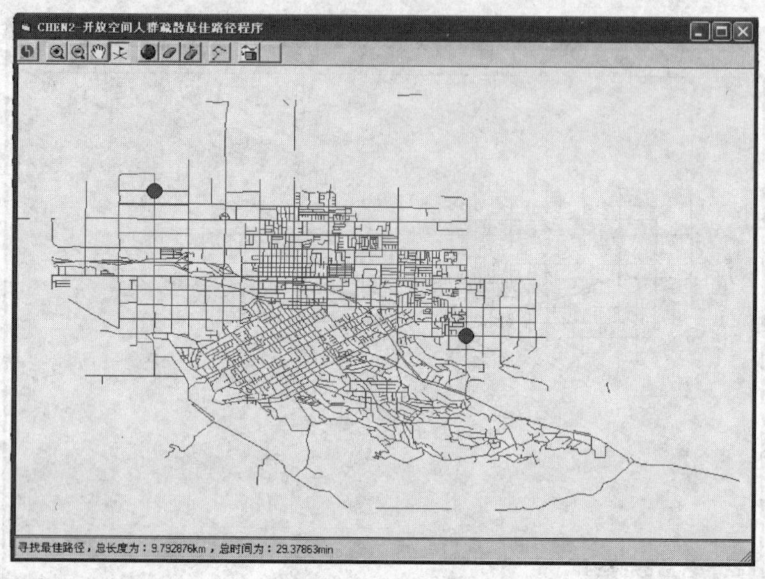

图 2－35　选择新的源节点和目标节点

(3)进行网络分析

选取到源节点和目标节点后，点击工具栏上的路径选择按钮，得到人群疏散的最短时间路径，路径长度和所需疏散时间标于程序界面的左下方，如图 2－36 所示。

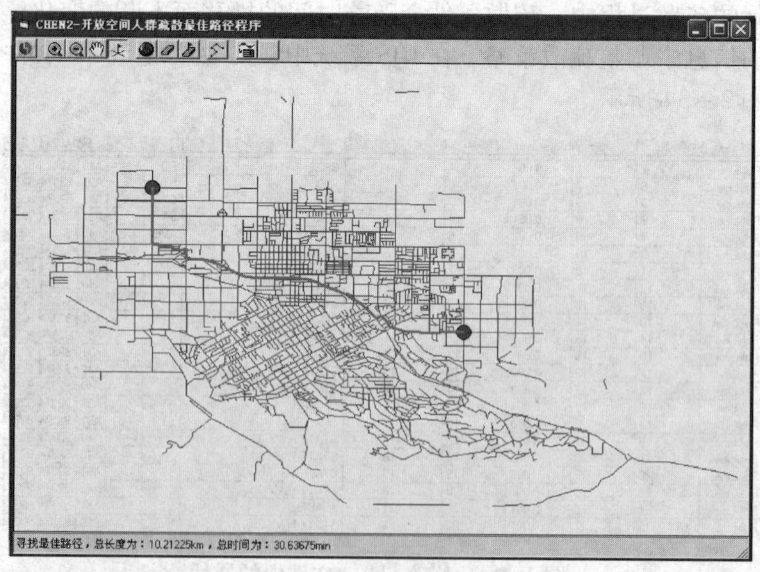

图 2－36　人群疏散的动态最佳路径显示

2.3　城市交通应急疏散理论方法

城市交通应急疏散系统是一个复杂的宏观系统，涉及各种复杂的交通参数。城市交通应急疏散是指依据发生的重大危险事件需求和要求，在保证疏散路线安全的同时，以总疏散时间最短为最优目标，采取一定的交通组织和管制措施，保障人员安全、快速地疏散到安全区域或指定避难场所。

2.3.1　应急疏散车流分配理论

交通分配是交通疏散控制的前提、疏散规划和评估的关键，是在已知交通网络的基础上，根据交通需求以及交通状况将网络中的所有 OD(origin destination)对间的交通量通过一定的原则分配到各个路段上，模拟网络中每条道路上交通流以及交通流的平均速度的时变特性。如图 2 - 37 所示，在 OD 之间有 n 条路径(路径 1，路径 2，……，路径 n)的情况下，如何将 OD 交通量落实到相应的路径上去。

人们当初进行交通流分配的研究时，多采用全有全无(all or nothing method)的最短路径方法，即将 OD 交通需求沿最短经路一次分配到路网上去的方法，顾名思义，全有(all)指将 OD 交通需求一次性地全部分配到最短路径上。全无(nothing)指对最短路径以外的路径不分配交通需求量。

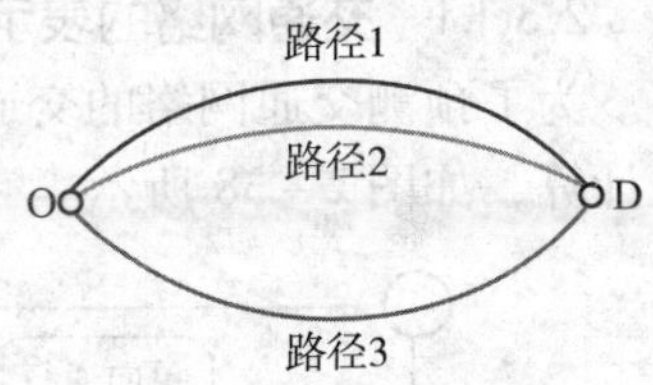

图 2 - 37　交通流分配示意图

该方法处理的是非常理想化的城市交通网络，即假设网络上没有交通拥挤，交通阻抗是固定不变的，一个 OD 对间的流量都分配在“一条路径”，即最短路径上。

随着实际应用和理论研究的深入，研究人员发现该最短路径方法对于城市之间非拥挤公路网的规划设计过程中的交通流分配是比较合适的，但对于既有的城市内部拥挤的交通网络，该方法的结果与网络实际情况出入甚大。如果两点之间有很多条道路而这两点之间的交通量又很少的话，行驶车辆显然会沿着最短的道路行走。随着交通量的增加，最短路径 L 的交通流量也会随之增加。增加到一定程度之后，这条最短路径的行驶时间会因为拥挤或堵塞而变长，最短路径发生变化，这一部分行驶车辆将会选择新的行驶时间次短的道路。随着两点之间的交通量继续增加，两点之间的所有道路都有可能被利用，也就是说出行的流量会在

“多条路径”中权衡选择。所以在 1952 年，著名交通问题专家 Wardrop 提出了网络平衡分配的第一、第二原则，人们开始采用系统分析方法和平衡分析方法来研究交通拥挤时的交通流分配，带来了交通流分配理论的一次大的飞跃。

(1)系统最优原则

即所有车辆的行驶时间和最小。是按照系统总体最优的要求确定用户的路线选择，这是一种理想状态，或者说是一种管理者意愿状态。对于交通系统来说，并不能做到直接控制每一个参与者严格按照系统最优的原则来确定自己的行动，交通参与者是根据使得自己的利益得到最优保证的原则确定自己的行为。在系统最优标准下，一些司机可以改变路线以减少所用的行驶时间。

(2)用户最优原则

即单辆车的行使时间最短。路网上 OD 对间被利用路径的行驶时间全部相等，并且小于或等于未被使用路径的行驶时间。该原则表示用户将自己的路径选择最佳化了的结果，达到此结果必须具备以下三个前提条件：

①所有用户在路网上都遵循同一评价基准；

②所有用户都始终选择行驶时间最短的路径；

③用户始终掌握可利用路径的全部信息。

如果所有的道路利用者(即驾驶员)都准确知道各条道路所需的行驶时间并选择行驶时间最短的道路，最终两点之间被利用的各条道路的行驶时间会相等。没有被利用的道路的行驶时间更长。这种状态被称之为道路网的平衡状态。

2.3.1.1 交通网络的表示方法

为了预测交通网络的交通量，通常需要将实际的交通网模型化，以利于计算机计算，如图 2－38 所示。

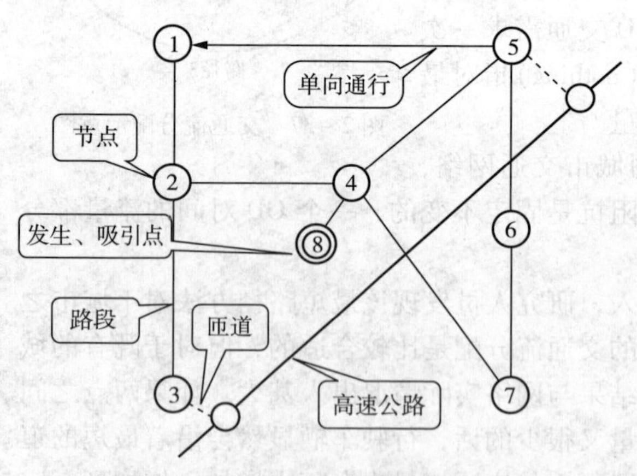

图 2－38　路网的示意图

交通网络的主要构成要素有：

①节点(node)。道路交叉点、车站、公共汽车站等，用 N 表示节点集合；

②路段(link or arc)。连接节点的线段，用 L 表示路段集合；

③路径。从一个节点到另一节点间的有向路段的序列；

④发生、吸引点(centroid)。疏散区域内出行发生、吸引交通量的代表点。一般取疏散区内人口密集或政府行政机关集中地点为发生、吸引点。

在大规模交通疏散时，往往用到通行能力较好的高速公路，因此，不仅要考虑交叉路口通行能力，还要对高速公路匝道的交通流动情况进行必要的分析，图 2－39 所示为交叉口、匝道的示意图。

2.3.1.2　BPR 路阻函数

常态交通网络中的路阻，一般应反映交通时间、交通安全、交通成本、舒适程度、便捷式和准时性等许多因素，如果根据这些因素建立一个科学严密、解释性很强的函数模型，是非常之难得也是没有必要的。不同的出行目的，决定了路阻函数构建所考虑的因素。一般人们以行程时间为路阻的。因此一般说来，路阻函数是指路段行驶时间与路段交通负荷、交叉口延误与交叉口负荷之间的关系。

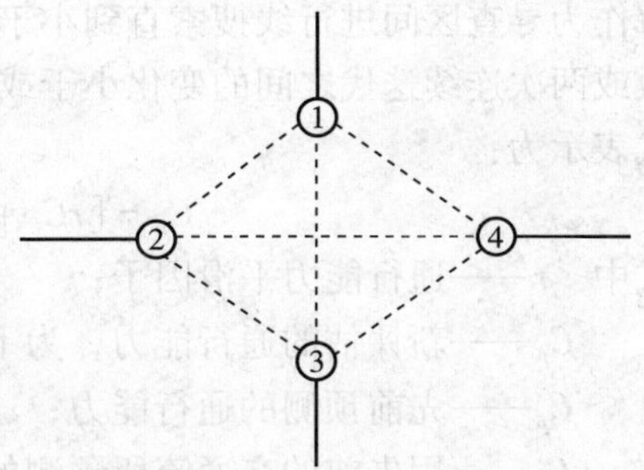

图 2－39　道路交叉路口、匝道的示意图

每条路段都有影响交通流运行的阻抗，仅有路段才有阻抗，节点与阻抗无关。路径是从一个节点到另一节点间的有向路段的序列。路径的阻抗就是该路径上所包含的各路段的阻抗和。对于重大危险事件影响下的应急交通疏散来讲，在保障疏散车辆和人员安全性的前提下，在最短的时间内将其疏散至安全区域是最为重要的，因此，在保证安全的前提下，以疏散时间为路权来构建疏散路径的路阻函数。对于一条道路，当交通量增加的时候，行程时间也会相应的增加，车辆选择这条路径的可能性就会下降。在仿真模型中，往往用路阻函数来描述拥挤程度的增加对行驶时间的影响关系。

国外许多相关机构和学者对路阻函数进行了深入研究，形成了比较成熟的理论模型，在一些实际应用中，也取得了不错的效果。较为普遍使用的是美国联邦公路局的 BPR 路阻函数：

$$t_a(x_a) = t_0[1 + \alpha(x_a/C_a)^{\beta}] \tag{2.58}$$

式中　x_a——路段 a 的交通流量；

t_a——路段 a 的交通阻抗，也称为行驶时间；

$t_a(x_a)$——路段 a 上以流量为自变量的路阻函数，也称为行驶时间函数；

t_0——自由流状态下的平均行驶时间，亦即路段上流量为零时车辆自由行驶所需的时间；

C_a——路段的实际通行能力，即容限（在一定道路和交通条件下，路段上单位时间内通过某断面的最大车辆数，一般以辆/h 表示）；

α，β——阻滞系数。美国公路局推荐使用参数 $\alpha = 15.0$ 和 $\beta = 4$。

对于路段的通行能力，选用 Frank－Wolfe 迭代算法可把目标参量最小化，以精确评估网络中每个路段的容量。

在 Frank－Wolfe 算法的迭代过程中，转向通行能力会随着优化的过程而不断调整：每一次迭代中每一辆车都会选择到达终点的最短路径（用户最优），或者选择使得总延迟或总路阻最小的路径(系统最优)。第一次迭代中假设整个网络为自由流状态。为了每一次迭代中都有一个最优解，将得到的中间解和上一次的解作为寻查区间进行线搜索直到小于所定义的阈值。当达到所定义的最大迭代次数或两次连续迭代之间的变化小于或等于可接受阈值时终止交通分配过程，用公式表示为：

$$C_n = [rC_c + (100 - r)C_p]/100 \tag{2.59}$$

式中 r——通行能力平滑因子；

C_n——新评估的通行能力，为下一次分配所用；

C_p——先前预测的通行能力；

C_c——用先前的交通流所预测的通行能力。

如果 $r=0$，则 C_c 等于前面所有容量评估值的平均值。

2.3.1.3 路径行驶时间

疏散路径可能是串联的车道数相同的或者不相同的单路径，或者是几条路并联的多路径，或者是几条道路串联和并联的组合。

t_1、t_n 分别为单位长度的单车道和 n 车道流量为 x 时的疏散时间，$t_{0,1}$、$t_{0,n}$ 分别为单位长度的单车道和 n 车道自由流行驶时间，I_d 为单位长度，$v_{f,1}$、$v_{f,n}$ 分别为单车道和 n 车道自由流行驶车速，这里取道路的设计时速，c_1、c_n 分别为单车道和 n 车道疏散道路的通行能力，α_1、α_n、β_1、β_n 为阻滞系数，γ_1、γ_2、γ_3、γ_4、γ_5 分别为常数系数，$T_1(L)$、$T_n(L)$ 分别为单车道和车道数为 n，长度为 L 的道路流量为 x 时的疏散时间。

(1)疏散路径为串联的单条路径

令单位长度的单车道疏散道路，流量为 x 时的疏散车辆行驶时间 t_1：

$$\begin{cases} t_1 = t_{0,1}[1 + \alpha_1 (x/c_1)^{\beta_1}] \\ t_{0,1} = I_d / v_{f,1} \end{cases} \tag{2.60}$$

单位长度的 n 车道疏散道路，流量为 x 时的疏散车辆行驶时间：

$$\begin{cases} t_n = t_{0,n}[1 + \alpha_2 (x/c_n)^{\beta_n}] \\ t_{0.n} = I_d / v_{f,n} \end{cases} \tag{2.61}$$

则有：

$$\frac{t_n - t_{0,n}}{t_1 - t_{0,1}} = \frac{\alpha_n t_{0,n}}{\alpha_{1n} t_{0,1}} c_1{}^{\beta_1 - \beta_n} n^{-\beta_n} x^{\beta_n - \beta_1} \tag{2.62}$$

令 $\gamma_1 = \dfrac{\alpha_n}{\alpha_{1n}}$，$\gamma_2 = \dfrac{t_{0,n}}{t_{0,1}}$，$\gamma_3 = c_1^{\beta_1 - \beta_n}$，$\gamma_4 = \beta_n$，$\gamma_5 = \beta_n - \beta_1$，则：

$$\frac{t_n - t_{0,n}}{t_1 - t_{0,1}} = \gamma_1 \gamma_2 \gamma_3 n^{-\gamma_4} x^{\gamma_5} \tag{2.63}$$

再令 $T_n = t_n - t_{0,n}$，$T_1 = t_1 - t_{0,1}$，则可以得到：

$$\frac{T_n}{T_1}=\gamma_1\gamma_2\gamma_3 n^{-\gamma_4}x^{\gamma_5} \tag{2.64}$$

$$T_n=\gamma_1\gamma_2\gamma_3 n^{-\gamma_4}x^{\gamma_5}T_1 \tag{2.65}$$

令 $T_n(L)$ 和 $T_1(L)$ 分别为车道数为 n 和单车道，长度为 L，道路流量为 x 时的疏散车辆行驶时间与各自自由流行驶时间差值，则有：

$$T_n(L)=\gamma_1\gamma_2\gamma_3 n^{-\gamma_4}x^{\gamma_5}T_1(L) \tag{2.66}$$

式中　$T_n(L)=(t_n-t_{0,n})L$，$T_1(L)=(t_1-t_{0,1})L$

车道数为 n 长度为 L，道路流量为 x 时的疏散车辆行驶时间 $T(L)$：

$$T(L)=t_nL=T_n(L)+t_{0,n}L=\gamma_1\gamma_2\gamma_3 n^{-\gamma_4}x^{\gamma_5}T_1(L)+t_{0,n}L \tag{2.67}$$

疏散路径为车道数不相同的多条道路串联时，疏散车辆总行驶时间：

$$T(L)=\sum_{n=1}^{4}t_nL_n=\sum_{n=1}^{4}[T_n(L_n)+t_{0,n}L_n] \tag{2.68}$$

式中　n——疏散方向车道数；

L_n——车道数为 n 的疏散道路的长度。

当多条候选疏散路径均为串联路径时，最优疏散路径为疏散车辆总行驶最短的路径。

(2)疏散路径为并联的多条路径

以两条道路并联情况为例。下游分支的两条道路，根据其道路通行能力状况，均衡分配上游道路的来车，使得疏散时间最短。

上游来车流量为 x，下游分支的两条道路的流量分别为 x_1、x_2，长度分别为 L_1、L_2，如图 2－40 所示，则有下列关系式：

$$\begin{cases}x=x_1+x_2\\T(L_1)=T(L_2)\end{cases} \tag{2.69}$$

由式(2·69)，可求得未知参数 x_1、x_2 的解，从而求得两支路的疏散行驶时间。也可以推广到疏散路径为并联的多条路径时的情况：

$$\begin{cases}x=x_1+x_2+\ldots+x_n\\T(L_1)=T(L_2)=\ldots=T(L_2)\end{cases} \tag{2.70}$$

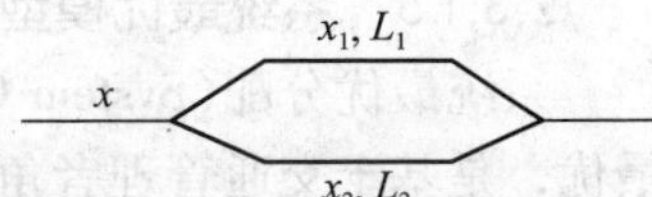

图 2－40　疏散路径示意图

当多条候选疏散路径均为几条道路的并联组合时，最优疏散路径为疏散车辆总行驶最短的路径。

(3)疏散路径为几条道路的串联与并联组合

当疏散路径为几条道路的串联与并联组合时，分别计算串联部分与并联部分的疏散行驶时间，进而求得整个路径的总的疏散行驶时间，最优疏散路径同样为疏散车辆总行驶最短的路径。

2.3.1.4　用户均衡模型

在用户均衡状态下，全部用户都选择行驶时间最小的路径行动，其结果达到

"在网络任何 OD 对间的所有路径中，被利用路径的行驶时间都相等，并且小于或等于没有被利用路径的行驶时间"，即：交通网络达到平衡时，若有 $h_k^{rs}>0$，必有 $\sum_a t_a(x_a)\delta_{a,k}^{rs}=u_{rs}$，说明如果从 r 到 s 有两条及其以上的路径被选中，那么它们的行驶时间相等；若有 $h_k^{rs}=0$，必有 $\sum_a t_a(x_a)\delta_{a,k}^{rs}\geqslant u_{rs}$，说明如果某条从 r 到 s 的路径流量等于0，那么该路径的行驶时间一定超过被选中的路径的行驶时间。

h_k^{rs} 为 OD 对 rs 间第 k 条路径的交通量；C_k^{rs} 为 OD 对 rs 间第 k 条路径的行驶时间；u^{rs}为 OD 对 rs 间最短路径的行驶时间；t^{rs}为 OD 对 rs 间最短路径的行驶时间。$\delta_{a,k}^{rs}$为路段－路径相关变量，即0-1变量，如果路段 a 属于 OD 对 rs 间第 k 条路径，则 $\delta_{a,k}^{rs}=1$，否则 $\delta_{a,k}^{rs}=0$；N 为网络中节点的集合；L 为网络中路段的集合；R 为网络中出发地的集合；S 为网络中目的地的集合；W_{rs}为 OD 对 rs 间的所有路径的集合；q_{rs}为 OD 对 rs 间的 OD 交通量。

首先，平衡分配过程中应该满足交通流守恒的条件，即 OD 间各条路径上的交通量之和应等于 OD 交通总量。根据上述定义的变量和参数，用公式可以表示为：

$$\sum_{k\in W_{rs}} h_k^{rs}=q_{rs},\quad \forall r,\ s \tag{2.71}$$

其次，路径交通量 h_k^{rs} 和路段交通量 x_a 之间应该满足如下的条件，即路段上的流量应该是由各个$(r,\ s)$对的途经该路段的路径的流量累加而成，即：

$$x_a=\sum_r\sum_s\sum_k h_k^{rs}\delta_{a,k}^{rs},\quad \forall a\in L,\ \forall r\in \boldsymbol{R},\ \forall s\in S,\ \forall k\in W_{rs} \tag{2.72}$$

同时，路径的总阻抗和路段的阻抗之间应该满足如下的条件，即路径的阻抗应该是该路径途经的各个路段的阻抗的累加，即：

$$c_k^{rs}=\sum_a t_a(x_a)\delta_{a,k}^{rs},\quad \forall a\in L,\ \forall r\in \boldsymbol{R},\ \forall s\in S,\ \forall k\in W_{rs} \tag{2.73}$$

2.3.1.5 系统最优模型

系统最优分配(System Optimum Assignment)寻求整个网络系统的交通流达到最优，是基于交通管理者角度的交通量分配方法。

系统最优原理比较容易用数学模型来表述，其目标函数是网络中所有用户总的阻抗最小，约束条件和用户平衡分配模型一样。因此，假设 $\tilde{Z}(X)$ 为疏散车辆总行程时间，则系统最优分配模型是：

$$\min:\ \tilde{Z}(X)=\sum_a x_a t_a(x_a) \tag{2.74}$$

$$\text{s.t.}\begin{cases}\sum_k h_k^{rs}=q_{rs}\\ h_k^{rs}\geqslant 0\end{cases} \tag{2.75}$$

$$x_a=\sum_r\sum_s\sum_k h_k^{rs}\delta_{a,k}^{rs} \tag{2.76}$$

式(2.74)中的目标函数是所有路段阻抗函数积分的和；式(2.75)表示路径流量与 OD 流量之间的守恒关系，并且保证所有的路段流量是正值；而式(2.76)则是路段流量与路径流量之间的关联关系。

2.3.2　交通应急疏散模拟技术

交通分配模型的基本思想，就是在 OD 对之间根据当前的交通条件，确定一条合理的路径。其中，所谓合理，既可以是建立在系统最优的角度上，也可以是建立在用户最优的角度上。疏散模拟软件 OREMS 综合了用户均衡模型和系统最优模型，因此，可以根据交通需求、驾驶员行为和交通条件等具体要求选择模拟方式。

OREMS(Oak Ridge Evacuation Modeling System)是美国联邦公路局委托美国橡树岭国家实验室(ORNL)和丹尼尔(Danel)交通咨询公司合作开发的专门用于突发事件应急交通疏散的中观仿真软件。该软件主要的仿真模型 ESIM 是基于美国联邦公路署(FHWA)资助了多年的交通仿真系统 Tsis(Traffic Software Integrated System)，该软件在美国已经有近 30 年的使用经验。美国橡树岭国家实验室的 OREMS 开发团队也为改进 ESIM 的算法做出了大量的努力。经过 ORNL 的若干次检测，证明 OREMS 能够给出比较合理的疏散时间，故而 OREMS 应急疏散仿真软件在美国得到了专家的高度认可。

2.3.2.1　ESIM 模拟模型

ESIM(Evacuation SIMulations)是 OREMS 的核心模块，模拟疏散中交通网络状态。ESIM 的仿真模型以 NETFLO Ⅱ 和 FREFLO 为范本，将车流分为城市道路车流和高速公路车流，其中车辆在高速公路上的运动是根据 FREFLO 中的高速公路仿真模型构建的，采用了速度 - 密度的宏观关系来描述车流的运动。城市道路车流模拟是建立在 NETFLO Ⅱ 上的，是一个以交通流排队消散理论为基础的宏观模型，所谓“宏观”就是说考虑的是车队，而不是单个车辆。

城市道路的交通仿真由两个部分组成。车流在沿道路方向的运动是通过对车队消散过程和速度 - 密度关系来描述的。交叉口的车流是通过排队和服务水平两个变量来描述的。车队的消散过程主要是描述不同驾驶员速度之间的波动。ESIM 是用 Roberson 方程来描述这一过程的：

$$q^{IN}(i+j)=F\cdot q^{E}(i)+(1-F)\cdot q^{IN}(i+j-1) \tag{2.77}$$

式中　$q^{E}(i)$——在时间片 i 上上游路段的交通流量，车辆/h；

$q^{IN}(i)$——在时间片 i 上下游路段的交通流量，车辆/h；

F——平滑系数，$F=1/(1+KT)$；

K——扰动系数；

T——平均运行时间的 0.8 倍。

高速公路的仿真模型是基于一个类似于连续流理论的方程。FREFLO 就是建立在这个动态方程的解的基础上的：

$$\delta u/\delta t=u\delta u/\delta x-1/R[u-u_e(\rho)+v\delta\rho/\delta x] \tag{2.78}$$

式中　u——路段上的平均运行速度；

R——弛豫参数 s；

v——预测参数，km^2/h。

上式表明，速度的时变特性是由以下三个因素决定的：

①从上游路段到达当前点的车辆；

②为了保持一个合理的车头间距，司机所做的速度调整(平衡驰豫过程)；

③驾驶员根据下游交通流密度自行调节车速(预测效应)。它们和速度-密度关系对模型的性能均会产生很大的影响。ESIM 采用欧拉积分得出此动态速度方程的离散解法。

在每一个时间片上，系统首先计算一个路段的输入流量和输入速度，然后计算下游路段的密度和区间平均速度，最后，根据这个路段的计算结果计算其他路段的流量。

对于高速公路的情形，路段 j 上的输入流量可以用其上游路段的输出流量来进行计算：

$$q_j^{in,n} = p_1 q_{i1}^{out,n}(j) + p_2 q_{i2}^{out,n}(j) + p_3 q_{i3}^{out,n}(j) \tag{2.79}$$

式中 p_i——第 i 个进入路段 j 的流量在所有进入路段 j 的流量中所占有的比率；

$q_j^{in,n}$——在第 n 个时间片上进入路段 j 的流量；

$q_{ik}^{out,n}(j)$——在第 n 个时间片上，第 k 个与路段 j 相连的路段所输入给路段 j 的流量。

其中，前两项分别是与路段 j 相连的上游路段所输入流量的加权值，第三项是由第三个路段输入的流量。与前两个路段不同，这个路段是驶入匝道或者是入口路段。

上游车辆的速度可以按照下面的公式计算，即路段 j 上的上游车辆速度是两个与之相连的两个输入路段(其他的高速公路)上的车辆速度和驶入匝道或入口路段上的速度的加权平均值：

$$u_j^n = (1/q_j^{in,n+1})[p_1(j)u_{i1}^n(j)q_{i1}^{out,n+1}(j) + p_2(j)u_{i2}^n(j)q_{i2}^{out,n+1}(j) + p_3(j)u_{i3}^n(j)q_{i3}^{out,n+1}(j)] \tag{2.80}$$

式中 u_j^n——时间片 n 结束时，路段 j 上空间平均车速在给定的时间内，在某一路段上所有车辆单位时间行驶距离的平均值，km/h。

下游的密度是通过对其下游相邻路段上的密度来计算得到的：

$$\rho_j^n = r_1(j)\rho_{m_1}^n + r_2(j)\rho_{m_2}^n + r_3(j)\rho_{m_3}^n \tag{2.81}$$

式中 $r_i(j)$——从路段 j 上流入第 i 个下游路段上的流量占路段 j 上整个驶出流量的比率；

m_i——从路段 j 到路段 i 上直行的车道数。

最后，路段 j 上的流率可以根据速度-密度公式来进行计算：

$$q_j^{out,n+1} = \rho_j^n u_j^n \tag{2.82}$$

驶入匝道和驶出匝道的车流量在 ESIM 中都是分别处理的。同时，ESIM 认为拥堵可能在任何路段上发生。高速公路上的任何路段的上游都有最多两个输入路段和一个驶入路段(从城市道路上驶入)或者是入口路段与之相连；在下游，则可能有最多两个路段，一个出口路段和一个驶出匝道与之相连。

网络中所有路段的平均速度是车辆密度的函数，这个速度 - 密度函数是从 TRAF 家族中的仿真软件中演化而来的。排队过程是通过交叉口转向的类别来描述的。排队的形成和消散同信号控制方式和到达交叉口的流率有关。对于室内路段来说，信号控制决定了车辆进入下游接受路段的服务率。在高速公路上并不存在信号控制，因此车辆流入接受路段处的服务率由接受路段的密度决定。

模拟时间在模拟过程中被分成一系列的时段。在每一个时段上，流量不变。每个时间片又会被进一步切分为一系列的子间隔(TI)。交通控制措施的效果是对每个交叉口进行模拟所体现出来的。在模拟过程中，系统将模拟各个时段上每一条路段上的交通流，当完成对一条路段的模拟之后，基于路段的模拟就按照此路段的转弯百分比把车辆分配到其他路段上；但是在基于路径的仿真过程中，车辆究竟应该流向哪一条路段则由它被分配到的路径决定。换句话说，车辆不是直接按照分流比率来被分配，模型会自动检查路径的下一个节点以确定此车辆所要经过的下一个路段。最后，系统会在每一个时间子段结束之后，自动存储统计值。OREMS 模拟流程如图 2 - 41 所示。

2.3.2.2　应急疏散效能参数

应急交通疏散的主要目标是：将暴露人群快速转移到安全地区，保持交通通畅，并及时恢复正常状态。OREMS(Oak Ridge Evacuation Modeling System)通过效能参数来反应应急交通疏散过程中交通组织方式的优劣、路网运行的效率以及是否完成应急疏散的目标，作为进一步分析的依据。

效能参数即应急交通疏散中能体现和影响疏散效率的指标，包括疏散时间、平均疏散速度、行程时间以及车辆数目。

(1)疏散时间

疏散时间就是无论什么原因引起重大事故灾难时，将风险区域内居民转移到安全区的时间，是反应交通疏散效率的一个关键性指标。

完整的交通疏散时间是指从疏散开始到疏散完毕所需时间，包括人群反应时间、步行疏散时间、车辆调度时间、人群等待和上车时间、疏散车辆撤离疏散区域所需时间，但是实际疏散中车辆调度时间、人员等待和上车时间几乎与步行疏散同时进行，相对于车辆疏散时间来说非常短，可以忽略不计。

假设第一辆公交车进入路网的时刻 t_1，最后一辆公交车到达避难所的时刻为 t_2，即可得到车辆的总疏散时间 $T = t_2 - t_1$。假设已经到达避难所的车辆数 n_1，在途车辆数 n_2，由于需要疏散的总车辆数 N 可以根据总疏散人数除以公交车的额定载客量获得，则未疏散的车辆数 $n_3 = N - n_1 - n_2$。通过简单计算即可算出已经疏散的人员的数量，在途人员的数量和未疏散的人员的数量。从而可以给出人群疏散50%、75%、95%时所需要的时间。应急疏散时间仿真计算原理如图2－42所示。

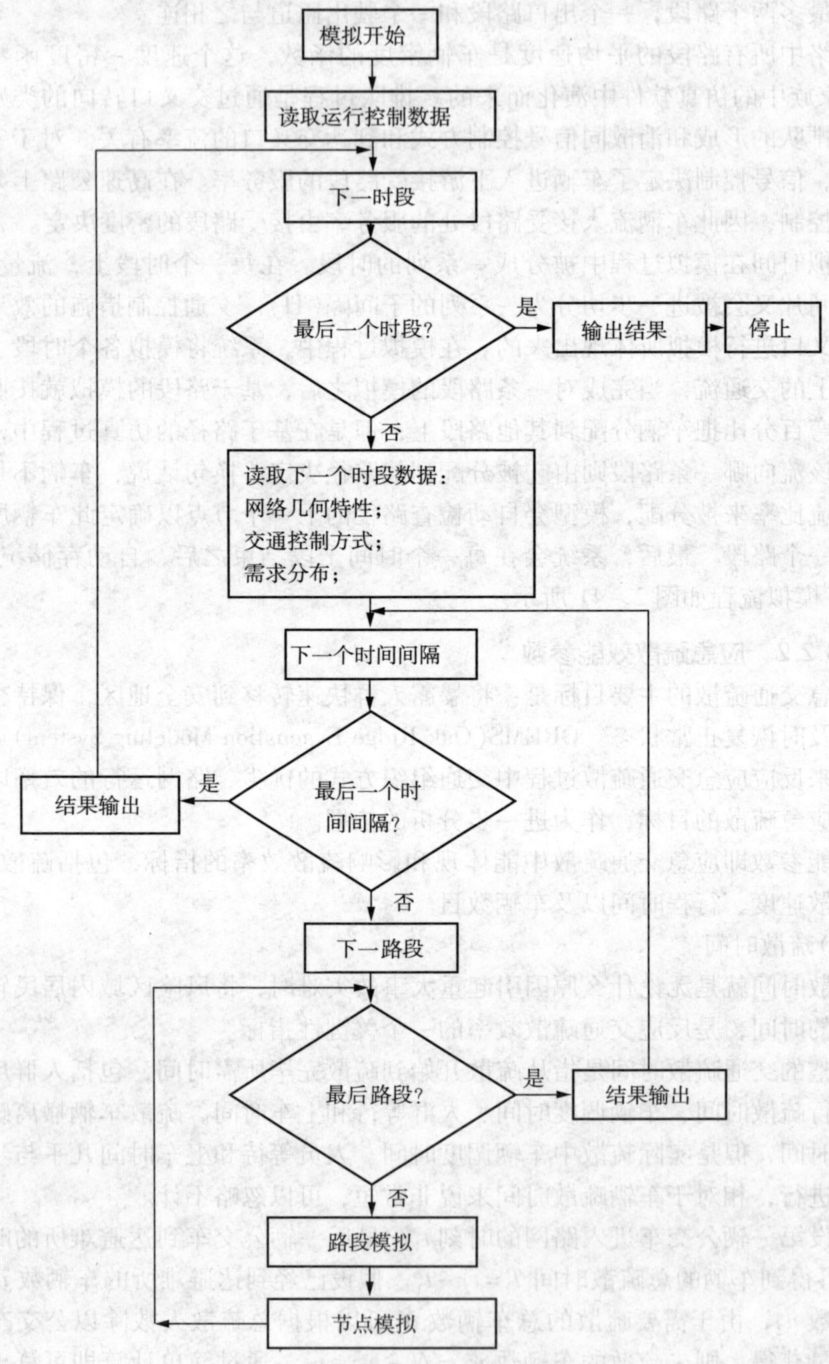

图2－41　OREMS交通仿真逻辑

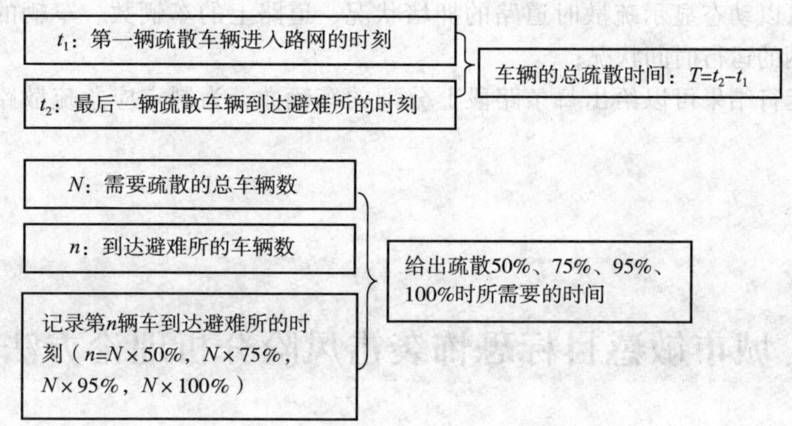

图 2－42　应急疏散时间计算原理简图

(2)平均疏散速度

平均疏散速度是每个时间段内在给定路段上车辆行驶的总公里数与总行驶时间的比值(km/h)，也是反应交通疏散效率的指标之一。该参数主要作用是衡量疏散车辆在路网上的整体运行状态，从而判断疏散路网承载能力是否足够、疏散策略是否合理等。

(3)行程时间

行程时间是疏散车辆在某路段上行驶的平均时间(h)，由疏散路径选择及避难所位置的选择所决定。在能够保持疏散安全的前提下，为了减少疏散消耗、减轻对社会正常交通的影响及对环境的污染，疏散车辆在路网中的行程时间应尽量缩短。此外，为了照顾疏散人员的恐慌心理，旅行时间也不应过短或过长，过短无法脱离事件影响范围，过长则疏散人员持续恐慌有可能引发行为失当，产生安全隐患。

(4)车辆数目

车辆数目是在某路段上行驶的累积车辆数，由疏散路径选择及交通组织策略所决定。

通过对以上效能参数的分析，分析者可以计算和评估某个路段或某一个区域的疏散时间，识别潜在的瓶颈，确定最佳路线选择，制定交通管理和控制策略，以及生成有效疏散计划所必需的其他信息。总的来说，OREMS 可以解决以下 6 个问题：

①不仅可以给出整个的疏散总时间，而且可以给出疏散比例在 50%、75%、95% 时的疏散时间，可以为决策者提供决策依据；

②能够进行 OD 的自动分配；

③可以给出应急疏散中的拥堵点和拥堵路段；

④控制方式修改比较方便，而且考虑到了应急疏散时道路的利用情况；

⑤可以动态显示疏散时道路的拥堵状况、道路上的车辆数、车辆的行驶速度、车辆的运行时间状况；

⑥运行结果可以给出每条路段上分配的车辆数，为制定应急疏散路线提供依据。

2.4 城市敏感目标恐怖袭击风险分析理论方法

恐怖袭击是恐怖组织或恐怖分子为强迫或胁迫政府或其他机构，以达到通常为政治、宗教或意识形态方面的目的而采取的、经预谋的非法暴力行动。城市特别是全球各大城市的特征以及所携带政治、经济、文化、历史等有形无形的价值使它们成为恐怖袭击的“理想目标”。另外城市人口密集，易造成极大的破坏性恐怖后果，并且存在着诸多恐怖活动的有利条件。因此，城市中的敏感目标如政府机构、公共设施、工业设施这些具有广泛社会影响或失控会造成严重后果的设施往往成为恐怖袭击的对象。

2.4.1 恐怖袭击风险分析理论基础

2.4.1.1 理性恐怖分子理论

犯罪学的研究显示，恐怖分子以理性的方式行动，即他们喜欢以最少付出、取得最高盈利，并且风险最低的方式行动。某些类型的恐怖分子遵循一种多级计划程序，首先选择他们感觉付出很少时间和精力就能够舒服地行动，并保持获得回报的好机会的区域。随后，再在这一区域内选择目标。当潜在的恐怖分子遇到合适的目标，即恐怖分子认为被他人察觉的可能性较低或一旦被察觉，可以在不被识破或认出的情况下逃脱。此时，最有可能发生恐怖活动。因此，物理环境的特征能够反映发生恐怖活动的可能性，它们会影响潜在的恐怖分子对可能袭击的场所的判断。

理性罪犯理论同时认为，犯罪预防措施会产生利益扩散，而并不是犯罪位移。干涉(预防措施)的出现会使罪犯对被察觉的畏惧增加(即他们认识到实施犯罪的风险已经增加)或感觉到获利的可能性降低(即他们认识到实施犯罪的回报减少)，如果这种效应超过了干涉的实际范围，将发生利益扩散现象。利益扩散定义为“被直接锁定为目标的地点、受控制的个人、干涉关注的犯罪行为或干涉的时间段之外，某一干涉的有益影响的传播。”当潜在的罪犯被阻止(已增加的对被察觉的畏惧和更大的被逮捕的实际风险或主观感觉的风险）或被阻碍（已减少的犯罪的实际回报或主观感觉的回报）超过了预防措施应获得的效果，将发生利益扩散。显然，理想的干涉设计能够达到超过其预期的效果并产生利益扩散。

2.4.1.2　恐怖袭击目标选择理论

几乎所有的暴力极端活动均选择两种基本类型的目标：有助于资助恐怖组织的活动；有助于增进恐怖组织鼓吹的政治和社会主张。其中首要的是挪用政府资源。几乎所有的恐怖组织都通过普通的劫掠犯罪来资助他们的活动。除了资助问题，持不同政治主张的恐怖集团在目标选择上明显不同。由于恐怖主义在许多方面是一个阶段性的新闻事件，对恐怖分子来说，目标的象征性与事件造成的伤害程度同样重要。出于以上考虑，最终选择的目标往往具有这两方面的标志。

目标选择理论认为，目标一般可按照恐怖集团的动机或个人策划袭击进行较宽泛的分类。美国国内恐怖集团，包括右翼组织、具体问题导向的组织、激进组织和分离组织，常常为具体的目的而选择目标。根据策划袭击的动机，目标通常可以划分为较宽的 5 种类型，其中有部分重叠。

①第一类目标。最常见也是迄今为止最大的一类目标，是具有象征性或公共寓意的目标。包括突出的地标；某些联邦和地方政府建筑；电力设施；管线；涉及化工生产、动物研究、森林或木材产品和精炼提纯的工商业。

②第二类目标。包括政府拥有的或运行的设施，有隧道、计算机设施、机场、州议会、桥梁和天桥、海上设施（如闸门和港口）、执法机构的建筑及其支护结构。

③第三类目标。涉及军事目标（如军事基地、军事博物馆、军事监测设施），此类目标一般来说比其他潜在目标安全，但袭击这种目标也将使军队和政府更难堪。

④第四类目标。由计算机目标组成。以公共设施（自来水、电力、天然气等）为目标，打入它们的网络和控制系统并将其切断可以导致巨大的心理影响。其他潜在的计算机目标包括航空管制中心、金融网络、公共资源配送网络、应急指挥中心和其他依靠计算机运行的控制系统和网络的关键设施。

⑤第五类目标。个人受害者。最容易被视为潜在目标的个人包括经选择的政府官员、执法人员、税务官、法院书记员、陪审团成员、检察官以及他们的家庭成员。

2.4.1.3　阻止恐怖分子机会理论

场所的改变会导致犯罪更困难、风险更大，回报更少，或更不容许。这一理论称为机会阻止。机会阻止并非必须在场所进行，也可以设置在潜在的恐怖袭击目标内部，人们可以设计某些方法阻止犯罪的机会。机会阻止理论认为基于环境的犯罪预防比其他犯罪预防策略对罪犯有更大的直接效果，因为场所的加强策略可能影响恐怖分子实施一个具体恐怖活动的决定。许多基于罪犯的预防策略试图在罪犯面对一个诱人的犯罪机会之前数周、数月或数年里动摇罪犯。如果罪犯更关注他们直接面对的环境而不是其拟实施犯罪行为的不确定的长期风险，那么这种现场预防比增加处罚或风险的增加(如警察反应时间的缩短、增加警察的部署、逮捕和定罪人数的增加)对恐怖分子具有更大的影响。

2.4.1.4 目标加强理论

物理安全的目的在于对目标进行加固以防可能发生的袭击。传统的犯罪预防理论认为，利用心理和物理障碍(信号/闭路电视/围墙/锁)，以及反应方式(安全职员/适当的法律/程序/教育)可以使目标得到加强。这就是所谓的目标加强，是一个有效和广泛应用的减少犯罪的策略。以场所为核心的干涉(预防措施)可以导致罪犯转向缺少保护的位置，一般会对犯罪的效率构成威胁。对目标区域和对照区域(与目标区域的距离足够远以防止被目标区域影响)的实验测试发现，在目标区域加强安全措施后的1年里，目标区域的犯罪增加9%，而对照区域的犯罪增加了77%，说明目标加强后可减少目标区域潜在的犯罪。

政府和商业团体逐渐认识到防恐安全措施必须超越常规的犯罪预防。恐怖分子不是常规的罪犯，他们的目的、甘愿牺牲无辜生命以及在袭击中自愿赴死使他们更加凶恶。因此，要获得安全和保持安全必须采取超常规的措施。

2.4.1.5 基于环境设计的犯罪预防理论

基于环境设计的犯罪预防(Crime Prevention through Environmental Design，CPTED)是一种将城市、社区、建筑物和区域联系起来的理论。它首要强调需要建立具有有限入口、监视和边界的自然环境。例如，使用带障碍的入口(如警报器、锁和门闩、钢化玻璃)、监视工具(较好的照明、摄像机等)和其他障碍物，以建立一个更安全的环境。

CPTED 理论认为，物理环境对犯罪类型和犯罪地点具有重大影响。其基本概念是，利用物理环境可以产生减少犯罪和不敢犯罪的行为效应。CPTED 与传统的目标加强理论的区别在于强调以下 3 个策略：自然的监视；自然的入口控制；自然的周界防护。

自然的监视是旨在采用自然的方式保持侵入者处于监视下的设计概念。自然的入口控制旨在降低犯罪活动和实施犯罪的机会。通过入口控制可以能够排除罪犯接近一个目标的机会并给罪犯制造一种风险感。周界防护主张利用物理设计方式区分公共、半公共和私密空间并建立自然的边界。路障、园林小品、人行道和台阶的变化是常用的手段。对美国城市犯罪密度的研究显示，10% 的场所是将近60% 犯罪事件的现场，说明这些场所具有某些实施犯罪的便利条件，而其他场所则具有预防犯罪的特征。这是 CPTED 理论较好的例证。

2.4.2　工业设施恐怖袭击风险评价方法

(1) 理论依据

工业设施恐怖袭击风险评价的目的是评估工业设施遭恐怖袭击的风险水平，对风险进行定量化，并为进一步确定风险减缓措施提供依据。

按照经典的风险理论，某一不期望事件的风险是由不期望事件的概率及不期望事件的后果决定的。恐怖袭击事件的风险应该是恐怖袭击事件发生的概率与恐怖袭击造成的后果的乘积。其数学表达式为：

$$R = P \times C \tag{2.83}$$

式中　R——恐怖袭击事件的风险；

P——恐怖袭击事件的概率；

C——恐怖袭击事件造成的后果。

由于恐怖袭击本质上的高度随机性，往往缺乏历史数据，很难纯定量地估算概率。为此，引入易受攻击性作为对恐怖袭击可能性的表述方式。

(2) 易受攻击性的概念

自然危险来自地质缺陷相对集中的地方，如海岸线、洪水冲击平原等，而恐怖分子的自由机动性意味着恐怖袭击的风险没有固定的地点。按地震工程学原理，地震会暴露建筑物最薄弱的环节。当一定数量的建筑物随机分布于一个区域内，在地震模式不变的前提下，最薄弱的建筑物最有可能被震倒。同样，处于恐怖袭击威胁下一定数量的目标，最易受攻击的目标被袭击的可能性最高。目标的易受攻击性作为一个独立变量，在风险评价中呈现使损失可能性趋向升高的非线性反馈。

工业设施作为潜在的恐怖袭击目标，可以按其固有特征对恐怖组织或恐怖分子的吸引力或效用排序，这种排序可由不连续的效用函数表达。如果将工业设施的可识别性、可接近性、内在危险性、象征性与轰动效应等作为测定目标效用的因子，则有：

$$U = f(r,\ a,\ i,\ s \cdots f_n) \tag{2.84}$$

式中　U——工业设施作为潜在恐怖袭击目标的效用；

r——工业设施的可识别性；

a——工业设施的可接近性；

i——工业设施的内在危险性；

s——工业设施的象征性与轰动效应；

f_n——影响恐怖袭击目标效用的第 n 项因素。

根据 Fechner 定律，主观感觉上的增加等于客观强度因子的几何级数增加。因此，工业设施的易受攻击性可以表达为：

$$V = k\lg U = k\lg[f(r, a\ , i, s\cdots f_n)] \tag{2.85}$$

式中　V——工业设施易受攻击性的主观赋值；

U——工业设施作为潜在袭击目标的实际效用；

k——常数。

(3)损失严重性的概念

一般工业事故的后果通常考虑人员伤亡、财产损失和间接损失，恐怖袭击造成的后果也不外乎这3个方面。其中现场人员伤亡和财产损失是袭击直接造成的损失，间接影响为袭击之后的延续性后果，严格地讲，应包括工业设施停产损失、环境污染和生态破坏等。一般来说，因火灾、爆炸导致的停产损失相对于直接财产损失，通常要小得多。环境污染和生态破坏等后果有明显的滞后效应，难以在短时间内较准确地评估，同时预测结果还与评估范围有关。本书对上述间接影响暂不进行深入讨论。

根据以上定义，损失严重性的数学表达式如下：

$$L = L_h + L_a + L_i \tag{2.86}$$

式中　L——恐怖袭击造成的损失严重性；

L_h——现场人员伤亡严重性；

L_a——现场财产损失严重性；

L_i——设施失控的间接影响严重性。

(4)恐怖袭击风险减缓

与工业事故风险分析原理类似，根据阻止恐怖分子机会理论，工业设施的人为管理因素和物理防卫措施对恐怖袭击的固有风险具有减缓效果。减缓措施的投入与恐怖袭击可能性之间的关系可用图2－43表示。

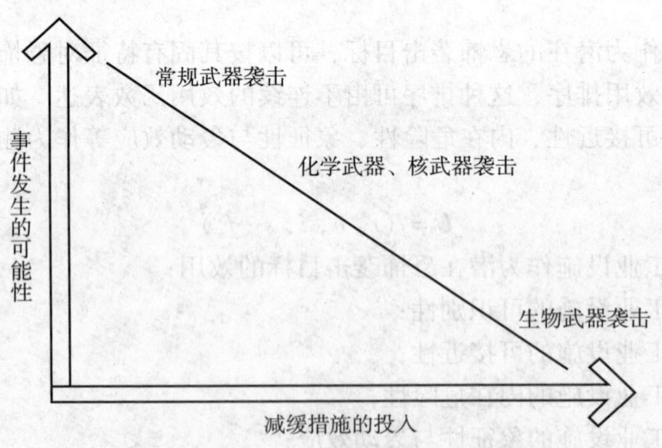

图2－43　恐怖袭击风险减缓原理示意图

(5)风险评价

工业设施固有的恐怖袭击风险的最终评价结果是易受攻击性与损失严重性的

耦合。在恐怖袭击威胁确定存在的前提下，某设施遭恐怖袭击的风险可以表述为设施易受攻击性、恐怖袭击造成的损失严重性以及风险减缓因子的函数。即：

$$R_a = f(V, L, F) \tag{2.87}$$

式中　R_a——特定恐怖袭击的现实风险；

V——设施的易受攻击性；

L——恐怖袭击造成的损失严重性；

F——恐怖袭击风险减缓因子，包括物理防范设施和安全管理两方面。

因此，工业设施恐怖袭击风险评价应包括易受攻击性评价、损失严重性评价及综合风险评价 3 个主要环节。

2.4.3　基于博弈论的恐怖袭击风险定量评价方法

2.4.3.1　博弈论简介

(1)博弈的要素和分类

博弈论(Game Theory)，也称对策论，可以被定义为是对智能的埋性决策者之间冲突与合作的数学模型研究。其研究源于 20 世纪初，作为定量分析事物之间的矛盾冲突的基本工具之一，博弈论为分析涉及两个或多个参与者并对其决策相互影响的局势提供了一种常用的数学方法。一个完整的博弈应包含如下几项要素：

①博弈的参加者(player)。也称局中人或博弈方，是指博弈中能独立决策、独立行动并承担决策结果的个人或组织。小到一个人，大到一个跨国公司乃至一个国家，只要能独立决策和行动，都可视作一个博弈方。

②策略空间(strategy space)。是指各博弈方各自可选择的全部策略或行为的集合。不同的博弈中可供博弈方选择的策略或行为的数量很不相同，在同一博弈中，不同博弈方的可选策略或行为也常不同，有时只有有限的几种，甚至只有一种，而有时又可能有许多种，甚至无限多种可选策略或行为。每一个策略都对应一个相应的结果。

③博弈方的得益(the payoff of player)。也称支付，是指博弈方策略实施后的结果，规定一个博弈必须对得益做出规定。得益即收入、利润、损失、量化的效用、社会效用和经济福利等，可以是正值，也可以是负值。理性的博弈方总是选择能使自己获得最大得益的策略。

④信息(information)。指的是参与人在博弈中的知识，特别是有关其他参与人(对手)的特征和行动的知识。

⑤均衡(equilibrium)。是所有参与人的最优战略或行动的组合。

(2)博弈的分类

博弈可以从以下几个不同角度进行分类：

一是分为合作博弈与非合作博弈。如果各博弈方能达成某种有约束力的契约或默契，以选择共同的策略，此种博弈就是合作博弈。反之，就属于非合作博弈。

二是分为零和博弈与非零和博弈。零和博弈指的是所有博弈方的得益总和为零。非零和博弈是一种非合作下的博弈，博弈中各方的收益或损失的总和不是零值，它区别于零和博弈。

三是分为静态博弈与动态博弈。所有博弈方同时或可看作同时选择策略，采取行动的博弈是静态博弈。动态博弈则是指博弈方的选择和行动有先后之分，后行者可以根据先行者的策略选择来决定自己的策略。

四是分为完全信息博弈与不完全信息博弈。在前一种博弈中，每一个参与者都拥有全部的相关信息，只拥有部分相关信息的便属于后一种博弈。

2.4.3.2 基于零和博弈的恐怖袭击目标损失概率模型

对于恐怖袭击造成的后果，其中现场人员伤亡和财产损失是袭击直接造成的损失，间接影响为袭击之后的延续性后果。多年来的统计数据表明死于恐怖袭击的概率并不大，恐怖袭击对人们影响最大的是心理上造成的震惊和恐惧。而这种后果很难纯定量地估算，所以对恐怖袭击的风险研究着重在恐怖袭击的概率上。下面介绍根据博弈方的收益分类的基于零和博弈的恐怖袭击目标损失概率模型。

(1)模型

恐怖袭击风险与自然风险有着很大的不同，恐怖袭击是由恐怖分子策划和实施的，其风险源-恐怖组织或恐怖分子具有自主意识，属于主观故意性致因。恐怖袭击风险反映了人的智能和意图。而城市中受袭击的目标一般比较多，在总防御资源有限的情况下，哪些目标可能遭袭，管理部门如何在众多的目标间合理地分配防御资源，以最大程度地减小目标损失的概率，应用博弈论分析可以为目标的防御者对有限的反恐资源配置作出合理决策提供理论依据。

博弈论用于恐怖袭击风险分析体现在3个方面：

①作为恐怖袭击的目标，不同的目标由于其地理位置及人流状况等差异而具有不同的目标值(对恐怖分子的吸引指数)；

②设定博弈的双方分别为恐怖袭击分子(即袭击者)和防御者，二者均具备一定的袭击(防御)资源；

③策略选择，袭击者的策略选择指袭击资源的分配，防御者的策略选择指对多个可能受袭目标防御资源的分配，并认为这是一个对于袭击者支付(防御者负支付)为期望损失 EL 的零和博弈。

恐怖分子对一个可能的目标预谋袭击，目标的防御者对可能的袭击进行防御，袭击者和防御者之间博弈，袭击可能发生，也可能不发生，恐怖分子对目标发生的袭击可能成功，也可能失败。那么假设恐怖分子对一个目标发动袭击，则目标损失概率模型为：

$$p(V_i, A_i, D_i) = \exp\left(-\frac{A_i \cdot D_i}{\sqrt{V_i}}\right) \cdot \left(\frac{A_i^2}{A_i^2 + V_i}\right) \tag{2.88}$$

式中　V_i——目标值；

i——一系列的袭击目标，数目从1到N，每一个目标i有一个V_i值；

A_i——袭击者(总资源A_t)对袭击目标i所分配的资源；

D_i——防御者(总资源D_t)对目标i进行防御所分配的资源。

式(2.88)等号右边的第一部分表示发动袭击的概率，第二部分代表袭击完成的概率。

(2)模型推导过程

美国风险管理公司的专家Woo提出有两种概率影响恐怖袭击目标损失概率：一是发动袭击的概率，二是袭击完成的概率。下面介绍如何单独建模并且把这两者相结合。

①发动袭击概率模型建模

应用搜索理论的一些理念可以来模拟袭击的发动。搜索理论可以追溯到第二次世界大战中B. O. Koopman的一些工作。本书中采取一个简单的方法来研究恐怖分子发动袭击的问题。

对于发动袭击模型，认为防御者D巡逻一个目标，袭击者A进入一个区域。把这抽象化为一个格子中的点。假定有G个格子位置。如果防御者和袭击者被随机的放置在格子上，下面就A点和D点在相同的格子位置结束的概率展开讨论。

假设开始时是$D=A=1$，那么很明显概率为$1/G$。

如果$D>1$并且$A=1$，概率为$1-(1-\frac{1}{G})^D$，这反映了事实上每一个防御者D都有一个独立的$1/G$的机会与袭击者一致。$(1-\frac{1}{G})^D$这是所有的防御者D单独地遗漏袭击者的概率的补充。

同样地，在$D>1$和$A>1$的通常情况下，袭击没有被防御者探测到的概率等于$(1-\frac{1}{G})^{A*D}$。这表达了所有防御者遗漏一个特别的袭击者的独立事件的联合。

假设“搜索区域的大小”G等于目标值的平方根，虽然比较有价值的目标需要比较多的防御，但是它不应该是线性增长的。可使用指数近似值来确定发动袭击的概率，即：

$$P_r(\text{Launch}\quad\text{Attack}) = \exp\left(-A * \frac{D}{V^{\frac{1}{2}}}\right) \tag{2.89}$$

②袭击完成概率模型建模

对于袭击完成概率模型建模来说，剂量——反应模型可以提供一些思路和借鉴。

生物统计学的一个重要的应用就是分析药品毒性或其他治疗方案的生存或死

亡反应。假定生存的结果由 $Y=0$ 表达，死亡的结果由 $Y=1$ 表达。让 π_i 表示 $Y_i=1$ 的概率，x_i 表示一个治疗变量。经常用来模拟治疗与结果之间联系的模型是线性后勤模型：

$$\ln(\pi_i/(1-\pi_i))=\alpha+x_i*\beta \tag{2.90}$$

其中 α 和 β 是符合观察数据的参数。

对于本书中的应用，采用 $Y=1$ 来表示发动一个袭击并且袭击顺利完成，使用 $\ln(A)$ 和 $\ln(V)$ 作为治疗变量。在模型的应用中选择 $\alpha=0$ 和 $\beta=(2,\ -1)$。

$$\ln[\pi_i/(1-\pi_i)]=2\ln(A_i)-\ln(V_i) \tag{2.91}$$

对式(2.91)进行重新整理，得到

$$P_{\mathrm{r}}(\text{Success/Launch Attack})=\pi=A^2(A^2+V) \tag{2.92}$$

将发动袭击概率模型和袭击完成概率模型结合，即可得出目标损失概率模型，即：

$$\begin{aligned}P_{\mathrm{r}}(\text{Success})&=P_{\mathrm{r}}(\text{Launch}\quad\text{Attack})\cdot P_{\mathrm{r}}\left(\frac{\text{Success}}{\text{Launch}\quad\text{Attack}}\right)\\&=\exp\left(-\frac{A_{\mathrm{i}}\cdot D_{\mathrm{i}}}{\sqrt{V_{\mathrm{i}}}}\right)\cdot\left(\frac{A_i^2}{A_i^2+V_i}\right)\end{aligned} \tag{2.93}$$

(3)模型参数的确定

①平衡期望损失 EL_0 的确定

袭击者想最大化目标的期望损失，防御者想最小化目标的期望损失，目标的期望的损失 EL 由下式确定：

$$EL=\sum_i V_i\cdot p(V_i,\ A_i,\ D_i) \tag{2.94}$$

防御者根据博弈论中的最大最小原则确定应对恐怖袭击的解决办法。在未知袭击者如何选择目标的情况下，防御者制定一个策略，得到最小 EL。不论袭击者选择哪一个目标，使防御目标间的 EL 相等(在非防御目标间的 EL 将会较小)。这是因为，假如以一种方式防御的一个目标的 EL 值比其他目标的 EL 值大，那么它会从较低者到较高者的 EL 目标间转移防御资源，直到它们有相等的 EL。价值较大的目标的期望损失应该相等，价值不大的目标可以不防御，因为即使以100%的概率袭击那些目标，产生的损失也将会小于防御目标的 EL。这个平衡即为期望损失 EL_0。

②最优袭击资源 A^0 的确定

对于一个确定的目标值 V 和防御资源 D，可按如下步骤确定最优的袭击资源 A^0。

$$\frac{\mathrm{d}}{\mathrm{d}A}\left[\exp\left(-\frac{1}{\sqrt{V}}\cdot A\cdot D\right)\cdot\left(\frac{A^\beta}{A^\beta+\sqrt{V^\beta}}\right)\right]=p\cdot\left(\frac{\beta}{A}\cdot\frac{\sqrt{V^\beta}}{A^\beta+\sqrt{V^\beta}}-\frac{1}{\sqrt{V}}\cdot D\right) \tag{2.95}$$

让最优袭击的影响为零，得到：

$$\frac{\beta}{A}\cdot\frac{\sqrt{V^{\beta}}}{A^{\beta}+\sqrt{V^{\beta}}}=\frac{1}{\sqrt{V}}\cdot D \tag{2.96}$$

$$A^{\beta+1}+A\cdot\sqrt{V^{\beta}}=\beta\cdot\frac{\sqrt{V^{\beta+1}}}{D} \tag{2.97}$$

设特定的 $\beta=2$，可以解得：

$$A^{3}+A\cdot V-\beta\cdot\frac{V^{\frac{3}{2}}}{D}=0 \tag{2.98}$$

即：

$$A^{0}(V,\ D)=\frac{V^{\frac{3}{2}}}{D}+\frac{1}{9}\sqrt{V^{3}+27\cdot\sqrt{3}\cdot\frac{V^{3}}{D^{2}}}-\frac{1}{3}\frac{V}{\frac{V^{\frac{3}{2}}}{D}+\frac{1}{9}\sqrt{V^{3}+27\cdot\sqrt{3}\cdot\frac{V^{3}}{D^{2}}}} \tag{2.99}$$

③最优防御资源 D^{0} 的确定

对于所有的目标 i 有

$$\frac{EL}{V}=p=\left\{\exp\left[-\frac{1}{\sqrt{V}}\cdot A^{0}\cdot D\right]\cdot\frac{(A^{0})^{2}}{(A^{0})^{2}+V}\right\} \tag{2.100}$$

其中 A^{0} 是最优的袭击资源，得到

$$D^{0}=\frac{\sqrt{V}}{A^{0}}\cdot\ln\left[\frac{V}{EL}\cdot\frac{(A^{0})^{2}}{(A^{0})^{2}+V}\right] \tag{2.101}$$

将式(2.99)代入式(2.101)中，即可得到一个含有 V、D、EL 的式子，对每一个确定的 V，通过假定一个 EL 值求得 D^{0} 值，由总防御资源值 D_{t} 来不断调整 EL，直到通过假定的 EL 值求得 D^{0} 的和等于 D_{t}，此时的 EL 值即为平衡 EL_{0}。再把 D^{0} 代入式(2.99)，即可求得 A^{0}。根据 V、A^{0}、D^{0} 即可求得目标损失概率 p。

2.4.3.3　基于非零和博弈的恐怖袭击概率模型

假设一些特定的目标可能会受到一个潜在的恐怖分子组织的威胁。恐怖袭袭击者和可能受袭目标的防御者双方的收益和损失的总和不是零值，双方进行的是一种非合作下的博弈，即非零和博弈。当恐怖分子动用他的行动成本时博弈开始。对比他的成本和收益，恐怖分子决定是否开始发动袭击。不知道恐怖分子的决定，每一个目标在防御上投入来减小一个预谋的袭击成功发生的概率。当恐怖分子窥探到每一个目标的防御力量，并选择其中的一个目标发动一个袭击，此时一个恐怖袭击行动完成。袭击的概率由下述模型确定。

(1)模型

有一个恐怖分子组织和多个潜在的恐怖分子袭击目标。博弈分以下几个阶段进行。在最初阶段，恐怖分子选择一个袭击类型 $\theta\in[\underline{\theta},\ \overline{\theta}]$，袭击类型的分布是已知的，而类型决定发动一个恐怖袭击的成本。当选择好袭击类型后，恐怖分子

决定是否开始行动。在最初阶段恐怖分子的袭击类型和他的行动都不被目标所知。在第二阶段，每一个目标都在防御上进行投资以加强自己防御可能的袭击能力。在第三阶段，恐怖分子选择一个特定的目标并且发动袭击。

目标发生损失 $D>0$ 表明袭击行动成功，如果失败则为0。可能受袭的目标 i 存在一个被袭击概率 p_i。失败可能发生在袭击的准备阶段或在袭击进行的时候。第一种情况是因为行动在执行之前可能被防御者探测到。第二种情况包括袭击被目标的防御者挫败以及自然原因导致失败(例如由于故障炸弹没有爆炸)。

通过在防御上的投入，每一个目标都可以减小它受袭击的概率 p_i。防御投入的成本通过一个二次连续可微函数 $c(p_i)$ 来决定，它是严格凸递减函数。其中有三个假设条件分别是：

①$\lim_{p\to0}c'(p)+D<0$

②$D<\lim_{p\to0}c(p)$

③存在 $p_{\max}\in(0,1]$，所以 $c(p_{\max})=0$ 对于 $p\in[p_{\max},1]$ 以及 $c'(p_{\max})=0$

当边际成本足够大，且接近于 $p=0$ 时，第一个和第二个条件满足。第三个条件需要当 p 接近于1，并且总的和边际成本接近于0。

恐怖分子最大最小化目标的期望损失，表现为袭击类型 θ 的成本上。恐怖分子的袭击类型 θ 为其私人信息，但是其分布函数 $G(\theta)$ 是被目标所知的。$G(\theta)$ 是严格递增和二次连续可微的 $2G'(\theta)+G''(\theta)\theta>0$。条件是需要分布函数不要过凹。两个假设条件如下：

①$p_{\min}\equiv\dfrac{\underline{\theta}}{D}<p_{\max}$

②$p_{\max}<\dfrac{\overline{\theta}}{D}$

第一个和第二个条件表示，对于恐怖分子而言当成本是足够小(大)的时候一个袭击必须是值得做的(不值得做的)。

博弈的第一阶段，恐怖分子决定是否开始一个袭击行动($s=s_1$)或不开始($s=s_0$)。开始一个行动，那么恐怖分子在第三阶段选择一个特定的目标进行袭击。为了最大最小化目标的期望损失，恐怖分子选择袭击最易受攻击的目标。即恐怖分子将选择目标 k 进行袭击的概率满足下式：

$$p_k=\max p_j \tag{2.102}$$

当有多个目标且存在最高袭击发生概率时，可以假设恐怖分子随机地选择一个目标进行袭击。

在博弈的任一个完美均衡中，目标的防御者必须考虑恐怖分子在第三阶段的最优策略。假定只有当存在一个正在进行的行动时袭击发生，一个目标的支付取决于恐怖分子是否发动一个袭击。令 L_i 是目标 i 的总的损失，例如目标防御投入成本和一个袭击导致目标损失的总和。那么 L_i 由下式确定

$$L_i(p,\ s) = c(p_i) + I(s)\rho_i(p)p_iD \tag{2.103}$$

其中 $p = (p_1,\ ...,\ p_n)$

$$I(s) = \begin{cases} 1 & \text{if} \quad s = s_1 \\ 0 & \text{if} \quad s = s_0 \end{cases} \tag{2.104}$$

$$\rho_i(p) = \begin{cases} 1 & \text{if} \quad p_i > \max\limits_{j\neq i} p_j \\ \dfrac{1}{m} & \text{if} \quad p_i = \max\limits_{j\neq i} p_j \quad \text{其中 } m = \text{约束最大值的个数} \\ 0 & \text{if} \quad p_i < \max\limits_{j\neq i} p_j \end{cases} \tag{2.105}$$

通过确定袭击概率 p_i，目标 i 产生一个成本 $c(p_i)$。式(2.103)中等号右边的第二个表达式 $I(s)\rho_i(p_1,\ \cdots,\ p_n)p_iD$ 是根据袭击的损失物化得出的。假设：

①有一个正在进行的袭击行动($s = s_1$)

②目标 i 在 n 个潜在的目标中是最弱的

③袭击发生并导致目标损失。目标的总的损失是通过把单个目标的损失相加得到。

$$L(p,\ s) = \sum_i L_i(p,\ s) = \sum_i c(p_i) + I(s)\max\{p_1,\ ...,\ p_n\}D \tag{2.106}$$

目标在博弈中使用混合策略。目标 i 的策略是一个在[0，1]之间的分布函数 $F_i(p)$。

在第一阶段，恐怖分子执行最优决策。对于一个特定的行动 $\underline{\theta}$ 的成本，恐怖分子发动一个袭击当满足以下条件时：

$$E^p[L(p,\ s_1)] - \theta \geqslant E^p[L(p,\ s_0)] \tag{2.107}$$

或者

$$\theta \leqslant E^p[L(p,\ s_1)] - E^p[L(p,\ s_0)] = E^p[\max\{p_1,\ ...,\ p_n\}D] \tag{2.108}$$

其中期望是通过 $p = (p_1,\ \cdots,\ p_n)$ 获得的。当且仅当袭击行动的成本没有超过目标对袭击的期望损失时，恐怖分子开始一个袭击行动，并使用最优策略。

因为目标防御者没有觉察到恐怖分子在第一阶段的选择，所以在恐怖分子和目标防御者之间有不均匀的信息。在第二阶段博弈的结果因此取决于目标防御者如何形成他们关于博弈状态的信念。相关的均衡是弱完美贝叶斯均衡。它需要两个条件：序贯理性和信念一致性。如果每一个参与者在任何一种信息下都有最优的决策，那么第一个条件被满足。假设 μ 是目标关于存在一个正在进行的袭击行动的信念。那么

$$\mu \equiv P_r(s = s_1) \tag{2.109}$$

综上所述，博弈的弱完美贝叶斯均衡条件如下：

① $\mu^* = P_r(\theta \leqslant \theta^*)$

② $s = s_1$ 如果并且只有如果 $\theta \leqslant \theta^*$

③ $E^s[\int_{[0,1]^n} L_i(p,s)d(F_i^*(p_i)F_{-i}^*(p_{-i}))] \leqslant E^s[\int_{[0,1]^n} L_i(p,s)d(F_i(p_i)F_{-i}^*(p_{-i}))]$

其中 $\theta^* \equiv \int_{[0,1]^n} \max\{p_1,\dots,p_n\}DdF^*(p), F^*(p) \equiv F_1^*(p_1)\times\dots\times F_n^*(p_n)$，$F_{-i}^*(p_{-i}) \equiv F_1^*(p_1)\times\dots\times F_{i-1}^*(p_{i-1})F_{i+1}^*(p_{i+1})\times\dots\times F_n^*(p_n)$

第一个条件确保在第一个阶段目标防御者的信念与恐怖分子的均衡策略一致。在均衡中，恐怖分子使用一个终止准则来制定他第一阶段的决策。因此，为了一致性，目标防御者的信念(μ^*)必须与袭击的真实概率一致，当恐怖分子的成本低于均衡终止(θ^*)时发生。第二个条件表明当赋予目标第三个条件时恐怖分子的选择为最优。当恐怖分子对两个选择 s_0 和 s_1 之间漠不关心时出现最优终止。每一个目标应该最小化它的期望损失通过选择一个 p 上的分布。而恐怖分子在第三阶段的最优决策应该包含在第二阶段的博弈中并且因此可以在均衡中被忽略。

(2)均衡

确定均衡的第一步是说明袭击以一个正的概率发生，例如 $\mu^*>0$。如果目标认为袭击从来不会发生，那么就没有防御投入。因此，只有袭击概率高于 $p_{\max}$ 才肯定会以均衡博弈。但是这表明：

$$\theta^* = \int_{[0,1]^n} \max\{p_1,\dots,p_n\}DdF^*(p) \geqslant p_{\max}D \tag{2.110}$$

假定 $p_{\max}D>\underline{\theta}$，然而，恐怖分子应该以一个正的概率袭击，因为 $P_r(\theta\leqslant\theta^*)\geqslant P_r(\theta\leqslant p_{\max}D)>0$。这表明了信念 $\mu^*=0$ 不能与恐怖分子的均衡策略一致，例如 $P_r(\theta\leqslant\theta^*)>0=\mu^*$。

这个模型的独特的特点是一个目标可以把一个潜在的袭击转移给其它的目标。

①没有目标使用纯策略的均衡

假设没有目标使用纯策略，那么如果存在一个均衡，必须是使用混合策略。在一个混合策略均衡中，每一个目标使用一个分布函数来随机产生袭击概率。虽然模型假定目标是同样的，但是不能排除它们使用不同的均衡分布函数的可能性。但为了使分析容易，本文只考虑目标在博弈的均衡中使用相同的分布函数。设定 $F^*(p)$ 是均衡分布函数。

因为均衡是序贯理性的，博弈需要从最后一个阶段向后倒着求解。一旦第三阶段的结果已经嵌入到目标的支付中，第二阶段就变成博弈的最后一个阶段。下面介绍考虑到目标的均衡选择的最优结果。

②在均衡分布函数中没有跃变

与纯策略的情况类似，分布函数的跃变将会提供降低其他目标受袭概率的机会。如果没有跃变，分布函数即为连续并且约束概率可忽略的。这样就可以以一个比较简单的形式表达目标的均衡损失。对于一个确定的信念($\mu>0$)，有下式成立

$$E^s[\int_{[0,1]^n} L_i(p,s)\mathrm{d}F^*(p)] = \int_{[0,1]^n}\{c(p_i) + \mu\rho_i(p_1,\dots,p_n)p_iD\}\mathrm{d}F^*(p)$$

$$= \int_{[0,1]}\{c(p_i) + \mu F^*(p_i)^{n-1}p_iD\}\mathrm{d}F^*(p_i) \tag{2.111}$$

第一个等式是定义 $E^s[I(s)] = P_r(s = s_1) = \mu$。第二个等式是根据目标 i 以一个概率 $F^*(p_i)^{n-1}$ 变成所有目标中的最弱的而得出。

设定 $L_{\max}(p) \equiv c(p) + \mu pD$。$L_{\max}(p)$ 为目标的最大可能损失。它是投入成本 $c(p)$ 和 μpD 的总和，它等于当一个目标期望为最弱时的袭击的期望损失。在假定 $c''(\cdot) > 0$ 时，$L_{\max}(p)$ 是严格凸的，与这个函数相关的两个量 $\bar{p}$ 和 $\underline{p}$ 在分析中的作用非常关键，定义如下：

$$\bar{p} \equiv \arg\min L_{\max}(p) \tag{2.112}$$

$$c(\underline{p}) \equiv c(\bar{p}) + \mu\bar{p}D \tag{2.113}$$

对于给定的 μ，$\bar{p}$ 和 $\underline{p}$ 是确定的。$\bar{p}(\mu)$ 和 $\underline{p}(\mu)$ 也是关于 μ 连续可微的。

区间 $[\underline{p},\ \bar{p}]$ 为均衡分布的支持区间。一个目标使用支持区间上的最小和最大值作为策略是无差异的。令 $p_m(p_M)$ 分别为最小值（最大值）。因为通过设定 $p = p_m(p = p_M)$，一个目标变为最弱的（最强的），它符合 $c(p_m) = c(p_M) + \mu p_M D$。

通过设定 $p_m = \underline{p}$ 和 $p_M = \bar{p}$ 可以验证支持区间 $[\underline{p},\ \bar{p}]$。假设 $L_{\max}(p)$ 是严格凸的并在 $\bar{p}$ 到达它的最小值，它是严格递减的（递增的）对于 $p < \bar{p}(p > \bar{p})$。如果最大值 p_M 与 $\bar{p}$ 不一致，那么允许 $c(p_M) + \mu p_M D > c(\bar{p}) + \mu\bar{p}D$。这样的一个均衡是不能维持的，它与假设在均衡中使用 $p = p_M$ 是矛盾的。在最小值 $\underline{p}$ 上也是这样。以一个相反的假设最小值 p_m 不等于 $\underline{p}$。那么在最大值 $p_M = \bar{p}$ 上的期望损失等于在 $\underline{p}$ 上的投入成本。

当已知 $\bar{p}$ 是在支持区间上的最大值时，解均衡分布函数就比较简单。设定期望损失必须在支持区间中的所有 p 上相等，那么有下式成立

$$c(p) + \mu F^*(p)^{n-1}pD = c(\bar{p}) + \mu\bar{p}D \qquad p \in [\underline{p},\ \bar{p}] \tag{2.114}$$

或者

$$F^*(p;\ \mu) = \left\{\frac{c(\bar{p}) + \mu\bar{p}D - c(p)}{\mu pD}\right\}^{\frac{1}{n-1}} \qquad p \in [\underline{p},\ \bar{p}] \tag{2.115}$$

对于一个确定的信念 μ，目标的行为是完全由分布函数 $F^*(p;\ \mu)$ 确定的。

在第一阶段，恐怖分子根据他对目标在下一阶段的选择的期望制定他自己的决策。当袭击行动的成本没有超过目标对袭击的期望损失时会发动一个袭击。最优的终止由下式确定：

$$\theta^* = \int_{[0,1]^n}\max\{p_1,\dots,p_n\}D\mathrm{d}F^*(p) \tag{2.116}$$

这个表达式包括了一个次序统计量 $\max\{p_1,\ \dots,\ p_n\}$，及一个分布函数 $\{F^*(p;\ \mu)\}^n$。那么恐怖分子的最优化条件可以由如下简单的形式确定：

$$\theta \leqslant \int_{[0,1]} pD\mathrm{d}(F^{*}(p;\mu))^{n} = \theta^{*}(\mu) \tag{2.117}$$

可以看出对目标信念的最优终止在表达式 $\theta^{*}(\mu)$ 中表达得更清楚。

目标的信念变得和恐怖分子的最优策略是一致时博弈的均衡出现。这需要均衡的信念 μ^{*} 应该满足下式：

$$P_{r}(\theta \leqslant \theta^{*}(\mu^{*})) = G(\int_{[0,1]} pD\mathrm{d}(F^{*}(p;\mu^{*}))^{n}) = \mu^{*} \tag{2.118}$$

给定 $G(\cdot)$ 是严格递增的，这个条件也可写成下式

$$\int_{[0,1]} pD\mathrm{d}(F^{*}(p;\mu^{*}))^{n} = G^{-1}(\mu^{*}) \tag{2.119}$$

综上所述，博弈的均衡由下面一些条件确定：

a. $\mu^{*} \in (0,\ 1)$ 是由 $G(\theta^{*}(\mu^{*})) = \mu^{*}$ 单独确定的。

b. 如果，并且只有如果 $\theta \leqslant \theta^{*} = \int_{[0,1]} pDd(F^{*}(p;\mu^{*}))^{n}$

c. $F^{*}(p;\ \mu^{*})$ 由下式确定

$$F^{*}(p;\ \mu^{*}) = \begin{cases} 0 & p < \underline{p}^{*} \\ \left\{\dfrac{c(\bar{p}^{*}) + \mu^{*}\bar{p}^{*}D - c(p)}{\mu^{*}pD}\right\}^{\frac{1}{n-1}} & p \in [\underline{p}^{*},\ \bar{p}^{*}] \\ 1 & \bar{p}^{*} < p \end{cases}$$

其中 $\underline{p}^{*}$ 是由 $c(\underline{p}^{*}) \equiv c(\bar{p}^{*}) + \mu^{*}\bar{p}^{*}D$ 以及 $\bar{p}^{*} \equiv \arg\min c(p) + \mu^{*}pD$ 确定的。

(3) 非零和博弈结果分析

就目标的防御者来说，博弈的结果不满意是由于在均衡中，每一个目标试图把袭击转移给其他的目标。如果目标之间可以协调，则共同的期望损失可能在很大程度上会减小。除了协调问题之外，目标的承诺问题可以阻止他们得到最优的结果。设定袭击的概率取决于恐怖分子关于目标的投入的信念，如果他们承诺于一个高水平的投入那么目标将会降低他们的期望损失。当袭击的风险较低时，这样的一个计划需要目标应该维持一个较高的投入水平。目标的策略将会失效，因此，除非他们有一个合适的机制来支持这个承诺。

为了证实这些观点，考虑下面的两个假设模型。在第一个模型中，目标可以协调他们的投入但是不能确定在某一确定的水平。第二个模型将协调和承诺合并。

①协调均衡

在期望目标通过协调他们的行动来最小化共同的期望损失之前，恐怖分子和目标开始博弈。目标的策略是选择一个定义在 n 维方 $[0,\ 1]^{n}$ 上的联合分布函数。这允许存在这样的可能性即两个或多个目标的选择与其他的一致。这在博弈的第一和第三阶段中关于恐怖分子的问题是没有变化的。

当协调被允许时，目标必须在所有的目标上的投入相同。假定只有最弱的目

标被恐怖分子袭击，在一个目标上比其他目标投入较多将会是没有什么意义的。

a. 在任一协调均衡中，目标以 1 的概率选择 $p_1 = p_2 = \dots = p_n$。

没有一般性损失，因此，可以关注 n 维分布函数来检查目标的问题。那么联合期望损失可以被表达为 $\int_{[0,1]} \{nc(p) + \mu pD\} \mathrm{d}F(p)$。这个被积函数是严格凸的，因此有一个最小值。令 $p^c(\mu) \equiv \mathrm{argmin} nc(p) + \mu pD$。这表明了如果在所有目标上设置 $p^c(\mu)$，那么联合期望损失将会最小。

恐怖分子在第一阶段的选择遵循终止规则。最优的终止的简单形式如下式：

$$\theta^c(\mu) = \int_{[0,1]^n} \max\{p_1 \dots, p_n\} D \mathrm{d}F^c(p) = p^c(\mu) D \tag{2.120}$$

博弈的均衡通过发现一个一致的信念 μ^c 而确定

$$P_r(\theta \leqslant \theta^c(\mu^c)) = G(\theta^c(\mu^c)) = \mu^c \tag{2.121}$$

b. 协调的均衡由下面一些条件确定。

a) $\mu^c \in (\mu^*, 1)$ 由 $G(\theta^c(\mu^c)) = \mu^c$ 单独确定。

b) 如果并且仅有如果 $\theta \leqslant \theta^c(\mu^c) = p^c D$ 时，$s = s_1$。

c) 目标设置 $p_1 = p_2 = \dots = p_n = p^c \in (p_{\min}, p_{\max})$ 以概率 1，其中 $p^c \equiv \mathrm{argmin} nc(p) + \mu^c pD$。

与基本模型中的均衡的不同之处是目标通过协调他们的行动使外在袭击转移内在化。作为结果，投入变得在所有目标上相等并且因此防御水平上的分布不再在均衡中被观察。另一个均衡的特征是，当协调被允许时，袭击变得比较可能，例如 $\mu^c > \mu^*$。缺少协调因此导致在防御上过度投入。

②协调和承诺的均衡

目标的协调问题由式 $\min_p nc(p) + \mu pD$ 确定。

目标通过利用给定的他们的信念 μ 来最小化联合期望损失。但是必须与均衡中目标的信念一致的袭击的概率，取决于恐怖分子关于目标行动的信念。这表明了如果目标可以直接地控制恐怖分子的信念，期望损失可以在很大程度上被减小。

考虑一个改进博弈，其中目标可以在恐怖分子行动之前承诺他们的选择。博弈的其他方面与之前的相同并且假定目标可以协调他们的决策。在这个新的博弈中，有一个额外的阶段——“零”阶段——在其中目标被允许进行承诺。

改进博弈的结果取决于是否承诺可以被目标制定为可信的。如果目标可以无需任何代价就可以撤回他们在第一阶段的任一需求，则承诺将在均衡中没有受到影响。这表明目标在第二阶段最不理想的任一先前的承诺被放弃，在此种情况下，即使在第一阶段没有制定承诺，那么在第二阶段只有最可信的承诺才能被目标选择。

如果有一种方式可以制定可信的但是非平凡的承诺，那么目标可以在恐怖分子之上有一个策略的好处。假定这样的一个承诺在零阶段被目标制定。就协调而言，所有目标上的投入必须相等。一种方式考虑，一个普通的成功概率 p 符合目标的策略。给定承诺是可信的，恐怖分子将发动一个袭击如果并且只有如果行动的成本 θ 没有超过它的收益 pD。因此一个袭击将会以概率 $P_r(\theta \leqslant pD) = G(pD)$ 发生。这必须由目标在承诺阶段被期望。目标的问题由式 $\min_p nc(p) + G(pD)pD$ 确定。

目标函数直接反映了在均衡中目标的选择改变了袭击的概率。承诺一个低的 p 将会影响恐怖分子的信念并且因此减小袭击的概率。因此在均衡中，目标将会在防御中投入较多相对于只允许协调他们的行动而言的情况。

协调和承诺的均衡定义如下：

a. $\mu^o \in [0, \mu^c)$ 由 $G(\theta^o) = \mu^o$ 单独确定

b. 如果并且只有如果 $\theta \leqslant \theta^o = p^o D$ 时 $s = s_1$

c. 目标以概率 1 设置 $p_1 = p_2 = \ldots = p_n = p^o \in [p_{\min}, p^c)$，其中 $p^o \equiv \mathrm{argmin}\, nc(p) + G(pD)pD$

与只允许协调的情况对比，当目标也可以承诺他们的行动时目标在防御上的投入较多。结果是袭击变得比较不可能并且在均衡中甚至可以变得总体上被阻止。在这两个均衡的任一个中，袭击总会以一个正的概率发生。简单地说，完全地阻止袭击在实际中是非常难的。

前面的分析表明目标面对的承诺问题使得完全消除恐怖袭击风险非常困难。恐怖袭击是一个复杂的问题，其中包括了多维的防御政策相互作用。虽然分析是在一个固定的模型中分析一个恐怖分子组织和多个潜在的受袭的目标，但也为同时解决协调和承诺问题提供了一种新的思路。

2.5 城市突发性水污染事故风险评价理论方法

突发性水污染事故是由于自然灾害、机械故障、人为因素及其他不确定性因素引发固定或移动的潜在污染源偏离正常运行状况突然地排放污染物，经过各种途径进入水体，从而造成水环境污染的事件。日益恶化的突发性水污染事件是国内外大多数城市水源地安全和城市供水安全的重要威胁。

2.5.1 突发性水污染事故风险评价基本理论

污染事故风险评价主要研究、处理还没有发生，但有可能发生的突发性环境

污染事件，并把这种可能性具体化为一个量化指标，从而选择最佳方案来预防污染事故发生，其目的就是寻求最低事故率、最小损失。它已经成为预测、预防突发性环境污染事故的重要手段。风险评价在预防突发性环境污染事故中还可以起到以下作用：

①为制定突发性环境污染事故的应急预案和政府的决策提供科学据。突发性环境污染事故应急预案是基于风险评价而制定的。只有对于一个系统中存在的危险因素进行翔实的分析，确定危险的性质、影响范围以及灾害发生的可能性，才能为制定突发性环境污染事故的应急预案提供科学依据。评价过程中通过对潜在事故进行定量预测和分析，建立系统安全最优方案，为决策提供依据。

②有效减少突发性污染事故。通过风险评价，可以识别系统中存在的可能导致事故发生的因素；通过系统分析还能找到可能被忽略的危险因素；通过定量预测事故发生的可能性及其后果的严重性，从而有效减少突发性污染事故的发生。

突发性水污染事件同时具备了风险事件的两大基本要素：瞬时突发性(概率事件)和后果严重性(影响损失)，是典型的风险事件。图 2－44 为突发性水污染事故风险评价框图，评价程序主要由风险辨识、概率分析、后果计算、风险评价和风险管理等部分组成，主要的评估内容包括识别主要的风险源，判断主要的风险事件类型，确定最大潜在风险源对其进行概率和后果预测，计算得出风险值，针对性地制定控制措施等。

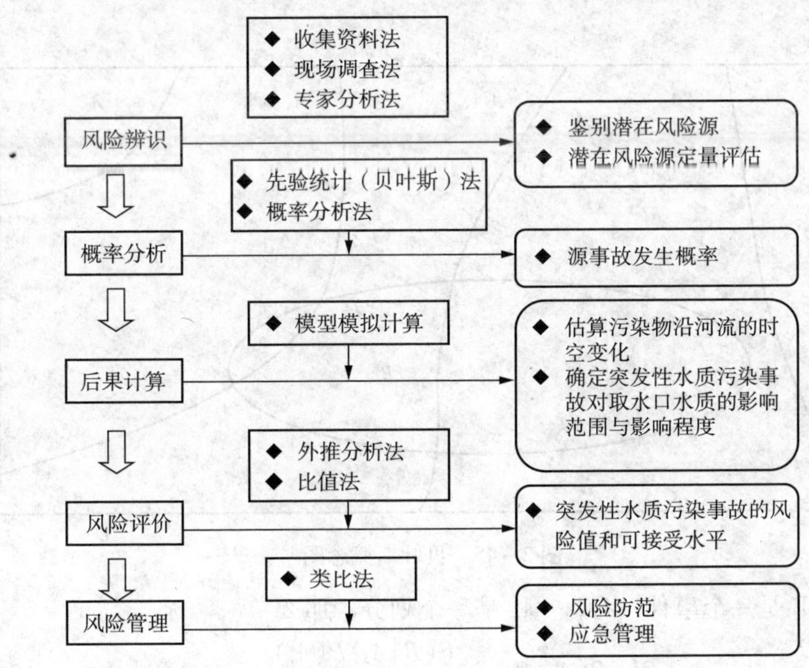

图 2－44　突发性水污染事故风险评价程序

2.5.2 突发性水污染事故概率估计方法

事故污染虽不是日常发生的但是来势急、强度大，往往引起较大危害的急性效应，其慢性效应影响也可能延续较长时间。突发性污染事故是一类低频率高危险的事件，通常有关的数据信息很少，客观的频率数据十分缺乏甚至不存在，而且关于事故发生的科学的因果关系也不是很清楚，很难采用客观统计的估计方法。所以，常常采用一些建立在少量客观数据之上的假设模型 - 专家估计，相关分析或外推及推断分析等。由于贝叶斯估计方法在稀少事件的估计中，具有理论上的优越性。它可以利用极少量的先验信息合乎情理地估计相应的后验概率密度，因而在核污染、地震等灾害分析领域得到了广泛应用。本书对河流事故污染源突发性排放发生概率的贝叶斯估计方法进行探讨。

2.5.2.1 贝叶斯推断

划分就是一组事件 $A_1, \cdots A_n \subset \Omega$，满足当 $i \neq j$ 时，$A_i \cap A_j = \phi$，并且 $A_1 \cup \cdots A_n \subset \Omega$。

下面是贝叶斯法则的思想：假设随机选定一个点，想确定的是它属于 A_i 中的哪个。假设不能直接观察，但可以观察它是否存在于另一个事件 B 中，通过考虑 B 与每个 A_i 的重叠度，可以对 x 存在于 A_i 的概率作出新的推断，如图 2 - 45 所示。

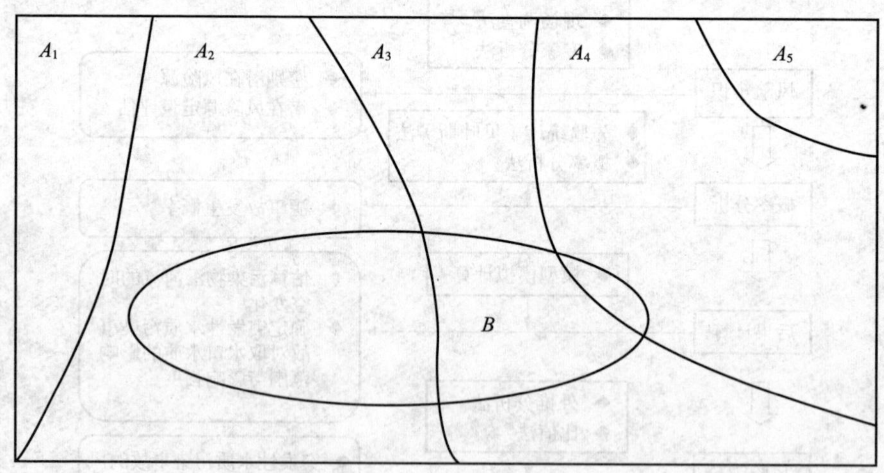

图 2 - 45 贝叶斯概念图

假设 B 是一个事件，$A_1, \cdots A_n$ 是一个划分，那么

$$P(A_i \mid B) = \frac{P(B \mid A_i) P(A_i)}{\sum_{j=1}^{n} P(B \mid A_j) P(A_j)} \tag{2.122}$$

称 $P(A_j)(j=1, 2, \cdots, m)$ 为先验概率，它是在试验（抽样）以前，人们对所研究的问题的看法，是主观信息的描述，称 $P(B \mid A_j)(j=1, 2, \cdots, m)$ 为似然函数，$P(A_j \mid B)(j=1, 2, \cdots, m)$ 为后验概率，它是综合了先验信息和试验（抽样）结果后得到的看法。

若 θ 是一个连续的随机变量，实际上它是我们所关心的参数，设它的分布密度为 $p(\theta)$，称为先验密度，涉及 θ 的样本信息记为 Y，已知 θ 时 Y 的分布密度为 $p(Y \mid \theta)$，称为似然函数。

$p(Y, \theta)$ 是联合概率密度函数，令 $p(Y \mid \theta)$ 和 $p(\theta \mid Y)$ 为对应的条件密度函数，$p(\theta) = \int f(Y,\theta)\,\mathrm{d}Y$ 是 θ 的边缘密度函数，那么

$$f(\theta/Y) = \frac{f(Y|\theta)f(\theta)}{\int f(Y|\theta)f(\theta)\,\mathrm{d}\theta} \tag{2.123}$$

这里 $f(\theta|Y)$ 叫做后验密度，这是参数 θ 为连续情况下的贝叶斯定理，其中 Y 既可以是连续的，也可以是离散的。

2.5.2.2　污染事故排放发生的时间概率模型

常见描述污染事故发生的模型有平稳 Possion 过程、非平稳 Possion 过程、马尔可夫过程等。与平稳 Poisson 过程相比，那些与时间相关的事故发生模型似乎更接近实际。但是。这些模型需要对许多参数做出假设和判定，对原始数据资料提出了更高要求，往往由于资料的不足或者无法弄清其中关系，所以在一系列假设和推断下做出的估计，其可信度也是值得怀疑的。由于这种结果，即使是根据比较较近实际情况的模型做出的事故风险概率分析，不可避免地仍然充满着不确定性，并且在应用上受到很大限制。当选择模型时，对此不得不慎重考虑。在此选用 Possion 过程模型，事故时间选用指数分布。

首先必须明确，虽然事故排放的可能范围是 $0 \to \infty$，但对于那些量较小的排放可以不予考虑其事故影响，因此本文考虑排放量大于某一临界值 $(z \geqslant z_0)$ 的突发性排放。若污染源在选取 Δt 时间内向水环境突发性排污次数 $N(\Delta t)$ 满足如下的泊松过程概率条件：

（1）从 $t=0$ 起开始观察条件事件，即 $N(0)=0$；

（2）对于时间序列 $(0, t_1, t_2, \cdots, t_n)$，任意时间段 $t_i - 1 < t < t_i(\Delta t = t_{i+1} - t_i)$ 内事故排放次数 $N(t_{i+1} - t_i)$，$i=1, 2, \cdots, n-1$ 是相互独立的；

（3）对于充分小的 Δt，$P(N=1/\lambda, \Delta t) = \lambda\Delta t + O(\Delta t)$，其中，$o(\Delta t)$ 是关于 Δt 的高阶无穷小；

（4）对于充分小的 Δt，$\sum_{j=2}^{\infty}(N=j/\lambda, \Delta t) = O(\Delta t)$，即在 Δt 内发生 2 次和 2 次以上的概率与发生 1 次的概率相比由于很小可以忽略不计。

则事故时间服从指数分布的污染源在一个较长的时间段 $[t_0, t]$ 内向水环境突

发性排污 N 次的概率按泊松分布可表示为：

$$P(N/\lambda,\ t-t_0)=e^{-\lambda(t-t_0)}\cdot\frac{[\lambda(t-t_0)]}{N!}\qquad t>t_0,\ N=0,\ 1,\ 2\cdots$$

特别地，取 $t_0=0$ 时有

$$P(N/\lambda,\ t)=e^{-\lambda t}\cdot\frac{(\lambda t)^N}{N!}\qquad t>0,\ N=0,\ 1,\ 2\cdots$$

发生次数 N 的期望为 $E(N)=\lambda t$

2.5.2.3 贝叶斯估计方法的建立

假定污染源系统在记录时间 T 内发生了 N 次事故，λ 的分布密度函数为 $f(\lambda)$。由事故发生的泊松过程模型，估计事故发生次数的概率

$$f(N,\ T|\lambda)=e^{-\lambda T}\frac{(\lambda T)^N}{N!}$$

根据贝叶斯假设，把 λ 看作概率密度函数为 $f(\lambda)$ 的随机变量，则由贝叶斯公式得后验分布

$$f(\lambda|N,T)=\frac{f(N,T,\lambda)}{f(N,T)}=\frac{f(N,T|\lambda)\cdot f(\lambda)}{\int_0^\infty f(N,T|\lambda)\cdot f(\lambda)d\lambda}$$

在缺乏大量统计资料情况下，可取均匀的先验分布 $f(\lambda)=1/\theta$（θ 为常数），θ 为污染源的事故率 λ 的取值范围，即 $0\leqslant\lambda\leqslant\theta$，$E(\lambda)=\theta/2$。

$$f(\lambda|N,T)=\frac{\frac{1}{\theta}\cdot\frac{(\lambda T)^N\exp(-\lambda T)}{N!}}{\int_0^\infty\frac{1}{\theta}\cdot\frac{(\lambda T)^N\exp(-\lambda T)}{N!}d\lambda}=\frac{\lambda^N\exp(-\lambda T)}{\int_0^\theta\lambda^N\exp(-\lambda T)d\lambda}$$

由不完全的 Gamma 函数的定义 $p(x,\theta)=\frac{1}{\Gamma(x)}\int_0^M e^{-t}t^{x-1}\mathrm{d}t$ 得

$$\int_0^\theta e^{-\lambda T}\lambda^N\mathrm{d}\lambda=\frac{\int_0^\theta e^{-\lambda T}(\lambda T)^N d(\lambda T)}{T^{N+1}}=\frac{p(N+1,\theta T)\Gamma(N+1)}{T^{N+1}}$$

所以，$f(\lambda|N,\ T)=\dfrac{\lambda^N e^{-\lambda T}}{\dfrac{p(N+1,\ \theta T)\Gamma(N+1)}{T^{N+1}}}=\dfrac{T(\lambda T)^N e^{-\lambda T}}{p(N+1,\ \theta T)\Gamma(N+1)}$

后验分布的 λ 平均值

$$E(\lambda|N,T)=\int_0^\theta\lambda f(\lambda|N,T)\mathrm{d}\lambda=\int_0^\theta\frac{(\lambda T)^{N+1}\exp(-\lambda T)}{p(N+1,\theta T)\Gamma(N+1)}\mathrm{d}\lambda$$

$$=\frac{1}{T}\cdot\frac{p(N+2,\ \theta T)\Gamma(N+2)}{p(N+1,\ \theta T)\Gamma(N+1)}$$

求出了经后验信息修正的事故概率的概率密度函数 $f(\lambda|N,\ T)$，就可以预测出未来 t 年内 n 次事故排放（$z\geqslant z_0$）的概率：

$$p(n|N,T,t) = \int_0^{\theta} p_t(n|\lambda,N,T)f(\lambda|N,T)\mathrm{d}\lambda$$

$$= \int_0^{\theta} \frac{(\lambda t)^n \exp(-\lambda t)}{n!} \cdot \frac{T(\lambda T)^N \exp(-\lambda T)}{p(N+1,\theta T)\Gamma(N+1)} d\lambda$$

$$= \frac{p[n+N+1,\ \theta(t+T)]\Gamma(n+N+1)}{n!\ p(N+1,\ \theta T)\Gamma(N+1)} \cdot \frac{\left(\frac{t}{T}\right)^n}{\left(1+\frac{t}{T}\right)^{n+N+1}}$$

以上 $f(\lambda|N,\ T)$ 与 $p(n|N,\ T,\ t)$ 的计算要依靠数值计算得到。

由于事故泄漏量受到排放时间和人为干扰等随机因素的影响，运用这些方法对于事故发生时物质排放量的估计却无能为力，一个折中的方法通常是假定一些典型的排放条件来估计。事故泄漏量与正常的生产流量或贮量是密切相关的，可以采取校正因子的方法来估计。校正因子与位置、监督和预防管理状况、事故排放的截留情况等因素有关。

例如，远离河边的固态废物的流失发生的可能性很小，这时校正因子最多可假设为 10%；而河边码头的污染物泄漏流失的事故可能性很大，流失率因了则可认为是 100%。在资料比较少时，可假设泄漏量服从三角分布，估计污染物泄漏量时只需知道泄漏量最小值、最可能的值、最大值。

2.5.3　突发性水污染事故后果评价方法

污染物进入水环境有多种可能途径：通过地面溢流、自然或人工的排水渠道、地表渗透、地下渗流，最后到达沟渠、水溪、河流、运河等；另外，还可能进入水道通过污水厂处理后排往水体。污染物进入河流、地下水等水体后，被扩散、稀释、转移、降解、转化。考虑了污染物进入水体的途径和条件，并在污染事故调查的基础上，就可以建立水力 - 水质模拟模型，模拟事故排放的污染物浓度在河流中的时空变化，进而对流域或区域潜在的事故危害及其对环境的影响进行风险评价。需要说明的是由突发性水污染事件引发的风险后果影响是多方面的，如流域生态影响，社会经济影响等，本书中主要针对水源水质以及由此可能引发的人群健康风险影响。

突发性污染事件发生后，一些持久性污染物质会在环境中较长时间存在，并在环境中扩散，广泛分布于水域的底泥、水体及水生生物体中，对人类健康存在长期、潜伏性的影响。突发水污染事故可能引发的人体健康风险定量评价的重要核心部分是剂量 - 反应评估。剂量 - 反应评估(dose - response assessment)是通过人群研究或动物实验的资料，确定适合于人的剂量 - 反应曲线，并由此计算出评估危险人群在某种暴露剂量下的风险的基准值。目的是为求得某化学物的剂量(浓度)与主要的特定健康效应的定量关系，确定暴露水平与健康效应发生几率之间的关系，找出规律，提出剂量－反应模式，以用于风险分析。

对于非致癌化学物的健康风险评价的剂量－反应评估，广泛采用的是阈值理论，即假定存在一个发生有害作用的阈值，在此阈值下有害健康效应将不会发生。世界上许多机构对此阈值采用的是“安全剂量”这一概念，但名称不同，其中，美国环境保护署(EPA)采用是参考剂量(Reference Dose，RfD)，定义为人群终生暴露后不会产生可预测的有害效应的日平均暴露水平估计值。有阈化学物质的剂量－反应关系评估利用动物或人的定量资料，确定人暴露于该物质不致引起有害健康效应的最高剂量，以此作为参考值(或基准值)，来评价危险人群在某种暴露量下的风险大小，或据此推算该物质在环境介质中的最高容许浓度(或可接受的限量)。有阈化学物质的参考剂量可按 NOAEL 法和基准剂量法推算。

NOAEL 评价法以实验或统计所得的无可见有害作用水平(no observed adverse effect level，NOAEL)和最低可见有害作用水平(lowest observed adverse effectlevel，LOAEL)为依据，经过安全系数和不确定因素的校正，计算得出相应的参考剂量值。基本步骤为：①选择适宜的临界效应(critical effect)指标；②选对所研究毒物代谢转化与人相近的动物进行实验；③利用流行病学调查或动物实验获得 LOAEL 和 NOAEL；④确定种属间该有害因素所致损害效应的不确定因素，即选择不确定系数(*UF*)；⑤明确剂量－反应关系、计算参考剂量(RfD)。

具体的计算公式为：

$$\mathrm{RfD}=\frac{\mathrm{NOAEL}\text{ 或 }\mathrm{LOAEL}}{UF} \tag{2.124}$$

式中　RfD——某种有阈化学物质的参考剂量，mg/(kg·d)；

NOAEL——未观察到有害效应的剂量水平，mg/(kg·d)，在此剂量时，暴露组与对照组相比，有害效应发生的频率或严重程度的增加没有统计学或生物学意义；或者虽然观察到有统计学意义，但不认为这些效应是有害的；

LOAEL——观察到有害效应的最低剂量 mg/(kg·d)，在此水平下，暴露组发生有害效应概率或严重性的增加与对照组比较有统计学或生物学意义；即通过实验和观察发现的，能在靶机体内引起可与正常(对照组)机体(相同物种和品系，相同暴露条件下)内发生的相区别的任何形态、功能、生长、发育或寿命方面的变化的最低剂量水平；

UF——总的不确定系数，无量纲，$UF=F_1\times F_2\times F_3\times MF$；

F_1——种间不确定性系数，1～10；

F_2——种内不确定性系数，1～10；

F_3——毒性性质不确定性系数，1～100；

MF——资料库完整性的不确定性系数，1～10。典型的不确定系数见表 2－6。

表2－6 确定参考剂量时典型的不确定系数(*UF*)和修饰系数(*MF*)

人个体间差异	使用正常健康人作为实验对象时，其合理结果的外推通常采用不确定系数10
实验到人的差异	这个系数用以解决动物资料向人外推时的不确定性。对参考剂量来说，当人群暴露研究不可得或不充分时，从实验动物外推到人需采用不确定系数10 。对呼吸暴露参考浓度，当人对浓度NOAEL作估计的基础时，这个系数降到3 ，因为在计算人的相对浓度时已考虑到药代动力学的差异
亚慢性到慢性的推断	当从亚慢性动物或人实验推导时，通常采用10倍的安全系数，这个数值考虑了从亚慢性的NOAEL到慢性的NOAEL推断的不确定性
LOAEL到NOAEL的外推	通常使用LOAEL外推参考剂量时，采用10倍的不确定系数，这个系数考虑了从LOAEL到NOAEL外推的不确定性
数据库的完整性	当资料不完整时，从有限的动物实验结果外推时，通常使用10倍的不确定系数，这个系数考虑了单个实验结果不能充分阐述各种可能的不良应
修饰系数	使用专业判断以决定额外的不确定系数，也就是修饰系数(modifying factor，*MF*)。*MF*一般大于0小于或等于10 ，*MF*的大小取决于对实验和数据库科学上不确定性的专业分析，这种不确定性在上述的外推中未加以明确解决(如实验的动物数，反应严重性)。默认的*MF*一般为1。

注：对任何不确定系数，都需要进行专业判断以给出合适的数值。本表中列举的数值是美国环境保护署经常采用的数值。

该方法的优点在于依据实验数据而得出，因此不需要复杂的数学公式或模型。然而多年实践证明该方法给出的参考剂量的安全可靠性是有限的。这是由于它所依据的关键数据存在固有的缺陷：NOAEL(即阈值)取决于样本的大小，由于观察例数不同，其毒理和统计学意义也不同。关键数据都只是剂量－反应关系的一个点值，在推导RfD时未考虑该曲线的斜率，只采用NOAEL或LOAEL而不考虑有关斜率就不能如实地表达受试物的毒性与效应。为解决上述问题，现提出用基准剂量(benchmark dose ，BMD)法推导RfD。

基准剂量(Benchmark dose，BMD)这个概念是首先由Crump和Dourson等提出的，并在人们尝试克服NOAEL方法的缺陷过程中得以不断地发展。基准剂量是根据环境物质的某种接触剂量可引发一定有害反应率(Benchmark Response，BMR。通常为1%～10%)时剂量的95%可信区间下限值。该方法引起了美国环境保护署(EPA)和食品药品管理局(FDA)一些科学家的关注，并将大量历史资料进行了运算验证。基准剂量法的目的在于更好地设定一个计算安全剂量的起始值。正如美国环境保护署所定义的，基准剂量是“在背景值的基础上，引起预定概率的不良健康效应剂量的统计学下限值”。

美国环境保护署已经开发了一种较易使用的基准剂量计算软件名为Benchmark dose software(BMDS)。此软件包括了不同的基准剂量计算型以供模拟定量、定性以及巢式(如发育毒理学研究结果)实验资料。与NOAL法相比，BMD受实验设计的影响较小，它利用了实验中剂量—反应关系的全部数据，而不是依据一个点值，因此所得的结果可靠性、准确性好。

BMD 采用了 95% 可信区间下限值，因而可反映实验本身的变异程度。当实验本身质量较差(如动物数过少、观察指标变异较大等)时，可信区间较宽，导出的 BMD 较小。在 DMD 法中采用统一的 BMR 推算 RfD 还便于对不同研究结果进化比较。此外，对于未直接观察到 NOAL 的数据组，也可通过计算推出 BMD。

BMD 法的主要步骤见表 2－7。关键的一步是采用统计学方法将剂量－反应关系模型与实验数据拟合。目前已有许多剂量－反应关系模型，可用于从分组的计数资料或连续性的计量资料估计 BMD。

表 2－7　BMD 法的主要步骤

步　骤	内　容
(1)选择用于计算 BMD 的反应	选择可用的试验资料及反应
(2)计算 BMD	数据的转化、模型的选择、曲线拟合、确定 BMR、计算可信限等
(3)确定 RfD	选择用于计算 RfD 的 BMD，选择不确定系数

BMD 的计算是通过对观察资料进行灵活的数学模型拟合，并通过应用拟合的数学模型来估计引起预定概率(或“基准反应率”)反应的相应剂量。将剂量－反应(特别是该资料观察范围的低端)资料拟合于某一数学模型中，建立数学模型是 BMD 计算的核心部分。计算 BMD 的主要环节有：

(1)模型的选择

进行模型选择时，不仅要考虑统计学的要求，毒理学的知识也很重要。下列两方面对模型选择的影响较为重要。

①资料类型

资料的类型不同，适用的模型也不同。计数资料：通常选用概率密度模型，如 logistic、probit 和 Weibull 模型。其预测值均在 0～1 之间(包括零)。连续资料：可选用线性模型、多项式模型，或某些非线性模型(如 Hill 模型)。如果将连续资料的每一个体的实测值按某种标准(如正常值)区分为两类，则可按计数资料选择相应的模型。

②研究设计

剂量分组：由于不同模型的参数数目或多或少，而剂量组的数目应当等于参数的数目。有专门资料载有各种模型的参数和所需最少的剂量组数。为进行统计学检验甚至还要增加一个剂量组。目前常采用 4 个剂量组(包括对照组)。对计数资料来说，没有甚么问题，因为其参数往往不超过 3 个。而对连续资料，有的模型(如 Hill 模型)要求 5 个剂量组，因为有利于计算 S 形曲线。如果所设剂量组较少，评价人员可选用简单的多项式模型或幂模型。

(2)模型的拟合

模型拟合过程是寻找模型的全部参数值，使获得的模型能尽可能准确描述剂

量 - 反应资料，这一过程称之为“参数估计”(parameter estimation)。开始时是用一组猜测性的参数值，经过反复拟合与修正，才能最终求得一个最好的模型。常用模型拟合的数学方法有：非线性最小二乘法、最大似然法和广义估计方程。选定的模型应当能描述剂量 - 反应资料，尤其是在 BMR 范围内的资料，这是一条重要的标准。可采用似然比检验法(适用于计数资料和连续资料)和 Pearson 卡方检验法(适用于计数资料)进行综合拟合优度(global goodness - of - fit)的检验，即给出一个 P 值，用以度量模型剂量组预测平均值与实测平均值之间差异的程度。推荐使用 $P=0.1$(而不是习用的 0.05 或 0.01)有时拟合优度并未显示差异具有显著性，但模型预测值对高剂量反应拟合好而对低剂量反应拟合不好，或预测值位于实测值的一侧或另一侧，等等，则需计算每一剂量组实测值与预测值的差异，即残差(residual)，如用标准差作为残差的度量单位，当其绝对值超过 2.0 时，所选模型就应当作进一步的检查。

此外，将有关数据作图，也是一种检验模型拟合是否适当的好方法。如果实测数据存在某些极端值，特别是高剂量反应组，使模型拟合发生困难，必要时也可删去。

US EPA 推荐的有关模型的计算步骤如下：①对选定模型的拟合优度进行评价(取 $\alpha=0.1$)；②检查残差值并作图，将那些对剂量 - 反应曲线的低端部分不能充分拟合的模型予以排除；③剩余的模型，如果不只一个，则按其 AIC (Akaike Information Criterion)值排序，取 AIC 值最小者计算；④有时，还会有一些复杂的情况，需要重新选择模型并进行一系列的计算；甚至有的剂量 - 反应资料根本无法拟合模型。

(3)确定基准反应

基准反应的选定是 BMD 计算另一个需要考虑的问题。基准反应(benchmark response，BMR)是指评价人员在计算 BMD 时事先设定的反应变化超过背景值的水平(通常为1% ~10%)。BMD 的计算直接取决于 BMR 的选择，而 BMR 可以用不同的方法界定，即视待分析的资料是计数资料还是连续资料而定。

定性资料常选用 10% 的 BMR 的默认值(default)，因为，大多数癌症的生物学测定法，其灵敏度常处于或接近于反应的 10% 限值，某些非癌症的生物学测定法也是如此。如果所用方法的灵敏度较高，可以使用较小的 BMR 限值，例如生殖和发育毒性的研究。在实验设计和结果模拟上有所差异，由于它的灵敏度较高，可采用 5% 的 BMR；而人群流行病学研究，其灵敏度更高，BMR 可采用 1%。

连续资料，有三种方法可供选定 BMR：

其一，如果某一终点的最低限度变化水平，公认具有生物学的显著意义，如成人平均体重的变化达 10%，某些肝脏酶活性的平均水平达到正常值的 2 倍或 2 倍以上等，则这种变化即可界定为 BMR。

其二，如果有每个个体资料，并能将其终点的某种水平判定为“有害”，以此将全部个体划分为“受到危害”和“未受到危害”两类，而按前文所述的二分法处理。

其三，如果对测得到连续资料，无法做出上述两种判断，可以用对照组的均数加上一个标准差作为 BMR。

对于非致癌物的短期暴露影响，可采用将短期暴露量与 RfD 进行比较的方法。如果二者的比值小于1，可以认为该化学物质的危险度较小。对于化学物质某种途径暴露的危险度评价，一般最好采用来源于同一暴露途径的资料。

目前，关于短期暴露的定量剂量－效应反应关系的基础研究还很不够，因此对于短期暴露的慢性健康风险评价通常采用的假定是：人体健康风险(死亡概率)与人一生中的摄入总量(或日平均剂量)相关。水质健康风险评价所针对的水中有毒有害物质一般可分为两类：基因毒物质和躯体毒物质。根据污染物对人体产生的危害效应，以及大量的研究结果，可建立不同类型污染物的风险评价模型。

基因毒物质可分为放射性污染物和化学致癌物。一般来说，在饮用水水源中检测不出放射性污染物。因此，这里仅考虑化学致癌物。

$$R^c = \sum_{i=1}^{k} R_{ig}^c \qquad (2.125)$$

其中 $$R_{ig}^c = [1 - \exp(-D_{ig} q_{ig})]/70 \qquad (2.126)$$

式中 R_{ig}^c——化学致癌物 i(共 k 种化学致癌物质)经食入途径的平均个人致癌年风险，a^{-1}；

D_{ig}——化学致癌物 i 经食入途径的单位体重日均暴露剂量，mg/(kg·d)；

q_{ig}——化学致癌物 i 的食入途径致癌强度系数，$mg/(kg\cdot d)^{-1}$；

70——人类平均寿命，a。

$$\text{水摄入暴露}[mg/(kg\cdot d)] = \frac{CW \cdot WIR \cdot GI}{BW} \qquad (2.127)$$

式中 CW——水中的化学物质浓度，mg/L；

WIR——水的消耗速率，L/d；

GI——体内吸收因子；

BW——生物体质量，kg。

人体通过饮用水途径的单位体重日均暴露剂量 D_{ig} 为

$$D_{ig} = 2.2 \times \overline{\Delta C_i(x)}/70 \qquad (2.128)$$

式中 2.2——成人每日平均饮水量，L；

$\overline{\Delta C_i(x)}$——年均浓度增量，mg/L；70 为人均体重，kg。

非致癌污染物所致健康危害的风险模式为

$$R^n = \sum_{i-1}^{l} R_{ig}^n \qquad (2.129)$$

其中　$$R_{ig}^{n} = (D_{ig} \times 10^{-6} / RfD_{ig}) / 70 \tag{2.130}$$

式中　R_{ig}^{n}——非致癌物 i（共 l 种非致癌物质）经食入途径所致健康危害的个人平均年风险，a^{-1}；

D_{ig}——非致癌污染物 i 经食入途径的单位体重日均暴露剂量，mg/(kg · d)；

RfD_{ig}——非致癌污染物 i 的食入途径参考剂量，mg/(kg · d)；

70——人类平均寿命，a。

健康可接受风险（Acceptable risk）指为社会公认，为公众可以接受的不良健康效应的风险概率。但此概率可因时间、地点、环境条件有害效应指标及公众接受能力而异，按下式计算：

$$P_i = D_i \times q_i \qquad P = \sum P_i \tag{2.131}$$

P_i 表示在 D_i 剂量暴露条件下，人群终生患癌超额风险，无量纲。美国环境保护局（USEPA）对致癌物质可接受的风险水平在 $10^{-6} \sim 10^{-4}$ 范围；$< 10^{-6}$ 表示风险不明显；$10^{-6} \sim 10^{-4}$ 表示有风险；$> 10^{-4}$ 表示有较显著的风险。

国际辐射防护委员会（ICRP）推荐的最大可接受风险水平为 5.0×10^{-5} a^{-1}（即每年每十万人口中因饮用水中各类污染物而受到健康危害或死亡的人数不能超过 500 人）；瑞典环境保护局、荷兰建设和环境部推荐的最大可接受水平为 1.0×10^{-6} a^{-1}。我国目前还没有这方面的规定。

第3章 火灾场景下歌剧院人群疏散模拟

由于经常性的聚集大量人群使歌剧院成为城市典型公共场所之一，尤其是其内部舞台幕景、装饰材料等存在较大的火灾隐患，使得火灾场景下的人群疏散变得尤为困难。

3.1 建筑人群疏散安全性评价

人群在城市公共场所的活动绝大部分是在封闭式公共场所即建筑中进行的，如商场、影剧院、歌舞厅、夜总会等。近年来，随着我国经济的迅速发展，建筑业现代化建设也与时俱进，可能造成严重后果的不安全因素如火灾风险等也呈上升趋势。人群在建筑中的疏散除了要受到火灾等事故因素的影响，还会受到建筑环境(如出口数量、宽度、疏散通道的长度等)的约束，因此，确保建筑中人群疏散的安全性已经成为安全工程领域的一个重要研究课题。

人群在建筑(尤其是在高层建筑)中疏散困难表现在以下几个方面：

①疏散距离长且复杂；

②大型混合人群的拥挤；

③在垂直空间上烟气的快速传播等。

在建筑中，影响人员安全疏散的因素主要分为建筑因素、环境因素和人群因素，如图3－1所示。

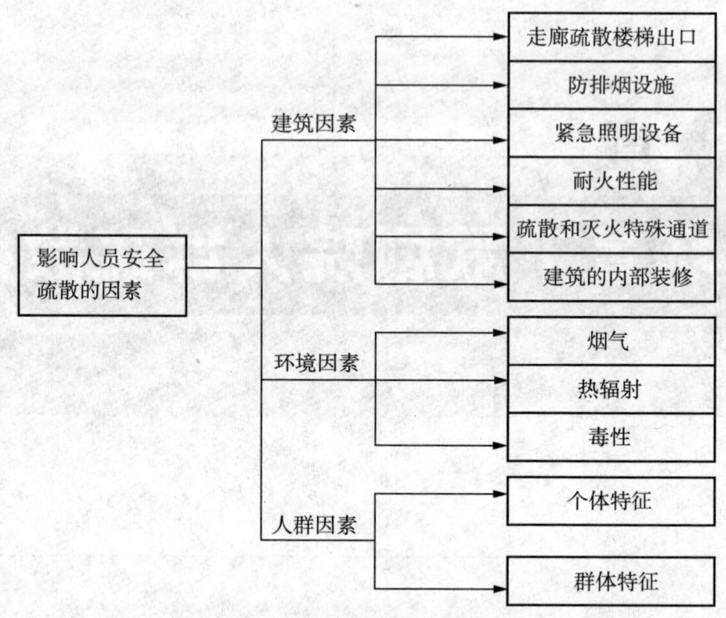

图 3-1　建筑中影响人员安全疏散的因素

目前，建筑的设计必须符合各种标准规范的要求，安全疏散要求内容在许多不同的标准规范中都有描述，比如疏散楼梯的数量、到达楼梯的距离、楼梯的宽度、防排烟设施、内部装修材料等。但是，我国现行标准规范中缺少一系列与之配套的性能指标和评价方法，主要是由于我国目前的防火设计执行的是“指令性”标准规范。所以，在建筑消防安全中对安全疏散水平的评价方法进行研究就显得十分重要，这意味着一个特别的建筑设计(如大空间建筑等)有时虽然没有完全符合标准规范的要求，但是在满足了一定的安全水平时也应当获得认可。这就是“性能化”防火设计思想的具体应用。“性能化”防火设计是 20 世纪 80 年代以后国际上流行的一种设计方法，也是我国在该领域的一个发展趋势。

3.1.1　安全疏散评价程序

3.1.1.1　安全疏散的必要性能

人群在建筑中的疏散包括三部分，即：

①在一个着火房间的疏散；

②在一个着火楼层的疏散；

③在一个着火建筑物中的疏散。

因此，安全疏散的必要性能包括：

①在逃离过程中，人员必须免于烟尘和火焰的侵害；

②从任何一个地方到最终的安全区域地有两条以上的逃离路线；

③对于一个不熟悉建筑的人可以轻易找到安全的逃离路线；

④在任何门口和交汇处没有人流拥挤状况，避免出现“瓶颈”等现象。

在以上的必要安全性能之中，避免烟气的危害是最重要的，整个评估过程的核心就是通过比较危害生命安全的时间和从任意一次火灾中以任何路线逃亡所用的时间，只有当前者大于后者时，人员的安全才有保证。

3.1.1.2　安全疏散的评价方法

安全疏散的评价程序主要分三个部分：

①人员及其疏散能力的评价。主要包括人流密度、人员的速度、疏散时间等；

②建筑环境的评价。主要包括疏散出口的数量及分布、疏散路线的合理性等；

③事故（火灾等）场景的评价。主要包括烟气量的大小、下降到临界高度的时间、毒性气体的浓度、对流及辐射热大小等。

以上程序中所涉及的模型如图 3－2 所示。

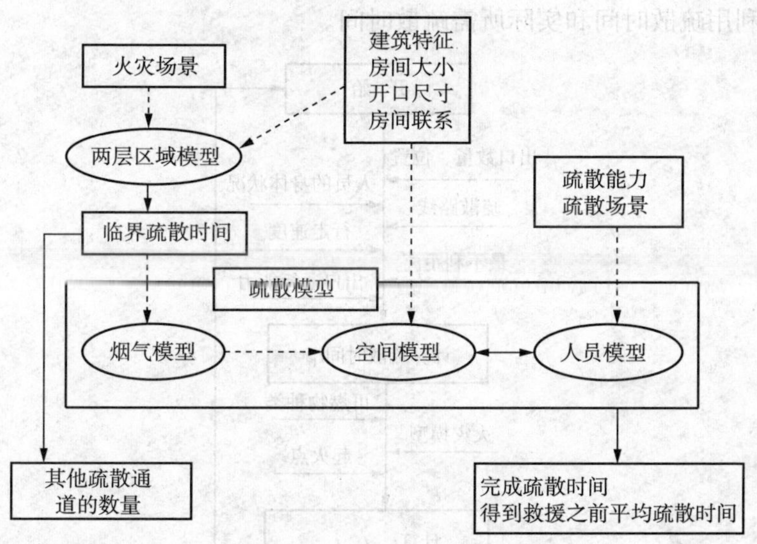

图 3－2　安全疏散的评估过程

在这个评价过程中，使用的模型主要有：

①空间模型。建筑物的所有空间以及所有空间之间的连接；

②人员模型。逃生者素质、人群密度等；

③事故模型。建筑物内事故的发展模型、烟气的扩散模型等。

3.1.1.3　疏散路线合理性的评价

疏散路线合理性的评价是确保建筑物内居住者的生命安全的重要方面，该评价内容如图 3－3 所示。

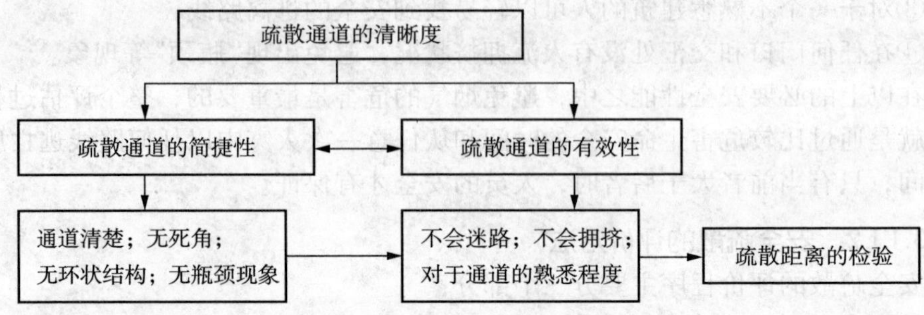

图 3－3　疏散路线合理性的评价

3. 1. 2　人群疏散设计的优化

3.1.2.1　优化程序

建筑疏散设计的优化程序如图 3－4 所示。在这个优化程序中，t_2 和 t_1 分别相当于可利用疏散时间和实际所需疏散时间。

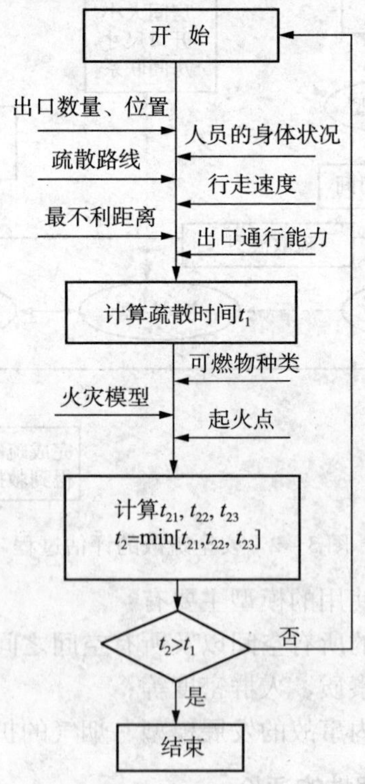

图 3－4　人员疏散设计优化程序

3.1.2.2 方法步骤

(1)根据建筑物的实际情况预测建筑物内全部人员疏散到安全地点所需时间 t_1：①确定建筑物内人员数量；②确定建筑物内人员的身体状况(正常/残废)；③根据疏散出口、数量确定可能的疏散路线；④确定最不利疏散距离；⑤确定行走速度(水平、竖向)；⑥确定出口通过能力；⑦计算疏散所需时间 t_1。

(2)根据建筑物的实际情况预测火灾后允许疏散时间 t_2：

①根据可燃物种类、数量选定起火地点；②根据可燃物种类、数量选定火灾模型，即热释放速率曲线；③预测烟气高度到达人眼的特征高度(1.8～2m)且烟气温度达到 180℃时的时间 t_{21}；④预测烟气高度到达人眼的特征高度且烟气温度达到 120℃时的时间 t_{22}；⑤预测烟气高度低于人眼的特征高度且 CO 浓度达到 0.25% 时的时间 t_{23}；⑥t_{21}、t_{22}、t_{23} 的最小值即为允许疏散时间 t_2。

判断：如果 $t_2 > t_1$，满足安全疏散要求，评估结束；否则，改进设计重新评估直至满足安全性能要求。

3.2 建筑火灾及人群疏散模拟软件

3.2.1 建筑火灾模拟软件 CFAST

CFAST(Consolidate Fire and Smoke Transport)是由美国国家标准与技术研究院(NIST)(National Institute of Standards and Technology)开发的一个火灾双层区域模型。它是一个多室模型，可以用来预测用户在设定的火源条件下建筑内的火灾环境。该模型可以预测各个房间内上部烟气层和下部空气层的温度、烟气界面位置以及气体浓度随时间的变化等。

完整的 CFAST 程序包括 CEDIT、CFAST、CPLOT、REPORT、REPORTG 等部分。其中 CFAST 是主计算程序；CEDIT 是交互式输入数据的编辑程序，由其生成的码数文件供 CFAST 计算使用；CPLOT 是用交互式输出计算结果的程序；REPORT 生成按时间历程排列结果的文本文件；REPORTG 则以曲线图形输出结果数据。

采用使用者定义的方法与采用 CFAST 的方法二者之间是有区别的。采用使用者定义的方法假设：当人站立时暴露在上部烟气层高度内，当人爬行时，暴露于下部烟气层内，而且这两个高度值是固定的，分别为 1.7m、1.0m。而当采用

CFAST 时，烟气层的高度随时间是在变化的，当烟气层下降到一定高度值时，人才会受到影响。

(1)模型的起源

预测火灾行为的分析模型起源于 20 世纪 60 年代，最初主要是对火灾发展蔓延过程中的诸多现象用数学表达式进行描述，这些分散的计算公式只涉及火灾过程的某一方面。随着计算机模拟技术的快速发展，研究人员把这些研究成果结合到一起，开发了能预测火灾发展过程的复杂综合的计算机模型。其中区域模型以简便、形象、直观等优点受到广泛应用，它以 H. W. Emmons 教授领导开发的哈佛模型为开端，经过多年的发展，已经开发出了多种模化程序，如哈佛火灾系列模型、FAST 模型、Aset 模型以及 CFAST 模型等。

众多的火灾实验研究表明，建筑物火灾一般经过成长期、最盛期和衰减期三个阶段。点火后燃烧产物和被火焰卷吸的空气聚集在天花板下，形成热烟气层，而下层仍处于原室内空气状态。火灾发展初期这两层有明显的分界面，在这种现象的基础上，建立了 CFAST 双层区域模型。

双层区域模型是一种理想模型，把建筑空间分为上下两个区域，即上部热烟气层和下部冷空气层，并假定两部分之间分界高度在各处一致，每个区域内的压力、温度、密度、烟气浓度等物理参数均匀一致，如图 3－5 所示。实际上，火灾实验发现每个区域内空气的状态不是完全一致的，但与上、下区域空气之间的差距相比非常微小，因而模型计算结果非常接近真实情况。

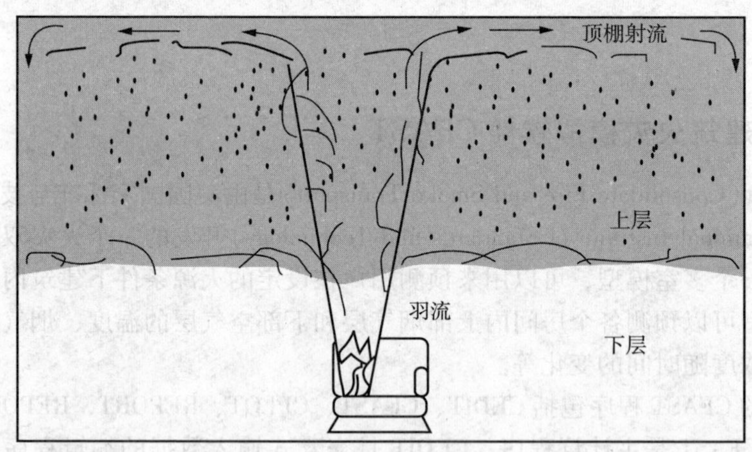

图 3－5　区域模拟示意图

(2)模型的建立

随着数学表达式在物理学领域的应用，火灾温度、烟气、气体浓度等参数都可以根据质量守恒和能量守恒方程，用质量流量和能量流量来表达，通常以一组常微分方程的形式给出，如表 3－1 所示。

表 3-1　区域模型控制方程

方程类型	差分方程
质量	$\frac{\mathrm{d}m_i}{\mathrm{d}t}=\dot{m}_i$
压力	$\frac{\mathrm{d}p}{\mathrm{d}t}=\frac{\gamma-1}{V}(\dot{h}_{\mathrm{L}}+\dot{h}_{\mathrm{U}})$
内能	$\frac{\mathrm{d}E_i}{\mathrm{d}t}=\frac{1}{\gamma}\left(\dot{h}_i+V_i\frac{\mathrm{d}p}{\mathrm{d}t}\right)$
体积	$\frac{\mathrm{d}V_i}{\mathrm{d}t}=\frac{1}{\gamma p}\left[(\gamma-1)\dot{h}_i-V_i\frac{\mathrm{d}p}{\mathrm{d}t}\right]$
密度	$\frac{\mathrm{d}\rho_i}{\mathrm{d}t}=-\frac{1}{c_pT_iV_i}\left[(\dot{h}_i-c_p\dot{m}_iT_i)-\frac{V_i}{\gamma-1}\frac{\mathrm{d}p}{\mathrm{d}t}\right]$
温度	$\frac{\mathrm{d}T_i}{\mathrm{d}t}=\frac{1}{c_p\rho_iV_i}\left[(\dot{h}_i-c_p\dot{m}_iT_i)+V_i\frac{\mathrm{d}p}{\mathrm{d}t}\right]$

其中，m_i、E_i、V_i、ρ_i 和 h_i 分别表示空气层的质量、内能、体积、密度和热量，$i=L$ 表示下层，$i=U$ 表示上层；c_p 表示定压比热容，γ 表示比热容，均假定为常数。

CFAST 模型的控制方程，就是对表中方程进行变换得到的有关区域温度（T_{U}、T_{L}）、体积 V_{U} 和压力 p 的独立方程组，具体数学表示式如下：

$$\begin{cases}\frac{\mathrm{d}p}{\mathrm{d}t}=\frac{\gamma-1}{V}(\dot{h}_{\mathrm{L}}+\dot{h}_{\mathrm{U}})\\ \frac{\mathrm{d}V_{\mathrm{U}}}{\mathrm{d}t}=\frac{1}{\gamma P}\left[(\gamma-1)\dot{h}_{\mathrm{U}}-V_{\mathrm{U}}\frac{\mathrm{d}p}{\mathrm{d}t}\right]\\ \frac{\mathrm{d}T_{\mathrm{U}}}{\mathrm{d}t}=\frac{1}{c_p\rho_{\mathrm{U}}V_{\mathrm{U}}}\left[(\dot{h}_{\mathrm{U}}-c_p\dot{m}_{\mathrm{U}}T_{\mathrm{U}})+V_{\mathrm{U}}\frac{\mathrm{d}p}{\mathrm{d}t}\right]\\ \frac{\mathrm{d}T_{\mathrm{L}}}{\mathrm{d}t}=\frac{1}{c_p\rho_{\mathrm{L}}V_{\mathrm{L}}}\left[(\dot{h}_{\mathrm{L}}-c_p\dot{m}_{\mathrm{L}}T_{\mathrm{L}})+V_{\mathrm{L}}\frac{\mathrm{d}p}{\mathrm{d}t}\right]\end{cases}\tag{3.1}$$

CFAST 模型的控制方程反映了上下区域之间由于羽流、自然通风、机械通风、对流、辐射、热传导等物理现象而导致的质量和热量交换。CFAST 火灾模型中涉及大量烟气分布的计算，归纳起来，总的烟气计算框架如图 3-6 所示。

3.2.2　人群疏散模拟软件 Building EXODUS

Building EXODUS 是英国伦敦格林威治大学火灾安全工程研究小组开发的一种基于元胞自动机原理的网格模拟疏散模拟应用软件，该软件用于模拟复杂建筑物内大量人员的疏散运动，适用于超市、医院、影剧院、火车站、机场、高层建筑、学校等人群聚集场所，可根据建筑物特征估计各种结构的疏散能力以及建筑物中人员的疏散效率。

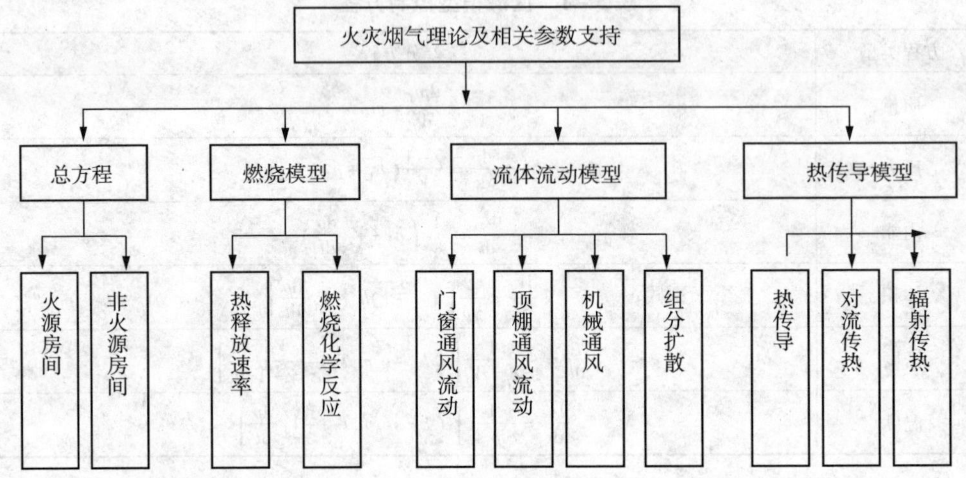

图 3－6　火灾烟气计算框架

(1)软件功能

Building EXODUS 软件考虑了人与人、人与火灾、人与结构之间的相互作用因素，能比较真实地模拟疏散人员的若干属性以及影响人员行为的各种环境因素，在模拟中可记录每个人员的逃生路线以及受火灾危害(如热量、烟气、有毒气体)影响而没能逃生出来的人员情况。

Building EXODUS 可以对多层建筑和无限数量人员进行模拟，可应用于紧急疏散和正常流通状况下，另外为了对模拟结果进行分析，软件附带了动画演示工具 vrEXODUS 和数据处理工具 askEXODUS。askEXODUS 工具用于在模拟结束后对大量的输出数据进行查找以及有选择性的记录所需类型的数据；vrEXODUS 工具是一个真实场景再现处理器，可用三维动画再现疏散的动态过程。

(2)子模型及其功能介绍

人员的行为方式和运动能力是通过一系列的模型设定的，主要包括 5 个交互式子模型：人员子模型、运动子模型、行为子模型、毒性子模型和危险子模型。这些模型都是建立在建筑物这个几何空间界面上的，其相互关系如图 3－7 所示。

3.2.3　Building EXODUS 与 CFAST 的联系

Building EXODUS 软件中没有一个独立的部分或火灾模型工具来预测火灾危险的发生和蔓延，但可以用其他的方法来加载火灾危险数据，包括手动输入数据(manual data entry)、粗略计算(arbitrary calculation)、调用数据库(library data)以及直接导入 CFAST 或 SMARTFIRE 的火灾数据文件。

(1)手动输入数据

可以从试验数据和火灾模型输出结果中得到比较详细的火灾危险蔓延数据，

然后手动建立危险区间并输入数据。

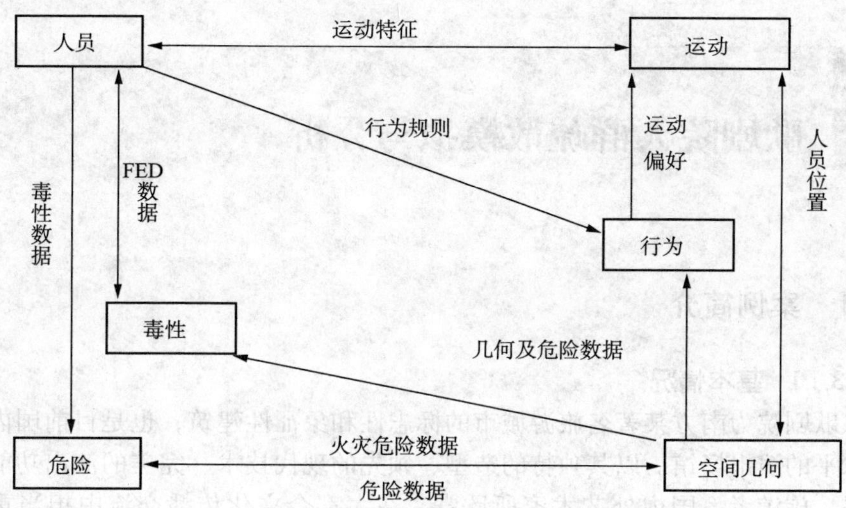

图 3－7　Building EXODUS 子模型及相互关系

(2)粗略计算

在危险子模型中可以使用多项式方程来定义指定区间里一段时间内火灾危险指标浓度的变化。一般分为两个步骤：

①定义危险区间。在确定危险区域时，首先应对该区域中所包括的节点进行确定，并给该区域进行命名。

②为每个危险指标选择一个公式来定义其增长率。例如

$$\begin{cases} T = T_0 + 0.01 \times t^2 & 0 < t < 10 \\ T = T_0 + 0.1 \times t^{2.5} & 10 < t < 100 \\ C_{O_2} = C_0 & 0 < t < 50 \\ C_{O_2} = C_0 - 0.01t & 50 < t < 100 \end{cases}$$

(3)调用数据库

火灾危险数据及其空间几何可以保存下来，需要的时候就可以从数据库中调用、直接使用或加以修改后使用。

(4)导入 CFAST 文件

CFAST 软件运行后会生成扩展名为 HL 的文件，里面记录了模拟结果，即 Building EXODUS 需要的火灾危险条件，包括烟气浓度、温度、辐射通量、HCN 浓度、CO 浓度、CO_2浓度、O_2 浓度等。将文件导入 Building EXODUS 中，然后与空间几何中的某个区间联系起来，这样就建立起了模拟需要的火灾危险条件。

选择由 CFAST 产生危险条件时，上部高度和下部高度不是固定的，上部危险的高度随着危险值的变化而变化，因此人员不会接触到上部危险直到上部高度降低到人员的平均身高。

3.3 歌剧院人群疏散模拟与分析

3.3.1 案例简介

3.3.1.1 基本情况

该歌剧院为南方某著名旅游城市的标志性和象征性建筑，也是目前国内最具现代水平的演出场馆。以其独特的造型、领先的现代技术、完美的演出功能被广大市民、旅游者、国内外艺术家所欣赏，在大都会文化传播交流中担当重要角色。因此，确保该歌剧院的安全水平具有十分重要的意义。

该建筑在设计时没有对人群疏散部分进行过安全评价，因此，利用计算机疏散模拟技术对该建筑进行安全疏散方面的综合评价，以确保人群疏散的安全。该歌剧院观众厅的平面图和整个歌剧院的剖面图分别如图 3－8 和图 3－9 所示。

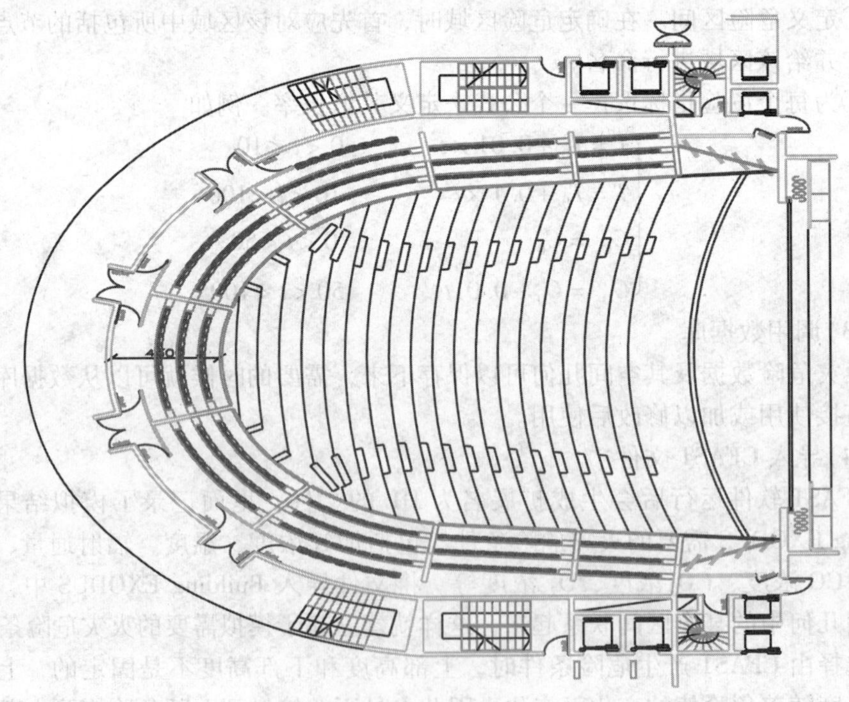

图 3－8　歌剧院观众厅的平面图

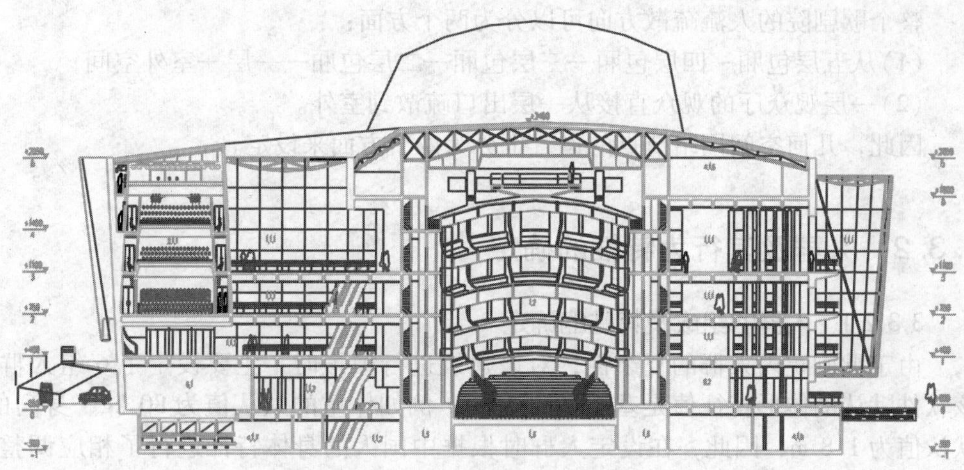

图 3-9 歌剧院的剖面图

3.3.1.2 人数和出口分布

该建筑的一层为有 500 个座位的观众厅，楼上四层均为高档包厢，座位数量分别为 350、348、280、350，总容量为 1828 个座位，如表 3-2 所示。

表 3-2 歌剧院的基本情况

部位	人数/人	出口数量/个	出口总宽度/m
一层	500	2	3
二层(包厢)	350	2	3
三层(包厢)	348	4	6
四层(包厢)	280	6	9
五层(包厢)	350	2	3

3.3.1.3 几何空间网络节点的设定

几何空间网络节点的设置是进行疏散模拟的第一步，其关键是节点和弧的正确设置。图 3-10 为节点和弧的设置方式。

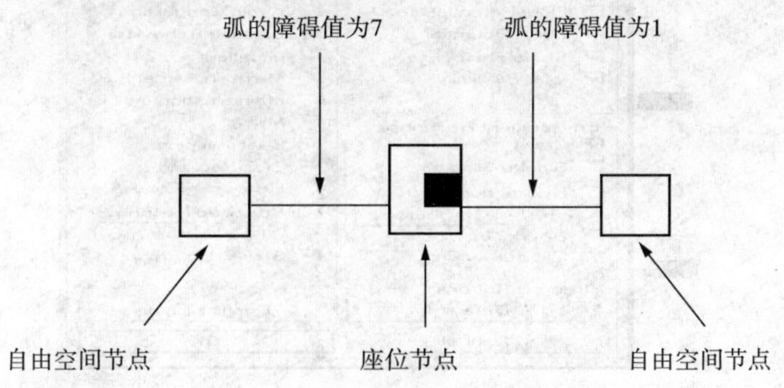

图 3-10 观众席节点及弧的设置

整个歌剧院的人流疏散方向可以分为两个方面：

(1)从五层包厢—四层包厢—三层包厢—二层包厢——层—室外空间；

(2)一层观众厅的观众直接从一层出口疏散到室外。

因此，几何空间网络节点的设置也分为两个方面来设定。

3.3.2 人群及其行为特性的确定

3.3.2.1 人群的组成及特性的确定

由于歌剧院内人群的复杂性，对该建筑进行模拟时，主要设定了6组人群。该软件默认的体形特征值是基于西方人的，例如体重的默认值为80 kg、身高的默认值为1.8 m，因此，在设定人群时根据中国人的身体特征进行了相应调整，以使模拟结果更加真实可靠。具体数据见表3-3。

表3-3 Building EXODUS 模拟的人群组成及特性

人群	性别	年龄	体重/kg	身高/m	速度/(m/s)	可移动作
1	男(女)	6~10	20~30	1.0~1.2	0.6~0.9(0.8)	0.7
2	男(女)	10~13	20~50(40)	1.2~1.5	0.8~1.2	0.9
3	男(女)	13~20	30~50(40)	1.3~1.6	0.9~1.25(1.2)	1.0
4	男(女)	20~30	50~80(60)	1.5~1.8(1.7)	1.0~1.35(1.3)	1.0
5	男(女)	30~50	50~80(70)	1.5~1.8(1.7)	0.9~1.2(1.0)	1.0
6	男(女)	50~70	50~60	1.5~1.8(1.7)	0.6~0.9(0.8)	0.8

3.3.2.2 行为规则的确定

根据歌剧院人员疏散的特点，除了一般的行为设定之外，还应结合实际情况设定以下行为：①极端行为；②社会性反应；③考虑墙产生的影响；④跳跃座位；⑤避免过高的人群密度；⑥自由走动等。人员行为设置的对话框如图3-11所示。

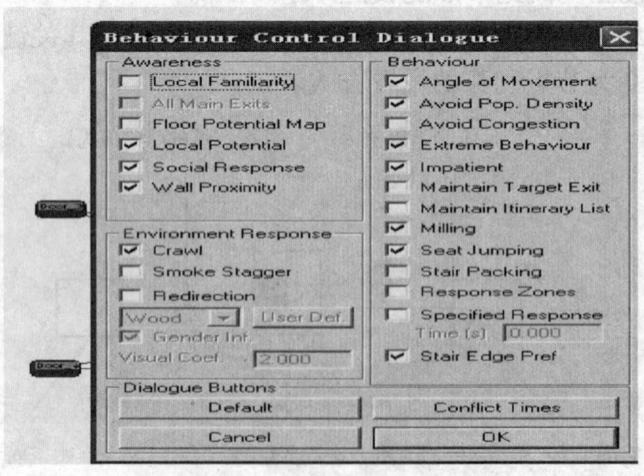

图3-11 人员行为设置的对话框

3.3.3 一层观众厅人群反应时间规律的研究

3.3.3.1 不同人数下疏散时间和人群反应时间的关系

在反应时间和人群数量改变的情况下，分别对各种情况进行了多次反复的模拟，并得出了一些重要结论。即在多次反复的模拟中，疏散时间的模拟结果最后趋向一个定值。在本案例的研究中，将多次模拟的结果取平均值。

人员反应时间分别设在[0，10]，[0，20]，[0，30]，[0，60][0，90]，[0，120]，[0，150]，[0，180]，[0，210]，[0，240]，[0，300]，[0，360]。人数分别为500、450、400、350、300、250、200、150、100。可将模拟数值汇成表3-4。

表3-4 不同人数和反应时间下的疏散时间

反应时间范围/s	人数	疏散时间/s	反应时间范围/s	人数	疏散时间/s
	500	213.4		500	233.2
	450	191.7		450	209.0
	400	170.3		400	181.9
	350	144.3		350	159.0
~[0，10]	300	130.3	~[0，60]	300	135.9
	250	105.8		250	126.6
	200	88.1		200	104.2
	150	67.4		150	84.7
	100	28.4		100	77.2
	500	219.8		500	228.8
	450	190.4		450	211.1
	400	176.8		400	184.7
	350	165.6		350	177.6
~[0，20]	300	130.6	~[0，90]	300	159.3
	250	113.1		250	127.5
	200	88.3		200	118.0
	150	69.5		150	105.1
	100	51.7		100	103
	500	213.1		500	242.2
	450	193.8		450	213.3
	400	194.2		400	191.2
	350	169.9		350	175.8
~[0，30]	300	128.5	~[0，120]	300	149.9
	250	117.4		250	140.0
	200	90.0		200	140.8
	150	72.3		150	136.0
	100	52.9		100	131.8

续表

反应时间范围/s	人数	疏散时间/s	反应时间范围/s	人数	疏散时间/s
~[0，150]	500	240.5	~[0，240]	500	298.0
	450	221.1		450	266.7
	400	193.8		400	261.1
	350	192.8		350	256.6
	300	177.1		300	256.1
	250	168.8		250	253.3
	200	166.9		200	254.2
	150	156.1		150	248.5
	100	161.1		100	251.0
~[0，180]	500	274.2	~[0，300]	500	334.1
	450	228.7		450	318.7
	400	214		400	316.2
	350	208.3		350	315.8
	300	199.2		300	310.0
	250	197.3		250	314.1
	200	192.4		200	310.3
	150	192.7		150	309.0
	100	188.9		100	310.8
~[0，210]	500	270.3	~[0，360]	500	378.8
	450	247.8		450	376.3
	400	233.1		400	376.3
	350	235.9		350	370.4
	300	226.3		300	370.4
	250	223.7		250	371.0
	200	223.3		200	371.8
	150	220.3		150	370.7
	100	222.3		100	368.4

根据表 3－4 的模拟结果，可以得出如图 3－12 所示的关系图。

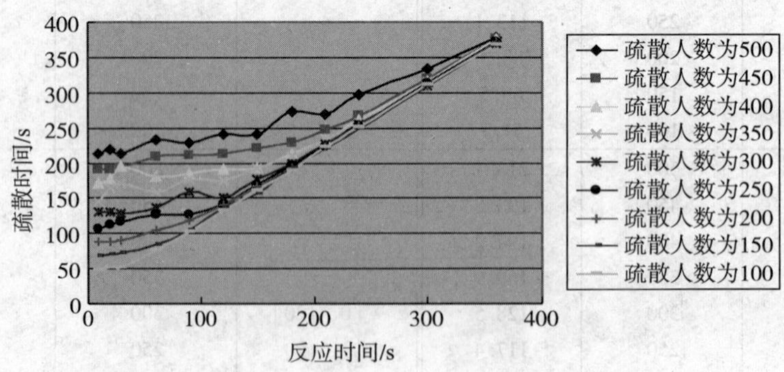

图 3－12　疏散时间与反应时间的关系图

根据上述模拟结果，可以得出下面的结论：

①当平均反应时间很小时(小于90s时)，疏散时间主要受人群密度的影响；

②当平均反应时间较长时(大于210s时)，总的疏散时间与人群密度相关性较小；

③当平均反应时间介于这两种极端情况之间时(90～210s之间)，疏散时间既受人员密度影响，又受反应时间分布的影响。

该结论的重要意义在于：

①必须对建筑物中的人员密度对于疏散时间的影响进行正确估计。

传统的安全疏散评价一般只考虑人群密度的大小，并且认为疏散时间与人群密度成正比，但是疏散模拟的结果表明，疏散时间是受到许多因素影响的随机变量，因此，应当对人群密度对于疏散时间的影响进行重新估计。

②正确认识人员反应时间的作用，对于采取合理的预警系统、改善建筑的安全管理水平具有重要的指导意义。

3.3.3.2　反应时间与“极端行为”关系的研究

在人群拥挤的情况下，有些人当其忍耐极限超过一定范围时，就会产生一些极端行为，例如跳跃座位，这些都属于“非适应”行为。将人员反应时间设在[0，360s]范围之内，可以得出一系列的跳跃座位的人数与反应时间关系的模拟结果，详见图3－13。

从图中可以看出，在反应时间较短的情况下(小于150s时)，平均每人跳跃次数受疏散人数的影响很大；在反应时间较长的情况下(大于150s时)，平均每人跳跃次数逐渐趋于零，变得与疏散人数无关。

这表明，在反应时间分布较小的情况下，人群之间的相互作用很大，人员很容易产生“极端”行为；而在反应时间分布较大的情况下，人群之间的相互作用变小，“极端”行为的发生概率减小。

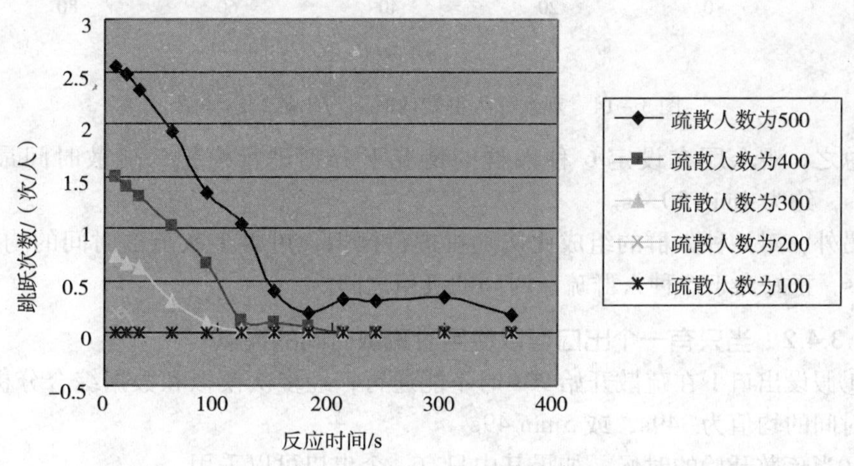

图3－13　跳跃次数与反应时间的关系图

3.3.4 一层观众厅人群疏散时间的研究

3.3.4.1 当两个出口都能使用时的疏散时间模拟

分别对表3-3中的6个年龄组的人群进行模拟，人员反应时间设为[0，30s]。得到模拟结果汇总于表3-5，并可以得到年龄与疏散时间比较图，如图3-14所示。

表3-5 不同年龄组疏散时间的模拟结果 s

儿童1	儿童2	青少年组	青年组	中年组	老年组
290.4	239.4	230.5	206.1	237.6	252.4

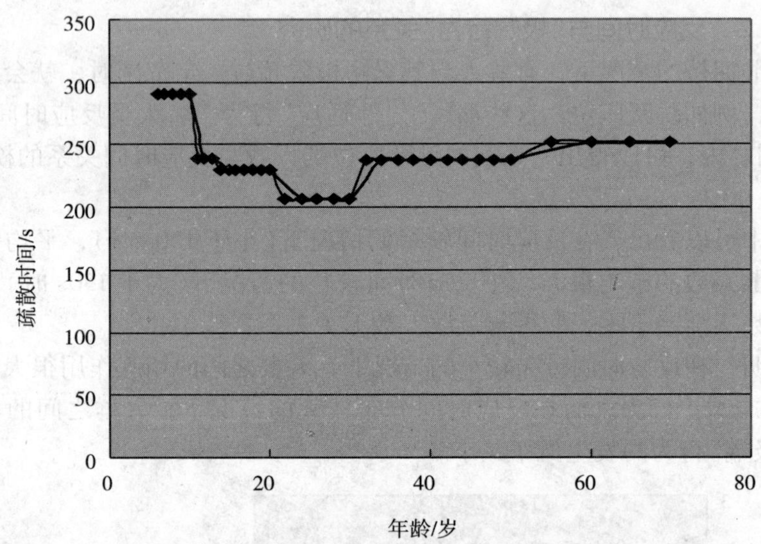

图3-14 观众厅人群疏散时间与年龄的趋势图

总之，观众厅在设定6种人群的情况下分别进行模拟，疏散时间最长为290.4s，约为4min 50.4s。

另外，对6种人群的组成比例随机进行模拟，可得多次疏散时间的均值为：242.3s，正好介于6种人群疏散时间的极值之间。

3.3.4.2 当只有一个出口可以使用时疏散时间的模拟

①假设出口1在疏散开始90s时不能通行，经多次模拟和数据综合分析，总疏散时间的均值为349s，或5min 49s。

②当疏散开始的时候，如果其中只有一个出口可以采用。

经多次模拟和数据综合分析，总疏散时间的均值为：435.1s或7min15.1s。

3.3.4.3 3 种手工计算公式的结果

(1)传统工程方法对于疏散时间的估算

利用该软件可得到：最长疏散距离(最远点距门口的距离)为：

门 1：24. 58m； 门 2：19. 31m。

①当两个出口都可使用时

$ETET = T_{dist} + T_{flow} = 24.58/1 + 520/1.3 \times 1.5 \times 2 = 24.58 + 133.3 = 157.9s =$ 2min 37. 9s

②只有一个出口可以采用时

$ETET = T_{dist} + T_{flow} = 24.58/1 + 520/1.3 \times 1.5 = 24.58 + 266.6 = 291.2s =$ 4min 51. 2s

(2)局部改进的计算方法对于疏散时间的估算

①当两个出口都可使用时

$$t_e = t_p + \sum \frac{l_l}{v} + \frac{\sum pA_{area}}{\sum N_{eff} B_{avail}} = 30 + 157.9 = 187.9s$$

②只有一个出口可以采用时

$$t_e = t_p + \sum \frac{l_l}{v} + \frac{\sum pA_{area}}{\sum N_{eff} B_{avail}} = 30 + 291.2 = 321.2s$$

(3)综合计算公式的结果

根据经验数据，观众厅在各种不利情况下的人群密度大小一般为 $\rho = 1 \sim 2$ 人/m^2，据 K 的取值条件，设 $K = 1.2$。

①当两个出口都可使用时

$$t_e = t_p + (\frac{l_{max}}{v} + \frac{\sum pA_{area}}{\sum N_{eff} B_{avail}}) \times K$$

$= 30 + (24.58/1 + 520/1.3 \times 1.5 \times 2) \times 1.2 = 30 + 157.9 \times 1.2 = 219.6s$

②只有一个出口可以采用时

$$t_e = t_p + (\frac{l_{max}}{v} + \frac{\sum pA_{area}}{\sum N_{eff} B_{avail}}) \times K$$

$= 30 + (24.58/1 + 520/1.3 \times 1.5) \times 1.2 = 30 + 291.2 \times 1.2 = 379.4s$

3.3.4.4 4 种方法的比较

将上述 4 种方法的结果汇总于表 3 - 6。

表 3 - 6 利用 4 种方法得出的疏散时间(一层) s

项目	模拟结果	传统方法	局部改进方法	综合计算方法
两个出口均可使用	242. 3 ~ 290. 4	157. 9	187. 9	219. 6
只有 1 个出口能使用	431. 5	291. 2	321. 2	379. 4

从比较结果可以看出：综合计算方法与 Building EXODUS 的模拟结果最为接近，因此，该例证明所提出的疏散时间的综合计算公式是比较合理。

3.3.5 二层至五层看台疏散时间的模拟

楼上 2～5 层的 4 个包厢的出口分别为 2 个、4 个、2 个、6 个，由于楼梯间为防烟楼梯间，所以人员疏散到楼梯入口就算进入了相对安全区域。人群组成及特性同上，反应时间为[0，30s]。

3.3.5.1 二层与五层看台疏散时间的模拟

由于这两个包厢的人数和出口相当，所以假设其疏散情况一样，即模拟人数：350 人，出口 2 个。人群及行为规则的设置与观众厅的相同。

(1)当两个出口都可以用时

多次模拟的平均值为：177.2s＝2min 57.2s。

(2)当疏散开始的时候，如果其中只有一个出口可以采用

可以得到多次模拟的结果平均为：290s，即 4min 50s。

(3)包厢一个出口 60s 被关闭时的疏散

经多次模拟和数据综合分析，总疏散时间的均值为：310.9s，约为 5min 10.9s。

3.3.5.2 3 种手工计算公式的结果

(1)传统工程方法对于疏散时间的估算

利用该软件可得到：最长疏散距离(最远点距门口的距离)

门 1：41.76m；　门 2：17.87m。

①当两个出口都可使用时，

$ETET = T_{dist} + T_{flow} = 41.76/1 + 350/1.3 \times 1.5 \times 2 = 131.5s = 2min\ 11.5s$

②只有一个出口可以采用时

$ETET = T_{dist} + T_{flow} = 41.76/1 + 350/1.3 \times 1.5 = 221.2s = 2min\ 11.5s$

(2)局部改进的计算方法

①当两个出口都可使用时，$t_e = 131.5 + 30 = 161.5s$

②只有一个出口可以采用时，$t_e = 221.2 + 30 = 251.2s$

(3)综合计算公式的结果

这里仍设 $K = 1.2$。

①当两个出口都可使用时

$$t_e = t_p + \left(\frac{l_{max}}{v} + \frac{\sum pA_{area}}{\sum N_{eff}B_{avail}}\right) \times K$$

$$= 30 + (41.76/1 + 350/1.3 \times 1.5 \times 2) \times 1.2 = 30 + 131.5 \times 1.2 = 187.8s$$

②只有一个出口可以采用时，

$$t_e = t_p + (\frac{l_{max}}{v} + \frac{\sum pA_{area}}{\sum N_{eff}B_{avail}}) \times K$$

$$= 30 + (41.76/1 + 350/1.3 \times 1.5) \times 1.2 = 30 + 221.2 \times 1.2 = 295.4\text{s}$$

3.3.5.3　4 种方法的比较

将上述 4 种方法的结果汇总于表 3－7。

表 3－7　利用 4 种方法得出的疏散时间(二层和五层)　　s

项目	模拟结果	传统方法	局部改进方法	综合计算方法
两个出口均可使用	177.2	131.5	161.5	187.8
只有 1 个出口能使用	290	221.2	251.2	295.4

从比较结果可以看出，综合计算方法与 Building EXODUS 的模拟结果仍然是最为接近的。因此，再次证明了所提出的疏散时间的综合计算公式是比较合理。

3.3.6　所有楼层疏散时间的模拟结果

同理，利用 Building EXODUS 对三层和四层的疏散时间也进行了模拟，模拟结果汇总于表 3－8。

表 3－8　Building EXODUS 对于疏散时间的模拟结果 RESET　　s

	一层(2 个出口)	二层(2 个出口)	三层(4 个出口)	四层(6 个出口)	五层(2 个出口)
所有出口可使用	290.4	177.2	122.6	76.2	177.2
1 个出口不能使用	435.1	290	157.7	88.2	290
2 个出口不能使用			202.2	108.7	
3 个出口不能使用			468.2	171.1	
4 个出口不能使用				297.7	
5 个出口不能使用				316.5	

3.3.7　歌剧院火灾烟气蔓延模拟计算

3.3.7.1　建筑模型的建立

要对剧院内的烟气蔓延情况进行计算，首先要对建筑物形状做合理的简化，根据剧院的建筑图纸简化后的模型如图 3 – 15 所示。由于 CFAST6.0 只能将模型处理成长方体，所以将大剧院分为 18 个部分，各个部分的尺寸大小如表 3 – 9 所示。

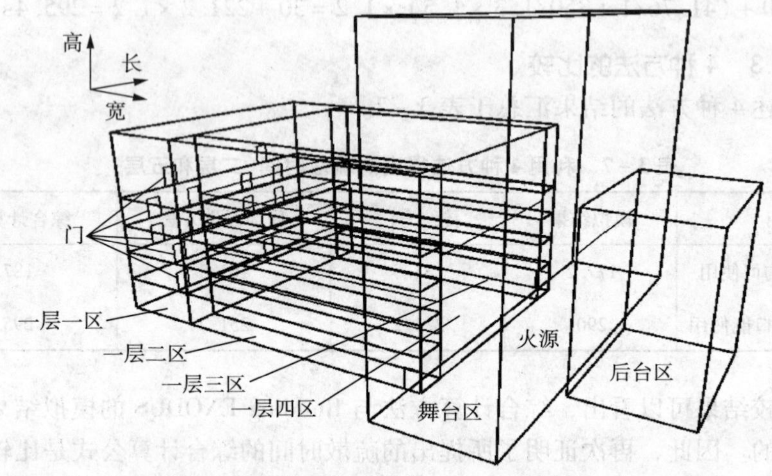

图 3 – 15　大剧院简化模型

表 3 – 9　各个模拟区域的尺寸

区　域	长×宽×高/m	面积/m²	区域	长×宽×高/m	面积/m²
一层一区	26×8×4	208	三层三区	3×26×3.5	78
一层二区	3×26×4	78	四层一区	26×8×3.5	208
一层三区	3×26×4	78	四层二区	3×26×3.5	78
一层四区	20×26×22.5	520	四层三区	3×26×3.5	78
二层一区	26×8×3.5	208	五层一区	26×8×8	208
二层二区	3×26×3.5	78	五层二区	3×26×8	78
二层三区	3×26×3.5	78	五层三区	3×26×8	78
三层一区	26×8×3.5	208	舞台区	40×10×34.5	400
三层二区	3×26×3.5	78	后台区	15×10×19.5	150

注：①门的尺寸(m)：1.5×2.5(宽×高)

②门的设置如图 3 – 15 所示，门均与外界连通。模拟过程中始终保持开启状态。

3.3.7.2　CFAST 模拟的参数设定

(1)内部环境条件

CFAST 模拟的内部环境条件如表 3 – 10 所示。

表 3-10　内部环境条件

温度/℃	压力/Pa	海拔高度/m	相对湿度/%
20	101300	0	25

(2)外部环境条件

CFAST 模拟的外部环境条件如表 3-11 所示。

表 3-11　外部环境条件

温度/℃	压力/Pa	海拔高度/m	风速/(m/s)	Power law	Scale height
20	101300	0	0	0.16	10m

(3)模拟时间设定

CFAST 模拟的时间设定如表 3-12 所示。

表 3-12　模拟时间设定

Simulation time/s	Text output Interval/s	Binary output Interval/s	Spreadsheet output Interval/s	Smokeview output Interval/s
2400	50	0	10	50

3.7.3.3　火源热释放速率设定

燃料的燃烧是一个相当复杂的物理化学过程，对其进行数值模拟是一项极其艰巨的任务。目前绝大多数火灾模型都没有包含燃料的燃烧模拟，在运用火灾模拟进行火灾危害分析时，通常都直接采用试验测量得到的热释放速率曲线。当确定没有其他相关信息来得到火灾的热释放速率曲线时，还可以进行适当的假设，将火灾的发展特征化。一种假设是认为火灾将按稳态发展，即火源的热释放速率始终保持一个恒定的值。另一种假设是认为火灾按非稳态火灾发展，但火灾的发展具有一定的规律，例如 T^2 特征火灾。

CFAST 软件在 T^2 模型的基础上，采用预先给定最大热释放率和火灾衰减阶段的方法构造火灾发展的完整模型，其数学描述如式(3.2)所示。

$$\begin{cases} Q = b' \cdot t^2 & 0 \leqslant t \leqslant t_1 \\ Q = Q_{\max} & t_1 \leqslant t \leqslant t_2 \\ Q = b' \cdot (t - t_3)^2 & t_2 \leqslant t \leqslant t_3 \end{cases} \tag{3.2}$$

式中　b'——火灾增长系数，$b' = Q_{\max}/(t_2 - t_3)$，$W/s^2$；

$Q_{\max}$——火源的最大热释放速率，W；

t_1——火源热释放速率达到最大值 $Q_{\max}$ 时所需要的时间，s；

t_2——火源热释放速率开始衰减时所需要的时间，s；

t_3——火源热释放速率衰减至 0 时所需的时间，s。

式(3.2)所描述的模型可用图 3 - 16 来表示。

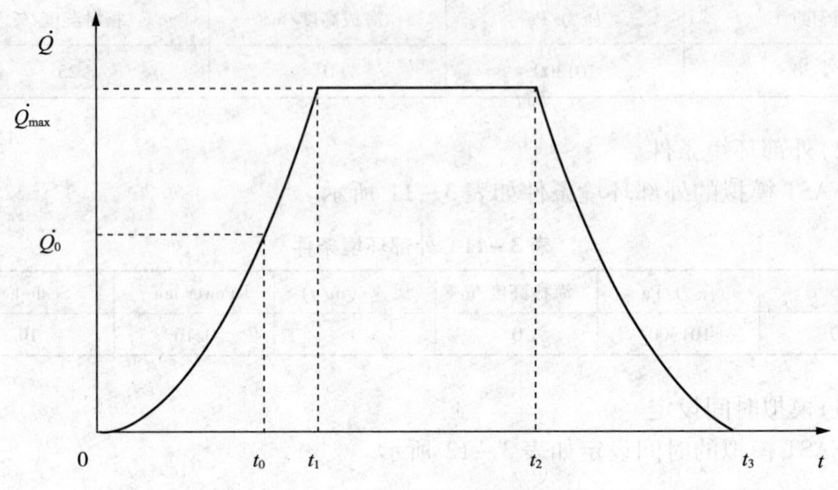

图 3 - 16　CFAST 应用模型图示

实际火灾中，热释放速率的变化是个非常复杂的过程，上述设计的火灾增长曲线只是对实际火灾相似，为了使得设计的火灾曲线能够反映实际可能发生的火灾的特性，应用 CFAST 软件对该剧院进行火灾安全评估时应作适当的保守的考虑，选择快速火表征，火灾增长系数为 0.0469kW/s^2，选择较大的热释放速率，稳定火灾功率在 5MW 到 25MW 之间。

3.3.7.4　火灾场景的设计

所有火灾场景的设计前提均是在最不利条件(无机械通风、无水喷淋灯灭火措施)下进行的。

(1)场景一：起火点在舞台上的火灾场景

在剧院内舞台上幕布着火的几率非常大，因此，这个火灾场景是假设起火点在舞台中央位置。燃烧物质为尼龙/无背衬/里衬(凯夫拉纤维)/117 聚胺酯(边角处材料)。

幕布的热释放速率、发烟量等参数都是以 CFAST6 模型中的标准来定量的。由于舞台上幕布较多，并且舞台着火后火焰会向观众区和后台蔓延并引燃其它可燃物质，所以该场景火源热释放率设定在 25MW。

其中舞台幕布起火材料的热释放速率、发烟量等参数值如表 3 - 13 所示。

表 3 - 13　舞台幕布起火材料的性质

燃烧热/(kJ/kg)	热辐射系数	导热率/[kW/(m·℃)]	CO/CO_2/(kg/kg)
21446	0.9	1×10^{-4}	0.0180673

(2)场景二：起火点在中庭的火灾场景

在一层中庭部位的座位起火时，火灾危险性很大。因此，这里的火灾场景是假设起火点在观众区一层四区中央位置的座位。假设座椅着火材料为氨基甲酸乙酯泡，材料的热释放速率、发烟量等参数值都是以 CFAST6 模型中的标准来定量的，材料的密度为 70kg/m^3，其他性质如表 3－14 所示。

表 3－14 座位起火材料的性质

燃烧热/(kJ/kg)	热辐射系数	气化相变焓/(kJ/kg)	CO/CO_2/(kg/kg)	火焰对外辐射分数	C/CO_2/(kg/kg)	导热率/[kW/(m·℃)]	H/C/(kg/kg)
18900 0.08333	0.9	1230	0.018667	0.33	0.129333	2.6×10^{-5}	

该场景火灾总热释放率设定为 15MW。

(3)场景三～七：起火点在座位的火灾场景

剧院观众区的座椅也有起火的可能，而不同楼层的座位，不同位置发生的火灾，其火灾发展、烟气分布变化规律也不尽相同，因此，这里针对不同楼层、不同位置的火灾利用 CFAST 分别进行模拟分析。即不同楼层座位的火灾场景是分别来设置的，各楼层火灾场景的模型如图 3－17～图 3－21 所示。

①一层场景 1

火源位置：一层一区中央位置(场景模型中黄色标记位置)。

火源热释放率：由于一层一区与一层二、三、四区是一体的，当一区着火时火会蔓延到其它区域所以将火源热释放率设定为 10MW。

当在一层一区中央发生火灾时，由于一层二、三区位置对称，所以只模拟出了一层二区的温度和烟气层高度变化曲线，一层三区的与其完全一致。

②一层场景 2

火源位置：一层二区中央位置。

火源热释放率：由于一层二区与一层一、三、四区是一体的，当一区着火时火会蔓延到其它区域所以将火源热释放率设定为 10MW。由于一层二、三区位置时对称，所以在设计火灾场景时只考虑一个就可以了。

③二层场景 1

火源位置：二层一区中央位置。

火源热释放率：将二层一区着火时的火源热释放率设定为 5MW。二层二区与二层三区对称，所以烟气温度和烟气层高度变化曲线只列出一组。

④二层场景 2

火源位置：二层二区中央位置

火源热释放率：将二层二区着火时的火源热释放率设定为 5MW。二层二区与二层三区是对称的所以设定火灾场景时只考虑其中一个就可以了。

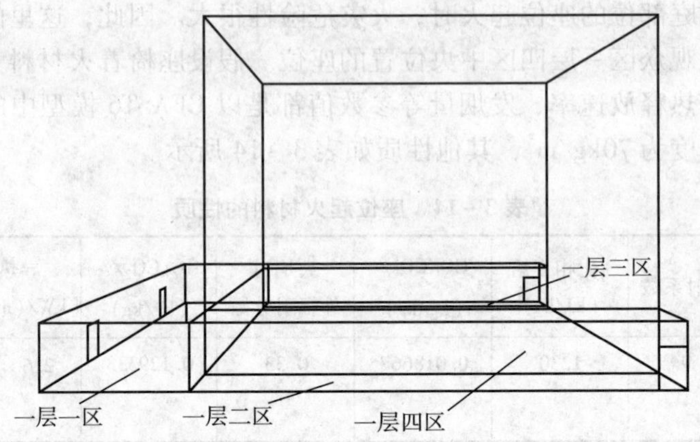

图 3－17　一层场景 1 和一层场景 2 的模型

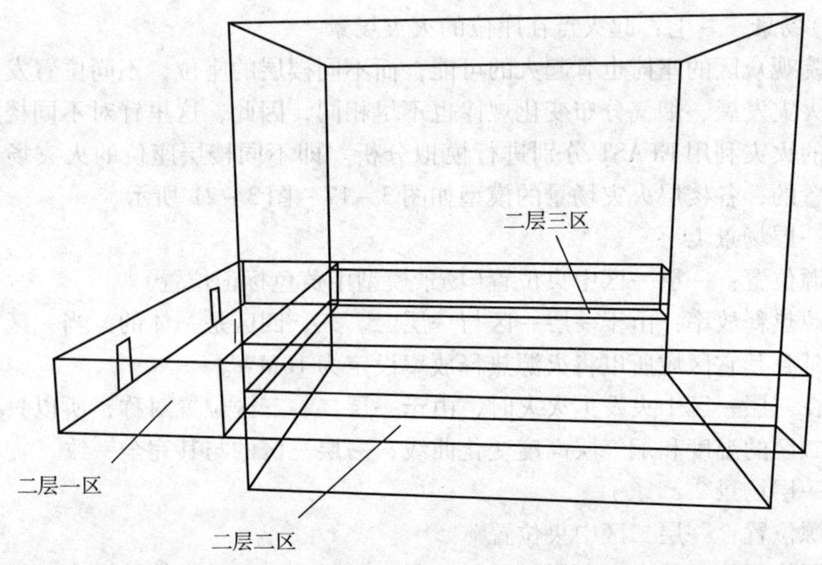

图 3－18　二层场景 1 和二层场景 2 的模型

⑤三层场景 1

火源位置：三层一区中央位置。

火源热释放率：将三层一区着火时的火源热释放率设定为 5MW。三层二区与三层三区对称，所以烟气温度和烟气层高度变化曲线只列出一组。

⑥三层场景 2

火源位置：三层二区中央位置。

火源热释放率：将三层二区着火时的火源热释放率设定为 5MW。三层二区与三层三区是对称的所以设定火灾场景时只考虑其中一个。

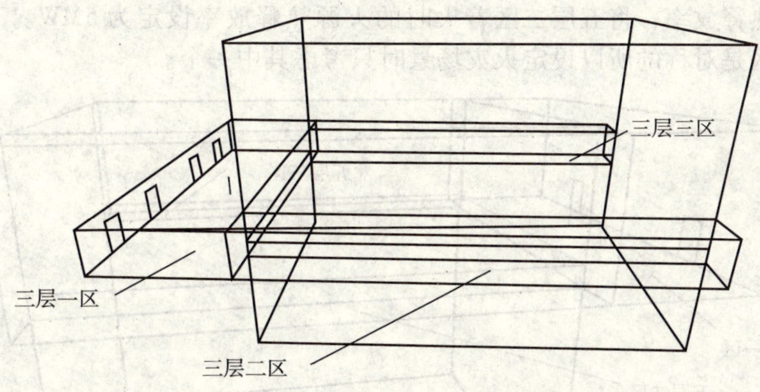

图 3 – 19　三层场景 1 和三层场景 2 的模型

⑦四层场景 1

火源位置：四层一区中央位置。

火源热释放率：将四层一区着火时的火源热释放率设定为 5MW。四层二区与四层三区对称，所以烟气温度和烟气层高度变化曲线只列出一组。

⑧四层场景 2

火源位置：四层二区中央位置。

火源热释放率：将四层二区着火时的火源热释放率设定为 5MW。四层二区与四层三区是对称的所以设定火灾场景时只考虑其中一个。

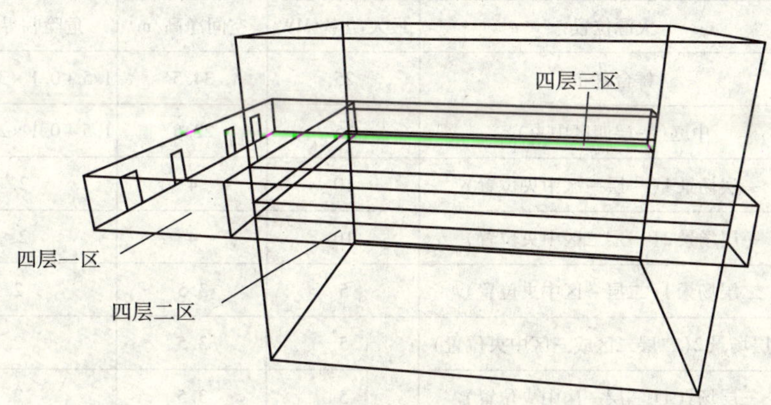

图 3 – 20　四层场景 1 和四层场景 2 的模型

⑨五层场景 1

火源位置：五层一区中央位置。

火源热释放率：将五层一区着火时的火源热释放率设定为 5MW。五层二区与五层三区对称，所以烟气温度和烟气层高度变化曲线只列出一组。

⑩五层场景 2

火源位置：五层二区中央位置。

火源热释放率：将五层二区着火时的火源热释放率设定为5MW。五层二区与五层三区是对称的所以设定火灾场景时只考虑其中一个。

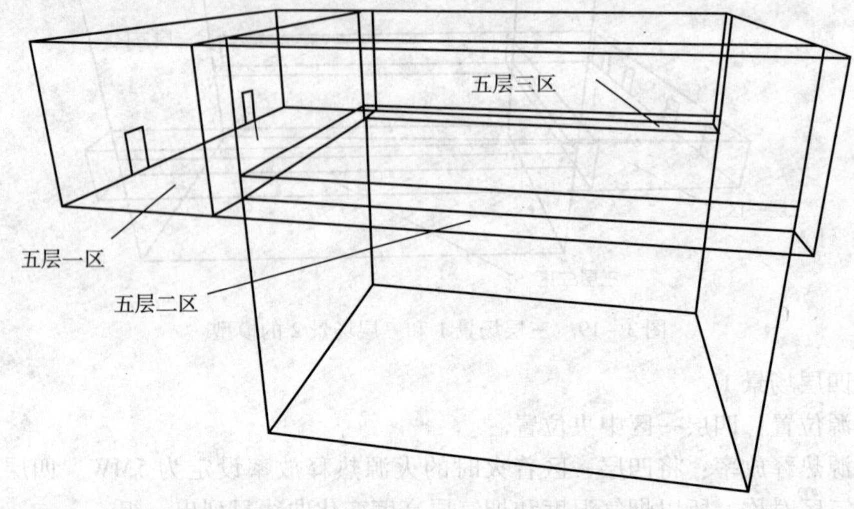

图3－21　五层场景1和五层场景2的模型

在场景三—七中，假设座椅着火材料与场景二中的相同。所有火灾场景的设计情况如表3－15所示。

表3－15　火灾场景的设计内容

项目	火源位置	最大功率/MW	空间净高/m	危险临界高度/m
场景一	舞台幕布	25	34.5	1.5＋0.1×34.5＝4.95
场景二	中庭(一层四区中央)	15	22.5	1.5＋0.1×22.5＝3.75
场景三	一层场景1(一层一区中央位置)	10	4	2.1
	一层场景2(一层二区中央位置)	10	4	2.1
场景四	二层场景1(二层一区中央位置)	5	3.5	2.1
	二层场景2(二层二区或三区中央位置)	5	3.5	2.1
场景五	三层场景1(三层一区中央位置)	5	3.5	2.1
	三层场景2(三层二区或三区中央位置)	5	3.5	2.1
场景六	四层场景1(四层一区中央位置)	5	3.5	2.1
	四层场景2(四层二区或三区中央位置)	5	3.5	2.1
场景七	五层场景1(五层一区中央位置)	5	8	2.1
	五层场景2(五层二区或三区中央位置)	5	8	2.1

3.3.7.5　各种火灾场景下达到危险临界条件的数值

(1)在场景一：舞台幕布起火的情况下

①舞台上部烟气层温度达到 180℃ 的时间：850s；②一层各种临界条件均达不到；③二层烟气层高度降到 2.1m 的时间取：530s；④三层烟气层高度降到 2.1m 的时间取：310s；⑤四层烟气层高度降到 2.1m 的时间取：250s；⑥五层烟气层高度降到 2.1m 的时间取：220s。

(2)在场景二：中庭起火的情况下

①舞台烟气层高度降到 5.05m 的时间：360～990s，取 360s；②一层各种临界条件均达不到；③二层烟气层高度降到 2.1m 的时间取：470s；④三层烟气层高度降到 2.1m 的时间取：350s；⑤四层烟气层高度降到 2.1m 的时间取：140s；⑥五层烟气层高度降到 2.1m 的时间取：100s。

(3)在场景三：一层 1、2 区起火的情况下

在该场景下一层火灾危险的临界条件为：

上部烟气层温度达到 180℃ 的时间：210s；烟气层高度降到 2.1m 的时间：330s；烟气层高度降到 3.75m 的时间：250s；上层烟气中 CO 浓度达到 1000×10^{-6} 的时间：1280s。

(4)在场景四：二层 1、2 区起火的情况下起火的情况下

在该场景下二层火灾危险的临界条件为：

上部烟气层温度达到 180℃ 的时间：220s；烟气层高度降到 2.1m 的时间：330s；上层烟气中 CO 浓度达到 1000×10^{-6} 的时间：1630s。

(5)在场景五：三层 1、2 区起火的情况下起火的情况下

在该场景下三层火灾危险的临界条件为：

上部烟气层温度达到 180℃ 的时间：180s；烟气层高度降到 2.1m 的时间：320s。

(6)在场景六：四层 1、2 区起火的情况下起火的情况下

在该场景下四层火灾危险的临界条件为：

上部烟气层温度达到 180℃ 的时间：180s；烟气层高度降到 2.1m 的时间：320s。

(7)在场景七：五层 1、2 区起火的情况下起火的情况下

在该场景下五层火灾危险的临界条件为：

上部烟气层温度达到 180℃ 的时间：940s；烟气层高度降到 2.1m 的时间：290s；上层烟气中 CO 浓度达到 1000×10^{-6} 的时间：1230s。

可将上述数值汇总于表 3－16。

表 3-16　各个火灾场景下可用安全疏散时间 ASET　　s

项目	火源位置	最大功率/MW	ASET					
			舞台	一层	二层	三层	四层	五层
场景一	舞台幕布	25	850		530	310	250	220
场景二	中庭(一层4区中央)	15	360		470	350	140	100
场景三	一层1~3区	10		(1~3区)210~250(4区)				
场景四	二层包厢	5			220			
场景五	三层包厢	5				180		
场景六	四层包厢	5					180	
场景七	五层包厢	5						290

3.3.8　人员疏散安全的综合分析结果

3.3.8.1　综合分析结果

利用安全裕度 T_S = ASET - RSET 对各个不同楼层的安全性进行检验。由于各个楼层的安全出口可能处于不同的情况，这里分别对各种情况进行计算，从而得出安全性的综合评价结果。

(1)人群在火灾场景一(舞台幕布起火)中的疏散安全性评价

①舞台部分的 ASET = 850s，由于舞台上人员较少，所以人员疏散基本是安全的。

②一层观众厅的各种临界条件均达不到，所以人群疏散基本是安全的。

③二层包厢的 ASET = 530s，有 2 个出口。而各种情况下均满足 ASET > RSET，所以人群疏散基本是安全的。

④三层包厢的 ASET = 310s，有 4 个出口。

当三个出口同时不能使用时 RSET = 468s，所以，这时人群疏散存在危险性。

⑤四层包厢的 ASET = 250s，有 6 个出口。

当 4 个出口同时不能使用时 RSET = 298s；当 5 个出口同时不能使用时 RSET = 317s。

因此，当 4 个或者 5 个出口同时不能使用时，人群疏散存在危险性。

⑥五层包厢的 ASET = 220s，有 2 个出口。

当疏散开始的时候如果只有一个出口可以使用，这时的 RSET = 290 s，因此，人群的疏散存在危险性。

(2)人群在火灾场景二(中庭起火)中的疏散安全性评价

①舞台部分。该部分的 ASET = 360s，由于舞台上人员较少，所以人员疏散基本是安全的。

②一层观众厅的各种临界条件均达不到，所以人群疏散基本是安全的。

③二层包厢的 ASET = 470s，而各种情况下均满足 ASET > RSET，所以人群疏散基本是安全的。

④三层包厢的 ASET = 350s，有 4 个出口。当三个出口同时不能使用时 RSET = 468s，所以，这时人群疏散存在危险性。

⑤四层包厢的 ASET = 140s，有 6 个出口。

当 3 个出口同时不能使用时 RSET = 171s；当 4 个出口同时不能使用时 RSET = 298s；当 5 个出口同时不能使用时 RSET = 317s。所以，当 3、4 或者 5 个出口同时不能使用时，这时人群疏散存在危险性。但是这种情况出现的可能性较小。

⑥五层包厢的 ASET = 100s，有 2 个出口。

当两个出口都可以用时，RSET = 177s；当疏散开始的时候，如果其中只有一个出口可以采用，RSET = 290s；包厢一个出口 60s 被关闭时，RSET = 310. 9s。

因此，在两个出口正常使用或者任何不利的情况下，人群的疏散都存在危险性。这是应当引起重视的情况。

(3)人群在火灾场景三(一层 1、2 区起火)中的疏散安全性评价

一层观众厅有 2 个出口。

一层观众厅的中庭部分(4 区)的 ASET = 250s，四周部分(1 ~ 3 区)的 ASET = 210s。

当两个出口都能使用时，一层观众厅在设定 6 种人群的情况下，疏散时间 RSET = 290s；观众厅在只有一个出口的情况下，假设出口 1 在疏散开始 90s 时不能通行，疏散时间：RSET = 349s；疏散开始的时候，如果其中只有一个出口可以采用，疏散时间 RSET = 435. 1s。

因此，在这个场景下人群疏散是存在危险的，这个情况也应引起重视。

(4)人群在火灾场景四(二层包厢起火)中的疏散安全性评价

在这个场景下 ASET = 220s，有 2 个出口。

①当两个出口都可以用时，RSET = 177s；②当疏散开始的时候，如果其中只有一个出口可以采用，RSET = 290s；③包厢一个出口 60s 被关闭时，RSET = 310. 9s。

因此，在条件①下，人群的疏散是安全的，而在②和③下，人群的疏散存在危险。

(5)人群在火灾场景五(三层包厢起火)中的疏散安全性评价

在这个场景下 ASET = 180s，有 4 个出口。

①当有两个出口不能使用时，RSET = 202. 2s；②当有三个出口不能使用时，

RSET = 468s。

因此，在①②两种情况下人群疏散均存在危险，其他情况安全。

(6)人群在火灾场景六(四层包厢起火)中的疏散安全性评价

在这个场景下 ASET = 180s，有 6 个出口。

①当有 4 个出口不能使用时，RSET = 298s；②当有 5 个出口不能使用时，即只有一个出口可以使用，RSET = 317s。

在①②两种情况下人群疏散均存在危险，其他情况安全。

(7)人群在火灾场景七(五层包厢起火)中的疏散安全性评价

在这个场景下 ASET = 290s，有 2 个出口。

①当疏散开始的时候，如果其中只有一个出口可以采用，RSET = 290s；②包厢的一个出口在疏散开始 60s 后被关闭时，RSET = 310.9s。

在①②两种情况下人群疏散均存在危险，其他情况安全。

总之，该歌剧院的人群疏散安全性评价的总体结论是：

①在所有出口都能正常使用的情况下，人群疏散基本是安全的。

②舞台部位起火的危险性与观众座位区起火的危险性相比要小。

③以下三种场景下人群的疏散应当引起重视：

a. 在火灾场景二(中庭起火)中，五层包厢在两个出口正常使用或者任何不利的情况下，人群的疏散都存在危险性，应当采取措施。

b. 在火灾场景三(一层 1、2 区起火)中，一层观众厅在两个出口正常使用或者任何不利的情况下，人群的疏散都存在危险性，应当采取措施。

c. 在火灾场景四(二层包厢起火)中，只有当两个出口都正常使用时，人群的疏散才是安全的。任何一个出口有不利情况出现，都会造成危险。

根据实践经验可以得出，该结论是符合实际的。

3.3.8.2 改进设计的建议

①建议一层观众厅增加 1 ~ 2 个出口。

②建议二层包厢增加 1 ~ 2 个出口。

③建议五层包厢增加 1 ~ 2 个出口。

3.3.9 人群在火灾场景中疏散模拟

前面利用 Building EXODUS 软件和 CFAST 软件相结合的方法对可能存在危险的区域进行了筛选，并且提出了可能采取的改进建筑设计的措施。

Building EXODUS 软件的另外一个功能就是可以模拟人群在火灾危险场景中疏散的情况，这是 Building EXODUS 软件所具有的另一个独特的功能。利用该功能可以完成以下方面的检验目的：

①可以对上面筛选出的危险区域进行验证；

②还可以对改进措施以后人群在火灾中疏散的情况进行模拟，这样可以检验改进措施的效果是否令人满意。

3.3.9.1　危险区域的选择

通过前面的人群疏散安全性的综合分析，我们可以选择在火灾场景二(中庭起火)中的第五层包厢作为最危险的区域进行检验，因为该包厢在两个出口正常使用或者任何不利的情况下，人群的疏散都存在危险性。

3.3.9.2　检验的内容

①对五层包厢在 1 个出口不能正常使用并且存在设计缺陷情况下，对人群在火灾中疏散的情况进行模拟。

②存在的设计缺陷进行改进之后，在 1 个出口不能正常使用情况下，对五层包厢的人群在火灾中疏散的情况进行模拟。

③对五层包厢在 2 个出口都能正常使用，并且发生火灾的情况下进行模拟。

④对五层包厢在增加到 3 个出口，并且 3 个出口都能正常使用的情况下，对发生火灾的情况下进行模拟。

⑤对五层包厢在增加到 4 个出口，并且 4 个都能正常使用的情况下，对发生火灾的情况下进行模拟。

3.3.9.3　火灾危险曲线的确定

利用前面 CFAST 的模拟结果，对火灾场景二(中庭起火)中第五层包厢不同区域的火灾危险进行分析，从中选取最危险的升温曲线和 CO 浓度的变化趋势，并对数值结果进行拟合，结果如下：

①人群疏散过程中温度的变化趋势是：

$$T = 20 + 0.08t,\ 0 < t \leqslant 1250(\mathrm{s}),\ T_{\max} = 120℃$$

②人群疏散过程中 CO 浓度的变化趋势是：

$$C = 0.4t,\ 0 < t \leqslant 1000(\mathrm{s}),\ C_{\max} = 420 \times 10^{-6}$$

3.3.9.4　火灾危险的输入

①将五层包厢的所有节点划为同一个危险区域。

②使用 Hazard Editor 对温度和 CO 浓度的变化趋势进行定义。

火灾危险变化对话框如图 3 - 22 所示。

③使用火灾场景的编辑工具 Scenario Editor 将危险区域与火灾危险场景结合起来，并设定危险的作用时间为 1000s，火灾场景的编辑对话框如图 3 - 23 所示。

3.3.9.5　五层包厢人群在本层最危险条件下疏散场景的模拟结果

①对五层包厢只有 1 个出口能正常使用并且存在设计缺陷情况下，对人群在火灾中疏散的情况进行模拟。

假设设计中存在的缺陷如图 3 - 24 所示。

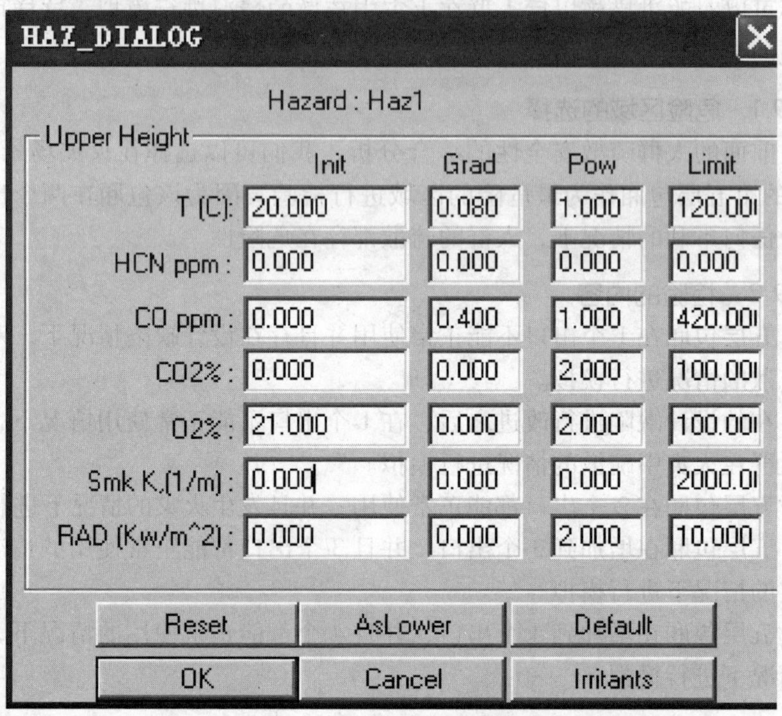

图 3－22　火灾危险变化对话框

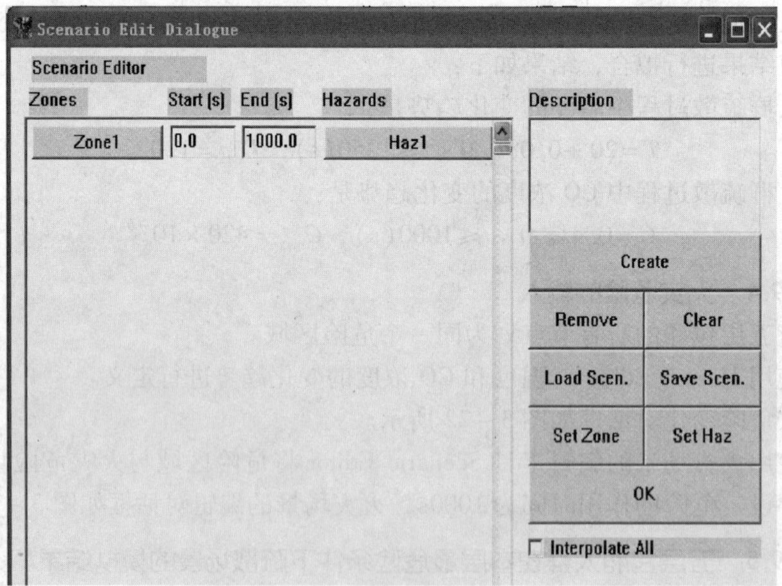

图 3－23　火灾场景编辑对话框

图3－24　某些座位布置不合理示意图

在该情况下进行了10次模拟，结果如表3－17所示。

表3－17　只有一个出口能正常使用并且存在设计缺陷情况下的模拟结果

模拟次数	成功疏散者的情况					死亡者的情况		
	人数	时间/s	上部温度/℃	CO浓度/10^{-6}	FIH	人数	跳跃座位次数/（次/人）	FIH
1	349	294.4	43.5	117.6	0～0.01	1	4	1
2	349	286.5	42	114.8	0～0.01	1	8	1
3	349	419.7	53.4	167.2	0～0.04	1	7	1
4	349	437.4	55	174.8	0～0.04	1	7	1
5	349	403.9	52	161.6	0～0.03	1	7	1
6	349	412.4	53	164.8	0～0.04	1	9	1
7	349	285.7	42.8	114.4	0～0.01	1	11	1
8	349	287	43	114.8	0～0.01	1	3	1
9	349	283.4	42.6	113.2	0～0.01	1	3	1
10	349	332.	46.6	132.8	0～0.02	1	3	1
均值	349	344.2	47.4	137.6	0～0.022	1	6.2	1

模拟结果分析如下：

a. 疏散开始初期，平均每人跳跃座位的人数较少；随着温度的增加，一氧化碳浓度的加大，平均每人跳跃座位的人数逐渐增加。

b. 死亡人员都是由于发生极端行为跳入某些座位的角落，由于受到高温的作用，其可移动性下降，在较长时间的辐射热作用下造成了死亡。

c. FIH表示人员在火场高温中的暴露累积，它是由毒性子模型计算的动力学特征。当FIH ＝1时，表示人将由于热而失去能力，当FIH上升时，可移动性下降，FIH的初始值＝0。

从模拟结果可以得出：虽然绝大多数人员成功疏散，但是在疏散过程中都不同程度地受到了高温和 CO 气体的作用。图 3－25 为模拟结束后，在火灾中死于角落的一个观众。如果没有火灾高温的作用，该观众是不会死亡的。

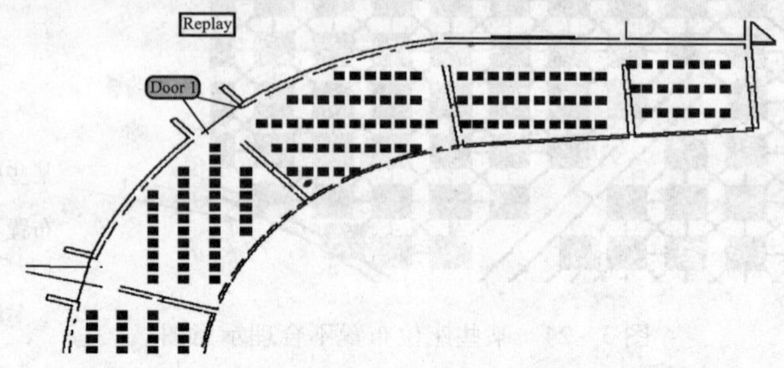

图 3－25　座位设计改进前火灾中死于角落的一个观众

②存在的设计缺陷进行改进之后，在一个出口不能正常使用情况下，对五层包厢的人群在火灾中疏散的情况进行模拟。

图 3－26 是模拟过程中出口处火灾温度对人群影响范围的变化过程。

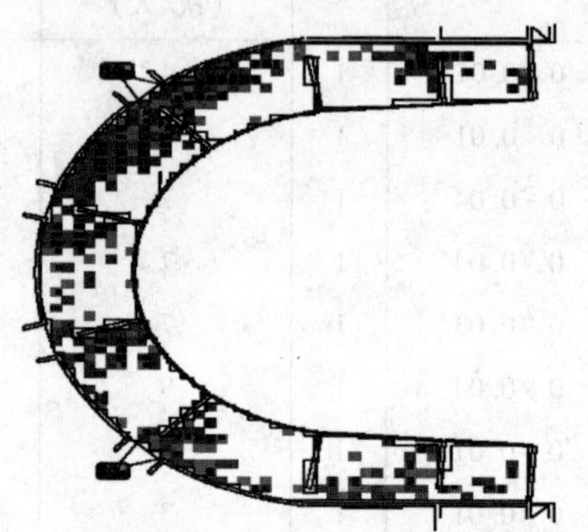

T=30s时，高温开始对人群产生影响

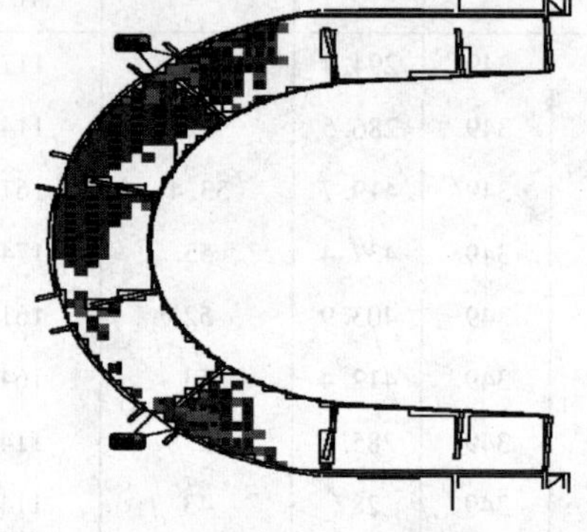

T=1min50s时，高温对人群产生影响的范围扩大

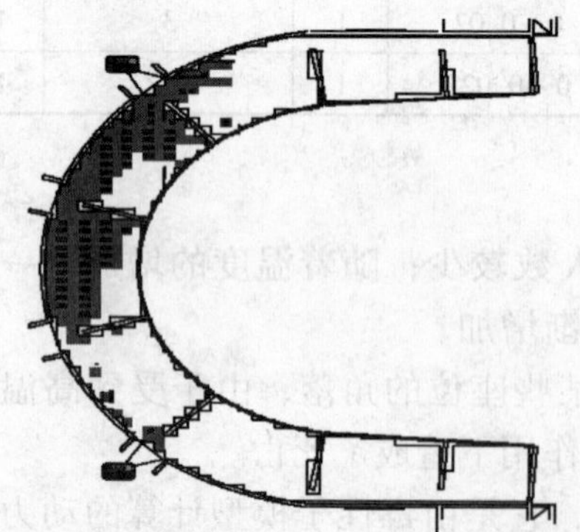

T=2min13.4s，高温对人群产生影响的范围继续扩大

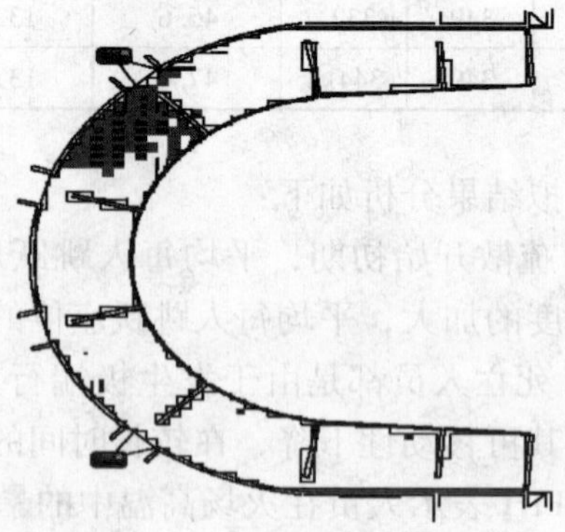

T=3min51.8s，高温对人群产生影响的范围减小

图 3－26　出口处火灾温度对人群影响范围的变化过程

在某些不合理的座位设计经过了调整之后进行了10次模拟，在这10次模拟中，350人都成功地疏散出来了，但是每次具体情况也有差异。结果如表3－18所示。

表3－18　只有一个出口能正常使用并且改进设计情况下的模拟结果

模拟次数	成功疏散者的情况				FIH	跳跃座位次数/(次/人)
	人数	疏散时间/s	上部温度/℃	CO浓度/10^{-6}		
1	350	414.4	53.1	165.6	0～0.04	6.1
2	350	297.6	43.8	119.2	0～0.02	5.6
3	350	291.6	43.4	116.8	0～0.04	6
4	350	322.4	45.8	128.8	0～0.02	6.2
5	350	286.4	42.9	114.4	0～0.01	6.2
6	350	402.8	52.2	161.2	0～0.01	5.6
7	350	301.6	44.1	120.8	0～0.02	5.6
8	350	411.8	53	164.8	0～0.04	5.7
9	350	289.3	43.1	115.6	0～0.01	5.6
10	350	288.1	43	115.2	0～0.01	5.8
均值	350	330.6	46.4	132.2	0～0.022	5.84

将不合理的座位设计经过了调整之后的模拟结果与调整之前的进行对比，可以看出：

a. 两种情况下的模拟结果十分类似，只是后者没有发生人死亡。这是由于两种情况的模拟条件是基本相同的缘故。

b. 建筑布局的不合理设计会加剧火灾的严重后果。

③对五层包厢在2个出口都能正常使用，并且发生火灾的情况下进行模拟。本次模拟结果如表3－19所示。

表3－19　五层包厢在两个出口都能正常使用时火灾情况下的疏散模拟结果

模拟次数	成功疏散者的情况			
	人数	疏散时间/s	FIH	跳跃座位次数/(次/人)
1	350	153.8	0	3.7
2	350	160.9	0	3.3
3	350	152.6	0	3.3
4	350	153.9	0	3.6
5	350	153.9	0	3.2
6	350	167.3	0	3.2
7	350	160.3	0	3.3
8	350	151.9	0	3.3
9	350	153.8	0	3.3
10	350	163.4	0	3.5
均值	350	157.2	0	3.37

从结果可以得出：

在两个出口都能正常使用的情况下，火灾对疏散者的影响很小，因为平均每人跳跃作为次数减少，FIH =0。

④对五层包厢在增加到3个出口，并且3个都能正常使用的情况下，对发生火灾的情况下进行模拟。结果为：

每次350人均能顺利疏散；平均疏散时间为：129.1s；平均每人跳跃座位的次数为2.1次/人；每次的FIH =0。

各出口的平均无人流百分比分别为0.00%、0.325%、0.754%，则总的平均无人流百分数MNS为0.359% <10%，说明该模拟疏散过程中各个出口人流的分配是合理的；最佳出口性能指数平均为OPS =0.375，说明疏散效率较高，达到了良好的疏散效果。

⑤对五层包厢在增加到4个出口，并且四个都能正常使用的情况下，对发生火灾的情况下进行模拟。

4个出口对人员的吸引范围(catchment area)如图3 -27所示。

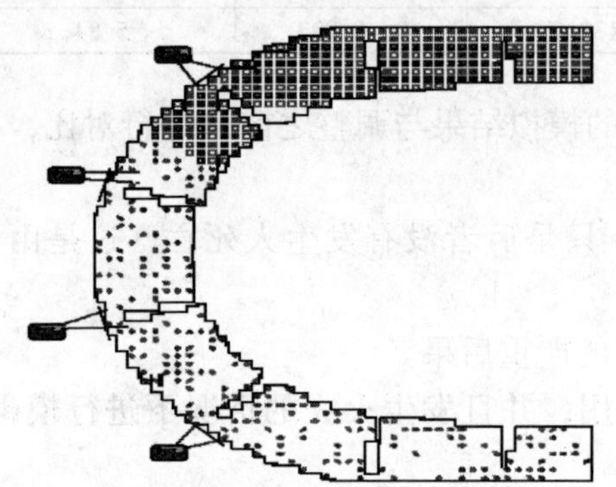

（a）出口1对人员的吸引范围

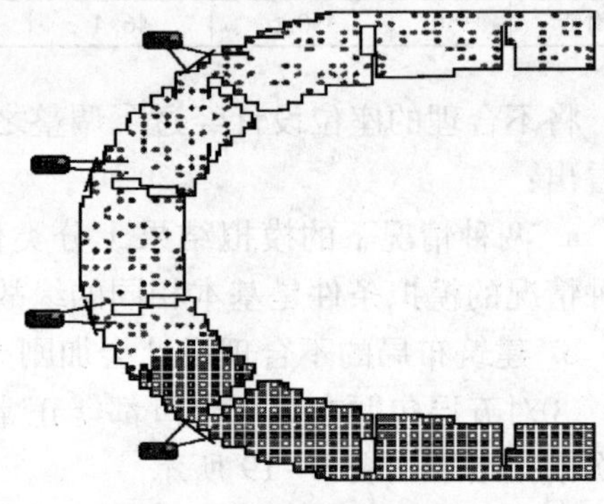

（b）出口2对人员的吸引范围

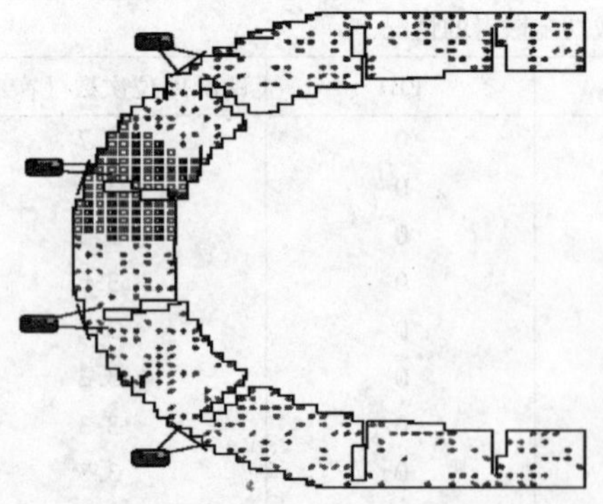

（c）出口3对人员的吸引范围

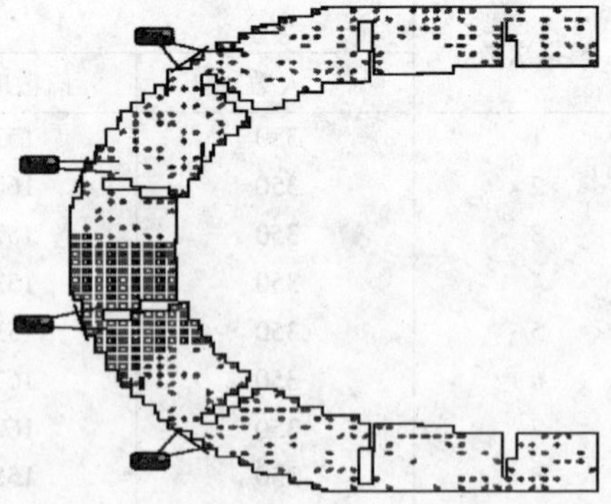

（d）出口4对人员的吸引范围

图3 -27　四个出口对人员的吸引范围(图中阴影部分)

模拟结果为：

每次 350 人均能顺利疏散；平均疏散时间为：117.1s；平均每人跳跃座位的次数为 1.8 次/人；每次的 FIH = 0。

各出口的平均无人流百分比分别为 0.00%、0.021%、2.9%、3.2%，则总的平均无人流百分数 MNS 为 1.53% < 10%，说明该模拟疏散过程中各个出口人流的分配是合理的；最佳出口性能指数平均为 OPS = 0.525，说明疏散效率较高，达到了良好的疏散效果。

总之，从所有疏散模拟的结果可以得出，前面提出的五层包厢增加 1～2 个出口的建议是比较可靠的。

第 4 章

地铁车站火灾风险分析与人群疏散模拟

地铁作为城市重要的交通工具，每天都承担着大量的人员运输任务，相应的地铁车站就成为了人群非常密集的公共场所。与其他建筑物不同，地铁车站没有直接向外开启的门窗，环境相对密闭，一旦发生火灾，火势会快速蔓延，产生的烟气及热量不能有效的排除；同时疏散出口少，人员疏散方向往往与烟气流动方向相同，造成人员疏散困难，严重威胁着乘客的安全。

4.1 地铁车站火灾烟气分析

一些恶性火灾中发生的大量死亡，主要是烟气扩散速度比人员逃离火场速度快得多，使尚未撤离的滞留人员受烟气毒害或窒息，失去逃生能力而死于非命，因而在安全研究中对火灾烟气应有一定的认识了解。

4.1.1 火灾烟气基本概念

(1)烟气的定义

美国试验与材料学会(ASTM)给烟气下的定义是：某种物质在燃烧或分解时散发出的固态或液态悬浮微粒和高温气体。不同物质燃烧产生的成分随着物质的化学组成以及温度、氧气等燃烧条件的不同而有所不同。

具体说来，火灾烟气是一种混合物，包括：可燃物热解或者燃烧产生的气相产物，如未燃燃气、水蒸气、CO_2、CO及多种有毒或有腐蚀性的气体；由于卷吸而进入的空气；多种微小的固体颗粒和液滴。

(2)烟气羽流

火灾发生后，烟气在浮力的作用下向上运动，在运动的过程中，周围的冷空气不断地被卷吸进烟气中，形成烟气羽流。卷吸空气是烟气的主要来源，烟气的生成量主要取决于卷吸的空气的多少。当火源处在不同位置时，由于受到条件的限制，卷吸的空气量将不同，形成的烟气羽流也有差别，一般可以分为轴对称羽流、壁面羽流、墙角羽流、阳台羽流和窗户羽流。

①轴对称羽流

轴对称羽流又称非受限羽流或自由羽流，指烟气卷吸不受墙边等其他障碍物的影响，可以沿着高度从任一方向卷吸空气。当火源位于大空间的中央或附近时，由于离墙边较远，烟气发展受周围墙壁的影响不大，基本上可不受限制地卷吸周围的空气，这种羽流可以近似看作轴对称羽流。

②壁面羽流

当火源靠近墙壁的时候，由于受到墙的限制，羽流将主要从远离墙的一面卷吸空气，这种羽流称为壁面羽流。

③墙角羽流

当火源位于墙角的时候，生成的羽流为墙角羽流。这种羽流对空气的卷吸受两侧墙的限制，卷吸量更少。

④阳台溢出羽流

当烟气在上升的过程中遇到水平的阻挡物的时候(如阳台)，烟气会先沿阻挡物的下部水平运动，到达边缘后转向竖直方向的运动，称为阳台溢出羽流。

⑤窗口羽流

当烟气从墙上的开口，如窗户、门等进入大空间时就形成了窗口羽流。

(3)顶棚射流

火灾中，火羽流上升撞击顶棚后沿顶棚以下水平运动，形成顶棚射流。由于它的作用，使安装在顶棚的感烟探测器、感温探测器和水喷淋头产生响应，自动报警和灭火。

4.1.2 地铁车站火灾烟气特性

(1)物理特性

火灾烟气的物理特性主要有高温、毒性、缺氧、遮光性和恐怖性，其中恐怖性是心理方面的，其余的是生理方面的。

①高温

火灾烟气的高温对人会产生一定的伤害，对于健康的着装成年男子，其暴露烟气的温度与极限忍受时间的关系式为：

$$t = 4.1 \times 10^{8} / [(T - B_2)/B_1]^{3.61} \tag{4.1}$$

式中　t——极限忍受时间，min；

T——空气温度，℃；

B_1、B_2——常数。

可见，对于暴露于高温烟气下的人员，其极限忍受时间与烟气温度是成反比的，烟气温度越高，人员的忍受时间越短。

在地铁环境中，火灾烟气的温度可高达1000℃以上，而人们在65℃时，可短时忍受；在120℃时，15min就将致命，在几百摄氏度的高温烟气中则是连1min也呆不下去。

②毒性

烟气含有各种有毒气体，如CO、H_2S等含量均大大超过了人体生理上所允许的最高浓度，造成人们中毒死亡。统计资料表明，火灾中死亡人数大约80%是由于吸入有毒气体而导致的。

③缺氧

缺氧是烟气毒性的特殊情况，是指烟气中含氧量低于人们生理正常所需的数值。当空气中含氧量降低到15%时，人的肌肉活动能力下降；降到10%～14%时，人就会四肢无力，智力混乱，辨不清方向，失去活动能力而不能及时逃离火场；降到6%～10%时，人就会晕倒；当着火房间内气体中的含氧量浓度低于6%时，在短时间内人们将因缺氧而窒息死亡。在着火区域中氧的最低浓度可达到3%左右，因此火灾烟气对人们的生命安全会造成致命的危害。

④遮光性

当烟气弥漫时，可见光因受到烟粒子的遮蔽而减弱，人们的能见度大大降低，会对火灾中人员的安全疏散造成严重影响。能见度指的是人们在一定环境下刚刚看到某个物体的最远距离，它与烟气的颜色、物体的亮度、背景的亮度及观察者对光线的敏感程度有关，可用下式表示：

$$V = \frac{R}{K_c} = \frac{R}{2.0202 D_0} \tag{4.2}$$

式中　R——比例系数；

K_c——烟气的减光系数；

D_0——烟气单位长度光学密度(1/m)。

同时，烟气中的有些气体，如NH_3、HF、SO_2等的刺激使人的眼睛睁不开，从而进一步降低人员的疏散速度，增加了中毒或烧死的可能性。图4-1给出了暴露在刺激性和非刺激性烟气的情况下，人员行走速度与烟气遮光性的关系。

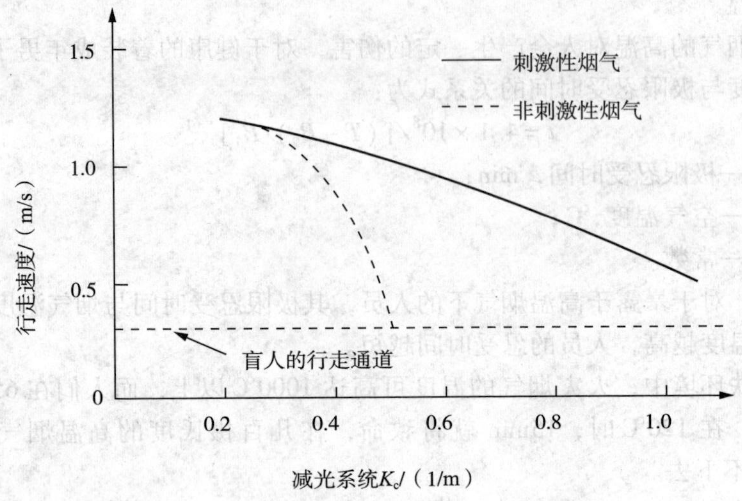

图4－1　刺激性烟气对人员行走速度的影响

随着减光系数增大，人的行走速度减慢，而当减光系数相同时，刺激性烟气比非刺激性烟气对人员行走速度的影响大的多。据此，人员在刺激性烟气中能见度的经验公式为：

$$V=\frac{(0.133-1.47\lg K_c)\times R}{K_c} \qquad (K_c \geqslant 0.25\text{m}^{-1}) \tag{4.3}$$

在刺激性烟气中，当减光系数大于0.5m^{-1}时，人员行走速度降低到0.3m/s，相当于盲人的行走速度，而且人员在无法睁开眼睛的情况下，只能迂回前进或者沿着墙壁一步一步的挪动。

⑤恐怖性

火灾时的浓烟滚滚，使人们的心理产生恐怖感，有的失去活动能力瘫倒在地，常常造成疏散混乱，有的失去理智盲目逃跑，造成不必要的伤亡。

(2)流动特性

地铁环境中烟气流动的形成，主要是由于风、机械通风系统和活塞效应造成的压力差，以及由于温度差造成气体密度差而形成的烟囱效应、浮力与膨胀力。燃烧时，火焰及燃烧生成的烟气形成的火羽流，由于比周围空气温度高引起了密度差，从而产生了浮力效应，浮力羽流随即向上升起，周围空气被火焰及烟气卷吸，使烟气流量增大。当浮力羽流上升到顶棚后，热烟气将形成水平流动的顶棚射流，撞到四周墙壁后转向下流，但热烟气仍具有一定的浮力，于是又返回到顶棚下。这样顶棚射流中便形成一连串的旋涡，将烟气层下方的冷空气不断卷吸进来，最后在顶棚下形成一定厚度的烟气层，其厚度会不断增长。火灾烟气若不受外界扰动将会保持烟气层与空气层的分层状态。

烟气在水平方向上的流动速度通常为0.5～1.2m/s，但在火灾不同发展时期也各不相同。在火灾初期，扩散速度约为0.1m/s，在火灾发展阶段，烟气扩散速度可达到0.3～0.8m/s，在发生轰然的瞬间，烟被喷出的速度可达10m/s。烟气在垂直方向上的扩散速度通常为1～5m/s，在楼梯间或管道竖井中由于烟囱效应产生抽力，烟气上升流动速度可达6～8m/s。

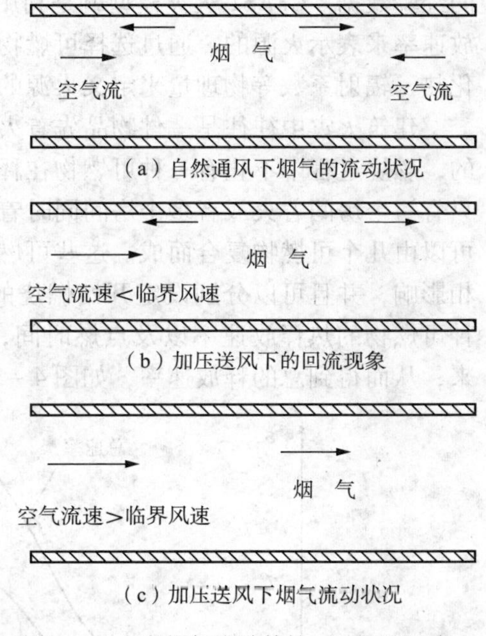

图 4－2　火灾烟气流动特性——回流现象

地铁系统内发生火灾的特性与地上建筑或者一般的地下建筑有所不同，其中的回流现象是个关键问题。在地铁站台或隧道的顶部附近会形成一层远离火源的热烟气流，同时支持燃烧的空气从热烟层下面向火源流动，如图 4－2 所示。地铁系统可以采用机械加压送风方式向火源送风以控制烟气流动，但如果空气气流速度较小，附着在顶部区域的热烟气将会逆着加压送风气流的方向流动，这种现象就是烟气的回流现象。只有当空气流达到一定的速度时才能避免回流现象的产生，此时的空气流速度就是临界风速。

4.2　地铁车站火灾烟气模拟

室内火灾危险一般依据两种情况进行判定：

①当烟气层高度低于人眼的特征高度(取值为 1.5m)；

②当烟气层高度高于人眼的特征高度，但烟气层温度达到 180℃。只要满足其中一种情况，就认为火灾达到了火灾危险状态。

下面采用 CFAST 区域模型软件对某地铁车站发生火灾时的烟气流动进行模拟，以评估该车站的安全防火性能。

4.2.1　火源的设计

燃料的燃烧是一个相当复杂的物理化学过程，对其进行数值模拟是一项技术性难题，目前绝大多数火灾模型都不包含燃料燃烧的模拟，而直接采用火灾实验的经验数据。CFAST 火灾模型就是利用燃烧实验得出的一系列常见可燃物的热释放速率来表示火源的，通过选择可燃物种类以及设定其位置、质量、燃烧热、气化热、辐射系数等物理量来定义火源的大小。

建筑火灾中往往是一件物品先着火，再引燃其周围的其他物品从而逐渐扩大的，燃烧过程中不止有一种可燃物在释放热量和生成烟气。CFAST 可以用来模拟只有一个房间着火或者多个房间同时着火的情形，而火源可以是单一可燃物，也可以由几个可燃物复合而成。这些可燃物都是完全独立的，燃烧时火羽流不会互相影响，并且可以分别设定开始燃烧的条件(时间、温度或热通量)。若已知每种可燃物的热释放速率以及点燃时间，就可以将它们的热释放速率曲线叠加起来，从而得到总的释放速率，如图 4－3 所示。

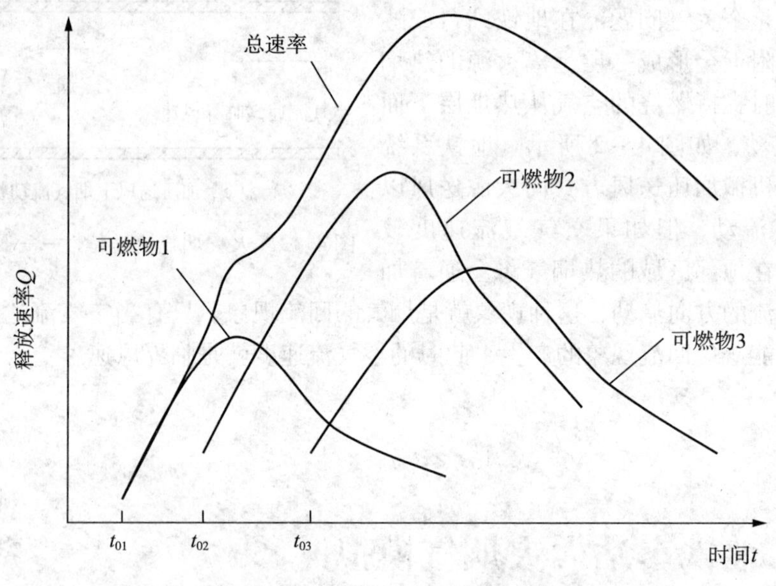

图 4－3　复合火源总释放速率曲线图

4.2.2　基本参数的设定

CFAST 是通过运行含有模拟参数的输入文件生成一个或多个模拟结果输出文件的计算机软件，因而进行火灾烟气模拟最重要的步骤就是使用 CEDIT 交互式编辑程序输入模拟对象的有关特征参数，如空间结构、各房间之间的烟气流动、火源、探测器及水喷淋设施、环境条件等。

(1)空间结构

我国《高层民用建筑设计防火规范》(GB 50045—1995)和《人民防空工程设计防火规范》(GB 50098—2009)中都规定，地下建筑每个防烟分区的建筑面积不宜超过 500m^2，且防烟分区不应跨越防火分区。对于单层的地下建筑，一般按面积进行水平分区，而对于多层的地下建筑，除了水平分区外，还应进行垂直分区。防烟分区应从顶棚下突出不小于 0.5m 的梁、挡烟垂壁或隔墙来划分。

该车站为双层地下建筑，划分为 6 个防火分区。其中站厅层南端设备、管理用房分为 2 个防火分区。北端设备、管理用房分为 1 个防火分区。中间站厅与站台厅公共区为 1 个防火分区。站台南、北端设备、管理用房各分为 1 个防火分区。防火分区由防火墙、防火门分隔。站台层和站厅层的乘客使用空间各分成 3 个防烟分区，采用固定式挡烟垂壁划分。站台层与站厅层的联系楼梯、扶梯开孔处采用配以水幕保护的挡烟垂壁进行防烟分隔，防止烟气向上一层蔓延。

按照防烟分区，地铁车站站台公共区划分为左、中、右 3 个面积相同的区域，之间从顶棚下突出 0.8m 的挡烟垂壁进行分隔，其空间结构如图 4 –4 所示。

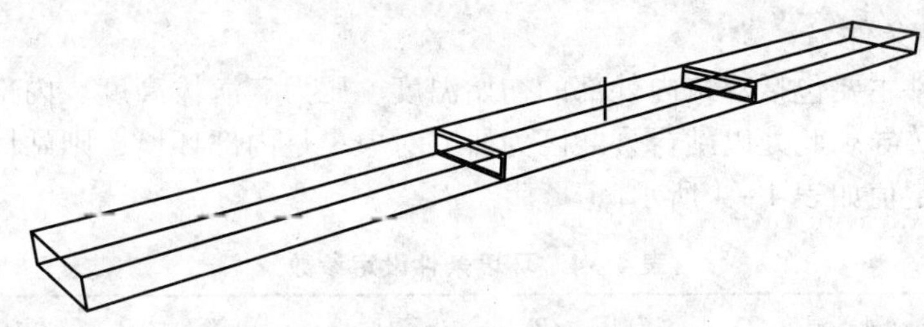

图 4 –4　空间结构示意图

各个部分的尺寸大小以及建筑材料如表 4 –1 所示。

表 4 –1　空间结构尺寸及建筑材料

区域	长×宽×高/m	面积/m^2	体积/m^3	顶棚高度/m	顶棚	墙壁	地板
1	40×12×3	480	1440	3	CONCRETE	COMBRICK	OFF
2	40×12×3	480	1440	3	CONCRETE	COMBRICK	OFF
3	40×12×3	480	1440	3	CONCRETE	COMBRICK	OFF

假定无机械通风且烟气不向上一层蔓延，只涉及烟气的水平流动，因而只考虑地铁站台的水平连通。当站台发生火灾时，产生的烟气首先会聚集到该防烟分区的顶棚下，随着烟气的不断增多，烟气层高度会不断下降。当烟气层下降到 2.2m 时，烟气就会越过挡烟垂壁向临近防烟分区蔓延。防烟分区间的水平连通状况如表 4 –2 所示。

表 4 –2　防烟分区间的水平连通

起始区域	终止区域	宽/m	下沿高度/m	上沿高度/m	面积/m^2
1	2	12	0	2.2	26.4
2	3	12	0	2.2	26.4

(2)水喷淋系统

该车站未安装水喷淋设施，为了进行优化研究，现在站台公共区设置水喷淋系统，主要特征参数有水喷淋的布置、启动温度、响应时间指数和水喷淋密度。根据水喷淋相关研究得出的结论，喷头一般布置在空间长度方向的两侧，布置间距为2.5 ~ 3m，喷头向下安装，水喷淋的密度一般在0.07 ~ 0.13mm/s之间，如表4-3所示。

表4-3 水喷淋系统参数

长度方向间距/m	宽度方向间距/m	启动温度/℃	响应时间指数/(ms)$^{0.5}$	水喷淋密度/(m/s)
6	3	73.89001	100	7×10^{-5}

(3)环境条件

环境条件主要包括建筑内外部的初始温度、压力、海拔高度、内部相对湿度以及边界热传导。此处以站台公共区为研究对象，是内部环境，则站厅层为外部环境，其设定值如表4-4所示。

表4-4 环境条件设定参数

海拔/m	外部温度/℃	外部压力/Pa	内部温度/℃	内部压力/Pa	内部相对湿度
0	30	101300	29	101300	65%

由物理特性可知，能量会通过固体边界(如墙、顶棚和地板)在房间与房间之间以热传导的方式进行转移，这种在相邻房间之间的热传导包括顶棚与地板之间的垂直传导和相邻墙壁之间的水平传导。本书只涉及站台层顶棚与站厅层地板之间的垂直传导，如表4-5所示。

表4-5 边界热传导

	类型	区域-区域	表面垂直度
1	垂直方向	区域1-外界	1
2	垂直方向	区域2-外界	1
3	垂直方向	区域3-外界	1

另外，区域模拟的每个房间都分为上下两层，火羽流将火源的能量从下部空气层带到上部烟气层，但上部烟气层由于与顶棚、墙壁的对流换热而造成的能量损失更大，因此还应考虑顶棚射流的能量损失。

(4)模拟结果输出方式

模拟结果输出方式的设定如表4-6所示，主要包括对模拟时间、文本输出间隔、二进制输出间隔、表格输出间隔以及可视图输出间隔的设定。

表 4-6　模拟结果输出方式的设定

模拟时间/s	文本输出间隔/s	二进制输出间隔/s	表格输出间隔/s	可视化输出间隔/s
360	30	10	10	10

4.2.3　模拟方案及模拟结果

对于地铁火灾烟气的研究，香港的地铁工程一般设定为 2MW，而英美等国一般对于此问题的研究大都采用 5～50MW。本书设计的火灾只考虑乘客行李中的易燃物和站台上少许服务设施，因此火灾源大小设定为 4.5MW 和 8MW。

4.2.3.1　火源在站台中央的模拟

(1)方案与模拟结果

方案一：火灾功率为 4.5MW

火源参数和模拟结果如表 4-7 和表 4-8 所示。

表 4-7　方案一火源参数

火源体	长×宽×厚/m	总质量/kg	燃烧热/(kJ/kg)	启动温度/℃	辐射系数
wardrobe	1×1×0.5	100	29600	120	0.3

表 4-8　方案一模拟结果

时间/s	方案一								
	热释放速率/kW			烟气层温度/℃			烟气层高度/m		
	1	2	3	1	2	3	1	2	3
0	0	—	—	29	29	29	3	3	3
30	249.9	—	—	29.04	58.67	29.04	3	2.802	3
60	263.2	—	—	29.05	59.35	29.05	3	2.628	3
90	663.0	—	—	29.07	72.83	29.07	3	2.432	3
120	1111	—	—	29.48	93.72	29.48	3	2.193	3
150	2947	—	—	56.44	137.0	56.44	2.884	1.898	2.884
180	3392	—	—	79.45	191.1	79.45	2.542	1.783	2.542
210	1179	—	—	76.50	164.7	76.50	2.297	1.935	2.297
240	598.5	—	—	65.27	132.0	65.27	2.2	2.08	2.2
270	565.2	—	—	56.56	111.0	56.56	2.147	2.031	2.147
300	531.9	—	—	50.88	99.94	50.88	2.103	2.028	2.103
330	498.6	—	—	47.15	93.36	47.15	2.060	2.021	2.060
360	465.3	—	—	44.58	88.95	44.58	2.017	2.015	2.017

方案二：火灾功率为 8MW

火源参数和模拟结果如表 4-9 和表 4-10 所示。

表4－9　方案二火源参数

火源体	长×宽×厚/m	总质量/kg	燃烧热/(kJ/kg)	汽化相变焓/(kJ/kg)	启动温度/℃	辐射系数
wardrobe	1×1×0.5	100	29600	0	120	0.3
Wood_ Wall	3×0.1×0.1	100	18100	－0.001	6.85	0.33
TV Set	0.4×0.3×0.6	20	15000	1630	120	0.3

表4－10　方案二模拟结果

时间/s	方案二								
	热释放速率/kW			烟气层温度/℃			烟气层高度/m		
	1	2	3	1	2	3	1	2	3
0	—	100	—	29	29	29	3	3	3
30	—	372.7	—	29.04	59.22	29.04	3	2.651	3
60	—	393.5	—	29.06	60.95	29.06	3	2.349	3
90	—	800.9	—	35.35	71.24	35.35	2.984	2.068	2.984
120	—	1256	—	45.28	88.38	45.28	2.844	1.888	2.844
150	—	3101	—	58.97	129.9	58.97	2.573	1.764	2.573
180	—	3558	—	80.57	187.5	80.57	2.199	1.734	2.199
210	—	1355	—	84.49	166	84.49	1.968	1.890	1.968
240	—	785.4	—	77.09	135.2	77.09	1.881	1.920	1.881
270	—	763.4	—	69.92	114.9	69.92	1.821	1.892	1.821
300	—	741.5	—	64.84	103.8	64.84	1.755	1.843	1.755
330	—	719.5	—	61.32	96.82	61.32	1.68	1.79	1.68
360	—	697.5	—	58.86	92.03	58.86	1.598	1.736	1.598

方案三：火灾功率为8MW，有水喷淋系统

模拟结果如表4－11所示。

表4－11　方案三模拟结果

时间/s	方案三								
	热释放速率/kW			烟气层温度/℃			烟气层高度/m		
	1	2	3	1	2	3	1	2	3
0	—	100	—	29	29	29	3	3	3
30	—	372.7	—	29.04	59.22	29.04	3	2.651	3
60	—	393.5	—	29.06	60.95	29.06	3	2.349	3
90	—	604.6	—	34.86	69.61	34.86	2.984	2.077	2.984
120	—	556.2	—	40.77	75.05	40.77	2.876	1.947	2.876
150	—	511.7	—	43.21	77.11	43.21	2.724	1.912	2.724
180	—	470.8	—	44.26	77.26	44.26	2.574	1.908	2.574
210	—	433.1	—	44.64	76.35	44.64	2.439	1.913	2.439
240	—	398.4	—	44.66	74.83	44.66	2.320	1.919	2.320
270	—	366.6	—	44.47	73.00	44.47	2.215	1.923	2.215
300	—	337.2	—	44.17	71.03	44.17	2.124	1.926	2.124
330	—	310.2	—	43.8	69.03	43.8	2.045	1.926	2.045
360	—	285.4	—	43.33	67.07	43.33	1.975	1.922	1.975

(2)模拟结果分析及优化

图 4－5 是火灾发生在站台中央时烟气随时间变化的曲线图，包括热释放速率、各区域烟气层温度以及烟气层高度的变化趋势，可以看出：

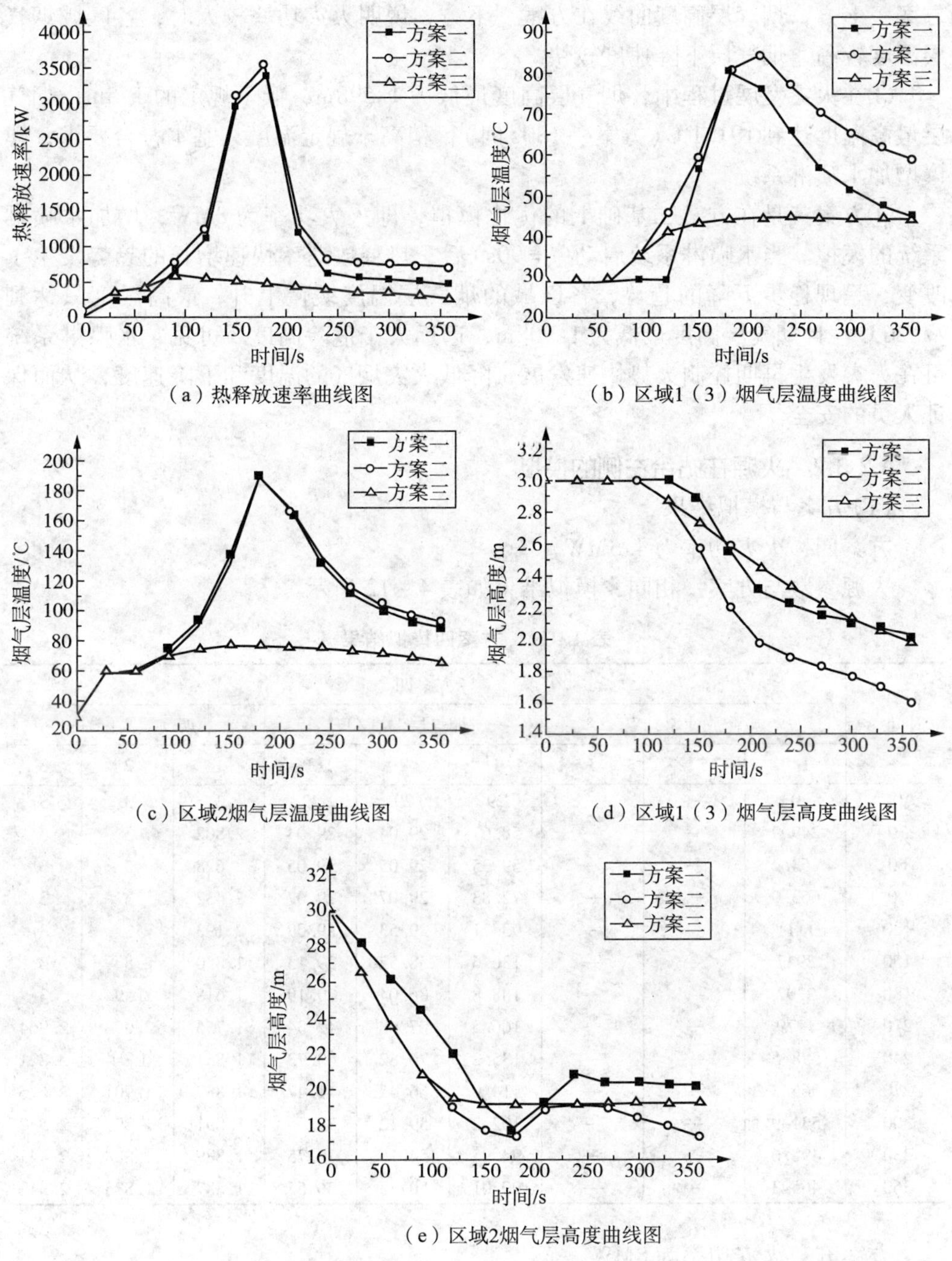

图 4－5 火源在站台中央烟气随时间的变化

①由于站台3个区域面积相同，当火灾发生在站台中央时，区域1和区域3的模拟数值完全相同。

②方案一和方案二各曲线的变化趋势基本相同，且方案二烟气层温度曲线在方案一上方，烟气层高度曲线在方案一下方，说明火灾功率较大时，各区域烟气层温度较高，烟气层下降速度较快。

③在火灾发展过程中，烟气层高度最低为1.598m，低于规定的1.5m；烟气层最高温度达到191.1℃(方案一180s时)，稍高于规定温度，基本符合要求，建议增加水喷淋系统。

④方案三是在方案二基础上的优化模拟，即火灾功率为8MW，增加水喷淋系统的模拟。当水喷淋系统启动($t=90$s)后，热释放速率快速增长的趋势发生了改变，呈现稳步下降的趋势，各区域的烟气层温度缓慢上升，最高温度只达到77.26℃，且烟气层高度最低为1.908m，远远大于危险高度。可见，水喷淋系统可在火灾发生早期控制火势快速发展，降低火灾烟气的温度和下降速度，从而保证人员的安全。

4.2.3.2 火源在站台左侧的模拟

(1)方案与模拟结果

方案四：火灾功率为4.5MW

火源参数与方案一相同，模拟结果如表4-12所示。

表4-12 方案四模拟结果

时间/s	方案四								
	热释放速率/kW			烟气层温度/℃			烟气层高度/m		
	1	2	3	1	2	3	1	2	3
0	0	—	—	29	29	29	3	3	3
30	249.9	—	—	58.67	29.04	29.04	2.802	3	3
60	263.2	—	—	59.35	29.05	29.05	2.628	3	3
90	663.0	—	—	72.83	29.07	29.07	2.432	3	3
120	1111	—	—	93.71	29.53	29.09	2.193	3	3
150	2947	—	—	136.6	58.52	29.13	1.850	2.869	3
180	3392	—	—	188.8	86.04	29.19	1.618	2.394	3
210	1179	—	—	166.5	87.68	42.34	1.756	2.004	2.964
240	598.5	—	—	135.2	76.82	43.73	1.851	1.91	2.821
270	565.2	—	—	114.0	66.42	41.47	1.887	1.901	2.676
300	531.9	—	—	102.2	59.12	39.35	1.891	1.897	2.552
330	498.6	—	—	94.95	54.16	37.75	1.889	1.888	2.442
360	465.3	—	—	90.01	50.73	36.57	1.887	1.875	2.342

方案五：火灾功率为8MW

火源参数与方案二相同，模拟结果如表4-13所示。

表 4－13　方案五模拟结果

时间/s	方案五								
	热释放速率/kW			烟气层温度/℃			烟气层高度/m		
	1	2	3	1	2	3	1	2	3
0	100	—	—	29	29	29	3	3	3
30	372.7	—	—	59.22	29.04	29.04	2.651	3	3
60	393.5	—	—	60.95	29.06	29.06	2.349	3	3
90	800.9	—	—	71.24	35.55	29.08	2.063	2.983	3
120	1256	—	—	88.18	46.66	29.10	1.829	2.821	3
150	3101	—	—	127.6	62.49	29.15	1.617	2.45	3
180	3558	—	—	182.2	88.45	46.51	1.495	1.908	2.955
210	1355	—	—	166.8	96.35	56.49	1.633	1.694	2.656
240	785.4	—	—	138.7	89.59	56.41	1.701	1.711	2.343
270	763.4	—	—	118.5	81.62	54.51	1.718	1.745	2.110
300	741.5	—	—	106.9	75.33	52.62	1.702	1.746	1.942
330	719.5	—	—	99.61	70.66	50.83	1.674	1.717	1.809
360	697.5	—	—	94.88	67.21	49.26	1.641	1.671	1.69

方案六：火灾功率为 8MW，有水喷淋系统

模拟结果如表 4－14 所示。

表 4－14　方案六模拟结果

时间/s	方案六								
	热释放速率/kW			烟气层温度/℃			烟气层高度/m		
	1	2	3	1	2	3	1	2	3
0	100	—	—	29	29	29	3	3	3
30	372.7	—	—	59.22	29.04	29.04	2.651	3	3
60	393.5	—	—	60.95	29.06	29.06	2.349	3	3
90	604.6	—	—	70.07	35.17	29.08	2.070	2.984	3
120	556.2	—	—	76.12	42.23	29.09	1.897	2.856	3
150	511.7	—	—	78.55	45.79	29.11	1.817	2.649	3
180	470.8	—	—	79.05	47.79	29.13	1.787	2.425	3
210	433.1	—	—	78.42	48.91	29.14	1.779	2.214	3
240	398.4	—	—	77.11	49.53	32.66	1.780	2.041	2.974
270	366.6	—	—	75.39	49.68	34.7	1.777	1.928	2.892
300	337.2	—	—	73.48	49.42	35.62	1.771	1.856	2.771
330	310.2	—	—	71.49	48.92	36.08	1.763	1.812	2.633
360	285.4	—	—	69.51	48.28	36.31	1.754	1.783	2.490

（2）模拟结果分析及优化

图 4－6 是火灾发生在站台左侧时烟气随时间变化的曲线图，包括热释放速率、各区域烟气层温度以及烟气层高度的变化趋势，从图中可以看出：

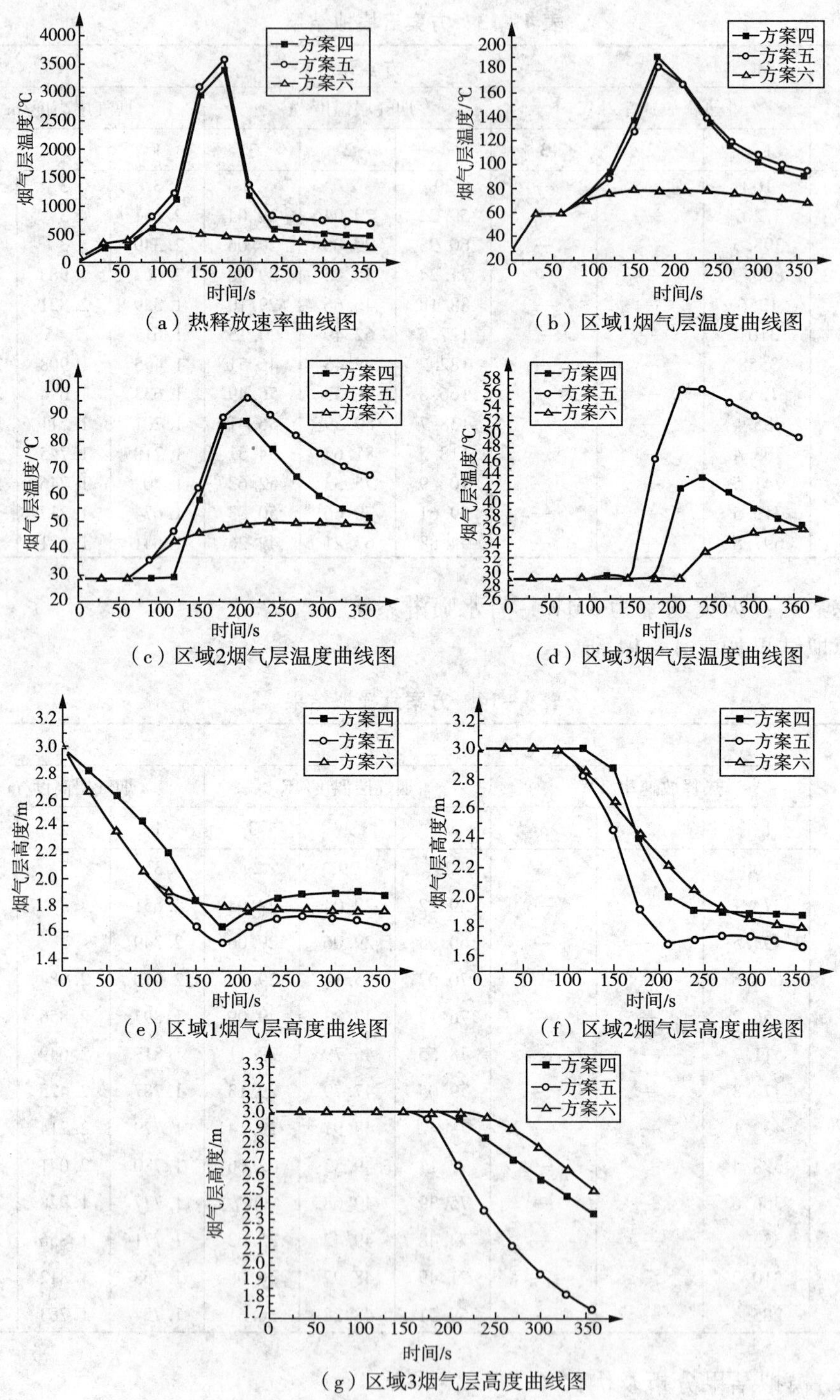

（a）热释放速率曲线图
（b）区域1烟气层温度曲线图
（c）区域2烟气层温度曲线图
（d）区域3烟气层温度曲线图
（e）区域1烟气层高度曲线图
（f）区域2烟气层高度曲线图
（g）区域3烟气层高度曲线图

图4－6　火源在站台左侧烟气随时间的变化

①由烟气层温度曲线图，方案一和方案二曲线的变化趋势基本相同，但各区域烟气温度开始上升的时间却各不相同，大体的趋势是区域 1 < 区域 2 < 区域 3。这说明在地铁站台这种大空间建筑内烟气的扩散有一个延迟的过程，当火灾发生在站台左侧时，火灾烟气会逐渐向右扩散，由区域 1 经过区域 2 再到区域 3，因此区域 1 受火灾影响较大，模拟数值变化幅度较大，而区域 3 受火灾影响最小，变化幅度也很小。

②由烟气层高度曲线图，区域 1 在 $t=0$s 时烟气层就开始下降，区域 2 在 $t=120$s 和 90s 时开始下降，区域 3 在 $t=180$s 和 150s 时才开始下降。这是由于站台防烟分区之间采用了 0.8m 的挡烟垂壁进行分隔，当火源位于区域 1 时，火灾烟气首先会聚集到区域 1 的顶棚下，直到区域 1 烟气层高度下降到 2.2m 时，烟气才会越过挡烟垂壁进入区域 2。同样，当区域 2 的烟气层高度下降到 2.2m 时，区域 3 的烟气层高度才开始下降。

③在火灾发展过程中，烟气层高度最低为 1.495m，基本符合规定高度；烟气层最高温度达到 188.8℃(方案四 180s 时)，稍高于规定温度，基本符合要求，建议增加水喷淋系统。

④方案六是在方案五基础上的优化模拟，由模拟结果可知，烟气层最高温度为 79.05℃，远远小于 180℃；且烟气层高度最低为 1.754m，使烟气保持在危险高度以上。

4.2.3.3　火源在站台右侧的模拟

(1)方案与模拟结果

方案七：火灾功率为 4.5MW

火源参数与方案一相同，模拟结果如表 4－15 所示。

表 4－15　方案七模拟结果

时间/s	方案七								
	热释放速率/kW			烟气层温度/℃			烟气层高度/m		
	1	2	3	1	2	3	1	2	3
0	—	—	0	29	29	29	3	3	3
30	—	—	249.9	29.04	29.04	58.67	3	3	2.802
60	—	—	263.2	29.05	29.05	59.35	3	3	2.628
90	—	—	663.0	29.07	29.07	72.83	3	3	2.432
120	—	—	1111	29.48	29.48	93.72	3	3	2.193
150	—	—	2947	29.13	58.51	136.6	3	2.869	1.850
180	—	—	3392	29.19	86.05	188.8	3	2.395	1.618
210	—	—	1179	42.33	87.67	166.5	2.964	2.004	1.756
240	—	—	598.5	43.73	76.82	135.2	2.822	1.91	1.851
270	—	—	565.2	41.46	66.42	114.0	2.676	1.901	1.887
300	—	—	531.9	39.35	59.12	102.2	2.552	1.897	1.891
330	—	—	498.6	37.75	54.17	94.93	2.443	1.888	1.889
360	—	—	465.3	36.57	50.74	90.00	2.342	1.875	1.887

方案八：火灾功率为 8MW

火源参数与方案二相同，模拟结果如表 4－16 所示。

表 4－16　方案八模拟结果

时间/s	方案八								
	热释放速率/kW			烟气层温度/℃			烟气层高度/m		
	1	2	3	1	2	3	1	2	3
0	—	—	100	29	29	29	3	3	3
30	—	—	372.7	29.04	29.04	59.22	3	3	2.651
60	—	—	393.5	29.06	29.06	60.95	3	3	2.349
90	—	—	800.9	29.08	35.55	71.24	3	2.983	2.063
120	—	—	1256	29.10	46.66	88.18	3	2.821	1.829
150	—	—	3101	29.15	62.49	127.6	3	2.45	1.617
180	—	—	3558	46.51	88.45	182.2	2.955	1.908	1.495
210	—	—	1355	56.49	96.35	166.8	2.656	1.694	1.633
240	—	—	785.4	56.41	89.59	138.7	2.343	1.711	1.701
270	—	—	763.4	54.51	81.62	118.5	2.110	1.745	1.718
300	—	—	741.5	52.62	75.33	106.9	1.942	1.746	1.702
330	—	—	719.5	50.83	70.66	99.61	1.809	1.717	1.674
360	—	—	697.5	49.26	67.21	94.88	1.69	1.671	1.641

方案九：火灾功率为 8MW，有水喷淋系统

模拟结果如表 4－17 所示。

表 4－17　方案九模拟结果

时间/s	方案九								
	热释放速率/kW			烟气层温度/℃			烟气层高度/m		
	1	2	3	1	2	3	1	2	3
0	—	—	100	29	29	29	3	3	3
30	—	—	372.7	29.04	29.04	59.22	3	3	2.651
60	—	—	393.5	29.06	29.06	60.95	3	3	2.349
90	—	—	604.6	29.08	35.17	70.07	3	2.984	2.070
120	—	—	556.2	29.09	42.23	76.12	3	2.856	1.897
150	—	—	511.7	29.11	45.79	78.55	3	2.649	1.817
180	—	—	470.8	29.13	47.79	79.05	3	2.425	1.787
210	—	—	433.1	29.14	48.91	78.42	3	2.214	1.779
240	—	—	398.4	32.66	49.53	77.11	2.974	2.041	1.780
270	—	—	366.6	34.7	49.68	75.39	2.892	1.928	1.777
300	—	—	337.2	35.62	49.42	73.48	2.771	1.856	1.771
330	—	—	310.2	36.08	48.92	71.49	2.633	1.812	1.763
360	—	—	285.4	36.31	48.28	69.51	2.490	1.783	1.754

(2)模拟结果分析及优化

由于站台 3 个区域面积相等，且对称分布，因此火灾发生在站台右侧时的情形与火灾发生在站台左侧时相似，火灾烟气随时间的变化趋势如图 4－7 所示。

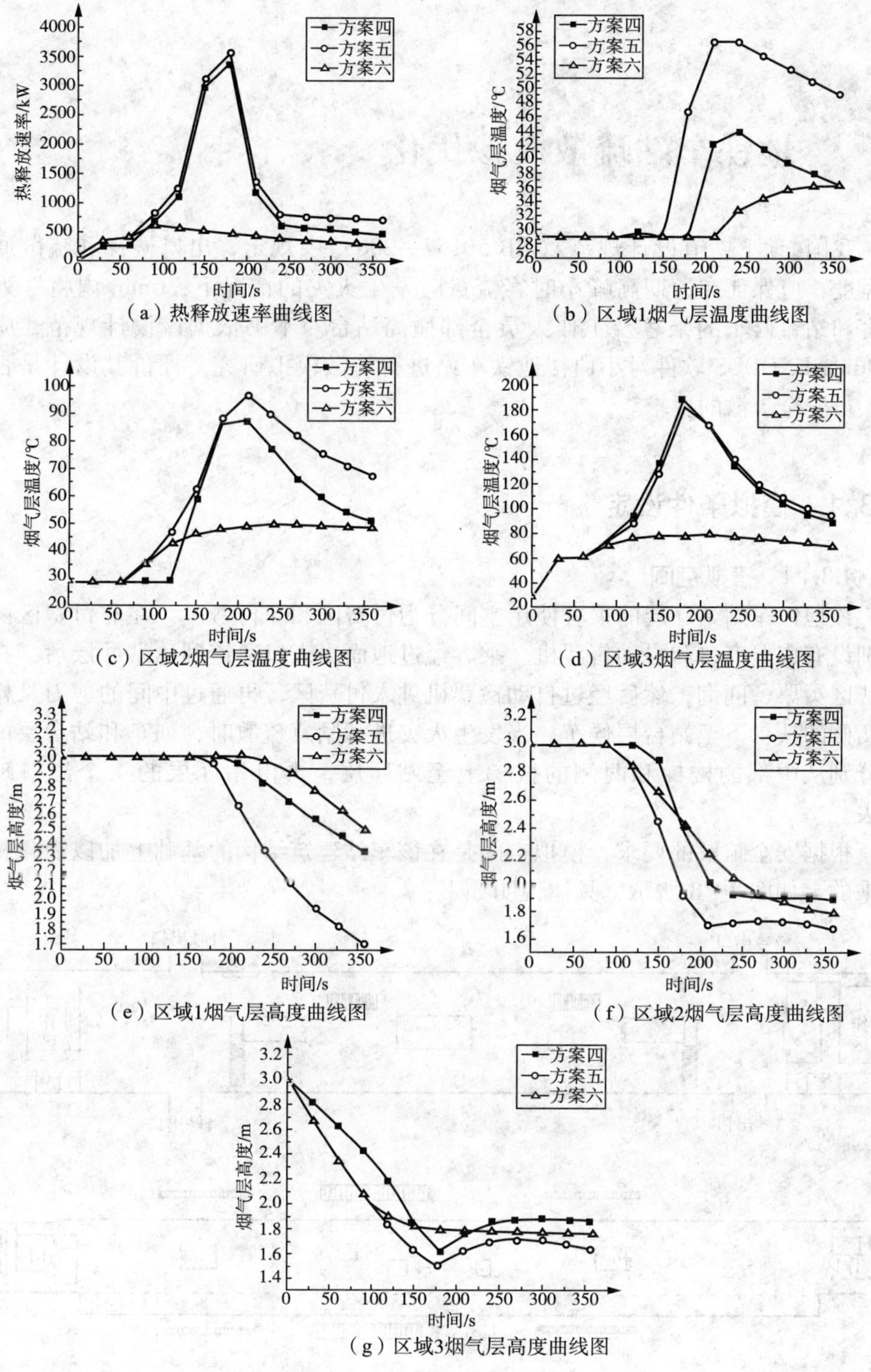

（a）热释放速率曲线图

（b）区域1烟气层温度曲线图

（c）区域2烟气层温度曲线图

（d）区域3烟气层温度曲线图

（e）区域1烟气层高度曲线图

（f）区域2烟气层高度曲线图

（g）区域3烟气层高度曲线图

图 4－7　火源在站台右侧烟气随时间的变化

4.3 地铁车站疏散模拟优化

我国《地下铁道设计规范》(GB 50157—2003)中规定，出口楼梯和疏散通道的宽度，应保证在远期高峰小时客流量时发生火灾的情况下，6min 内将一列车乘客和站台候车的乘客及工作人员全部撤离站台。本书依据该设计规范，应用 Building EXODUS 软件对小白楼地铁车站进行疏散模拟研究，评价其设计是否满足人员安全疏散的要求。

4.3.1 模拟条件设定

4.3.1.1 模拟空间

该地铁车站站厅层的乘客使用空间分为付费区和非付费区，在非付费区两端分别设有售票窗口和自动售票机。乘客经过地面出入口通道到达站厅层后，在非付费区买票、问询，然后经过自动检票机进入付费区，再通过中间的剪刀叉楼梯或两侧的扶梯下至站台层候车。当发生火灾进行紧急疏散时，列车和站台层的乘客分别从中部的楼梯和两侧的扶梯上至站厅层，再由站厅层的 4 个出口疏散出去。

根据安全疏散的要求，模拟空间是在该车站建筑结构的基础上加以简化构建起来的，如图 4－8 所示，具体说明如下：

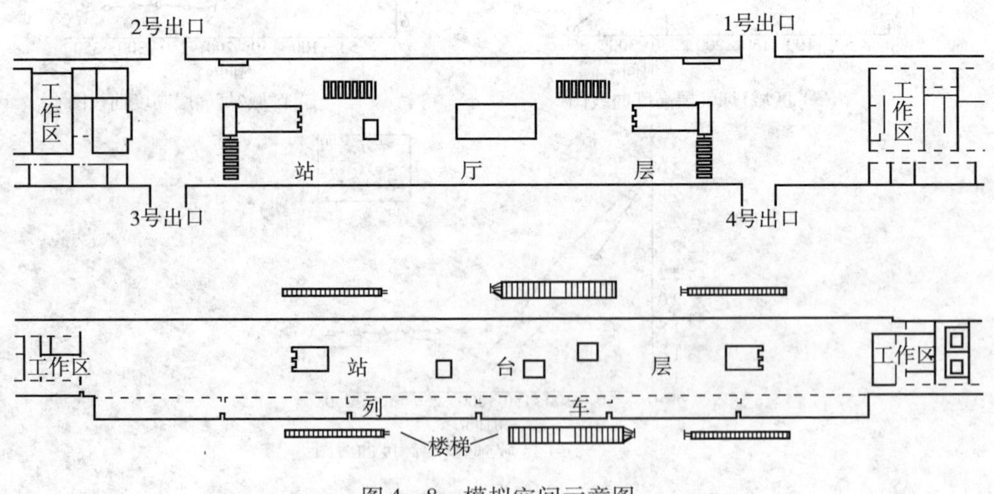

图 4－8　模拟空间示意图

①由于站台层公共区是人员疏散过程的主要区域，因而也是疏散模拟研究的主要对象。

②在紧急疏散时，自动扶梯应按 1m 净宽的步行楼梯使用，因此站台层与站厅层之间的四部扶梯都设为 1m。

③发生火灾时，地铁车站的电力系统很容易发生故障，人员可能会被困在电梯里无法逃生，导致缺氧等危险，因此垂直电梯不能用于人员疏散。

4.3.1.2　疏散人群

(1) 人群构成

地铁车站中的人群不同于其他大型公共场所，各年龄阶段人员的比例相差很大，绝大多数是 18 ~ 40 岁的乘客，如表 4 – 18 所示。由于地铁车站工作人员的数量很少，可忽略不计。

表 4 – 18　地铁乘客年龄构成　（$N=298$）

年　龄	人数/人	百分比/%
17 岁及以下	3	1. 0
18 ~ 25	136	45. 6
26 ~ 30	79	26. 5
31 ~ 40	51	17. 1
41 ~ 50	20	6. 7
50 岁及以上	9	3. 0

(2) 人员数量

地铁车站作为一座大型的地下公共交通建筑，客流量较大，并且某一时刻人员数量的差别也很大，为了使模拟结果更安全可靠，因而地铁车站人员数量设计均按远期(20 ~ 30 年)早高峰时的客流量进行计算。

该车站远期早高峰设计客流量为：南行上车每小时 1768 人，北行上车每小时 7375 人，按每两分钟一列车计算，则站台上候车人数为：(1768 + 7375)/30 = 305 人。假设火灾发生时，正好还有一列车停靠在车站，列车由 6 节车厢组成，4 节动车 2 节拖车(动车定员 275 人，拖车定员 252 人)，则列车上共有 1604 人。因而，模拟空间共有疏散人员 1909 人。

(3) 人员特性

地铁车站乘客的年龄跨度很大，一般为 5 ~ 80 岁，因此他们的人员特性有很大差异，如性别、身高、体重、动量、耐心度、克服障碍能力、步行速度、上下楼速度等。按照中国人的标准体质，地铁车站各年龄阶段乘客的人员特性设定范围如表 4 – 19 所示。

表 4-19　地铁车站各年龄阶段乘客的人员特性表

人员特性		身高/m	体重/kg	克服障碍能力	反应时间/s	动量	耐心度	上楼速度/(m/s)	下楼速度/(m/s)
5~17	男	1.0~1.8	16~80	3~7	0~30	5~15	1~3	0.51	0.67
	女	1.0~1.7	15~70	2~5	0~30	1~10	1~3	0.485	0.595
18~30	男	1.6~1.9	60~90	3~7	0~30	5~15	1~3	0.67	1.01
	女	1.5~1.75	40~80	2~5	0~30	1~10	1~3	0.635	0.755
31~40	男	1.6~1.9	60~90	3~7	0~30	5~15	1~3	0.63	0.86
	女	1.5~1.75	40~80	2~5	0~30	1~10	1~3	0.59	0.665
41~50	男	1.6~1.9	60~90	3~7	0~30	5~15	1~3	0.63	0.86
	女	1.5~1.75	40~80	2~5	0~30	1~10	1~3	0.59	0.665
51~80	男	1.6~1.8	50~90	3~7	0~30	5~15	1~3	0.51	0.67
	女	1.4~1.7	40~80	2~5	0~30	1~10	1~3	0.485	0.595

(4)人群分布

由于地铁车站内的乘客流动性很强，其人群分布具有不确定性并且实时发生变化，因而由软件在站台等候区和列车分别随机生成相应数量的人员，如图 4-9 所示。

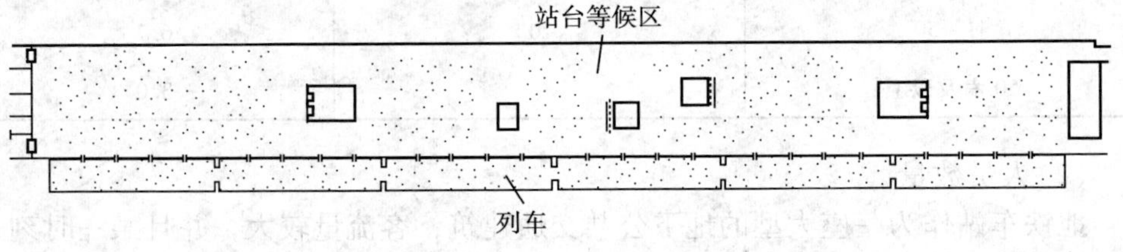

图 4-9　人群分布示意图

4.3.1.3　火灾场景

地铁车站人群疏散就是在不同的火灾工况下进行的，火灾源的大小、位置、发展趋势，火灾烟气的温度、流动状况、烟气层的高度以及水喷淋工作状况都会对安全疏散时间产生很大的影响，因而火灾场景是疏散模拟中最重要的模拟条件。本疏散模拟的火灾场景可直接导入 CFAST 的模拟结果。

Building EXODUS 软件最突出的特点就是可以描述人与人之间、人与环境之间、人与建筑结构之间的相互作用，这些相互作用都包含在疏散过程的行为规则中，如图 4-10 所示。

(1)局部势图和层局部势图

站台上的人员会根据站台层的楼梯位置和楼梯口的吸引度选择自己的疏散路线，而不是仅仅由人员与楼梯口的距离来决定。这样可使合理安排疏散楼梯的利用，尽可能使各疏散楼梯均等使用，使总的疏散时间最少。

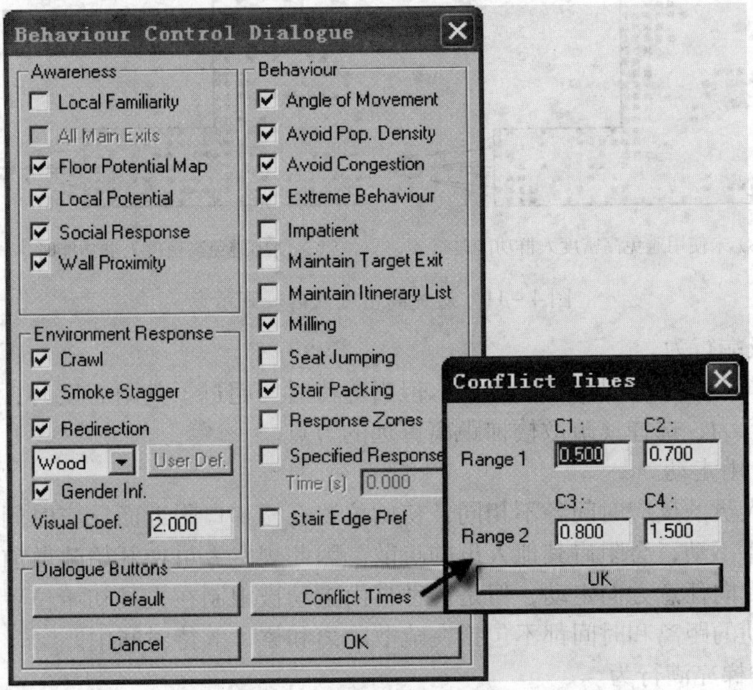

图 4-10　行为规则的设定

(2)群体反应

在半径为 2m 范围内的人员，如果传递信息的特性相同(即具备相互交流的意愿)，他们就会相互告知一些信息，如发生火灾、出口位置、逃生路线等。

(3)墙壁作用

人员在疏散过程中，会远离建筑墙壁或不可跨越的障碍物(如柱子等)，大致沿着疏散路线的中心线运动。

(4)烟气摇摆

由于火灾烟气的存在，人员在疏散过程中会选择烟气浓度较低的节点，于是就会发生烟气摇摆行为。

(5)烟气反向

人员在向疏散楼梯运动过程中，若其前方被消光系数大于 0.1/m 的烟气笼罩时，人员会反向寻找其他疏散楼梯，除非已经看到疏散楼梯了不愿再反向。

(6)运动角度和避免高密度人群

人员在疏散过程中会尽量保持疏散的方向不变以减少移动距离，同时由于人们不想与其他人靠的太近，保证自己周围有更多的空间，会根据人群密度改变运动方向，但会选择与原疏散方向角度较小的节点，如图 4-11 所示。

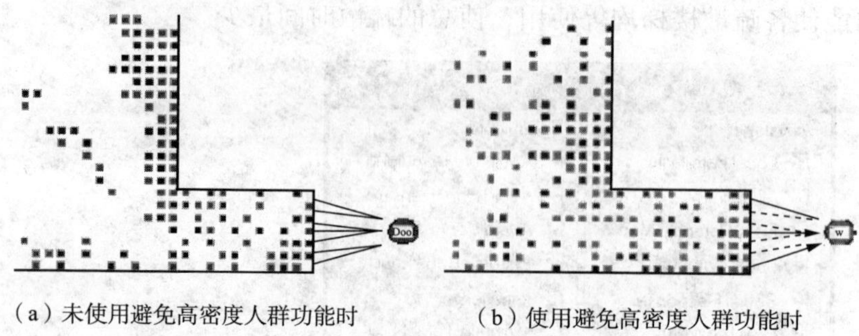

（a）未使用避免高密度人群功能时　（b）使用避免高密度人群功能时

图 4－11　避免高密度人群规则示意

(7)极端行为。

人员在发生拥堵时会选择等待，但当等待时间超过了其耐心度时，人员就会发生极端行为，选择离疏散楼梯距离更远的节点。

(8)自由走动。

由于人员的反应时间各不相同，初始位置在楼梯口附近而反应时间较长的人员，若静止不动，会阻碍其他人员的疏散。因此规定人员在开始疏散前会以快速行走的速度向任意方向走动，但是这种自由走动被限制在人员初始位置周围，并且自由走动的距离和时间都不包括在疏散距离和累计等待时间中。

(9)楼梯充满行为。

在火灾发生进行紧急疏散时，当人员所处节点的消光系数小于0.1/m时，烟气对人员的运动方向才产生影响，否则认为人员被困于烟气环境中不能转向。当人员接近烟气危险时，会对周围节点进行分析从而判断出人员是否遇到了烟气障碍，只有当与人员所处节点相邻且靠近人员目标出口一侧的所有节点的消光系数都大于0.1/m时，人员才会发生反向，如图4－12(a)所示。图(b)中只有一部分节点的消光系数大于0.1/m，人员不会反向；图(c)中远离出口一侧所有节点的消光系数大于0.1/m，也不会影响人员的疏散方向。

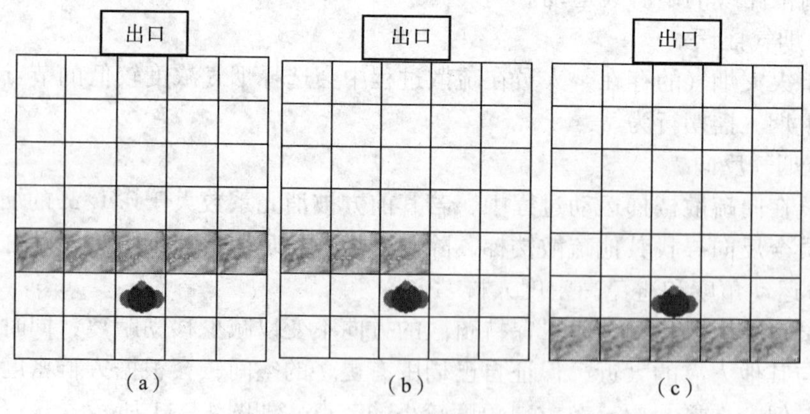

（a）　（b）　（c）

图 4－12　人员发生烟气反向的条件

(10)冲突时间。

当两个及两个以上的人员在疏散过程中发生冲突时，就会根据冲突优先原则来解决。本模拟的冲突时间选用默认值，即当冲突双方能力相差较大时，疏散时间损失 0.5 ~0.7s，当冲突双方能力接近时，疏散时间损失 0.8 ~1.5s。

4.3.2　不同火灾烟气的疏散模拟

在地铁车站人员疏散过程中，由于联接站台和站厅的疏散楼梯有限，人员往往会拥堵在楼梯口，人员之间的冲突是不可避免的。根据冲突优先原则，当人员的动量相当时，优先权是随机选定的，人员的疏散过程存在着很大的随机性。也就是说，相同模拟条件下模拟得到的结果不会完全一致，只进行一次简单的模拟不能得出一个可靠的结论，但这些模拟结果之间相差不超过 ±10s，因此可采用重复模拟然后求平均值的方法对模拟结果进行优化处理。

4.3.2.1　不同火源大小的模拟

火灾大小对地铁乘客的安全疏散有很大的影响，直接表现为疏散时间的延长，下面分 3 种疏散场景进行对比研究。

疏散场景一：无火灾发生

疏散场景二：火灾功率为 4.5MW

疏散场景三：火灾功率为 8MW

火灾场景分别采用方案四和方案五的烟气模拟数值。

(1)模拟结果

不同火源大小疏散场景的模拟结果如表 4－20 所示。

表 4－20　不同火源大小疏散场景的模拟结果

人员疏散时间/s	1	2	3	4	5	平均值
疏散场景一	299.4	294.0	298.8	298.9	295.8	297.4
疏散场景二	344.0	340.8	345.2	339.6	337.5	341.4
疏散场景三	402.0	399.4	403.4	403.2	397.1	401.0

(2)结果分析

从图 4－13 中可以看出，从疏散开始到 150s 之前，三个疏散场景疏散人数随时间的变化基本上相同，但在 150s 后，疏散时间曲线出现不同的变化趋势，其中火灾功率为 8MW 的场景总疏散时间最长。由此可见，火灾及其烟气确实会对人员的疏散行为产生影响。在其他条件完全相同的情况下，火灾功率越大，对人员疏散行为的影响就越大，所需疏散时间越长。

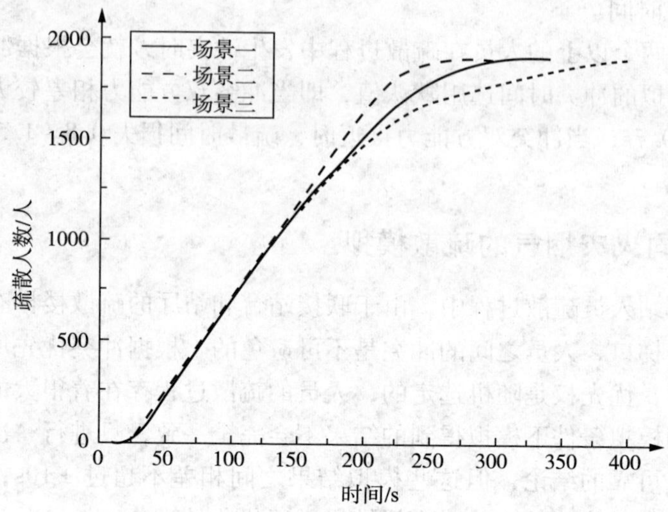

图 4-13　不同火源大小疏散时间曲线图

4.3.2.2　不同火源位置的模拟

在地铁站台中，火灾发生的位置是不确定的，根据烟气流动规律和站台防烟分区的划分，将火源位置设计为 3 种疏散场景进行模拟。

疏散场景一：火灾发生在站台中央

疏散场景二：火灾发生在站台左侧

疏散场景三：火灾发生在站台右侧

火灾场景分别采用方案二、方案五、方案八的烟气模拟数值，烟气在站台上的分布如图 4-14 所示。

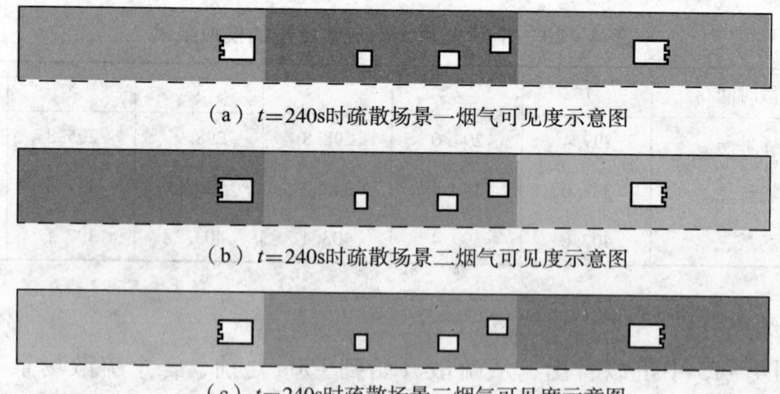

（a）t=240s时疏散场景一烟气可见度示意图

（b）t=240s时疏散场景二烟气可见度示意图

（c）t=240s时疏散场景三烟气可见度示意图

图 4-14　各疏散场景烟气可见度示意图

(1)模拟结果

不同火源位置疏散场景的模拟结果如表 4-21 所示。

表 4－21　不同火源位置疏散场景的模拟结果

人员疏散时间/s	1	2	3	4	5	平均值
疏散场景一	349. 3	351. 0	354. 9	352. 7	350. 4	351. 7
疏散场景二	402. 0	399. 4	403. 4	403. 2	397. 1	401. 0
疏散场景三	300. 2	306. 9	301. 1	300. 9	302. 5	302. 3

(2)结果分析

由模拟结果可知，火灾发生在站台不同位置时，火灾烟气对人员疏散的影响并不相同。从图 4－15 中可以看出，当火源位于站台左侧时人员总的疏散时间最长。这说明由于楼梯布置偏向站台左侧，使用左侧扶梯疏散到站厅层的人员较多，当火灾发生在站台左侧时，人员受火灾危险影响较大，因而所需疏散时间也较长。

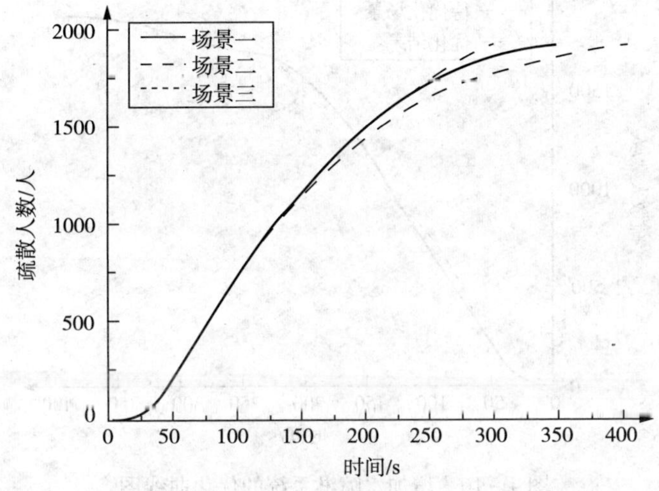

图 4－15　不同火源位置疏散时间曲线图

4.3.2.3　结论

通过以上两组疏散场景的对比研究可以得出以下结论：当火源位于站台左侧、火灾功率为 8MW 时，总疏散时间最长且超过了 6min，不满足人员安全疏散的要求，因此应加强车站防火性能，改进建筑的疏散设计。

4. 3. 3　人群疏散模拟优化

在分析该车站人员疏散过程中的“瓶颈”及主要影响因素的基础上，对火源位于站台左侧、火灾功率为 8MW 的疏散场景(下文称为待优化场景)进行优化研究。

(1)增加水喷淋系统的模拟

根据建筑设计防火相关规范，在站台公共区设置水喷淋系统，喷头均匀布置在空间长度方向的两侧，布置间距为3m，喷头向下安装，启动温度设定为73.89℃，响应时间指数为$100(ms)^{0.5}$，水喷淋的密度设定为0.07mm/s。火灾场景采用方案六的烟气模拟数值。

模拟结果如表4-22以及图4-16所示。

表4-22　增加水喷淋系统的优化模拟结果

人员疏散时间/s	1	2	3	4	5	平均值
待优化场景	402.0	399.4	403.4	403.2	397.1	401.0
优化模拟结果	298.1	297.2	300.5	297.2	296.9	298.0

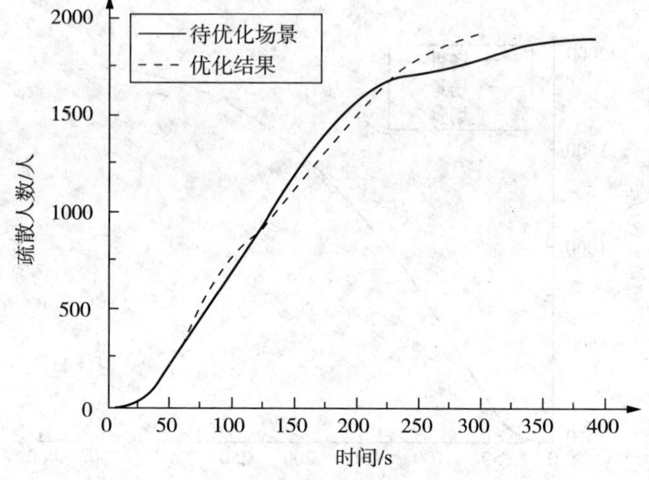

图4-16　增加水喷淋系统的优化曲线图

由疏散模拟结果可知，水喷淋系统启动后，很大程度上抑制了火势的发展，烟气温度和生成量也明显减小，保证了人员在较为安全的环境下进行疏散，疏散所用时间缩短到298s，远远低于规范要求。

因而在地铁车站远期防火设计中，可考虑增加水喷淋系统，以保障人员的疏散安全。

(2)无人员反应时间的模拟

一般说来，总疏散时间是人员反应时间和疏散行动时间之和，人员反应时间主要是指人员发现火情、作出判断、决定开始疏散的时间。待优化场景中人员反应时间在0~30s之间，现将全体乘客的人员反应时间都设定为0s，以进行对比研究。

模拟结果如表4-23和图4-17所示。

表 4-23　无人员反应时间的优化模拟结果

人员疏散时间/s	1	2	3	4	5	平均值
待优化场景	402.0	399.4	403.4	403.2	397.1	401.0
优化模拟结果	335.3	340.0	338.2	332.6	333.2	335.9

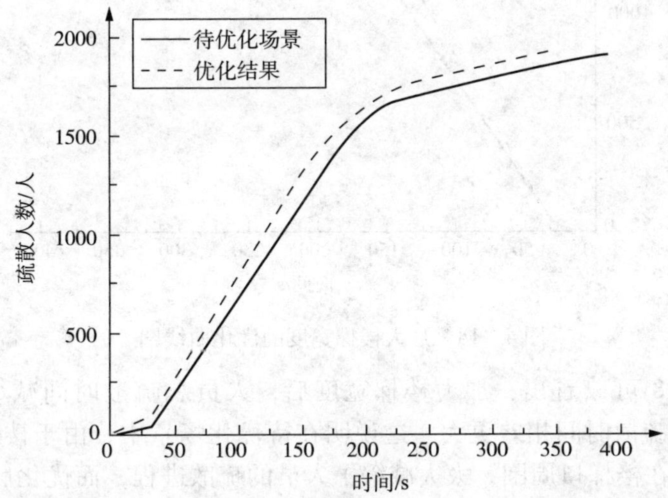

图 4-17　无人员反应时间的优化曲线图

由模拟结果可知，当人员反应时间为 0 时，所需疏散时间仅为 335.9s，完全符合规范要求。可见，人员反应时间越短，总的疏散时间越小。

人员反应时间的大小主要取决于报警系统的完善程度、人员对火灾的认知程度以及车站通信管理水平，因而完善预警系统和广播系统，使人员较早开始疏散，可大大缩短人员疏散所需时间。

(3)加大楼梯宽度的模拟

楼梯是地铁车站疏散设施中最常用的一种竖向交通方式，尤其是连接站厅与站台的楼(扶)梯，担负着正常情况下乘客进、出站以及火灾发生时的人员疏散任务。小白楼车站站台公共区共设置了 4 部扶梯和 1 部剪刀叉楼梯，由模拟的动态疏散过程可以看出，站台两侧扶梯是整个疏散过程的“瓶颈”，严重影响了总的疏散时间，现将 4 部扶梯的宽度加大到 1.5m。模拟结果如表 4-24 所示。

表 4-24　加大楼梯宽度的优化模拟结果

人员疏散时间/s	1	2	3	4	5	平均值
待优化场景	402.0	399.4	403.4	403.2	397.1	401.0
优化模拟结果	299.4	304.9	299.6	298.3	295.2	299.5

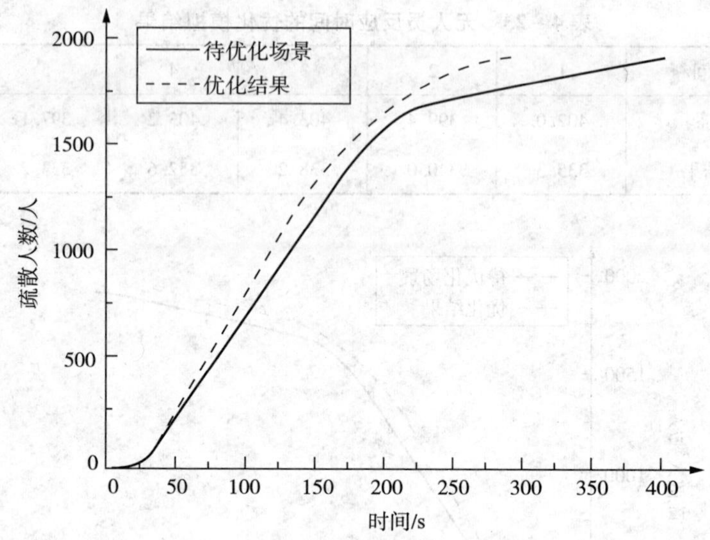

图 4－18　加大楼梯宽度的优化曲线图

由图 4－18 可以看出，加大楼梯宽度后，人员总疏散时间减小，且在 $t>210s$ 时，人员疏散时间相差更大。这说明在待优化场景中，由于楼梯宽度较小，人员大量拥堵在楼梯口周围，大大减缓了人员的疏散进程，而优化后的楼梯宽度加大了，人员可以很顺畅的疏散出去。

可见，疏散楼梯宽度对疏散时间、疏散效率以及乘客安全的影响相当大，在车站远期设计中可考虑加大楼梯宽度、提高楼梯的疏散能力。

(4)楼梯布置优化的模拟

对于连接站厅、站台的楼梯和自动扶梯如何布置，规范未做任何规定，但地铁车站的功能主要是进行人员集散，应以站台楼(扶)梯均匀吸纳客流为原则。小白楼车站站台两端的设备、管理用房分别侵入有效站台 6.6m 和 2.6m，使得通往站厅层的楼梯、自动扶梯偏离中心，影响人员的均匀分流。现对站台层楼(扶)梯的布置进行调整，使其以站台为准均匀设置，并进行优化模拟。

模拟结果如表 4－25 和图 4－19 所示。

由模拟结果可知，楼梯布置经过优化调整后，车站人员的疏散时间缩短到 321.1s，使人员可以以最短距离进行疏散，更快的逃离火灾危险区域。

表 4－25　楼梯布置优化的模拟结果

人员疏散时间/s	1	2	3	4	5	平均值
待优化场景	402.0	399.4	403.4	403.2	397.1	401.0
优化模拟结果	320.1	318.6	324.5	321.5	320.9	321.1

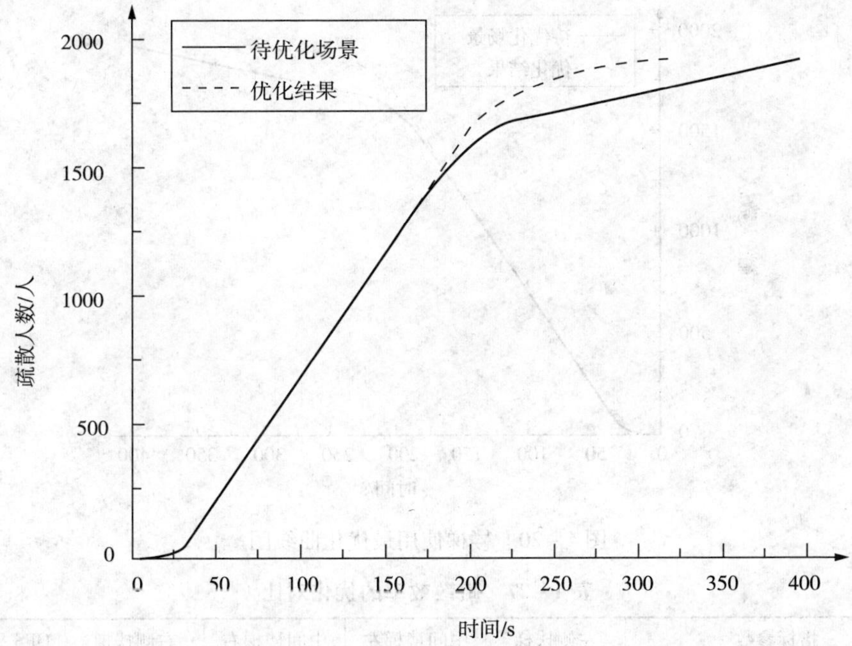

图 4－19　楼梯布置优化曲线图

(5)疏散效率的优化模拟

对待优化场景的疏散过程进行分析可知，站台上各楼梯的使用人数相差很大，从左侧扶梯疏散的人员较多，大量人员拥堵在楼梯口周围等待，很大程度上延长了总体疏散时间。现对各楼梯的使用率进行调整，使人员分散到各楼梯进行疏散，以尽量避免人员拥堵等待的情况，缩短人员疏散时间。

模拟结果如表 4－26 和图 4－20 所示。

由疏散软件提供的两个指标值：平均无人流时间百分比 MNS 和出口使用性能指标 OPS，可对优化前后的疏散效率进行对比，如表 4－27 所示。显然，进行优化后疏散人员较好的分配到各疏散楼梯，且各楼梯使用人员的疏散时间较为接近，无论是从各楼梯使用分配的角度还是从整体疏散效率的角度来看，车站人员疏散效果都得到了很大改善。

因此建议车站工作人员应根据应急预案组织乘客进行疏散，将人员疏导至中间楼梯，避免不必要的等待，使人员能够较快的疏散到安全区域。

表 4－26　楼梯使用最优化的模拟结果

人员疏散时间/s	1	2	3	4	5	平均值
待优化场景	402.0	399.4	403.4	403.2	397.1	401.0
优化模拟结果	339.4	348.2	342.1	340.7	344.7	343.0

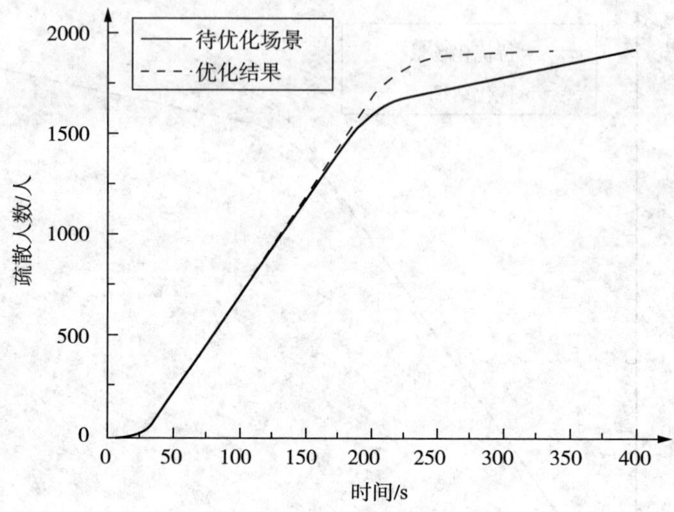

图 4－20　楼梯使用最优化曲线图

表 4－27　疏散效率的优化对比

指标参数		左侧扶梯	中间楼梯左	中间楼梯右	右侧扶梯	OPS 平均值
疏散人数/人	待优化场景	593	441	431	444	57.875
	优化结果	428	524	503	454	36.25
疏散时间/t	待优化场景	402.0	195.8	344.8	218.8	0.370
	优化结果	274.7	224.1	341.0	220.6	0.293
MNS/%	待优化场景	1.33	0	46.95	0	24.14
	优化结果	1.12	0	24.01	0	11.47

(6)优化建议

①增加水喷淋系统。水喷淋系统可在火灾进入快速发展阶段之前发生作用，大大降低热释放速率和烟气层温度，并能很好的抑制烟气的生成，延缓烟气层界面下降的速度，减小火灾对人员疏散的影响，保证总疏散时间小于危险临界值。

②建立自动监视及自动报警系统(FAS)。FAS 对于确保地铁的安全以及正常运营具有及其重要的作用，是地铁系统中不可缺少的重要组成部分。该系统能对本区段内的消防设施予以监视与控制，通过预先编制的程序，对车站内所有消防安全设施进行扫描，确认这些设备的特征、位置、所处的工作状况等。

③完善地铁系统通信水平。车站工作人员和地铁司机能通过无线电通信设备和有线通信紧急电话向控制中心随时传递事态信息；当地铁发生火灾、爆炸、毒气等紧急情况时，工作人员可通过站台内的 CCAV 视频传输系统以及广播系统立即通知乘客进行疏散；列车上还应配备紧急报警按钮，当发生火灾爆炸等意外事件时，乘客可迅速通知司机及控制中心。

④加强对地铁乘客的安全教育。由于地铁乘客是安全疏散的主体，其素质和认知对地铁安全有很大的影响，所以应加强对市民的地铁安全乘车意识以及在紧急情况下逃生自救知识的宣传教育。

⑤优化地铁车站的疏散设计。适当加大疏散楼梯宽度以及使疏散楼梯以站台为准均匀布置都可以提高楼梯的疏散能力，缩短人员所需疏散时间。

⑥设置应急照明和疏散指示标志。发生火灾时，由于烟气弥漫，能见度会因烟气遮蔽而大大降低，且火灾的突发性、猛烈性等因素使人员产生恐慌心理，严重影响影响安全疏散的速度，因此，必要的应急照明和疏散指示标志可提供一定的光亮，便于人员进行疏散，更能为人员指明正确的疏散方向，提高疏散效率。

⑦制定应急方案并进行模拟演习。根据事故统计及相关研究制定多套突发事故应急预案，增强突发性事件的应急处理能力，可以把事故所造成的人员伤亡和财产损失降到最低程度。另外，进行事故应急处理模拟演习可增强人员安全意识，逐步提高人们的应变能力、协同配合能力和对事故的综合救援能力。

第5章 体育赛场人群聚集风险分析与评价

体育赛场作为城市典型公共场所，在举办大型活动期间人群高度聚集，一旦发生意外，极易发生群死群伤的人群拥挤踩踏事故。

5.1 体育赛场人群聚集风险指数评价

体育赛场人群聚集风险评价是在假定赛场内原发事故类型已经明确的条件下来进行的，主要考虑赛场内由于建筑空间结构复杂、人群高度聚集及赛事活动本身所具有的特性如赛事的吸引性等对原发事故风险的放大作用，从而构成了体育赛场的固有风险。赛场的固有风险是可以通过一系列的风险对策措施来减缓的，从而使赛场人群现实风险达到一个可接受的水平。赛场风险评价技术层次结构如图5－1所示。

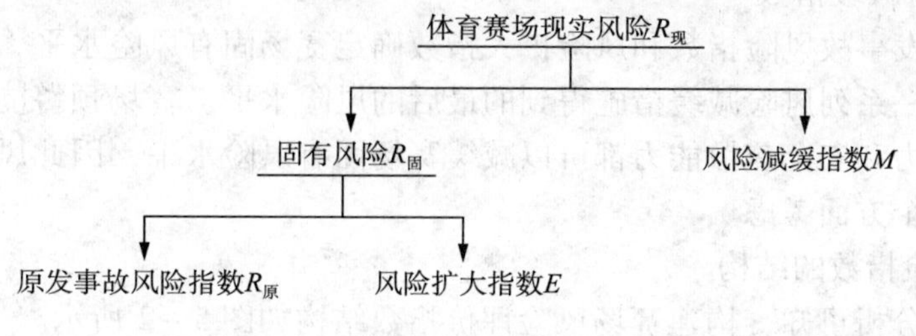

图5－1　赛场风险评价技术层次结构

5.1.1 体育赛场人群聚集风险指数构建

要得到体育赛场现实风险 $R_{现}$，关键的是确定指数层各风险指数的值，也就是原发事故风险指数 $R_{原}$、风险扩大指数 E 和风险减缓指数 M。

(1)原发事故风险指数

通过自体育赛场事故发生以来近一个多世纪的重大人群伤亡事故统计分析，确定了体育赛场的主要原发事故灾害类型，并通过各原发事故发生频率和伤亡后果的统计分析确定了体育赛场原发事故风险指数范围。在实际操作过程中根据具体赛场特点进行分析取值，如木质看台就容易发生看台倒塌事故，那么就取看台倒塌事故指数值为最高风险值。

体育赛场原发事故风险指数包括：

①结构失效。主要有：看台倒塌；出口堵塞；照明失效。

②人群混乱。主要有：球迷骚乱；裁判和警察不当行为；球场管理(超载)。

③恐怖袭击(爆炸)。

④自然灾害。

⑤火灾。

(2)风险扩大指数

风险扩大指数从 3 个方面考虑，即赛场空间指数、人群指数和外部影响指数。

①赛场空间指数。主要是从影响赛场安全水平的因素如选址、总平面布置及内部空间结构布局，建筑结构及材料、出口设置，看台及走道等考虑。

②人群指数。从赛场内的人群特征及群体特征考虑，人群特征为个体特征的集合，主要包括人群容量、人群流动率、个体特征、人群类型、人群反应模式等方面考虑。

③外部影响指数。主要从影响赛场风险的一些外部因素如天气、赛事水平、举办地点及观众国籍等考虑。这些因素可能对于赛场人群风险为间接影响，也可能是一些触发因素。

(3)风险减缓指数

通过原发事故风险指数和风险扩大指数确定赛场固有风险水平，而赛场现实风险是通过一系列风险减缓措施得到的最后的风险水平。赛场预警能力、应急能力、指挥能力和安全疏散能力都可以减缓赛场固有风险水平，因此风险减缓指数拟从以上 4 个方面考虑。

(4)风险指数的结构

由以上分析可知，构建赛场风险评价指数结构如图 5－2 所示。

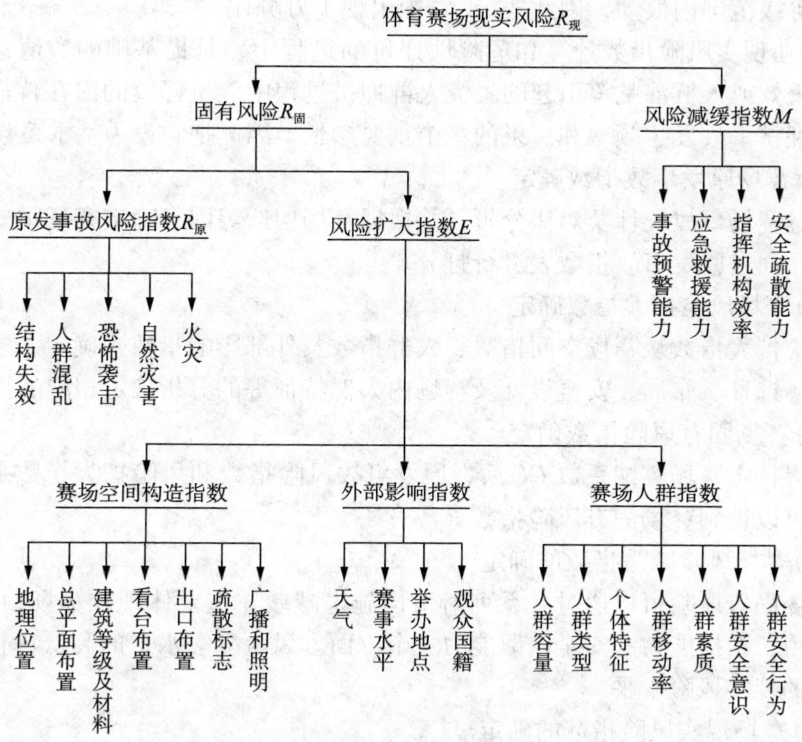

图5－2 体育赛场风险评价指数结构

5.1.2 体育赛场人群聚集风险评价

5.1.2.1 体育赛场风险指数评价程序及原则

(1)选定评价对象

对具体赛场进行评价，该赛场的相关事故统计及设计资料都是必不可少的。为了满足计算机模拟的要求，还需要提供相关的CAD设计图纸。

(2)赛场人群容纳系数(Capacity Factor，CF)确定

赛场风险评价中表征人群拥挤踩踏事故风险的一个最基本的参量就是赛场能够容纳的人数(也就是设计能力)。根据具体赛场的地点、承办的赛事水平可能有不同的上座率，因此赛场人群容纳系数(CF)表示为赛场设计人数(D_n)乘上基本系数α，一般基本系数可以用上座率(平均统计)来考虑，如式(5.1)所示。

$$CF = (\alpha \cdot D_n)/10000 \tag{5.1}$$

式中 CF——赛场人群容纳系数；

α——基本系数；

D_n——赛场设计人数。

由于体育场一般设计人数2万~6万人，为了使所得现实风险指数值在一个

合理的等级范围内波动，因此式(5.1)中出现了万分比。

CF 在现实风险指数计算和危险性评价的过程中，是最基础的数值，是表述由结构失效或人群混乱等引起的恐慌人群拥挤过程中能量释放的内在特征，是衡量人群拥挤事故发生频率和后果的一个重要参量，因此把它设为基本系数。

(3)赛场原发事故指数确定

通过赛场事故统计及对比分析，并根据赛场构造等因素确定赛场主要原发事故类型，通过原发事故指数表进行打分。

(4)赛场风险扩大指数确定

风险扩大指数从赛场空间指数、人群指数及外部影响指数来确定，主要是通过对赛场选址、布局、安全设计及赛场内人群特征等的分析确定相应的指数值。

(5)赛场固有风险指数确定

求得特定赛场容纳系数 *CF* 后，原发事故风险指数和风险扩大指数乘以容纳系数就可以得到赛场固有风险指数 $R_{固}$。

(6)赛场风险减缓指数的确定

赛场固有风险可以通过一系列对策措施来减缓，主要体现在赛场预警能力、应急能力、指挥能力和安全疏散能力 4 个方面。风险减缓水平的高低，直接影响到赛场的现实风险水平。

(7)赛场现实风险指数的确定

固有风险指数和风险减缓指数的乘积即为现实风险指数，代表了被评价赛场的安全水平。

(8)风险标准对比分析

对比分析赛场现实风险水平与风险标准，如果得到可接受的风险等级，那么说明所采取的风险减缓措施有效，如果达不到可接受的风险等级，那么需要重新制定风险减缓措施，再重复进行计算，直到达到可接受的风险等级为止。

体育赛场人群聚集风险指数评价程序如图 5–3 所示。

最后得到的现实风险表达式为：

$$R_{现} = R_{固} \cdot M = CF \cdot R_{原} \cdot E \cdot M = (CF \cdot R_{原} \cdot \sum_{i=1}^{3} E_i) \cdot \prod_{j=1}^{4}(1 - M_j) \tag{5.2}$$

式中 $R_{现}$——赛场现实风险指数；

$R_{固}$——赛场固有风险指数；

$R_{原}$——赛场原发事故风险指数；

M——风险减缓指数；

E——风险扩大指数；

E_i——第 i 个风险扩大指数；

M_j——第 j 项风险减缓指数。

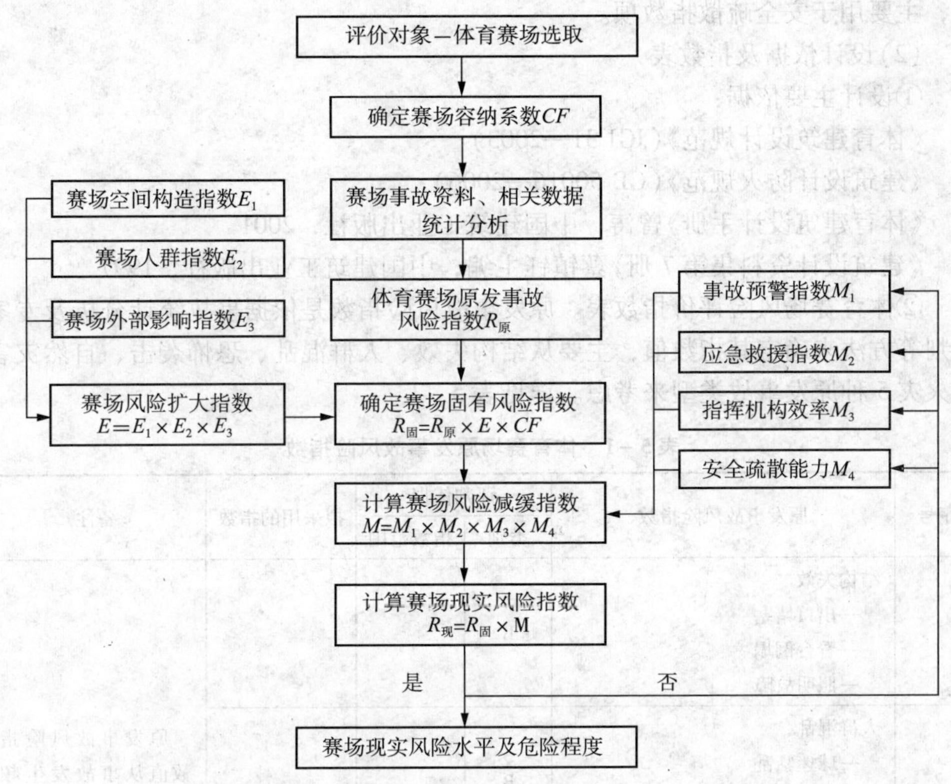

图5–3　体育赛场人群聚集风险指数评价程序

5.1.2.2　体育赛场风险评价指数表

(1)赛场风险指数评分原则及程序

①指数评分分类。指数表中对于指数的评分分为A、B、C、D 4类：A类为相关国家标准规范及设计手册项；B类为事故统计分析及专家评判项；C为相关国内外资料分析及专家评判项；D为计算机模拟综合评判项。

②评分原则。A类为相关国家标准规范及设计手册项：指数范围主要分为三级，分别为符合，部分符合，不符合。如果符合标准规范和设计手册，那么指数值取0，如果不符合指数值取5，部分符合也就是如果此指数只与其中的几条标准对应，也就是只符合其中的若干条，那么对应的指数应在1~5之间取值。

B类事故统计分析及专家评判项：主要是根据体育赛场事故统计分析来对原发事故风险进行分析，分别从事故发生频率和后果两方面综合考虑。

C为相关国内外资料分析及专家评判项：主要是依据各指数的相关国内外研究成果结合专家判断来赋予一个分值范围，然后在针对具体赛场取值。

D为计算机模拟综合评判项：这一项的取值需要具体赛场设计资料及相关CAD图纸，而取值原理主要是依据计算机模拟结果对比标准规范要求来进行取值，主要用于安全疏散指数项。

(2)设计依据及指数表

①设计主要依据：

《体育建筑设计规范》(JGJ 31—2003)

《建筑设计防火规范》(GB 50016—2006)

《体育建筑设计手册》曾涛，中国建筑工业出版社，2001

《建筑设计资料集第7册》蔡镇钰主编，中国建筑工业出版社，1997

②体育赛场风险评价指数表。原发事故风险指数是依据事故统计分析及专家评判等方法来确定其指数值，主要从结构失效、人群混乱、恐怖袭击、自然灾害和火灾5种原发事故类型来考虑。详见表5-1。

表5-1　体育赛场原发事故风险指数

序号	原发事故风险指数	评判依据		拟采用的指数	备注
		类别	指数范围		
1	结构失效 —出口堵塞 —看台倒塌 —照明故障	B			原发事故风险指数值从事故发生频率和后果两方面考虑
2	人群混乱 —球迷骚乱 —球场管理 —裁判和警察不当行为	B			
3	恐怖袭击(爆炸)	B			
4	自然灾害	B			
5	火灾	B			
赛场原发事故风险指数 $R_{原}$ =					

风险扩大指数的取值主要利用相关标准规范、设计手册及专家评判等方法来确定，分别从赛场空间、人群聚集和外部影响3方面考虑。见表5-2。

表5-2　体育赛场风险扩大指数

序号	风险扩大指数	评判依据		拟采用的指数	备注
		类别	指数范围		
1	赛场空间风险指数 E_1				
1.1	赛场规模分级	A	1~5		
1.2	占地面积要求	A	1~5		
1.3	建造年代	C	1~5		

续表

序号	风险扩大指数	评判依据		拟采用的指数	备注
		类别	指数范围		
1.4	选址(防火间距)	A	1～5		
1.5	总平面布局	A	1～5		
1.6	建筑等级及材料	A	1～5		
1.7	看台设置 —功能和尺寸、座位数设置 —看台出口、走道和门 —看台栏杆	A、C	1～5		
1.8	走道和楼梯设置	A	1～5		
1.9	疏散标志设置	A	1～5		
1.10	紧急广播系统设置	A	1～5		
1.11	应急照明系统	A	1～5		
1.12	电气系统	A	1～5		
赛场空间风险指数 E_1 =(各子项指数和)					
2	人群风险指数 E_2				
2.1	人群容量(上座率)	C	1～5		
2.2	人群流动率	C	1～5		
2.3	个体特征 —人员年龄结构 —人员安全意识 —人员心理素质 —人员安全行为	C	1～5		
2.4	人群类型	C	1～5		
2.5	人群反应模式	C	1～5		
群集风险指数值为 E_2 =(各子项指数和)					
3	外部影响风险指数 E_3				
3.1	天气	C	1～5		
3.2	赛事水平	C	1～5		
3.3	举办地点	C	1～5		
3.4	观众国籍	C	1～5		
外部影响风险指数值 E_3 =(各子项指数和)					
赛场人群扩大指数 $E = E_1 \times E_2 \times E_3$					

风险减缓指数的取值主要利用相关标准规范、专家评判及计算机模拟综合评判等方法来确定，分别为事故预警能力、应急救援能力，指挥机构效率和安全疏散能力4个方面来考虑。见表5-3。

表5-3　体育赛场风险减缓指数

序号	风险减缓指数	评判依据		拟采用的指数	备注
		类别	指数范围		
1	事故预警能力 M_1				
1.1	监控措施	C	0.1~1		
1.2	报警装置	C	0.1~1		
事故预警能力 M_1=(各子项指数积)					
2	应急救援能力 M_2				
2.1	应急机构	C	0.1~1		
2.2	硬件设置(设备)	C	0.1~1		
2.3	应急计划	C	0.1~1		
2.4	外部联络	C	0.1~1		
2.5	应急培训	C	0.1~1		
2.6	应急演练	C	0.1~1		
应急救援能力 M_2=(各子项指数积)					
3	指挥机构效率 M_3				
3.1	指挥人员水平	C	0.1~1		
3.2	现场指挥能力	C	0.1~1		
指挥机构效率 M_3=(各子项指数积)					
4	安全疏散能力 M_4				
4.1	疏散时间	D	0.1~1		
4.2	疏散人数比率	D	0.1~1		
4.3	通道(出口)疏散能力	D	0.1~1		
4.4	看台栏杆设置状况	D	0.1~1		
4.5	看台台阶坡度	D	0.1~1		
4.6	安全疏散标志效用	C	0.1~1		
4.7	事故广播诱导系统可靠性	C	0.1~1		
4.8	紧急照明系统稳定性	C	0.1~1		
安全疏散能力 M_4=(各子项指数积)					
赛场风险减缓指数 $M=(1-M_1)\times(1-M_2)\times(1-M_3)\times(1-M_4)$					

③体育赛场风险指数汇总表

体育赛场风险指数汇总表如表5－4所示。

表5－4　体育赛场风险指数汇总表

类别	指数值
人群容纳系数 CF	
原发事故风险指数 $R_{原}$	
风险扩大指数 E	
风险减缓指数 M	
固有风险指数 $R_{固}$	
现实风险指数 $R_{现}$	

④体育赛场风险指数评分分级表

依据以往事故统计资料、风险扩大因素和现行的风险减缓措施，得到体育赛场风险指数评分分级、如表5－5所示。

表5－5　体育赛场风险指数评分分级表

固有风险指数值范围	风险等级	固有风险指数值范围	风险等级
0～20	缓和	90～115	极端的
20～40	轻度的	115～150	非常极端的
40～60	中等的	150～200	潜在灾难性的
60～75	稍重的	200以上	高度在灾难性的
75～90	重的		

⑤体育赛场风险评价结果对比分析表

体育赛场风险评价结果如表5－6所示。

表5－6　体育赛场风险评价结果对比分析

类　别	指数值	风险等级
体育赛场固有风险		
体育赛场现有风险		
综合分析：		

(3)体育赛场风险评价指数取值依据

①体育赛场原发事故风险指数

a. 原发事故频率指数确定

引起体育赛场人群恐慌并发生人员伤亡的原发事故灾害类型主要包括五种类型，下面依据事故灾害统计对其进行分析，如图5－4所示。

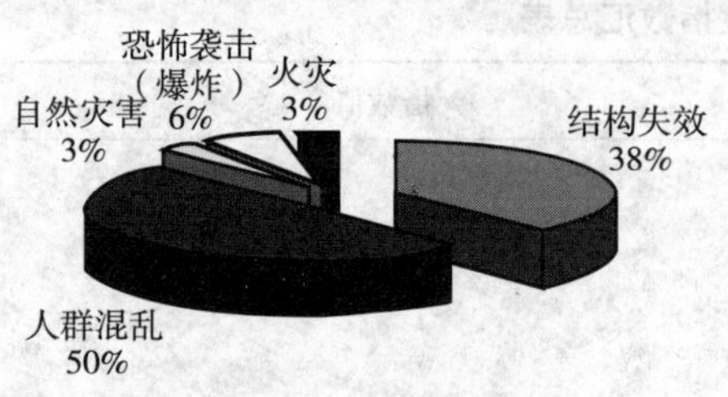

图5－4　世界体育场事故灾害原因分析

由图5－4可以看出，体育赛场事故灾害原因主要是由于赛场结构失效和人群混乱引起的，各占38%和50%，也就是34起中的13起和17起，占了总事故灾害的88%，因此对这两种类型的原发事故灾害类型进行详细分析，如图5－5和图5－6所示。

如图5－5和图5－6所示，结构失效主要包括看台倒塌、出口堵塞和照明故障，分别占了总事故灾害的38%、54%和8%，分别为5起、7起和1起。人群混乱主要包括裁判和警察不当行为、球迷闹事、球场管理(超载)，分别占了总事故灾害的29%、59%和12%，分别为5起、10起和2起。

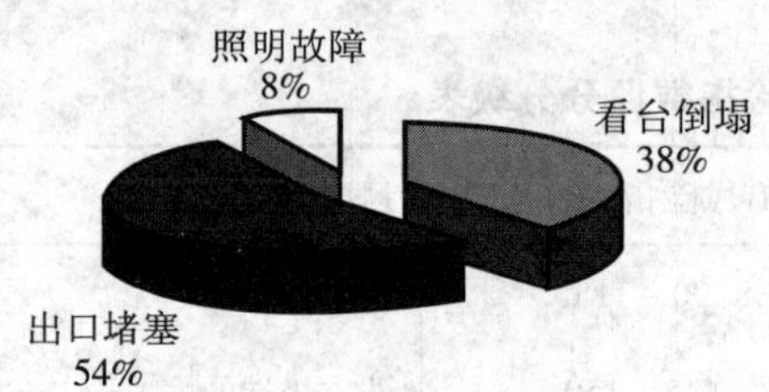

图5－5　构失效事故原因统计分析

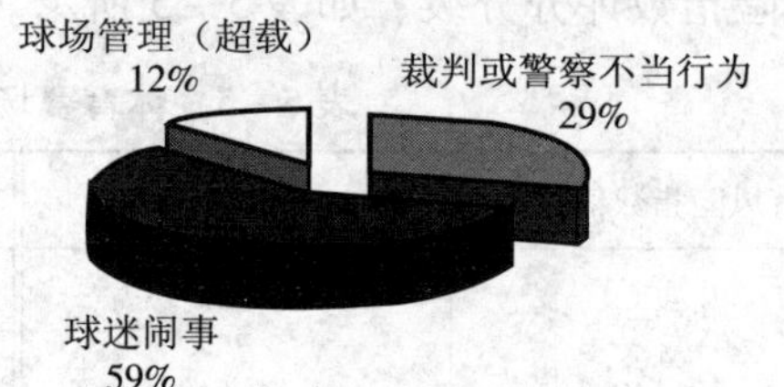

图5－6　人群混乱事故原因统计分析

通过上面对体育场事故灾害类型和频率的研究，可以用来量化这些原发事故引发人群事故灾害的频率的权重，也就是如果赛场事故灾害是由其中的某一种灾害引起的，那么计算其风险发生的频率指数时就乘上相应的权重。

事故发生的可能性(频率)用概率来表示时，绝对不可能发生的事故概率为0，而必然发生的事故概率为1。从系统安全的角度考虑，绝对不发生事故是不可能的，所以认为将发生事故可能性极小的分数定为0.1，而必然要发生的事故的分数定义为10，以此为基础介于这两种情况之间的情况指定为若干中间值，如表5－7所示。

由于事故发生可能性只有定性概念，没有定量的标准，评价时很可能在取值上因人而异，影响评价结果的准确性，因此利用事故统计资料，来对各类事故发生的频率给予一定权重等等。最后的原发事故发生频率取值如表5－8所示。

b. 原发事故后果指数确定

体育赛场原发事故造成的恐慌人群不同的伤亡后果分析如图5－7所示。

表 5－7　原发事故发生可能性（频率）取值表

分数值	事故发生的可能性
10	完全可以预料到
6	相当可能
3	可能，但不经常
1	可能性小，完全意外
0.5	很不可能，可以设想
0.2	极不可能
0.1	实际不可能

表 5－8　发事故发生频率指数取值表

原发事故类型	频率指数范围（FI）	权重（W）		采用频率指数
1 结构失效		0.38		
（1）看台倒塌	0.1～10		0.38	
（2）出口堵塞			0.54	
（3）照明故障			0.08	
2 人群混乱		0.50		
（1）裁判和警察不当行为	0.1～10		0.29	$1+\sum_{i=1}^{5}(FI_i \cdot W_i)/10$
（2）球迷骚乱			0.59	
（3）球场管理			0.12	
3 恐怖袭击（爆炸）	0.1～10	0.06		
4 自然灾害	0.1～10	0.03		
5 火灾	0.1～10	0.03		

注：其中结构失效和人群混乱的频率指数为其子指数的和，比如结构失效指数：

$$FI_{结}=0.38\times(0.38\times FI_{看}+0.54\times FI_{出}+0.08\times FI_{照})\times 100$$

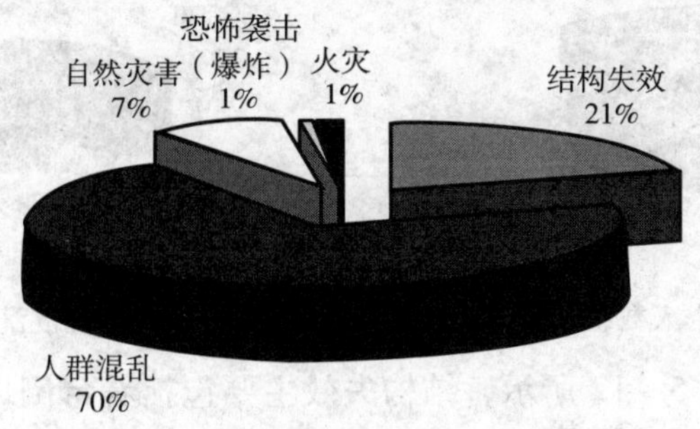

图 5－7　体育赛场事故灾害伤亡人数统计分析

由图 5 –7 可以看出，结构失效和人群混乱引起的恐慌人群伤亡分别占了总的伤亡人数的 21% 和 70%，分别为 2282 人和 7632 人，对这两种原发事故类型进行详细分析如图 5 –8 和图 5 –9 所示。

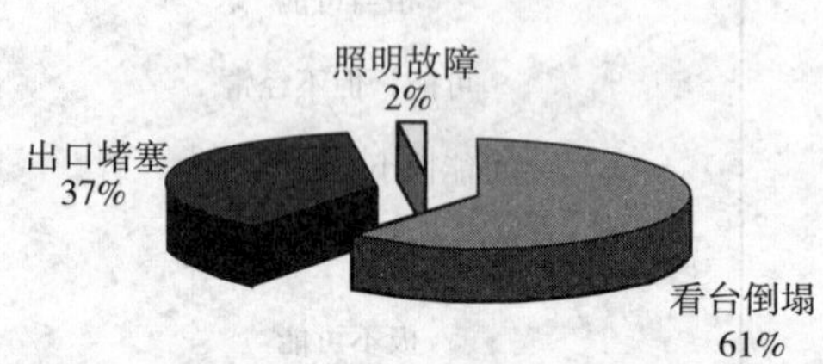

图 5 –8　结构失效伤亡人数统计分析

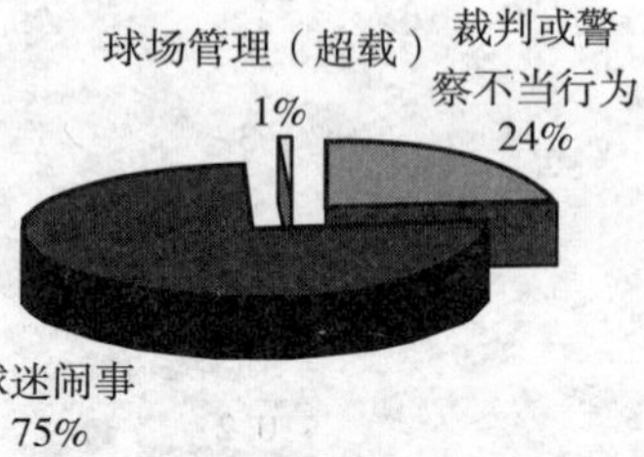

图 5 –9　人群混乱伤亡人数统计分析

如图 5 –8 和图 5 –9 所示，结构失效主要包括看台倒塌、出口堵塞和照明故障，引起的伤亡人数分别占了总伤亡人数的 61%、37% 和 2%，伤亡人数分别为 1384 人、847 人和 51 人；人群混乱主要包括裁判和警察不当行为、球迷闹事、球场管理(超载)，引起的伤亡人数分别占了总伤亡人数的 24%、75% 和 1%，伤亡人数分别为 1798 人、5768 人和 66 人。

图 5 –10　体育场事故灾害死亡人数统计分析

而对于风险后果来说，总的伤亡人数由于受伤的程度的难以界定等问题使得后果难以准确的表达，因此在这里单独对这些原发事故引起人群死亡进行分析，如图 5 –10 所示。

由图 5 –10 可以看出，结构失效和人群混乱引起的恐慌人群死亡人数分别占了总的死亡人数的 33% 和 57%，分别为 565 人和 956 人，对这两种原发事故类型进行详细分析，如图 5 –11 和图 5 –12 所示。

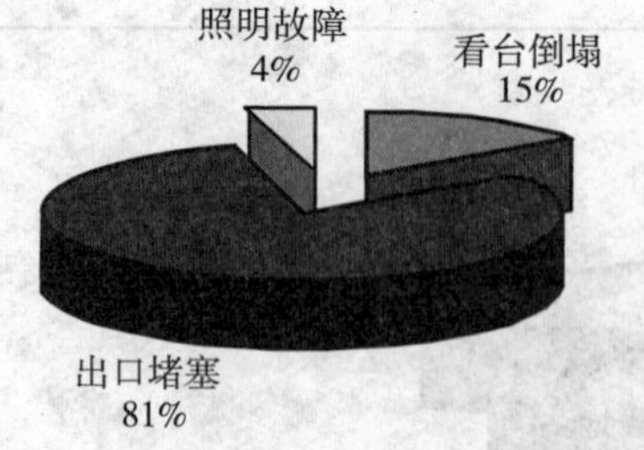

图 5 –11　结构失效死亡人数统计分析

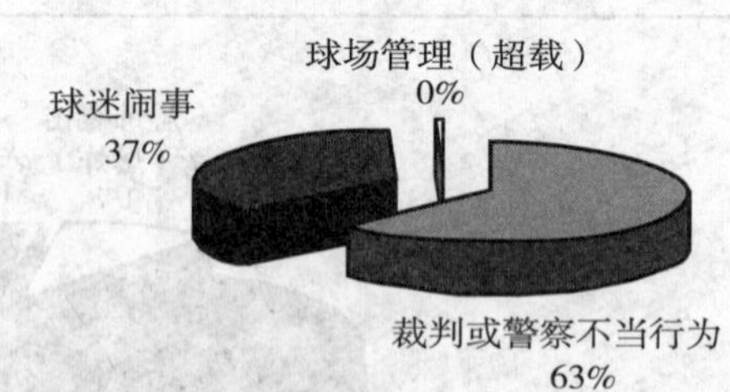

图 5 –12　人群混乱死亡人数统计分析

如图 5 –11 和图 5 –12 所示，结构失效主要包括看台倒塌、出口堵塞和照明故障，引起的死亡人数分别占了总死亡人数的 15%、81% 和 4%，死亡人数分别为 84 人、457 人和 24 人；人群混乱主要包括裁判和警察不当行为、球迷闹事、球场管理(超载)，引起的死亡人数分别占了总死亡人数的62.866%、36.715%和0.004%，死亡人数分别为601人、351人和4人。

从图5－7～图5－12可以看出一个特点，出口堵塞引起的死亡人数要比看台倒塌多的多，而出口堵塞引起的伤亡人数远远小于看台倒塌的人数，因此出口堵塞问题是引起严重后果(人群拥挤踩踏事故)的一个主要原因。

本书中恐慌人群事故后果就是人群伤亡，而事故造成的人员伤害范围变化很大，所以规定分数值为1～100。把需要治疗的轻微伤害的分数规定为1，把造成多人死亡的分数规定为100，其他情况的数值在1～100之间，如表5－9所示。

表5－9　原发事故发生后果基本取值表

分数值	死亡人数
100	大灾难，许多人死亡
40	灾难，数人死亡
15	非常严重，一人死亡
7	严重，重伤
3	重大，致残
1	引人注目，不利于基本的安全卫生要求

通过上面的分析，就可以对原发事故风险的后果指数进行分析，以上几种原发事故类型后果指数权重拟引用伤亡人数和死亡人数的累积来进行赋值，如表5－12所示。

表5－10　原发事故后果指数取值表

原发事故类型	后果指数范围(CI)	权重(W)		采用后果指数
1结构失效		(0.21+0.33)/2=0.27		$1+\sum_{j=1}^{5}(FI_j\cdot W_j)/100$
(1)看台倒塌	1～100		(0.61+0.15)/2=0.38	
(2)出口堵塞			(0.37+0.81)/2=0.59	
(3)照明故障			(0.02+0.04)/2=0.03	
2人群混乱		(0.70+0.57)/2=0.635		
(1)裁判和警察不当行为	1～100		(0.24+0.63)/2=0.435	
(2)球迷骚乱			(0.75+0.36)/2=0.555	
(3)球场管理			(0.01+0.01)/2=0.01	
3恐怖袭击(爆炸)	1～100	(0.07+0.05)/2=0.06		
4自然灾害	1～100	(0.01+0.02)/2=0.015		
5火灾	1～100	(0.01+0.03)/2=0.02		

注：其中结构失效和人群混乱的后果指数为其子指数的和，比如结构失效指数：
$CI_{结}=0.27\times(0.38\times CI_{看}+0.59\times CI_{出}+0.03\times CI_{照})\times100$

c. 原发事故风险指数确定

风险表示为频率和后果的乘积，因此原发事故风险指数的取值如表 5－11 所示。

表 5－11　原发事故风险指数取值表

原发事故类型	采用频率指数 *FI*	采用后果指数 *CI*	原发风险指数 $R_{原} = FI \times CI$
1 结构失效 2 人群混乱 3 恐怖袭击（爆炸） 4 自然灾害 5 火灾	$1 + \sum_{i=1}^{5}(FI_i \cdot W_i)/10$	$1 + \sum_{ij=1}^{5}(FI_j \cdot W_j)/100$	

②体育赛场风险扩大指数确定

a. 赛场空间风险指数

（a）体育场规模分级

体育场规模分级按照《体育建筑设计规范》（JGJ 31—2003）第 1.0.7 条（表5－12）和第 5.1.1 条（表 5－13）划分。

表 5－12　体育建筑等级

等级	主要使用要求
特级	举办亚运会、奥运会及世界级比赛主场
甲级	举办全国性和单项国际比赛
乙级	举办地区性和全国单项比赛
丙级	举办地方性、群众性运动会

表 5－13　体育场规模分级

等级	观众席容量/座
特大型	60000 以上
大型	40000～60000
中型	20000～40000
小型	20000 以下

注：体育场的规模分级和本规范第 1.0.7 条规定的等级有一定对应关系，相关设施、设备及标准也应相互匹配

体育赛场规模指数取值分为 5 级，分别对应上面的分级，如表 5－14 所示。

表 5－14　体育赛场规模指数取值

指数值	选址标准
5	奥运赛场
4	60000 以上
3	40000～60000
2	20000～40000
1	20000 以下

（b）占地面积

体育场占地面积按照《体育建筑设计规范》（JGJ 31—2003）第 3.0.3 条（表5－15）进行分级。

表 5－15　市级体育设施用地面积

	100 万人口以上城市		50 万～100 万人口城市		20 万～50 万人口城市		1 万～20 万人口城市	
	规模/千座	用的面积/（$10^3 m^2$）	规模/千座	用的面积/（$10^3 m^2$）	规模/千座	用的面积/（$10^3 m^2$）	规模/千座	用的面积/（$10^3 m^2$）
体育场	30～50	86～122	20～30	75～97	15～20	69～84	10～15	50～63

注：当特定条件下，达不到规定指标下限时，应利用规划和建筑手段来满足场馆在使用安全、疏散、停车等方面的要求。

体育赛场占地面积指数取值分为 5 级，分别对应上面的分级，如表 5－16 所示。

表 5－16　体育赛场用地面积指数取值

指数值	选值标准
5	相应体育设施不符合用地面积标准
4	符合 100 万人口以上城市规定
3	符合 50 万～100 万人口城市规定
2	符合 20 万～50 万人口城市规定
1	符合 1 万～20 万人口城市规定

（c）建造年代

体育场建造年代水平直接影响着赛场的安全水平，如 20 世纪 60 年代的体育场看台大多是木质结构，很容易发生事故灾害。

体育赛场建造年代指数取值分为 5 级，如表 5－17 所示。

表 5－17　体育赛场建造年代指数取值

指数值	选值标准
5	国内 20 世纪 60 年代以前
4	国内 20 世纪 70 年代水平
3	国内 20 世纪 80 年代水平
2	国内 20 世纪 90 年代水平
1	国际先进水平

(d)选址

《体育建筑设计规范》(JGJ 31—2003)第 3. 0. 2 条，基地选择应符合下列要求：

1. 适合开展运动项目的特点和使用要求；

2. 交通方便，根据体育设施规模大小，基地至少应分别有一面和两面临近城市道路，该道路应有足够的通行宽度，以保证疏散和交通；

3. 便于利用城市已有基础设施。

4. 环境较好，与污染源、高压线路、易燃易爆物品场所之间的距离达到有关防护规定，防止洪涝、滑坡等自然灾害，并注意体育设施使用时对周围环境的影响。

《建筑设计防火规范》(GB 50016—2006)第 5. 2. 1 条规定，民用建筑之间的防火间距，不应小于表 5－18 的规定。

表 5－18　民用建筑的防火间距　m

耐火等级	一、二级	三级	四级
一、二级	6. 0	7. 0	9. 0
三级	7. 0	8. 0	10. 0
四级	9. 0	10. 0	12. 0

体育赛场选址指数取值分为 5 级，分别对应上面的分级，如表 5－19 所示。

表 5－19　体育赛场选址指数取值

指数值	选值标准
5	全不符合 JGJ 31—2003 第 3. 0. 2 和 GB 50016—2006 第 5. 2. 1 规定
4	不符合 JGJ 31—2003 第 3. 0. 2 中 2 规定
3	不符合 GB 50016—2006 第 5. 2. 1 规定
2	符合 JGJ 31—2003 第 3. 0. 2 条规定
1	基本符合两个规范规定

(e)总平面布局

依据《体育建筑设计规范》(JGJ 31—2003):

4.1.4 根据比赛和训练的使用要求，应确定建筑功能分区。可分为竞赛区、观众区、运动员区、竞赛管理区、新闻媒体区、贵宾区、场馆运营区等。应根据分区妥善安排运动场地、看台、各类用房和设施的位置，解决好各部分之间的联系和分隔要求。

4.1.5 根据功能分区应合理安排各类人员出入口，比赛用建筑和设施应保证观众的安全和有序入场及疏散，应避免观众和其他人流(如运动员、贵宾等)的交叉。

4.1.10 在建筑处理上应考虑身材高大运动员的使用特点，对一般群众开放时，应考虑儿童、老人等不同使用对象的特殊要求。

4.1.11 应考虑残疾人参加的运动项目特点和要求，并应满足残疾观众的需求。

4.2.6 场地和周围区域的分隔应符合下列要求:

1. 比赛场地与观众看台之间应有分隔和防护，保证运动员和观众的安全，避免观众对比赛场地的干扰;

2. 室外练习场地外围及场地之间，应设置围网，以方便使用和管理。

以上为赛场总平面布局总体要求1。

4.2.4 场地的对外出入口应不少于二处，其大小应满足人员出入方便、疏散安全和器材运输的要求。

3.0.5 出入口和内部道路一个符合下列要求:

1. 总出入口布置应明显，不宜少于两处，并以不同方向通向城市道路。观众出入口的有效宽度不宜小于0.15m/百人的室外安全疏散指标。

2. 观众疏散道路应避免集中人流与机动车流相互干扰，其宽度不宜小于室外安全疏散指标。

3. 道路应满足通行消防车的要求，净宽度不应小于3.5m，上空有障碍物和穿越建筑物时净高不应小于4m。体育建筑周围消防车道应环通；当各种原因消防车不能按规定靠近建筑物时，应采取下列措施之一满足对火灾扑救的要求:

1)消防车在平台下部空间靠近建筑主体;

2)消防车直接开入建筑内部;

3)消防车到达平台上部以接近建筑主体;

4)平台上部设消火栓。

4. 观众出入口处应留有疏散通道和集散场地，场地不得小于0.2m²/人，可充分利用道路、空地、屋顶、平台等。

5.7.5 比赛场地的出入口应符合下列要求:

1 至少应有两个出入口，且每个净宽和净高不应小于4m；当净宽和净高有困难时，至少其中一个出入口满足宽度、高度要求;

2 供入场式用的出入口，其宽度不宜小于跑道最窄处的宽度，高度不低于4m。

以上为赛场总平面布局对于出入口和道路的要求2。

体育赛场总平面布局指数取值分为5级，如表5-20所示。

表 5－20 体育赛场总平面布局指数取值

指数值	选值标准
5	全部不满足
4	部分满足要求 1 和要求 2 的规定
3	不满足要求 2
2	不满足要求 1
1	同时都满足

(f)建筑等级及材料

依据《体育建筑设计规范》(JGJ 31—2003)第 1.0.8 条，不同等级体育建筑结构设计使用年限和耐火等级应符合表 5－21 的规定。

表 5－21 体育建筑的结构设计使用年限和耐火等级

建筑等级	主体结构设计使用年限	耐火等级
特级	>100 年	不低于一级
甲级、乙级	50～100 年	不低于二级
丙级	25～50 年	不低于二级

8.1.4 室内、外观众看台结构的耐火等级，应与本规范第 1.0.8 条规定的建筑等级和耐久年限相一致。室外观众看台上面的罩棚结构大额金属构件可无防火保护，其屋面板可采用经阻燃处理的燃烧体材料。

8.1.8 比赛和训练建筑的灯控室、声控室、配电室、发电机房、空调机房、重要库房、消防控制室等部位，应采取下列措施中的一种作为防火保护：

1 采用耐火极限不低于 2h 的墙体和耐火极限不小于 1.5h 的楼板同其他部位分隔。门、窗的耐火极限不应低于 1.2h；

2 设自动水喷淋灭火系统，当不宜设水系统时，可设气体自动灭火系统，但不得采用卤代烷 1211 或 1301 灭火系统。

体育赛场建筑等级及材料指数取值分为 5 级，如表 5－22 所示。

表 5－22 体育赛场建筑等级及材料指数取值

指数值	选值标准
5	全部不符合
4	不符合第 1.0.8 条规定
3	不符合第 8.1.8 条规定
2	不符合第 8.1.4 条规定
1	基本符合

(g)看台设置

ⅰ. 功能和尺寸、座位数设置。

依据《体育建筑设计规范》(JGJ 31—2003)：

4.3.3 观众看台功能分类应符合表 5－23 的规定。

表 5－23　观众看台功能分类

等级	主席台	包厢	记者席	评论员席	运动员席	一般观众席	残疾观众席
特级	有	有	有	有	有	有	有
甲级	有	有	有	有	有	有	有
乙级	有	无	兼用			有	有
丙级	有		兼用				有

注：1. 残疾观众(轮椅)席位数可按观众席位总数的 2‰计算。位置应方便残疾观众入席及疏散；

2. 贵宾包厢面积每间不宜小于 2m × 3m。

4.3.5 观众席尺寸不应小于表 5－24 的规定。

表 5－24　观众看台最小尺寸

规格＼座位种类	无背条凳	无背方凳	有背硬椅	有背软椅	活动软椅	扶手软椅
座宽/m	0.42	0.45	0.48	0.50	0.55	0.60
排距/m	0.72	0.75	0.80	0.85	1.00	1.20

注：1. 记者席占 2 座 2 排，前排放工作台；

2. 评论员席占 3 座 2 排，前排放工作台；

3. 看台排距指净宽，如首末排遇栏杆或靠背后倾有影响应适当加大；

4. 一般观众座椅高度不宜小于 0.35m，且不应超过 0.55m；

5. 座椅应安装牢固，并便于看台清扫，室外座椅还应防止座椅面积水。

4.3.6 观众席纵走道之间的连续座位数目，室内每排不宜超过 26 个；室外每排不宜超过 40 个，当仅一侧有纵走道时，座位数目应减半。

ⅱ. 看台出口、走道和门。

4.3.8　看台安全出口和走道应符合下列要求：

1 安全出口应均匀布置，独立的看台至少应有两个安全出口，且体育场每个安全出口的平均疏散人数不宜超过 1000～2000 人。(注：设计时，规模较小的设施宜采用接近下限值；规模较大的设施宜采用接近上限值)。

2 观众席走道的布局应与观众席各分区容量相适应，与安全出口联系顺畅。通向安全出口的纵走道设计总宽度应与安全出口的设计总宽度相等。经过纵横走道通向安全出口的设计人流股数应与安全出口的设计通行人流股数相等。

3 安全出口和走道的有效总宽度均应按不小于表 5－25 的规定计算。

表 5－25 疏散宽度指标

宽度指标/（m/百人） 疏散部位 \ 观众席位数/个 耐火等级		室内看台		室外看台			
		3000～5000	5001～10000	10001～20000	20001～40000	40001～60000	60001 以上
		一、二级	一、二级	一、二级	一、二级	一、二级	一、二级
门和走道	平坡地面	0.43	0.37	0.32	0.21	0.17	0.16
	阶梯地面	0.50	0.43	0.37	0.25	0.22	0.19
楼梯		0.50	0.43	0.37	0.25	0.22	0.19

注：表中较大座位数档次按规定指标计算出来的总宽度，不应小于相邻较小座位数档次按其最多座位数计算出来的疏散总宽度。

“体育建筑规范条文说明”体育场的安全出口数目和每个安全出口平均疏散人数提出不宜超过1000～2000 人，这一规定要求是根据体育场的不同容量按 6～8min 作为安全疏散设计的基本依据，这也是以国内一部分体育场的资料为依据的。

由于体育场规模相差较多，每个安全出口平均负担的人数也有一个幅度，由于体育场体形及分区的不同，看台可能不完全一致，出口宽度一般最小为 4 股人流，最大多为 6 股人流，由此按控制疏散时间 6～8min 计算出每个安全出口的平均疏散人数分别为：$(2.4/0.55)\times 40\times 6=1046$ 和 $(3.3/0.55)\times 40\times 8=1920$，由此将体育场安全出口平均疏散的人数定为 1000～2000 人。

体育场的容量以 40000 人和 60000 人分档，主要考虑 40000 人作为大中型城市来说，该容量比较合适，且满足国际足联世界杯足球赛预选赛的要求，而对特大城市而言，一般容量都在 60000 人最大不超过 80000 人，因此据此制定了分档，而每个档次对规定的宽度指标（m/百人）是根据国内外体育场设计和实测时间分别控制在 6min、7min、8min 的要求而确定的。

$$百人指标=\frac{单股人流宽度\times 100}{疏散时间\times 每分钟每股人流通过人数}$$

从而计算出一、二级耐火等级建筑每百人疏散宽度为：

平坡地面：$B_1=(0.55\times 100)/(6\times 43)=0.21\text{m}$

$B_2=(0.55\times 100)/(7\times 43)=0.17\text{m}$

$B_3=(0.55\times 100)/(8\times 43)=0.16\text{m}$

阶梯地面：$B_1=(0.55\times 100)/(6\times 37)=0.25\text{m}$

$B_2=(0.55\times 100)/(7\times 37)=0.22\text{m}$

$B_3=(0.55\times 100)/(8\times 37)=0.19\text{m}$

4 每一安全出口和走道的有效宽度除应符合计算外，还应符合下列要求：

1）安全出口宽度不应小于 1.1m，同时出口宽度应为人流股数的倍数，4 股和 4 股以下人流时每股宽按 0.55m 计，大于 4 股人流时每股宽按 0.5m 计；

2）主要纵横过道不应小于 1.1m（指走道两边有观众席）；

3）次要纵横走道不应小于 0.9m（指走道一边有观众席）；

4）活动看台的疏散设计应与固定看台同等对待。

ⅲ. 看台栏杆设置。

依据《体育建筑设计规范》（JGJ 31—2003）；

4.3.9 看台栏杆应符合下列要求：

1 栏杆高度不应低于 0.9m，在室外看台后部危险较大处严禁低于 1.1m；栏杆形式不应遮挡观众视线并保障观众安全。当设楼座时，栏杆下部实心部分不得低于 0.4m；

2 横向过道两侧至少一侧应设栏杆；

3 当看台坡度较大、前后排高差超过 0.5m 时，其纵向过道上应加设栏杆扶手；采用无靠背座椅时不宜超过 10 排，超过时必须增设横向过道或横向栏杆；

4 栏杆的构造做法应经过结构计算，以保证使用安全。

体育赛场看台指数取值分为 4 级，如表 5－26 所示。

表 5－26　体育赛场看台指数取值

指数值	选值标准
5	全部不符合
4	看台、走道、和门不符合要求
3	看台栏杆不符合要求
2	看台尺寸和分类不符合要求
1	基本符合

注：由于看台在体育赛场构造中的重要性，进行打分时加上一个权重，也就是取值的平方。

(h)走道和楼梯

依据《体育建筑设计规范》(JGJ 31—2003)：

8.2.4 观众厅外的疏散走道应符合下列要求：

1 室内坡道不应大于 1:8，室外坡道不应大于 1:10，并应有防滑措施。为残疾人设置的坡道，应符合现行行业标准《城市道路和建筑物无障碍设计规范》JGJ50 的要求。

2 当疏散走道有高差变化时宜做坡道，当设置台阶时应有明显标志和采光照明，疏散通道上的大台阶应设便于人员分流的护栏。

8.2.5 疏散楼梯应符合下列要求：

1 踏步深度不应小于 0.28m，踏步高度不应大于 0.16m，楼梯最小宽度不得小于 1.2m，转折楼梯平台深度不应小于楼梯宽度。直跑楼梯的中间平台深度不应小于 1.2m。

2 不得采用螺旋楼梯和扇形踏步，踏步上下两级形成的平面角度不超过 10 度，且每级离扶手 0.25m 处踏步宽度超过 0.22m 时，可不受此限。

体育赛场走道和楼梯指数取值分为 5 级，如表 5－27 所示。

表 5－27　体育赛场走道和楼梯指数取值

指数值	选值标准
5	全部不符合
4	部分符合两个规定
3	不符合第 8.2.5 条规定
2	不符合第 8.2.4 条规定
1	基本符合

(i)疏散标志设置

依据《体育建筑设计规范》(JGJ 31—2003)：

8.2.6 观众席的安全出口上方和疏散走道出口、转折处应设疏散标志等。疏散走道内应设疏散指示标志。疏散路线的疏散指示、导向标志灯、疏散标志灯，必须满足疏散时视觉连续的需要。

体育赛场疏散标志指数取值分为 5 级，如表 5－28 所示。

表 5－28　体育赛场疏散标志指数取值

指数值	选值标准
5	不符合第 8.2.6 条规定
4	没有疏散标志
3	没有疏散指示灯
2	疏散标志和指示灯效果差
1	基本符合规范要求

(j)紧急广播系统设置

依据《体育建筑设计规范》(JGJ 31—2003)

9.0.8 体育场的声学设计在使用扩声系统时应符合下列要求：

1 在观众席有足够的声级，满足体育场所必须的功能和要求；

2 全部观众席被扩声所覆盖；

3 传送语言时有足够的清晰度，传播音乐时有一定的丰满度；

4 减少对场外的声干扰；

5 结构安全，操作方便，维修容易，抗风防雨，性能可靠。

体育赛场紧急广播系统取值分为 5 级，如表 5－29 所示。

表5－29　体育赛场紧急广播系统指数取值

指数值	选值标准
5	不符合第9.0.8条规定
4	不符合第9.0.8条5的规定
3	不符合第9.0.8条2的规定
2	不符合第9.0.8条1、3、4的规定
1	基本符合

(k)体育场照明设施

依据《体育建筑设计规范》(JGJ 31—2003)：

10.3.12 体育建筑的照明灯具最低安装高度和光束投射角，宜符合表5－30的规定。

表5－30　灯具最低安装高度和光束投射角

运动项目或场馆	布置方式	最低安装高度和投射角	
		比赛	训练
足球场、田径场、综合体育场	四塔、多塔	投射角宜为25°	投射角20°
足球场、田径场、综合体育场	光带	1 投射角宜为25° 2 与场地最近边线夹角≤65°	投射角20°

10.3.14 甲级及以上体育建筑，应有保证光源瞬时再点燃的技术措施。

体育赛场照明系统指数取值分为5级，如表5－31所示。

表5－31　体育赛场照明系统指数取值

指数值	选值标准
5	不符合第10.3.12条和第10.3.14条规定
4	不符合第10.3.12条的规定
3	不符合第10.3.14条规定
2	部分符合第10.3.12条的规定
1	基本符合

(l)体育场电气系统

依据《体育建筑设计规范》(JGJ 31—2003)：

10.3.1 体育建筑电力负荷应根据体育建筑的使用要求，区别对待，并应符合下列要求：

1 甲级以上体育场，电力负荷应为一级，特级体育设施应为特别重要负荷；

2 体育建筑的电气消防用电设备负荷等级应为该工程最高负荷等级。

3 1项中非比赛使用的电气设备及乙级以下体育建筑的用电设备为二级。

体育赛场电气系统指数取值分为 5 级，如表 5 - 32 所示。

表 5 - 32　体育赛场电气系统指数取值

指数值	选值标准
5	不符合第 10. 3. 1 条规定
4	不符合第 10. 3. 1 条 1 规定
3	不符合第 10. 3. 1 条 2 规定
2	不符合第 10. 3. 1 条 3 规定
1	基本符合

b. 人群风险指数确定。

(a) 人群容量

由于体育场比赛性质的不同，可能有不同的容量，而上座率的高低是表征人群容量的一个主要参数。

体育赛场人群容量取值分为 5 级，如表 5 - 33 所示。

表 5 - 33　体育赛场人群容量(V)指数取值

指数值	选值标准
5	$V > 100\%$
4	$80\% < V < 100\%$
3	$60\% < V < 80\%$
2	$40\% < V < 60\%$
1	$V < 40\%$

(b) 人群流动率

人群流动率是指在比赛过程中人群撤离的比例，以比赛结束时剩余的人数占总的人数的比例来确定。

体育赛场人群流动率取值分为 5 级，如表 5 - 34 所示。

表 5 - 34　体育赛场人群流动率(F)指数取值

指数值	选值标准
5	$F = 100\%$
4	$80\% < F < 100\%$
3	$60\% < F < 80\%$
2	$40\% < F < 60\%$
0	$F < 40\%$

(c)个体特征

包括个体的年龄、性别、性格、安全意识、文化修养等。

年龄 a：如可分为儿童、成人、老人；

指数值	选值标准
5	老人、儿童、妇女
3	青年人
1	成年人

性格 c：如可分为谨慎、稳健、冒险等；

指数值	选值标准
5	冒险
3	稳健
1	谨慎

心理活动 p：如包括冷静、紧张、恐慌等；

指数值	选值标准
5	恐慌
3	紧张
1	冷静

安全意识 s：如专业、较强、较差等；

指数值	选值标准
5	较差
3	较强
1	专业

对环境的反应 e：如可以分为敏捷的、一般的、迟钝的；

指数值	选值标准
5	迟钝
3	一般
1	敏捷

个人防灾知识训练程度 t：如可分为未受训练、一般训练、职业训练；

指数值	选值标准
5	未受训练
3	一般训练
1	职业训练

个人对各种事故的忍耐力 f：如分为不能忍耐、能忍耐、极具忍耐等。

指数值	选值标准
5	不能忍耐
3	能忍耐
1	极具忍耐

体育赛场人群个体特征取值为以上特征的综合，如表 5－35 所示。

表 5－35　体育赛场人群个体特征指数取值

指数值	选值标准
1～5	个体特征 $C=(a+c+p+s+e+t+f)/35$

注：对于特定情况下个体特征各子指数取值可根据实际影响情况酌情放大。

(d)人群类型

决定人群类型的有四种因素，即：人群聚集环境；人员特性；人员密度；人与人的相互关系。主要人群类型如下：

ⅰ. 有内聚力人群

有共同目标，但没有领导，如观看比赛的观众等。这类人群具有共同的兴趣，但是思维、行为却个人化。

ⅱ. 表现性人群

为了某个目标而集合，有领导，如球迷协会中的球迷等。

ⅲ. 攻击性人群

有目标的聚集，有领导，为完成某个特定的目的而活动。常常情绪紧张、激动，这种人群最容易变为滋事的暴民，如各国球迷有组织的闹事。

ⅳ. 暴民

这类人群又可称为攻击型暴民，如酗酒闹事球迷。

体育赛场人群类型取值分为 5 级，如表 5－36 所示。

表 5－36　体育赛场人群类型指数取值

指数值	选值标准
5	暴民
4	攻击型人群
3	表现型人群
2	有内聚力人群
1	一般人群

(e)人群反应模式

当赛场发生突发事故时，人类的逃生心理特点常常会导致特定的应急反应模式。因此，有必要研究弄清人们在紧急情况下会怎样行动，对紧急情况下的公众行为做出科学预测。从以往的事故教训中，可以看到在遇到危急状况时人们常会做出超乎寻常的举动。

ⅰ.恐惧心理及其表现行为：

恐惧心理是指不能迅速适应变化的环境所产生的一种“害怕”的心理反应。表现为惊慌、害怕、言行错乱、判断和意志力下降等。在疏散出口处失去秩序概念，严重影响疏散效率，甚至引起更严重的次生挤压事故。

ⅱ.从众心理及其表现行为

所谓从众心理，就是对待客观事物没有从实际出发，别人怎么做，自己也跟着怎么做的一种心理活动。表现为没有主见，随大流，丧失理性判断的能力，盲目跟随人流移动。

ⅲ.逆反心理及其表现行为

逆反心理就是指一定条件下，产生和客观事物发展背道而驰的心理反应。表现为：不该做的反而去做。

ⅳ.绝望心理

绝望心理就是指主观愿望和客观事实相差很大，难以实现的一种心理反应。表现为不遵从自救规则，急于逃离而做出种种更加危险的举动。

体育赛场人群反应模式取值分为5级，如表5－37所示。

表5－37　体育赛场人群反应模式指数取值

指数值	选值标准
1～5	根据以上群体特征酌情打分。

c. 外部影响风险指数

(a)赛事

赛事本身的激烈程度和吸引力是决定观众口味的重要因素。对于不同类型的赛事而言，场内座位的占有率是无法相提并论的。2000年悉尼奥运会的主体育馆是历届奥运会中最大的，可同时容纳115600人观看比赛；同样都是在该馆内举行，开幕式吸引了104583前来观看，但普通的田径比赛一般只有几万观众。

另外，同一类型比赛的不同轮次也是影响参与率的关键。一般而言，后几轮的比赛和冠军争夺赛往往有更多的观众愿意观看，而预选赛或最初几轮的淘汰赛相比之下观看人数较少。

体育赛场赛事外部影响指数取值分为5级，如表5－38所示。

(b)地点

由于各项运动本身的需要，许多运动赛事都有各自独有的体育场。这些不同用途的体育场的设计建筑各不相同，这意味着观众对它们的舒适感和满意度是不一样的。部分年代稍为久远的赛场，其支撑柱、照明灯杆的位置不恰当，或者看台倾斜度不佳，达不到让每一个观众不需扭动或拉伸身体就能获得良好视界的效果。试想，同是某人愿意观看但并非特别钟爱的项目，他当然宁愿到设施更好、座位更舒适的赛场去观看一场比赛。另外，尽管有些场馆虽是新建的，但位于郊区或远离奥运中心的地区，交通的不便也造成了观众入座率的降低。

体育赛场地点外部影响指数取值分为5级，如表5-39所示。

表5-38　体育赛场赛事外部影响指数取值

指数值	选值标准
5	奥运会
4	国际赛事
3	国内赛事
2	省市赛场
1	其他一般赛事

表5-39　体育赛场地点外部影响指数取值

指数值	选值标准
5	市中心，交通方便、设施完善
4	市中心，交通拥挤
3	市中心，设施差
2	郊区，交通便利
1	郊区，交通不便

(c)观众的国籍

多数观众都是打算为自己所在国家的运动员们加油助威的。除了自己十分感兴趣的比赛，人们通常会选择去观看有本国运动员参加的特定类型或场次的比赛。而来自各参赛国的观众人数有很大差异，通常以主办国观众人数为最多，这就意味着一场有主办国队员参加的比赛将可能比只有其他国家队员参加的同类比赛有更高的观众人数。

此外，国籍所造成的观众人数差别还体现在该国在该项目的竞赛水平上。实力强、水平高的国家队比赛明显会得到更多本国观众的支持与观看，而在同一项目上实力较弱的国家队则也许只能吸引少数观众前来助战。

体育赛场观众国籍外部影响指数取值分为3级，如表5-40所示。

表 5－40　体育赛场观众国籍外部影响指数取值

指数值	选值标准
5	国际比赛，主场
3	国内比赛，主场
1	客场
注：其他在 1～5 范围之内	

(d)天气

在现代化的封闭式赛场里，由于观众席 70% 以上的面积均有遮盖物，再加上场馆里完善的空调系统，天气已不再是影响观众人数的重要因素。然而，极端的恶劣天气如冰雹、沙尘、雷雨、飓风、酷热等还是会影响半露天运动场上观众的出席率。

体育赛场天气外部影响指数取值分为 3 级，如表 5－41 所示。

表 5－41　体育赛场天气外部影响指数取值

指数值	选值标准
5	恶劣天气，观众席没有遮盖物
3	恶劣天气，观众席百分之七十有遮盖物
1	天气状况好
注：其他情况取值在 1～5 之间	

③体育赛场风险减缓指数确定

a. 监控预警能力

(a)监控能力

依据《体育建筑设计规范》(JGJ 31—2003)；

10. 3. 19 乙级以上体育建筑，1 万人以上的专用足球场应有为安全防范使用的闭路电视监视系统。

监控能力主要是人群监控设施，如人群密度的监控仪，各个部位的监控录像措施。

体育赛场监控预警能力取值分为 5 级，如表 5－42 所示。

表 5－42　体育赛场监控能力指数取值

指数值	选值标准
0	没有设置监控设施
0. 1	监控设施不完善
0. 3	只有监控录像设备
0. 5	有人群密度监控设备
0. 9	密度监控设施和监控录像都基本符合要求

(b)预警能力

预警能力主要是事故发生时的报警装置，如火灾报警装置、紧急广播系统。

体育赛场监控预警能力取值分为五级，如表 5－43 所示。

表 5－43 体育赛场预警能力指数取值

指数值	选值标准
0	没有设置预警装置
0.1	预警装置设置不完善
0.3	只有火灾报警装置
0.5	只有紧急广播系统
0.9	由完善的预警装置

b. 应急救援能力

(a)应急机构设置

应急机构设置主要是指赛场是否设有单独的应急指挥机构，有无专职人员负责等情况。

体育赛场应急机构设置取值分为 5 级，如表 5－44 所示。

表 5－44 体育赛场应急机构设置指数取值

指数值	选值标准
0	没有设置
0.1	很不完善
0.3	不太完善
0.5	完善
0.9	很完善

(b)应急资源

应急资源主要是指可以利用的用于紧急状况减缓事故后果的物资和设备。

体育赛场应急资源取值分为 5 级，如表 5－45 所示。

表 5－45 体育赛场应急资源指数取值

指数值	选值标准
0	没有准备应急资源
0.1	资源紧缺
0.3	资源配置不太合理
0.5	资源基本合理
0.9	资源配置很合理

(c)应急计划(预案)

应急计划(预案)是指用于指导应急救援行动的关于事故抢险、医疗急救和社会救援等的具体方案。。

体育赛场应急计划(预案)指数取值分为 5 级，如表 5－46 所示。

表 5－46　体育赛场应急计划(预案)指数取值

指数值	选值标准
0	没有制定
0.1	编制很不完善
0.3	比较完善
0.5	完善
0.9	很合理

(d)外部联络

外部联络是指在紧急情况下需要外部支援的联系方式及人员，能否及时的报警或请求支援是减缓风险的关键因素。

体育赛场外部联络指数取值分为 5 级，如表 5－47 所示。

表 5－47　体育赛场外部联络指数取值

指数值	选值标准
0	没有设置联络方式
0.1	很不方便
0.3	不方便
0.5	方便
0.9	很方便

(e)应急培训

应急培训主要考察的是对体育赛场相关管理人员的处理应急事故的能力。

体育赛场应急培训指数取值分为五级，如表 5－48 所示。

表 5－48　体育赛场应急培训能力指数取值

指数值	选值标准
0	没有相关培训
0.1	培训课程设计不合理
0.3	培训时间间隔太长
0.5	培训内容比较合理
0.9	培训内容基本合理

(f)应急演习

应急演习是验证应急预案的整体或关键性局部是否可能有效地付诸实施；验证预案在应对可能出现的各种意外情况方面所具备的适应性；找出预案可能需要进一步完善和修正的地方；确保建立和保持可靠的通信联络渠道，检查所有有关组织是否已经熟悉并履行了他们的职责；检查并提高应急救援的启动能力。

体育赛场应急演习指数取值分为5级，如表5-49所示。

表5-49　体育赛场应急演练指数取值

指数值	选值标准
0	没有演习计划
0.1	有演习计划，但从来没有演习过
0.3	有过演习，但演习计划编制没有针对性
0.5	针对演习计划进行过一次演习
0.9	针对演习计划进行过超过一次的演习

c. 指挥机构效率

(a)指挥人员水平

指挥人员水平主要考虑的是指挥人员素质及能力。

体育赛场指挥人员水平取值分为5级，如表5-50所示。

表5-50　体育赛场指挥人员水平指数取值

指数值	选值标准
0	没有设置专职指挥人员
0.1	指挥人员不懂专业知识
0.3	指挥人员水平比较低
0.5	指挥人员一般
0.9	指挥人员比较高

(b)现场指挥能力

现场指挥能力主要考虑指挥人员现场指挥水平。

体育赛场现场指挥能力取值分为5级，如表5-51所示。

表5-51　体育赛场现场指挥能力指数取值

指数值	选值标准
0	事故发生，现场指挥人员由于自身原因不能指挥
0.1	组织指挥比较混乱
0.3	不能根据形式变化及时采取措施
0.5	指挥能力一般
0.9	基本合理

d. 安全疏散能力

(a)安全疏散时间

根据赛场设计资料及 CAD 图纸，利用计算机模拟技术对赛场进行模拟，通过人员疏散时间与规范要求的时间对比来确定安全疏散时间指数值。

体育赛场安全疏散时间取值分为 5 级，如表 5－52 所示。

表 5－52　体育赛场安全疏散时间指数取值

指数值	选值标准
0	$T > 2$
0.1	$1.5 \leqslant T < 2$
0.3	$1.1 \leqslant T < 1.5$
0.5	$1 \leqslant T < 1.1$
0.9	$T \leqslant 1$

注：$T - t_{模拟}/t_{标准}$

(b)疏散人数比率

根据赛场设计资料及 CAD 图纸，利用计算机模拟技术对赛场进行模拟，通过疏散出的人员数目与总人数对比来确定疏散人数比率指数值。

体育赛场疏散人数比率取值分为 5 级，如表 5－53 所示。

表 5－53　体育赛场疏散人数比率指数取值

指数值	选值标准
0	$0 < N \leqslant 0.1$
0.1	$0.1 < N \leqslant 0.3$
0.3	$0.3 < N \leqslant 0.5$
0.5	$0.5 < N \leqslant 0.9$
0.9	$0.9 < N \leqslant 1$

注：$N = n_{模拟}/n_{总}$

(c)通道(出口)通行能力

根据赛场设计资料及 CAD 图纸，利用计算机模拟技术对赛场进行模拟，设定不同通道(出口)堵塞场景下疏散时间与标准疏散时间对比来确定通道(出口)通行能力指数值。

体育赛场通道(出口)通行能力指数取值分为 5 级，如表 5－54 所示。

表 5－54　体育赛场通道（出口）通行能力指数取值

指数值	选值标准
0	$0 < T \leqslant 0.1$
0.1	$0.1 < T \leqslant 0.3$
0.3	$0.3 < T \leqslant 0.5$
0.5	$0.5 < T \leqslant 0.9$
0.9	$0.9 < T \leqslant 1$

注：$T = t_{模拟}/t_{标准}$

（d）看台栏杆设置

根据赛场设计资料及 CAD 图纸，利用计算机模拟技术对赛场进行模拟，设定看台栏杆设置不同场景下疏散时间与标准疏散时间对比来确定看台栏杆设置指数值。

体育赛场看台栏杆设置指数取值分为 5 级，如表 5－55 所示。

表 5－55　体育赛场看台栏杆设置指数取值

指数值	选值标准
0	$0 < T \leqslant 0.1$
0.1	$0.1 < T \leqslant 0.3$
0.3	$0.3 < T \leqslant 0.5$
0.5	$0.5 < T \leqslant 0.9$
0.9	$0.9 < T \leqslant 1$

注：$T = t_{模拟}/t_{标准}$

（e）看台台阶坡度

根据赛场设计资料及 CAD 图纸，利用计算机模拟技术对赛场进行模拟，设定不同看台台阶坡度场景下疏散时间与标准疏散时间对比来确定看台台阶坡度指数值。

体育赛场看台台阶坡度指数取值分为 5 级，如表 5－56 所示。

表 5－56　体育赛场看台台阶坡度指数取值

指数值	选值标准
0	$0 < T \leqslant 0.1$
0.1	$0.1 < T \leqslant 0.3$
0.3	$0.3 < T \leqslant 0.5$
0.5	$0.5 < T \leqslant 0.9$
0.9	$0.9 < T \leqslant 1$

注：$T = t_{模拟}/t_{标准}$

(f)安全疏散标志效用

在疏散过程中安全疏散标志是否有效是能否安全疏散的影响因素之一。体育赛场疏散标志效用指数取值分为 5 级，如表 5 – 57 所示。

表 5 – 57　体育赛场安全疏散标志效用指数取值

指数值	选值标准
0	没有起引导作用
0.1	关键位置没有起作用
0.3	效用很低
0.5	效用低
0.9	正常发挥效用

(g)事故广播诱导系统可靠性

在疏散过程中事故广播诱导系统是否可靠是能否安全疏散的影响因素之一。体育赛场事故广播诱导系统可靠性指数取值分为 5 级，如表 5 – 58 所示。

表 5 – 58　体育赛场事故广播诱导系统可靠性指数取值

指数值	选值标准
0	没有起引导作用
0.1	关键位置没有起作用
0.3	效用很低
0.5	效用低
0.9	正常发挥效用

(h)紧急照明系统稳定性

在疏散过程中紧急照明系统是否稳定是能否安全疏散的影响因素之一。体育赛场紧急照明系统稳定性指数取值分为 5 级，如表 5 – 59 所示。

表 5 – 59　体育赛场紧急照明系统稳定性指数取值

指数值	选值标准
0	整体不稳定
0.1	关键位置不稳定
0.3	稳定性很差
0.5	稳定性差
0.9	正常发挥效用

5.1.3　计算机模拟技术用于通道通行能力指数分析

由前部分可知赛场人群聚集风险指数评价方法中的各指数取值方法分为 4

种，包括：相关国家标准规范及设计手册、事故统计分析及专家评判、相关国内外资料分析及专家评判和计算机模拟综合评判。本部分为运用计算机模拟技术对安全疏散能力相关指数进行取值，取值原理首先需要具体赛场设计参数及相关CAD图纸，然后设计模拟场景并依据计算机模拟结果(时间)对比标准规范得到相关指数值。以安全疏散能力指数中的通道通行能力指数为例进行分析。

(1)实例选取

以某奥林匹克中心体育场为实例进行分析取值。本部分以中心体育场二层西侧看台为具体研究对象，容纳总人数为6298人，如图5-13所示。

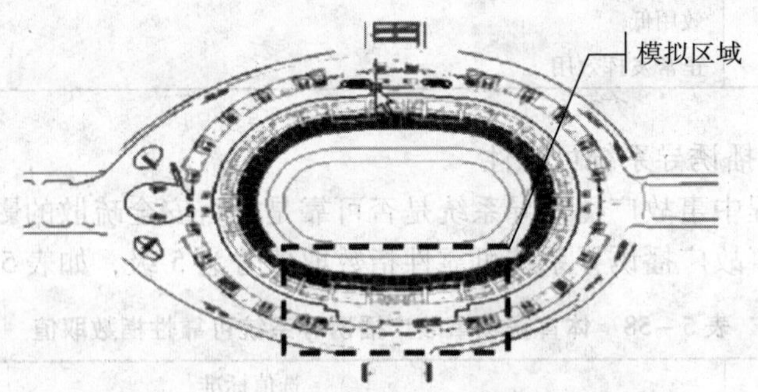

图5-13　中心体育场西侧看台结构图

(2)疏散模拟场景的设定

赛场原发事故引发恐慌人群疏散过程中，通道或出口堵塞可能会导致严重的人员伤亡后果，以事件树(图5-14)对出口或通道堵塞情况分析结果作为疏散模拟场景。

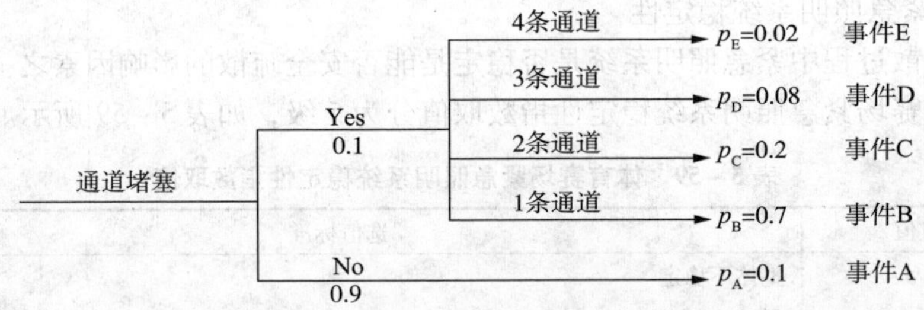

图5-14　人群疏散过程疏散通道堵赛事件树分析

(3)模拟结果分析

①模拟结果(表5-60和图5-15)

表5-60　通道堵塞疏散模拟结果表

方案	S-A	S-B	S-C	S-D	S-E
TET/s	464.82	707.35	1069.59	1201.33	2725.98

TET—总的疏散时间

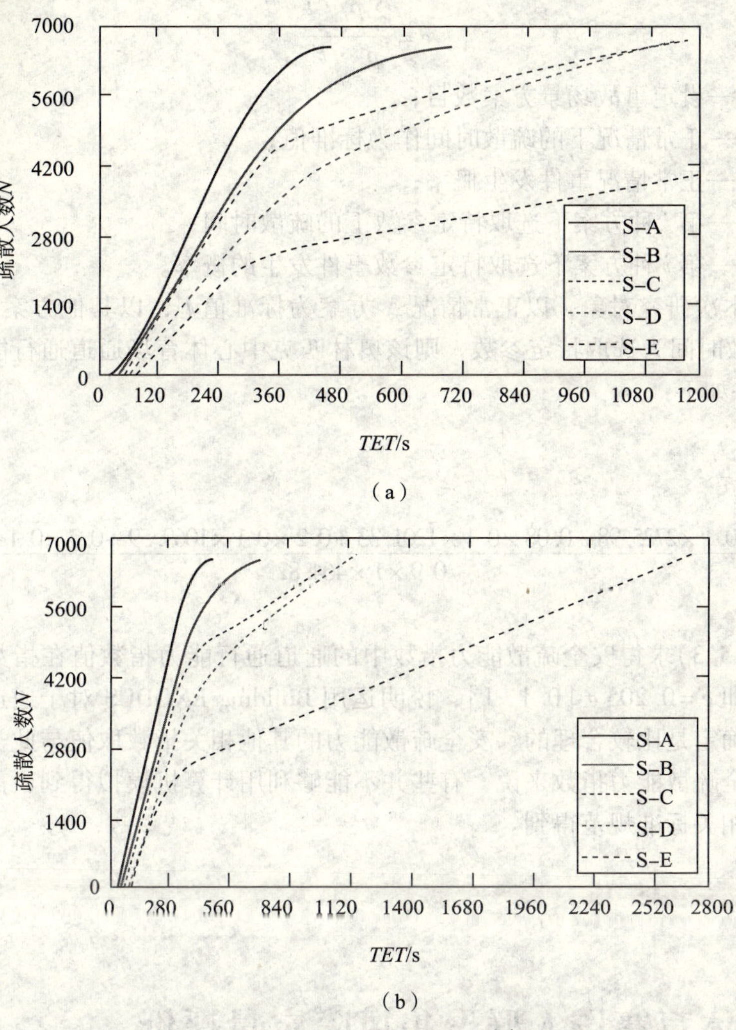

（a）

（b）

图 5－15　通道堵塞人群疏散时间对比分析

②模拟结果分析

由表 5－60 和图 5－15 可知：中心体育场西侧看台观众总数 6298 人全部疏散的时间：S－A：464.82s（7.75min）；S－B：707.35s（11.79min）；S－C：1069.59s（17.83min）；S－D：1201.33s（20.02min）；S－E：2725.98s（45.43min）。根据《体育建筑设计规范》（JGJ 31—2003），正常情况方案 A 中看台人群疏散时间符合规范要求（7.75min），方案 B、C、D、E 中的疏散时间都超出了规范要求，且堵塞通道越多，疏散时间明显增长。

③通道通行能力指数 e 取值

通道通行能力指数 e 取值公式：

$$e = \frac{\sum_{i}^{n} p_i \cdot t_i}{p' \cdot t'} \tag{5.3}$$

式中 n——设定事故场景方案数目；

t'——正常情况下的疏散时间作为标准值；

p'——正常情况事件发生概率；

t_i——第 i 种方案下选取特定参数下的疏散时间；

p_i——第 i 种方案下选取特定参数事件发生的概率。

针对本次研究对象，以正常情况 A 方案为标准值 t'，以其他方案 B、C、D、E 人群疏散时间为选取特定参数，则该奥林匹克中心体育场通道通行能力指数值 e 计算结果如下：

$$e = \frac{\sum_{i}^{n} p_i \cdot t_i}{p' \cdot t'}$$

$$= \frac{0.02 \times 0.1 \times 2725.98 + 0.08 \times 0.1 \times 1201.33 + 0.2 \times 0.1 \times 1069.59 + 0.7 \times 0.1 \times 707.35}{0.9 \times 1 \times 464.82}$$

$$= 0.205$$

由式(5.3)求得安全疏散能力指数中的通道通行能力指数值在指数表取值范围之内，即 $e = 0.205 \in [0.1, 1]$，说明运用 Building EXODUS 对于通道通行能力指数值的确定是比较合理的。安全疏散能力的其他相关指数取值与此类似，但对于整个安全疏散能力指数来说，有些并不能够利用计算机模拟得到，需要结合专家评判和相关标准规范得到。

5.2 体育赛场人群聚集风险定量评价

5.2.1 体育赛场滞留人数定量计算及应用分析

体育赛场历史事故统计分析表明出口堵塞为导致疏散人群拥挤踩踏事故发生的主要原因，滞留阶段是人群疏散过程最常见的一种人流形式，同时也是拥挤踩踏事故风险的主要承载体。本部分基于人群流量与人群密度关系建立了时间维变量的滞留人数定量模型，通过设定体育赛场看台不同宽度出口人群疏散实例计算分析结果表明，滞留人数数量不仅对人群疏散时间有直接影响，而且与事故发生概率之间存在一定的关系。

5.2.1.1 滞留人数定量模型基本参数分析

(1)模型基本参数

影响出口滞留人数的基本参数为人群流量 F，是人群流动系数与出口宽度的函数，而人群流动系数又与人群移动速度与人群密度有关，即：

$$F = f \cdot W = v \cdot \rho \cdot W \tag{5.4}$$

式中　F——特定时间间隔内通过出口的人群流量，人/s；

f——人群流动系数，单位时间、单位出口宽度通过的人数，人/(s·m)；

v——人群移动速度，m/s；

ρ——人群密度，人/m^2；

W——出口宽度，m。

由式(5.4)可以看出，人群流量与人群移动速度、人群密度和出口宽度有关，出口宽度一般为定值。许多学者对人群移动速度与人群密度的关系进行了大量的观测研究，比较典型有日本 K. Togawa、俄罗斯 Predtechenski 和 Milinskii、加拿大 Paul 及《SFPE 消防工程手册》等。上述模型基本上都是为研究疏散问题而根据经验或试验数据统计得到的，一般来说没有考虑出口完全堵塞的情况。国内刘禹等人在相关假设条件下构建了拥挤状态下人群密度与人群速度关系模型，模型考虑当人群密度达到一定值时，出口人群流量为零。由赛场出口事故原因分析可知，出口区域人群密度非常高时，出口会出现堵塞情况，因此刘禹等人的定量模型是基于人群流量参数在某特定密度下取零的条件建立的。

(2)模型基本参数关系分析

许多学者对人群移动速度与人群密度的关系进行了大量的观测研究，除了前面对疏散时间计算公式的研究者外还包括英国的 Keith Still，荷兰的 W. Daamen 和 Hoogendoorn，香港的 S. M. Lo 等人。许多研究都有相似之处，选取有代表性的总结如图 5-16 所示。

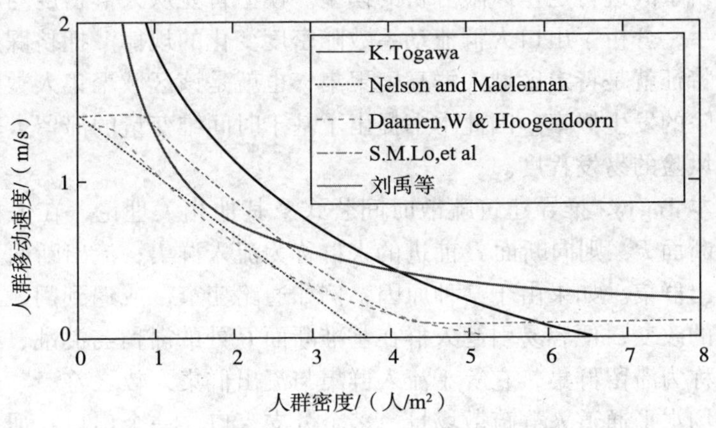

图 5-16　人群移动速度与人群密度经验关系总结

人群流动系数通常表示为人群密度和人群移动速度的函数，因此根据图 5－15 可以得到人群流动系数与人群密度的关系如图 5－17 所示。

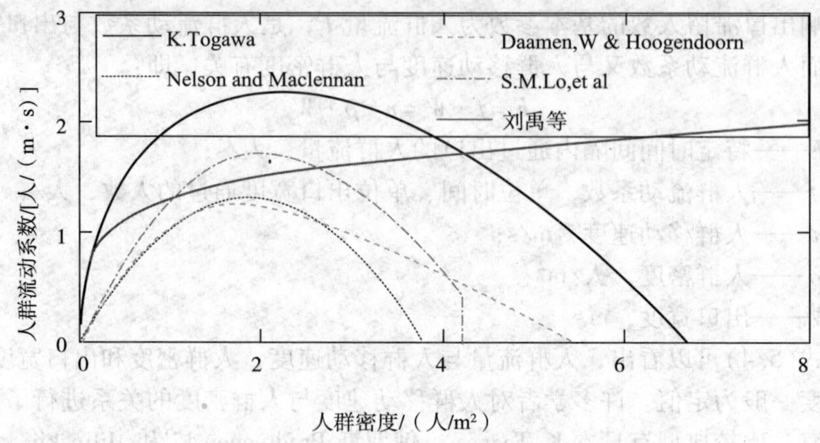

图 5－17　人群流动系数与人群密度的经验关系总结

由图 5－16 和图 5－17 可知，由于研究对象及现场观测方法的不同得出的关系曲线也存在一定的差异。一般来说可以将人群密度和移动速度的关系描述成对数关系，也可以描述成指数甚至线性关系。但所有研究表明，如果人员的移动速度大，必然要求人口密度小，而相应的人群流量不一定大。反之，人群密度大，但速度又会降下来，流量也不一定大，人群流量只有在某一人口密度的条件下达到最大。

5.2.1.2　滞留人数定量模型的建立

假定体育赛场原发事故灾害（如看台倒塌、恐怖袭击等）已经发生的条件下，恐慌人群通过狭窄通道或出口处时可能发生拥挤踩踏事故。基于此原理提出了对恐慌人群拥挤事故进行定量风险分析的模型。模型首先从人群密度与移动速度之间的关系着手，分析了出口人群流动系数随密度变化的规律。拥挤踩踏事故发生的一个重要特征就是特定区域人群高度聚集，也就是该区域聚集人数多少决定了此类事故风险的发生概率。因此本书提出了基于时间维变量的滞留人数模型来表征人群聚集风险的易发程度。

依据日本 Togawa 推导建筑疏散时间公式及其他相关理论，在人群疏散方向上取一基准断面 P，则向断面 P 前进的人群称为流入群集；流出断面 P 继续前进的人群为流出群集。如果由于某种原因，例如通路变窄，或遇到门、楼梯、台阶等通道性质的改变，便容易引起人群在基准断面 P 处的滞留与混乱，在断面 P 处滞留的人群称为滞留群集，它等于流入群集与流出群集人数之差。

考虑赛场水平通道人群疏散场景：多个分支入口，一个出口，通道内人群流动呈直线型，通道出口在 t 时刻的聚集（滞留）人数 N_A 如式（5.5）所示：

$$N_A=\begin{cases}\sum\limits_{i=1}^{k}\int_0^t f_i(t)w_i(t)\mathrm{d}t\cdots\cdots\cdots\cdots\cdots\cdots\cdots\cdots(t\leqslant t_0)\\ \sum\limits_{i=0}^{k}\int_0^t f_i(t)w_i(t)\mathrm{d}t-\int_{t_0}^t f(t)W(t)\quad \mathrm{d}t\cdots\cdots\cdots\cdots\cdots(t_0\leqslant t\leqslant t_1)\\ \sum\limits_{i=0}^{k}\int_0^t f_i(t)w_i(t)\mathrm{d}t-\int_{t_0}^t f(t)W(t)\quad \mathrm{d}t+\sum\limits_{i=0}^{k}\int_{t_1}^t f_i(t)w_i(t)\mathrm{d}t\cdots\cdots(t_1\leqslant t\leqslant T)\end{cases}\tag{5.5}$$

式中 $f_i(t)$——通道第 i 个分支入口 t 时刻的人群流动系数(单位时间内单位空间宽度通过的人数)，人/(m·s)；

$f(t)$——通道出口 t 时刻人群流动系数，人/(m·s)；

$w_i(t)$——第 i 个分支入口 t 时刻人流宽度，m；

$W(t)$——通道出口 t 时刻人流宽度，m；

k——通道分支入口数目；

t_0——自疏散开始至出口断面 P 处刚出现人群滞留的时间；

t_1——通道出口人群流动系数 $f=0$ 的时间；

T——最后一人从分支入口进入通道的时间或出口区域达到饱和密度的时间。

5.2.1.3 赛场出口实例分析

某奥林匹克中心体育场看台其中一个出口区域如图 5-18 所示。设计为 7 个看台的观众从此出口疏散到安全地带。

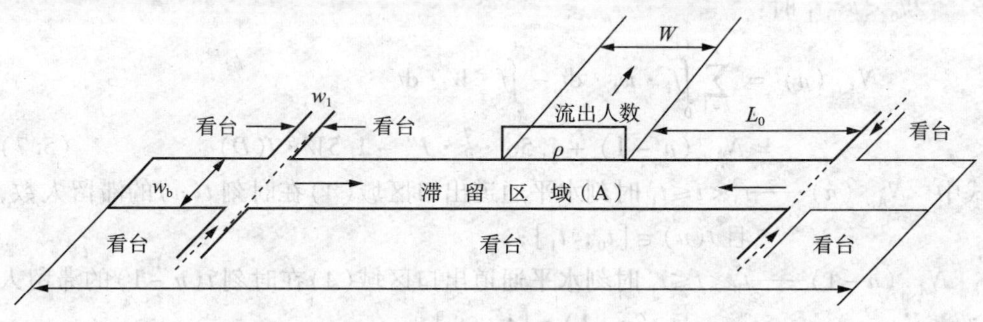

图 5-18 某奥林匹克中心体育场看台人群疏散示意

(1)初始设置

①人流宽度设定。看台纵走道宽度 w_1 设为两股人流宽度(单股人流为 0.5m)，横走道宽度 w_b 设为四股人流宽度($w_b=2.0$m)，出口通道宽度设为 W。

②距离和面积设定。出口与最近的看台通道距离 L_0 按 15 个座位来算为 15 × 0.6(座位宽) =9m，出口附近区域面积 $A=w_b\times(2L_0+W)\mathrm{m}^2$。

③看台人数设定。看台按 20(排)×15(座位数)=300 人计算，因此总的疏散人数为 2400 人。

(2)相关假设及疏散场景描述

①纵走道出口人群流量设定。本模型不考虑观众从座席到纵走道的疏散，只考虑纵走道出口流量，《体育建筑设计规范》(JGJ 31—2003)及相关体育建筑设计资料设定中国单股人群流量为 40 ~42 人/min，人群流量 F' 取 40 人/min(2/3 人/s)，也就是单股人流每 1.5s 通过一个人。

②疏散场景设定。观众首先从座位看台纵走道出口进入横走道，然后通过出口通道疏散到安全地带。由于人数为正整数，由(1)分析可知每 1.5s 单股人流从纵走道走出一个人，所以设此模型的时间间隔 $\Delta t = 1.5\text{s}$，疏散时间 $t = 1.5n$($n = 1, 2\cdots n$)。

(3)滞留人数计算

由式(5.5)可知，通过体育场水平出口通道的滞留人数可以通过下式来计算。

①$t \leqslant t_0$($t_0 = L_0/v'$)时：

$$N_{A,t_0}(n) = \sum_{i=1}^{k}\int_0^t f_i \cdot w_1 \cdot \mathrm{d}t = 1.5 \cdot \alpha \cdot k \cdot F' \cdot n \tag{5.6}$$

式中 $N_{A,t_0}(n)$——$t \leqslant t_0$ 时刻水平通道出口区域(A)在时刻 $t(n)$ 的滞留人数，且 $t(n) \in [0, t_0]$；

v'——疏散过程个体期望疏散速度，$v' = 1.5\text{m/s}$；

α——看台出口人流股数，$\alpha = 2$；

k——看台出口数目，$k = 4$。

②$t_0 < t \leqslant t_1$ 时：

$$\begin{aligned} N_{A,t_1}(n) &= \sum_{i=1}^{k}\int_0^t f_i \cdot w_1 \cdot \mathrm{d}t - \int_{t_0}^{t} f \cdot W \cdot \mathrm{d}t \\ &= N_{A,t_1}(n-1) + 1.5\alpha \cdot k \cdot F' - 1.5W \cdot f(D) \end{aligned} \tag{5.7}$$

式中 $N_{A,t_1}(n)$——$t_0 < t \leqslant t_1$ 时刻水平通道出口区域(A)在时刻 $t(n)$ 的滞留人数，且 $t(n) \in [t_0, t_1]$；

$N_{A,t_1}(n-1)$——$t_0 < t \leqslant t_1$ 时刻水平通道出口区域(A)在时刻 $t(n-1)$ 的滞留人数，且 $t(n-1) \in [t_0, t_1]$；

$f(D)$——水平通道出口人群流动系数，其为人群密度的函数，此处假设出口区域附近(A)人群密度是相同的，人群密度可以用下式表示：

$$D = \frac{N_A}{A} = \frac{N_A}{w_b(2L_0 + W)} \tag{5.8}$$

③$t_1 < t \leqslant T$ 时：

此时出口的人群流动系数在 t_1 时刻为零，也就是说此出口没有人员能够在疏散出去。假设出口区域(A)人群密度最大为 D'，则：

$$N_{A,T}(n) = \begin{cases} N_{A,T}(n) \cdots\cdots\cdots\cdots\cdots\cdots\cdots\cdots \dfrac{N_{A,T}(n)}{A} \geqslant D' \\ N_{A,T}(n) + \sum_{i=1}^{k} \int_{t_1}^{t} f_i \cdot w_1 \cdot \mathrm{d}t \cdots \dfrac{N_{A,T}(n)}{A} < D' \end{cases} \tag{5.9}$$

式中　$N_{A,T}(n)$——$t_1 < t \leqslant T$ 时刻水平通道出口区域(A)在时刻 $t(n)$ 的滞留人数，且 $t(n) \in [t_1,\ T]$。其他符号意义同前。

5.2.1.4　结果讨论

由于其他时间段出口处的滞留人数为线性增长关系，所以以 $t_0 < t \leqslant t_1$ 时间段为研究重点进行分析，此阶段也为人群拥挤踩踏事故最可能发生的阶段。出口人群流动系数 $f(D)$ 和出口宽度 W 都是影响出口滞留人数的重要参数，下面分别进行讨论。

(1)不同的人群流动系数 $f(D)$ 和不同的出口宽度 W

基于人群流动系数与人群密度的经验关系，计算滞留人数随时间的变化情况，并设定三种不同的出口宽度($W_1 = 2\text{m}$，$W_2 = 4\text{m}$，$W_3 = 8\text{m}$)分别进行计算，如图 5－19～图 5－21 所示。

①出口宽度 $W_1 = 2\text{m}$ 时滞留人数随时间变化关系

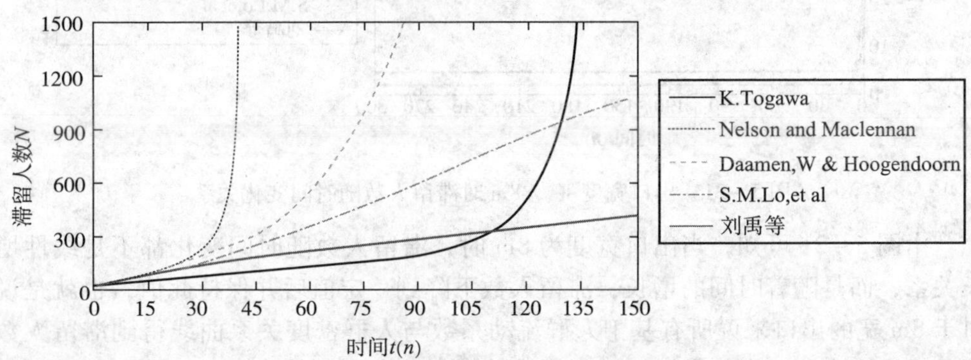

图 5－19　出口宽度 $W_1 = 2\text{m}$ 时滞留人数随时间变化关系

由图 5－19 可以看出，对于 2m 出口宽度来说，滞留人数随时间变化并不是简单的线性关系，并且随着时间的增长所有滞留曲线都是增加的，但是都有一个急剧增长的时刻，并且这个时刻的出现对于不同的人群流动系数与人群密度的关系是不同的。

②出口宽度 $W_2 = 4\text{m}$ 时滞留人数随时间变化关系

由图 5－20 可知，对于 4m 宽度出口来说，出口处滞留人数随时间变化关系也不是线性增长的。基于 Dammen，W & Hoogendoom，Nelson and Maclennan 的人群流动系数与人群密度关系曲线推出的滞留人数曲线随着时间的增长，滞留人数增加，并且出现滞留人数急剧增长的时刻。而基于K. Togawa，S. M. Lo和刘禹等的人群流动系数与人群密度关系曲线推出滞留人数曲线几乎是一条直线，也就是说进入出口多少人，疏散出去多少人，出口处不会出现大量滞留人群。

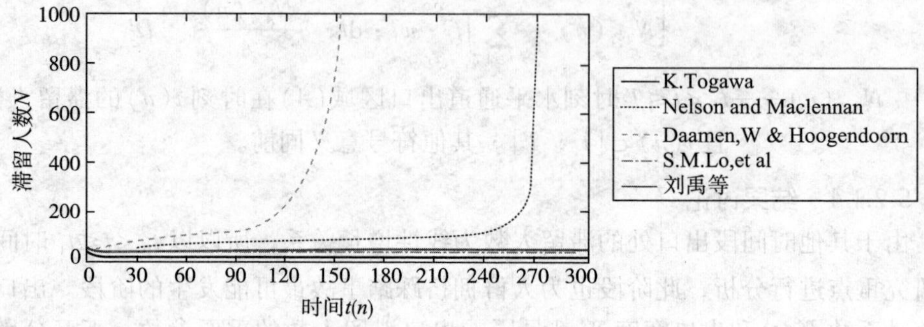

图5-20　出口宽度 $W_2=4\text{m}$ 时滞留人数随时间变化关系

③出口宽度 $W_3=8\text{m}$ 时滞留人数随时间变化关系

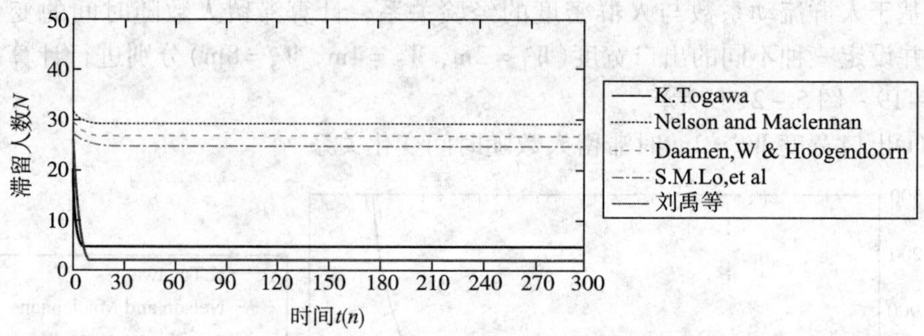

图5-21　出口宽度 $W_3=8\text{m}$ 时滞留人数随时间变化关系

由图5-21可知，当出口宽度为8m时，滞留人数随时间变化都不是线性增长关系，而是随着时间的增长，滞留人数下降到一定值后并保持此值，也就是说对于8m宽的出口来说所有基于人群流动系数与人群密度关系曲线得到滞留人数都几乎没有变化，也就是出口处不会出现滞留人群，也就不会出现人群拥挤踩踏事故发生，所以说出口宽度对于减少事故发生也很重要的。

(2)依据相同的 $f(D)$ 和不同出口宽度 W

从上面的滞留人数与时间的关系图可以看出，通过不同的人群流动系数与人群密度关系曲线推出的滞留人数是不同的。因此选取刘禹等依据中国人体特征推出的关系曲线做为基本的参数，推导的人群流动系数与人群密度的关系式如下：

$$f(D)=\left(\frac{1}{b_{\text{P}}+0.1}-d_{\text{P}}D\right)\cdot KD^{\gamma} \tag{5.10}$$

式中　b_{P}——中国人体肩宽，$b_{\text{P}}=0.5\text{m}$；

d_P——中国人体身体厚度，$d_P = 0.25\text{m}$；

K 和 γ——经验常数，且 $K = 1.36$，$\gamma \approx 0.5$。

因此通过前面公式可以推出：

$$N_{A,t_1}(W, n) = N_{A,t_1}(W, n-1) + 1.5\alpha \cdot k \cdot F' - 1.5W\left[2.27\left(\frac{N_{A,t_1}(W, n-1)}{w_b(2L_0+W)}\right)^{0.5} - 0.374\left(\frac{N_{A,t_1}(W, n-1)}{w_b(2L_0+W)}\right)^{1.5}\right] \quad (5.11)$$

赛场出口宽度对滞留人数影响比较大，本文设定 W 分别为 2m，4m 和 8m 进行计算分析，如图 5－22～图 5－24 所示。为了更好的说明不同宽度出口与滞留人数的关系，从三个时间段分别进行讨论：

①$n \leqslant 8$（$t \leqslant 12\text{s}$）时刻

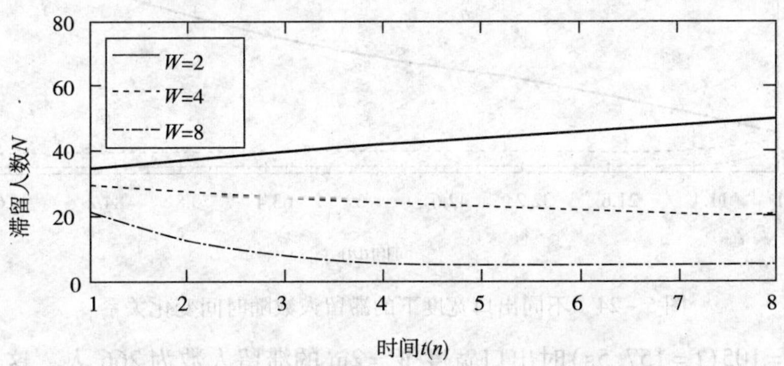

图 5－22　不同出口宽度下的滞留人数随时间变化关系

当 $n = 8$（$t = 12\text{s}$）时宽度 $W = 8\text{m}$ 出口滞留人数保持为 5 人，此时出口人群流量恒为 5.336 人/s。由图 5－22 可知在 12s 之前的任意时刻 t，出口宽度 $W = 2\text{m}$ 的滞留人数随时间 $t(n)$ 的增长而逐渐增大，出口宽度 $W = 4\text{m}$ 的滞留人数随时间 $t(n)$ 的增长而减少，出口宽度 $W = 8\text{m}$ 的滞留人数随时间 $t(n)$ 的增长而减少并开始趋向于一定值。

②$n \leqslant 46$（$t \leqslant 69\text{s}$）时刻

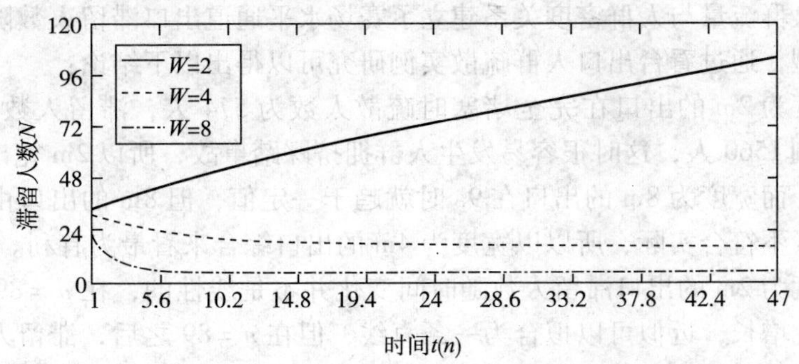

图 5－23　不同出口宽度下的滞留人数随时间变化关系

当 $n=46(t=69s)$ 时宽度 $W=4m$ 出口滞留人数保持为 17 人，此时刻出口人群流量恒为 5.332 人/s。由图 5-23 可知在 69s 之前的任意时刻 t，出口宽度 $W=2m$ 的滞留人数随时间 $t(n)$ 的增长而逐渐增大，出口宽度 $W=4m$ 的滞留人数随时间 $t(n)$ 的增长而减少并开始趋向于一定值，出口宽度 $W=8m$ 的滞留人数随时间 $t(n)$ 的增长已经趋向于一定值。

③$n\leqslant105(t\leqslant157.5s)$ 时刻

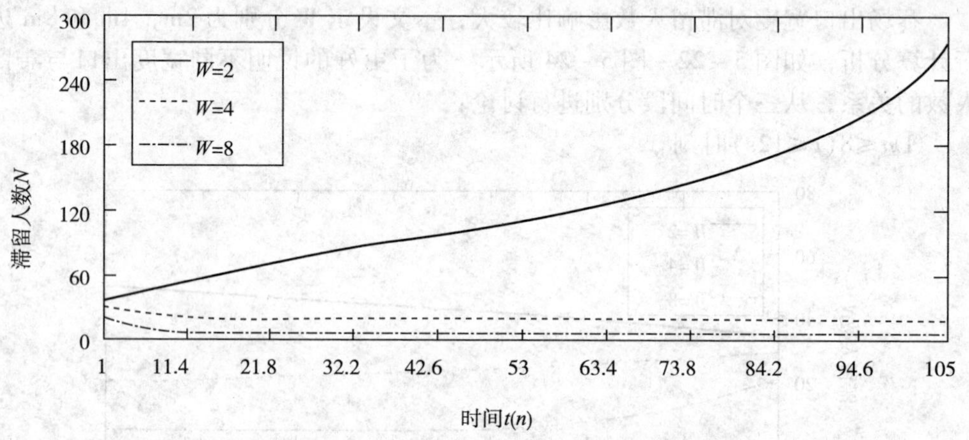

图 5-24 不同出口宽度下的滞留人数随时间变化关系

当 $n=105(t=157.5s)$ 时出口宽度 $W=2m$ 的滞留人数为 266 人，这个时刻为 t_1 时刻，也就是出口人群流量 $F=0$(出口堵塞)的时刻。这时从看台进入出口通道的人数为 840 人，表明在 157.5s 内从出口流出的人数为 574 人，这时看台还剩 1560 人，说明下一个时刻的滞留人数只与进入 A 区域的人数有关。从图 5-24 中可以看出，在 157.5s 之前的任意时刻 t，出口宽度 $W=2m$ 的滞留人数随时间 $t(n)$ 的增长而逐渐增大，但并不呈线性关系，而出口宽度 $W=4m$ 和 $W=8m$ 的滞留人数随时间 $t(n)$ 的增长已经趋于一定值。

5.2.1.5 总结及应用分析

基于人群流量与人群密度关系建立了赛场水平通道出口滞留人数随时间变化的定量模型，通过看台出口人群疏散实例研究可以得出以下结论：

①宽度为 2m 的出口在完全堵塞时疏散人数为 574 人，滞留人数为 266 人，看台上还剩 1560 人，这时很容易发生人群拥挤踩踏事故，所以 2m 宽出口不符合设计要求，而宽度为 8m 的出口在 9s 时就趋于一定值，但 8m 的出口由于造价和管理的因素不符合实际，所以以宽度为 4m 的出口综合来看最为有利。

②宽度为 2m 的出口滞留人数随时间变化并不是线性的，在 $n=89$ 之前，基本上成正比增长，近似可以拟合为一条直线，但在 $n=89$ 之后，滞留人数随 n 的增大增长幅度逐步变大，这时的滞留人数会在一个比较短的时间内急剧增加，从而在瞬间可能导致拥挤踩踏事故的发生。

5.2.2　改进的疏散时间定量计算模型及应用分析

目前相关建筑标准规范或设计指导书中提到的疏散时间的计算公式基本上是依据大量的实际观测得到的一些经验公式，这些计算公式使用方便、应用广泛，但它不能反映在人员众多的情况下可能发生拥挤的现象。虽然目前对人群在建筑物内的移动过程可以应用计算机模拟方法得到，但由于计算机模拟主要是针对模拟过程以及人员特性等的设置来对建筑进行性能化评估，疏散时间只是其中输出结果之一。而且对于不同的建筑物应用不同的疏散软件得出的结果也不尽相同。目前各国设计规范中仍在沿用传统的手工计算公式，并辅以计算机模拟对建筑进行性能化设计，因此利用手工计算对建筑疏散时间进行初步估计具有广泛的应用价值。

紧急状况下出口人群疏散时间是建筑总的疏散时间计算的重要组成部分，传统的疏散时间计算公式中出口处人群流动系数通常设为常数，本书基于人群流动理论和离散计算方法对传统疏散时间计算公式进行了改进，并提出了疏散离散时间计算模型(EDTM)。运用此改进模型对某奥林匹克中心体育场某看台出口人群疏散时间计算，并与 Building EXODUS 计算机模拟、传统公式计算结果对比分析可知，此改进模型计算结果与计算机模拟结果非常接近，而比传统疏散时间计算公式更为精确和符合实际情况。

5.2.2.1　改进的疏散离散时间模型的提出

(1)传统疏散时间计算公式

依据日本 Togawa 推导的疏散时间公式，温丽敏等提出火灾中群集流动模型，从而对人群疏散理论进行了较为详细的阐述。依据此理论推导得到人群疏散时间计算公式如下：

$$T = \frac{1}{f \cdot B}\left[N_a - \sum_{i=1}^{n} \int_{T_0}^{T} f_i(t) B_i(t) \mathrm{d}t \right] + T_0 \tag{5.12}$$

目前各国标准规范包括我国《体育建筑设计规范》(JGJ 31—2003)及其他相关的建筑防火规范对于疏散时间的计算公式都是式 5.12 的简化表达式(即忽略在 T_0 (T 时刻从各入口进入的人数)，只是其中符号表示不同，疏散时间简化计算式如下。

$$T = \frac{N_a}{f \cdot B} + \frac{k_s}{v} \tag{5.13}$$

式中　T——疏散时间，s；

f——门或走道的人群流动系数，人/(m · s)；

B——门或走道宽度，m；

N_a——建筑内需要疏散的总的人数；

k_s——待疏散的人群中第一个人移动到门或走道的距离，m；

v——人群移动速度，m/s。

式(5.13)中人群流动系数f是影响疏散时间的重要参量，在利用上式对建筑疏散时间进行计算过程中，通常按照通道性质设定人群流动系数为一经验常数。但在实际人群疏散尤其是恐慌人群疏散过程中，出口或通道狭窄处通常会出现堵塞，人群流动系数并不是常量，而是随人群密度不断变化的。

(2)人群移动速度与密度的关系

人群移动速度与人群密度的关系许多学者都进行了大量的观测研究，详见图5-15和图5-16。

(3)改进的疏散离散时间模型

基于人群流动理论和离散计算方法对传统疏散时间公式进行了改进，提出了疏散离散时间模型(EDTM，evacuation discrete time model)，原理如下：

①人群流动系数依据人群密度随时间变化，其变化关系依据人群流动系数与人群密度经验关系(图5-16)。

②EDTM模型离散时间间隔依据研究对象出口处的人群流量设定，因为人数表示为正整数，则单位时间内的人群流量也应为正整数，如《体育建筑设计规范》(JGJ 31—2003)中规定看台出口人群流量取40人/min(2/3人/s)，也就是每1.5 s从看台出口走出一个人，因此设定离散时间间隔为1.5 s。

③EDTM计算与出口区域的最大允许的人群密度有关，如果在设定的最大人群密度时的出口人群流动系数已经为零，也就是出口完全堵塞，此模型可以计算总的滞留人数以及在出口完全堵塞前的总的疏散人数；如果在设定的最大人群密度时的人群流动系数不为零，当出口处人群密度达到这一密度时，人群流动系数为一定值，即出口处的人群可以全部疏散。EDTM虽然没有直接给出疏散时间计算公式，但其给出了疏散人数随疏散时间的变化关系，一旦疏散结束，此时的时间即为总的疏散时间。

5.2.2.2 改进的疏散离散时间模型在体育赛场中的应用

某奥林匹克中心体育场为6层结构，南北长380 m，东西长270 m，标高53 m，占地约$7.8\times10^4 m^2$，设有主席台座位518个，记者席座位272个，观众席座位6×10^4个，可同时容纳8×10^4人观看比赛。研究中选取中心体育场西看台某一出口作为研究对象，出口结构如5-18所示。

(1)EDTM计算表达式

①初始参数设置。

EDTM模型计算不考虑观众从看台座席到纵走道的疏散，只考虑人员从看台纵走道出口进入看台横走道(区域A)，然后经此通道从出口疏散。则模型相关参数初始设置如下：

a. 人流宽度设定。看台纵走道宽度w_1设为两股人流宽度(单股人流为0.5

m)，横走道宽度 w_b 设为四股人流宽度($w_b=2.0$ m)，出口通道宽度设为 W。

b. 距离和面积设定。出口与最近的看台通道距离 L_0 按15个座位来算为15×0.6(座位宽)=9 m，出口附近区域面积 $A=w_b(2L_0+W)(m^2)$。

c. 纵走道出口人群流量设定。《体育建筑设计规范》(JGJ 31—2003)中单股人群流量设为40~42人/min，研究人群流量 F' 取40人/min(2/3人/s)。也就是单股人流每1.5s通过一个人。

d. 离散时间间隔。由式(3)可知每1.5 s单股人流从看台纵走道走出一个人，所以设此模型的时间间隔 $\Delta t=1.5$ s，疏散时间 $t=1.5n(n=1, 2, \cdots, n)$。

e. 看台人数设定。看台总的疏散人数设定为980人。

②计算表达式。

英国关于体育赛场安全的"绿色指导书"中以4人/m² 作为赛场人群密度的限定条件，而在Building EXODUS疏散软件中，人群最大密度同样也为4人/m²，为了进行对比分析，研究中设定4人/m² 为EDTM允许的最大密度，则EDTM计算表达式如下：

a. $D\leqslant 4$ 人/m²

$$N_s(n)=\sum_{i=1}^{k}\int_{0}^{t(n)}f_i\cdot w_1\cdot \mathrm{d}t-\int_{T_0}^{t(n)}f\cdot W\cdot \mathrm{d}t=N_s(n-1)+1.5\alpha\cdot k\cdot F'-1.5W\cdot f\left[\frac{N_s(n-1)}{w_b(2L_0+W)}\right]$$

$$N_e(n)=\int_{T_0}^{t(n)}f\cdot W\cdot \mathrm{d}t=N_e(n-1)+1.5W\cdot f\left[\frac{N_s(n-1)}{w_b(2L_0+W)}\right]$$

b. $D>4$ 人/m²

$$N_s(n)=\sum_{i=1}^{k}\int_{0}^{t(n)}f_i\cdot w_1\cdot \mathrm{d}t-\int_{T_0}^{t(n)}f\cdot W\cdot \mathrm{d}t=N_s(n-1)+1.5\alpha\cdot k\cdot F'-1.5W\cdot f[4]$$

$$N_e(n)=\int_{T_0}^{t(n)}f\cdot W\cdot \mathrm{d}t=N_e(n-1)+1.5W\cdot f[4] \tag{5.14}$$

式中 $N_s(n)$——出口区域A在时刻 $t(n)$ 时的滞留人群数；

$N_e(n)$——出口区域A在时刻 $t(n)$ 时的疏散人群数；

$N_s(n-1)$——出口区域A在时刻 $t(n-1)$ 时的滞留人群数；

$N_e(n-1)$——出口区域A在时刻 $t(n-1)$ 时的疏散人群数；

$a=2$——看台纵走道出口人流股数；

$k=4$——看台总走道出口数并假设纵走道出口人群流动系数相等；其他符号意义同前。

(2)Building EXODUS疏散软件应用

为了进行对比分析，模拟场景设置如EDTM，即7个看台的观众从看台纵走道经看台横走道从横走道出口疏散，在模拟软件初始设置中所有人群个体特征设为默认值。

(3)结果分析

通过与计算机模拟和传统公式计算结果对比来对改进的疏散离散时间模型(EDTM)进行的验证，人群流动系数和出口宽度是影响此改进模型的重要参数。

①模型验证

EDTM 应用对象为体育赛场，刘禹等对于人群流动系数与人群密度的关系推导是基于体育场结构特征及赛场人群特性，因此 EDTM 模型采用刘禹等推导的人群流动系数关系式。Building EXODUS 疏散软件对于出口人群流动系数默认设置的最大值为 1. 33 人/(m·s)，传统疏散时间计算公式也同样采用此值。EDTM 计算结果与计算机模拟、传统公式计算结果对比如图 5-25 所示。

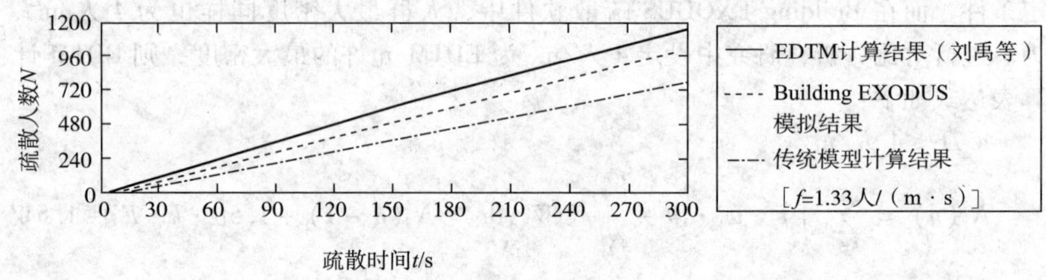

图 5-25　EDTM、计算机模拟及传统公式计算对比

由图 5-25 可知，EDTM 计算结果与计算机模拟结果比传统公式计算结果更为接近，且疏散人数随时间变化并不是线性增长的，在 120s 处有一个比较明显的弯曲，而其它两条曲线几乎为一条直线，因此 EDTM 计算结果更符合实际人群疏散情况。

②基于不同人群流动系数与人群密度关系的对比分析

为了更好的说明人群流动系数对 EDTM 计算结果的影响，根据人群流动系数与人群密度经验关系总结，并代入 EDTM 计算式，与计算机模拟和传统计算公式进行对比分析，如图 5-26 所示。

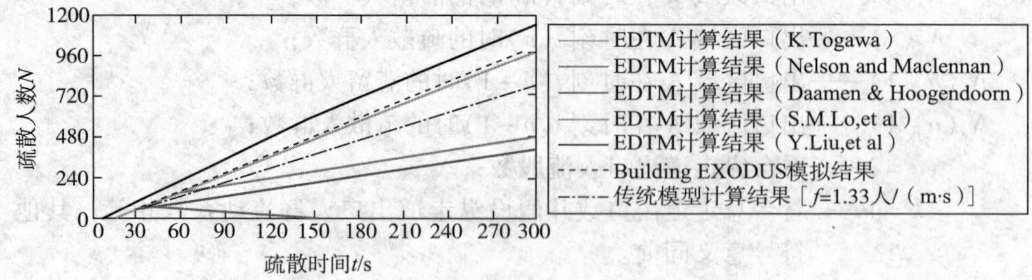

图 5-26　EDTM、计算机模拟及传统公式计算对比

从图5-26可以看出不同研究者推导出的人群流动系数与人群密度的关系带入EDTM模型所得的计算结果差异很大，其中刘禹等人和K. Togawa推导的关系计算与模拟结果比较接近，而其他人由于根据不同的场所的人群流动系数与人群密度的关系推导导致了与体育场特定场所人群疏散计算机模拟结果的差异，因此EDTM的应用一定要注意选取针对特定场所的人群流动系数与人群密度关系的经验公式。

另外从图5-26可以看出，依据Nelson & Maclennan关系计算的疏散人数并不随时间增长而增加，这是因为研究是以4人/m^{2}作为最大允许的人群密度，而Nelson & Maclennan推导关系式中当人群密度小于4人/m^{2}时出口人群流动系数已经为零，因此EDTM计算结果随着疏散时间的增长疏散人数先增加然后逐步减少，直至出口完全堵塞为止。

③基于不同出口宽度的对比分析

出口宽度是影响人群流量的一个重要参数，分别设定2m、3m、4m宽度的赛场看台横走道出口利用EDTM进行计算(人群流动系数取值基于刘禹等推导的关系式)，并与设定不同宽度的计算机模拟和传统计算公式计算结果对比分析，如图5-27所示。

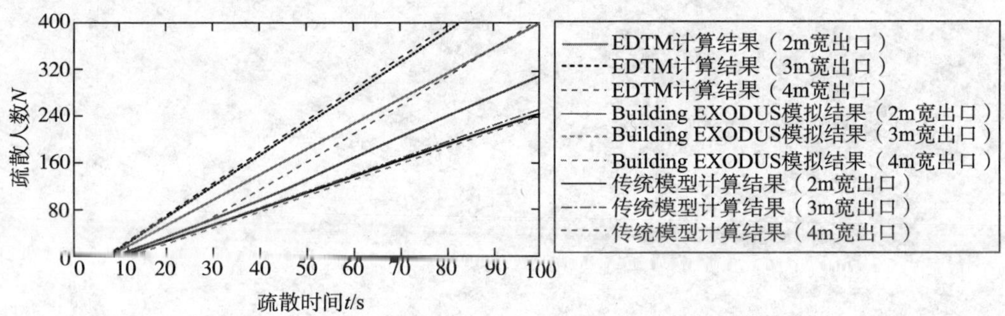

图5-27 EDTM、计算机模拟及传统公式计算对比

由图5-27可知，传统的计算公式对于不同宽度出口疏散时间与疏散人数关系曲线是重合的，而EDTM计算和Building EXODUS模拟结果对于不同宽度出口变化趋势是相同的，进一步说明了EDTM应用于疏散时间计算的准确性，并且更能反映实际人群疏散情景。

5.2.2.3 总结及应用分析

本书提出了一个改进的疏散离散时间模型EDTM，通过奥运赛场实例分析可得出如下结论。

①传统疏散时间计算公式只是一个简化模型，人流流动系数设置为常数。但实际上出口或狭窄通道处的人群流动系数是随人群密度不断变化的，如果在传统的计算公式中人群流动系数设置相对小的话，所得的疏散时间会比实际结果要

长，反之亦然。这是传统计算公式的缺陷，但这点恰恰是EDTM模型的优势，依据经验人群流动系数关系式计算疏散时间，计算结果与计算机模拟结果非常接近。

②EDTM模型不仅可以计算疏散时间，从其推导原理可知，通过设定不同的密度条件可以得到不同时刻出口处的滞留人数，目前经常发生的人群拥挤踩踏事故的主要致因为出口或通道狭窄处的人群高度聚集，因此通过对特定时刻滞留人数与疏散人数的对比可以解释人群拥挤踩踏事故致因机理问题。

第 6 章 城市开放空间人群疏散定量计算

城市开放空间大体可以分为点、线、面 3 种空间形态，它们相互交织、互为沟通，组成城市开放空间网络。点状开放空间面积相对较小，形状为团块或类似块体，例如分散于城市各地的街头绿地、小型广场，各居住区中的小区级游园、居住区公园；线状开放空间成条带形，例如，城市的道路系统、河流水系和绿带；面状开放空间是指城市中面积相对较大的开放空间，包括综合性公园、动植物园、大型广场和水域等。

6.1 某城市道路网络概述

图 6 - 1 是某城市的道路交通网络图。在图 6 - 1 中，经过调查、统计和绘制，做出可以在 MapObject 中显示的 shx 文件和 shp 文件，由于本书只针对开放空间人群疏散进行研究，图中只记录了与道路相关的数据。

由于图中的道路网络面积较大，形状也较为复杂，因此在计算和分析过程中容易导致运算量过大和某些错误，可以选取一个区域进行分析，这样既能清楚明朗地显示出计算过程，也避免大量运算中可能会出现的错误。因此截取该网络图中的一部分进行分析，截取的区域如图 6 - 2 所示。

根据截取的区域道路交通网络图，选取 v_s 作为人群疏散的源节点，即事故发生地点，v_t 是安全避难所的位置，即目标节点。人群沿着一定的道路网络进行疏散，疏散道路的网络结构如图 6 – 3 所示。

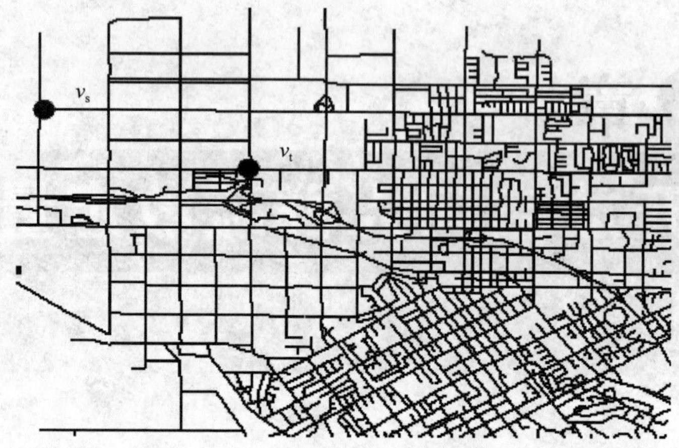

图 6 – 1　某城市道路交通网络图

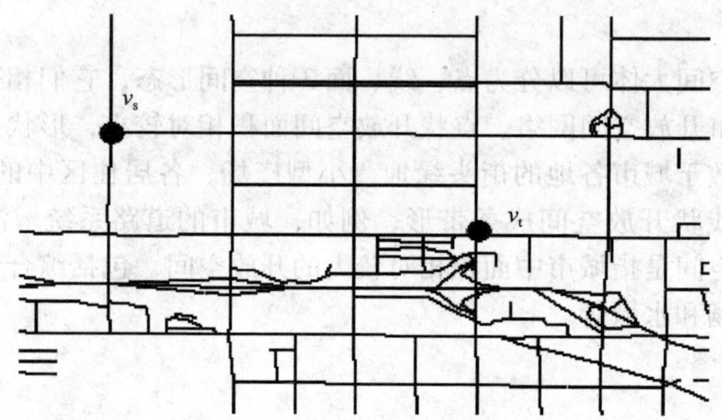

图 6 – 2　区域道路交通网络图

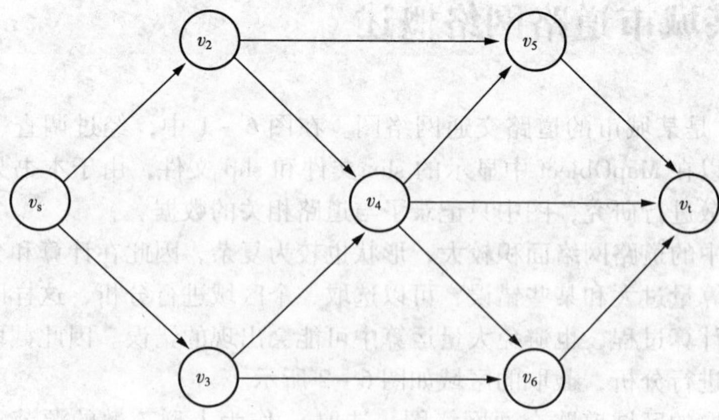

图 6 – 3　开放空间人群疏散网络图 1

6.2 人群疏散最短路径计算述

6.2.1 事故场景的静态网络分析

根据开放空间网络理论，首先需要构造事故发生地点 v_s 和避难所 v_t 之间的矩阵，网络图中各个节点之间的距离和人群疏散方向如图6－4所示。

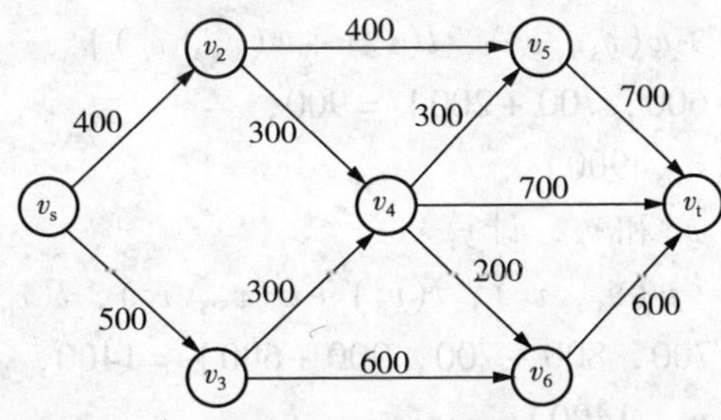

图6－4 开放空间人群疏散网络图2

根据图6－4，可以构造事故地点 v_s 和避难场所 v_t 之间的距离矩阵，箭头上的数字表示相邻节点之间的距离(单位 m)，假设互相不连通的节点之间的距离为10000，得到如下矩阵：

$$\begin{bmatrix} 0 & 400 & 500 & 10000 & 10000 & 10000 & 10000 \\ 10000 & 0 & 0 & 300 & 400 & 10000 & 10000 \\ 10000 & 0 & 0 & 300 & 10000 & 600 & 10000 \\ 10000 & 10000 & 10000 & 0 & 300 & 200 & 700 \\ 10000 & 10000 & 10000 & 10000 & 0 & 10000 & 700 \\ 10000 & 10000 & 10000 & 10000 & 10000 & 0 & 600 \\ 10000 & 10000 & 10000 & 10000 & 10000 & 10000 & 0 \end{bmatrix}$$

(1)计算过程

首先给 v_s 标号，由于 v_s 是事故地点，令它的标号为0，令 $l(v_s)=0$，于是得到事故地点 v_s 的标号为(0，0)。

v_2 的来源点是 v_s，$l(v_2)$ 可由公式计算，

$l(v_2)=\min\{l(v_2)+w(v_1, v_2)\}=\min\{0+400\}=400$，

得到 v_2 的标号为(v_s，400)。

v_3 的来源点是 v_s，计算

$l(v_3)=\min\{l(v_3)+w(v_1, v_3)\}=\min\{0+500\}=500$,

得到 v_3 的标号为(v_s，500)。

v_4 的来源点有 v_2 和 v_3，计算

$$l(v_4)=\min\{l(v_2)+w(v_2, v_4), l(v_3)+w(v_3, v_4)\}$$
$$=\min\{400+300, 500+300\}=700,$$

得到 v_4 的标号为(v_2，700)。

v_5 的来源点有 v_2 和 v_4，计算

$$l(v_5)=\min\{l(v_2)+w(v_2, v_5), l(v_4)+w(v_4, v_5)\}$$
$$=\min\{400+400, 700+300\}=800,$$

得到 v_5 的标号为(v_2，800)。

v_6 的来源点有 v_3 和 v_4，计算

$$l(v_6)=\min\{l(v_3)+w(v_3, v_6), l(v_4)+w(v_4, v_6)\}$$
$$=\min\{500+600, 700+200\}=900,$$

得到 v_6 的标号为(v_4，900)。

v_t 的来源点有 v_4、v_5 和 v_6，计算

$$l(v_t)=\min\{l(v_4)+w(v_4, v_7), l(v_5)+w(v_5, v_7), l(v_6)+w(v_6, v_7)\}$$
$$=\min\{700+700, 800+700, 900+600\}=1400,$$

得到 v_t 的标号为(v_4，1400)。

沿着第一个标号，由终点反向追踪，很容易求得该网络的最短路径 $v_s \to v_2 \to v_4 \to v_t$，目标节点 v_t 的第二个标号就是此最短路的长度。

在上述的标号过程中，不仅可以求得从 v_s 到 v_t 的最短路径，而且可以求得从 v_s 到 v_j($j=2, 3, \cdots t$)的最短路径，例如从 v_s 到 v_5 的最短路径是 $v_s \to v_2 \to v_5$，最短路的长度为800。

(2)最短路径的计算结果汇总

根据以上的计算，可以得到网络中事故发生地点到避难场所的最短路径，见表6-1，表中同时记录了选择不同路径到达避难场所的距离。

表6-1　最短路径计算结果汇总

起点	终点	长度/m	通过路径的顶点
s	t	1400	s，2，4，t
s	t	1500	s，2，5，t
s	t	1700	s，2，4，5，t
s	t	1500	s，2，4，6，t
s	t	1500	s，3，4，t
s	t	1800	s，3，4，5，t
s	t	1600	s，3，4，6，t
s	t	1700	s，3，6，t

(3)计算结果分析

由计算结果可以看出，该网络图中从事故发生地点(源节点)v_s 到安全避难所(目标节点)v_t 的最短路径为 $v_s \to v_2 \to v_4 \to v_t$，长度为1400m，人群疏散所需要的时间会比较短(假设人群在各条道路上的运动速度是定值)；而如果选择其他的路线，得到的路径总长度会比所选择的路径要长，即人群疏散的时间会比较长，不利于人群有效进行疏散。

根据结果汇总，可以对疏散最短路径的结果进行排序，顺次找出不同路线的总长度，作为备选方案。例如，若最短路径 $v_s \to v_2 \to v_4 \to v_t$ 中的 $v_2 \to v_4$ 道路由于堵塞而无法通行，此时就要选择第二短的路径，共有 3 条，分别是 $v_s \to v_2 \to v_5 \to v_t$、$v_s \to v_2 \to v_4 \to v_6 \to v_t$、$v_s \to v_3 \to v_4 \to v_t$，总长度均为1500m。在这 3 条路线中，要去掉有 $v_2 \to v_4$ 道路的方案，那么可选择的备选方案有 $v_s \to v_2 \to v_5 \to v_t$ 和 $v_s \to v_3 \to v_4 \to v_t$，决策者可以根据备选方案和实际情况做出选择判断，确定最为合理的路线。

在计算过程中，也可以求得其他各点到 v_t 的最短路径，这些结果不论是对于应急救援工作还是灾难下的人群疏散，都具有一定的指导意义。

6.2.2 事故场景的动态网络分析

仍以图 6 - 4 为例，假设在经过时间 T 后，该区域内的网络变为如下状态，如图 6 - 5 所示。事故地点为 v_s，避难场所 v_t，箭头上的数字分别表示相邻节点之间的距离(m)以及人员在该道路上的平均行动速度(m/s)。

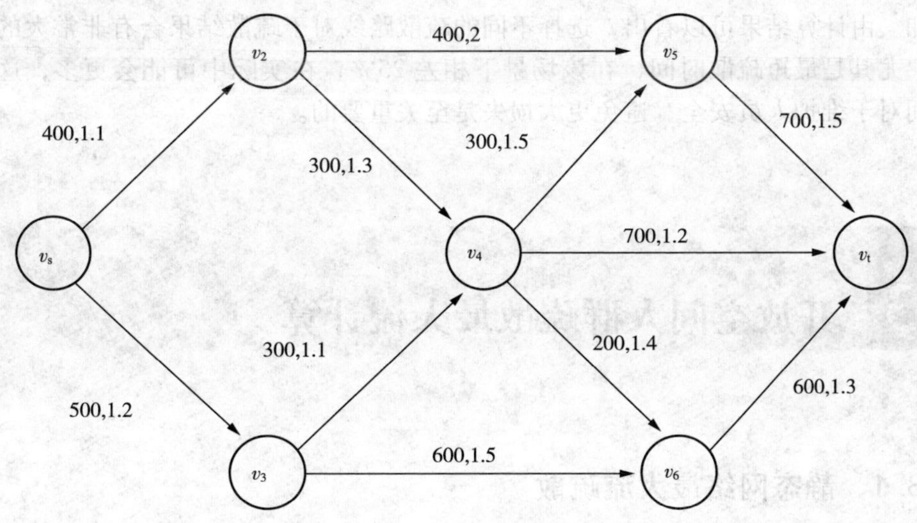

图 6 - 5 动态疏散网络信息

计算结果如表 6 - 2 所示。

表 6－2　计算结果汇总

起点	终点	通过路径的顶点	路径长度/m	疏散时间/s
s	t	s，2，4，t	1400	1178
s	t	s，2，5，t	1500	1030
s	t	s，2，4，5，t	1700	1261
s	t	s，2，4，6，t	1500	1199
s	t	s，3，4，t	1500	1273
s	t	s，3，4，5，t	1800	1356
s	t	s，3，4，6，t	1600	1294
s	t	s，3，6，t	1700	1278

由计算结果可以看出，事故场景下该区域内的网络疏散能力发生变化，虽然从事故发生地点（源节点）v_s 到安全避难所（目标节点）v_t 的最短路径为 $v_s \to v_2 \to v_4 \to v_t$，长度为 1400m，但是其所用的疏散时间并不是最短的；$v_s \to v_2 \to v_5 \to v_t$ 路线总长度为 1500m，但疏散时间最小，仅用 1030s，比最长时间 1356s 要少用约 25% 的时间，对于人群及时疏散具有重大的意义。

在本例中，为简化计算，选择的道路网络不是很大，只有 7 个节点。在实际疏散中，道路网络将更为复杂，路线会大大加长，人群疏散所用的时间也会随之增加。由计算结果可以看出，选择不同的疏散路线对于疏散结果会有非常大的影响，尤其是最短疏散时间，在该场景下相差 25%，在实际中可能会更多，这段时间对于维护人员安全、避免更大损失是至关重要的。

6.3　开放空间人群疏散最大流计算

6.3.1　静态网络最大流疏散

图 6－6 所示是某地区的道路交通网络图，人群要从事故地点 v_s 疏散到避难场所 v_t，两点连线上的数字表示这条道路上的最大通行能力 c_{ij}，括号内的数字表示该弧上的实际流 f_{ij}。

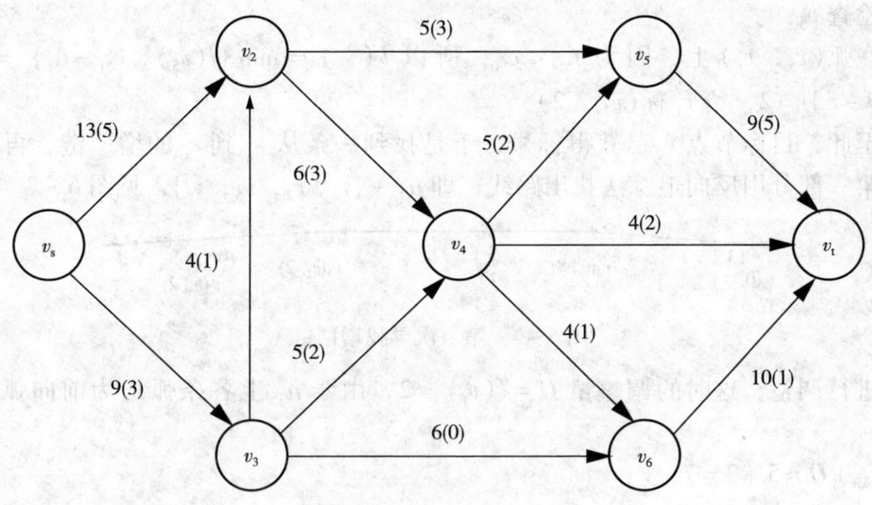

图 6 - 6　道路交通网络图

(1)计算过程

第一次寻找增广链：

首先给 v_s 标(0，+∞)，即 $l(v_s)=\infty$；

检查 v_s：

在弧(v_s, v_2)上，因为 $f_{s2}<c_{s2}$，所以 $l(v_2)=\min\{l(v_s), c_{s2}-f_{s2}\}=\min\{\infty, 13-5\}=8$，给 v_2 标$(v_s^+, 8)$；

在弧(v_s, v_3)上，因为 $f_{s3}<c_{s3}$，所以 $l(v_3)=\min\{l(v_s), c_{s3}-f_{s3}\}=\min\{\infty, 9-3\}=6$，给 v_3 标$(v_s^+, 6)$

检查 v_2：

在弧(v_2, v_5)上，因为 $f_{25}<c_{25}$，所以 $l(v_5)=\min\{l(v_2), c_{25}-f_{25}\}=\min\{8, 5-3\}=2$，给 v_5 标$(v_2^+, 2)$；

在弧(v_2, v_4)上，因为 $f_{24}<c_{24}$，所以 $l(v_4)=\min\{l(v_2), c_{24}-f_{24}\}=\min\{8, 6-3\}=3$，给 v_4 标$(v_2^+, 3)$；

在弧(v_2, v_3)上，因为$f_{32}=1>0$，所以 $l(v_3)=\min\{l(v_2), f_{32}\}=\min\{8, 1\}=1$，给 v_3 标$(v_2^-, 1)$

因为前面已给 v_3 标过号$(v_s^+, 6)$，这里又给 v_3 标$(v_2^-, 1)$，它们分别表示两条不同的路线，这里不存在修改标号的问题(与最短路不同)，因为目标是尽快找到一条从 v_s 到 v_t 的增广链，即尽快使目标节点 v_t 获得标号，所以不必在中途过多停留。也就是对已标号的点 v_i 进行检查时，每次只检查一个相邻点 v_j(不论前向弧或后向弧均可)，再给 v_j 标号即可，而不必检查所有与 v_i 相邻的点。事实上，其余的相邻点也不会漏掉，因为以后还要通过检查这些点来找到新的增广链，以下就按照这种思路进行分析。

检查 v_5：

在弧(v_5, v_t)上，因为 $f_{5t} < c_{5t}$，所以 $l(v_t) = \min\{l(v_5), c_{5t} - f_{5t}\} = \min\{2, 9-5\} = 2$，给 v_t 标$(v_5^+, 2)$

至此，目标节点 v_t 已获得标号，于是找到一条从 v_s 到 v_t 的增广链，再由标号的第一部分用反向追踪法找出路线，即 $\mu_1 - \{v_s, v_2, v_5, v_t\}$，见图 6-7。

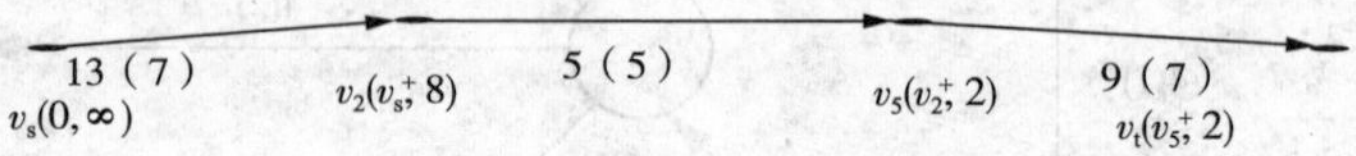

$v_s(0,\infty)$ —13（7）→ $v_2(v_s^+, 8)$ —5（5）→ $v_5(v_2^+, 2)$ —9（7）→ $v_t(v_5^+, 2)$

图 6-7　第一次寻找增广链

进行调整，这时的调整量 $Q = l(v_t) = 2$，由于 μ_1 上各条弧均为前向弧，故得到。

$f_{s2} + Q = 5 + 2 = 7$，

$f_{25} + Q = 3 + 2 = 5$，

$f_{5t} + Q = 5 + 2 = 7$，

其余的 f_{ij} 不变。

第二次寻找增广链：

首先给 v_s 标$(0, +\infty)$，检查 v_s，给 v_2 标$(v_s^+, 6)$

检查 v_2：

在弧(v_2, v_5)上，因为 $f_{25} = c_{25}$，故该弧已饱和，标号无法进行下去；

在弧(v_2, v_4)上，因为 $f_{24} < c_{24}$，所以 $l(v_4) = \min\{l(v_2), c_{24} - f_{24}\} = \min\{6, 6-3\} = 3$，给 v_4 标$(v_2^+, 3)$

检查 v_4：

在弧(v_2, v_4)上，因为 $f_{24} < c_{24}$，所以 $l(v_5) = \min\{l(v_4), c_{45} - f_{45}\} = \min\{6, 6-3\} = 3$，给 v_5 标$(v_4^+, 3)$

检查 v_5：

在弧(v_5, v_t)上，因为 $f_{5t} < c_{5t}$，所以 $l(v_t) = \min\{l(v_5), c_{5t} - f_{5t}\} = \min\{3, 9-7\} = 2$，给 v_t 标$(v_5^+, 2)$

于是又得到一条增广链，$\mu_2 - \{v_s, v_2, v_4, v_5, v_t\}$，见图 6-8。

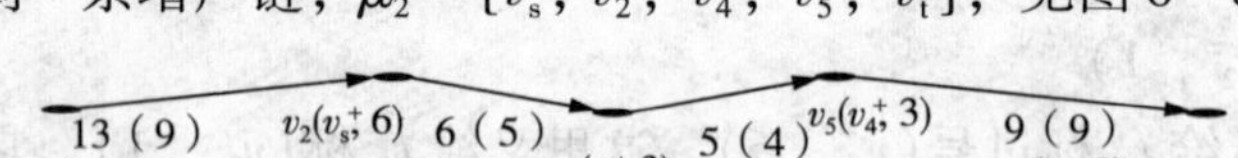

$v_s(0,\infty)$ —13（9）→ $v_2(v_s^+, 6)$ —6（5）→ $v_4(v_2^+, 3)$ —5（4）→ $v_5(v_4^+, 3)$ —9（9）→ $v_t(v_5^+, 2)$

图 6-8　第二次寻找增广链

进行调整，这时的调整量 $Q = l(v_t) = 2$，由于 μ_1 上各条弧均为前向弧，故得到：

$f_{s2} + Q = 7 + 2 = 9$，

$f_{24} + Q = 3 + 2 = 5$，

$f_{24}+Q=2+2=4$

$f_{5t}+Q=7+2=9$，

其余的 f_{ij} 不变。

第三次寻找增广链：

首先给 v_s 标(0，+∞)；检查 v_s，给 v_2 标(v_s^+，4)；检查 v_2，给 v_4 标(v_2^+，1)；检查 v_4，给 v_5 标(v_4^+，1)；检查 v_5，因为(v_5，v_t)是饱和弧，标号无法进行。

于是又得到一条增广链，μ_3 - {v_s，v_2，v_4，v_t}，见图 6-9，并进行调整。

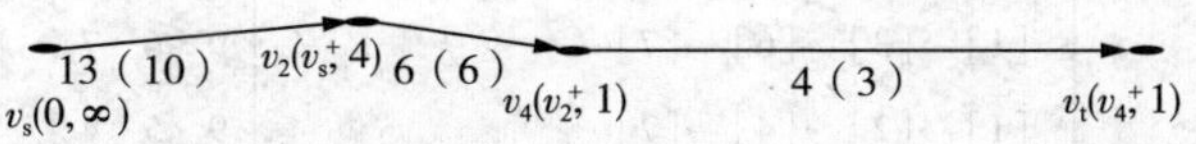

13（10） $v_2(v_s^+,4)$ 6（6） 4（3）
$v_s(0,\infty)$ $v_4(v_2^+,1)$ $v_t(v_4^+,1)$

图 6-9 第三次寻找增广链

第四次寻找增广链：

首先给 v_s 标(0，+∞)；检查 v_s，给 v_2 标(v_s^+，3)；检查 v_2，这时弧(v_2，v_4)，(v_2，v_5)均已饱和，而在弧(v_3，v_2)上，因 $f_{32}=1>0$，给 v_3 标(v_2^-，1)，表明该弧为后向弧；检查 v_3，给 v_4 标(v_3^+，1)；检查 v_4，给 v_t 标(v_4^+，1)。

于是又得到一条增广链，μ_4 - {v_s，v_2，v_3，v_4，v_t}，见图 6-10，并进行调整。

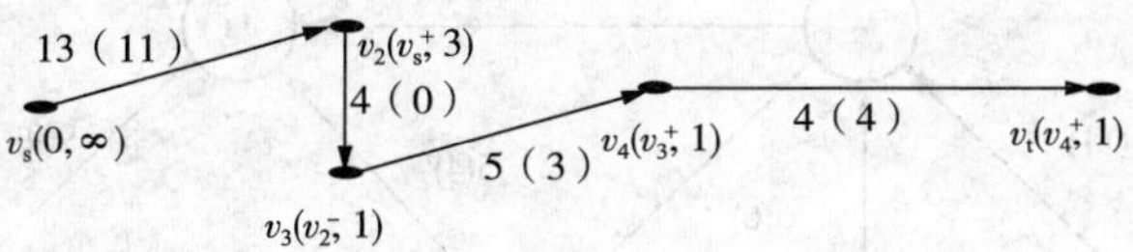

图 6-10 第四次寻找增广链

第五次寻找增广链：

首先给 v_s 标(0，+∞)；检查 v_s，给 v_2 标(v_s^+，2)；检查 v_2，这时弧(v_2，v_4)，(v_2，v_5)均已饱和，而弧(v_3，v_2)上，因 $f_{32}=0$，标号无法进行；但在弧(v_s，v_3)上，给 v_3 标(v_s^+，6)；检查 v_3，给 v_4 标(v_3^+，2)；检查 v_4，因为(v_4，v_t)已饱和，而在弧(v_4，v_6)上，给 v_6 标(v_4^+，2)；再检查 v_6，给 v_t 标(v_6^+，2)。

于是又得到一条增广链，μ_5 - {v_s，v_3，v_4，v_6，v_t}，见图 6-11，并进行调整。

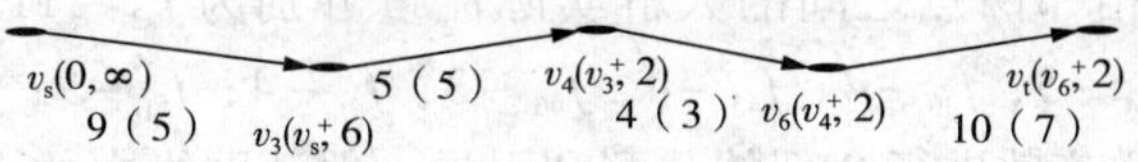

图 6-11 第五次寻找增广链

第六次寻找增广链：

首先给 v_s 标(0，+∞)；检查 v_s，这时弧(v_s，v_2)已饱和；再检查 v_2，如前所述，标号已无法进行。至此，以求得最大流，最大流量为 $v(f)=20$，将各条道路的最大流表现在图中，如图 6－12 所示。

(2)计算结果汇总与分析

根据前面的计算结果，把对各条道路流量的调整过程进行汇总，得到表 6－3。

表 6－3　最大流计算结果汇总

寻找增广链	寻找结果	调整结果
第一次寻找	[1]→[2]→[5]→[7]	7　5　7
第二次寻找	[1]→[3]→[6]→[7]	9　6　7
第三次寻找	[1]→[2]→[4]→[7]	9　5　4
第四次寻找	[1]→[2]→[4]→[6]→[7]	10　6　2　8
第五次寻找	[1]→[2]→[－3]→[4]→[6]→[7]	11　0　3　3　9
第六次寻找	不存在	

对于选定的网络结构图，不断的寻找网络图中的增广链，即道路中可增加的人流数量，并进行调整。经过 6 次寻找，可以得到网络的最大疏散人流，如图 6－12 所示。

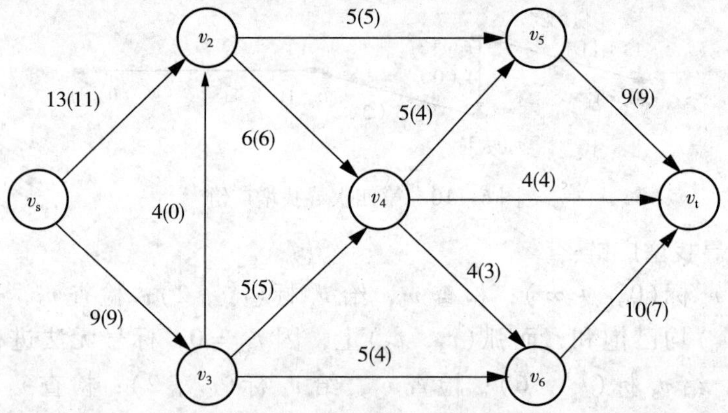

图 6－12　调整后的人群疏散最大流

由图 6－12 的汇总结果可以看出，经过 6 次计算后，该道路网络中允许的最大疏散流为 20，相邻两点之间的人群实际流量分别为 f_{s2}－11，f_{s3}－9；f_{23}－0，f_{24}－6，f_{25}－5；f_{34}－5，f_{36}－4；f_{45}－4，f_{46}－3，f_{4t}－4；f_{5t}－9；f_{6t}－7。通过计算结果，可以对人群疏散进行合理的分配和引导，保证网络中的人群能够尽快的疏散到安全避难场所中。

在人群疏散中，一旦发生拥挤和堵塞，会大大降低疏散的效率，并且会导致人群发生慌乱和其他行为。因此，保证人群能够连续顺利的疏散是至关重要的问题。通过计算疏散网络中的人群最大流，可以有效控制每条道路上的人群流量，避免拥挤和堵塞事故，同时可以根据计算出的最大流合理分配人群和制定分阶段疏散的策略，保证疏散工作的顺利进行。

6.3.2　动态网络最大流疏散

以上针对某城市开放空间人群疏散的静态网络做出了相应的计算和分析，并且得到了较为合理的结果，对于灾害发生前做出规划和预案具有重要的作用。但是在实际的疏散过程中，网络的路段长度、路段的通行能力等会随着时间的改变而发生变化，导致应急疏散网络随时间而改变，因此需要利用的动态网络流模型来分析疏散网络，从实际的角度对人群疏散进行科学有效的指导。

在灾害发生的情况下，可能需要疏散大量的人群，人群会从不同的区域出发，会有多个目标避难点来确保人员的安全，因此这就会出现多个人群出发点和多个避难场所。对于多个源节点和多个目标节点的情形，可以采取虚设一个总的源节点 v_s 和总目标节点 v_t，从总源节点到各个源节点 v_{si} 均以弧相连，并且令这些弧的容量均为∞或某一具体数值（根据具体情况确定其数值）。同样，从各个目标节点 v_{ti} 到总目标节点 v_t 也用弧连接，用同样的取值方法取值。这样，原来的源节点 v_{si} 与目标节点 v_{ti} 都变成了网络的中间点，原来的问题就转变成为一个源节点一个目标节点的网络图，如图6－13所示。

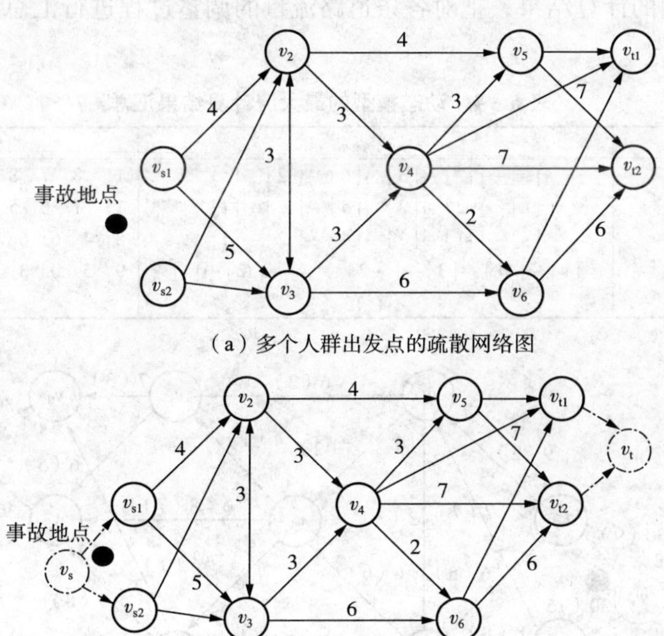

（a）多个人群出发点的疏散网络图

（b）进行转换后的疏散网络图

图6－13　疏散网络图

(1)事故场景

为了便于与静态网络进行比较，仍然使用上节中的实例进行分析讨论。假设发生事故灾害后，城市的疏散网络结构如图 6－13(b) 所示，此时人群疏散已进行一段时间，根据现场实时监测的反馈信息，得到某一时段的动态网络图，如图 6－14 所示。

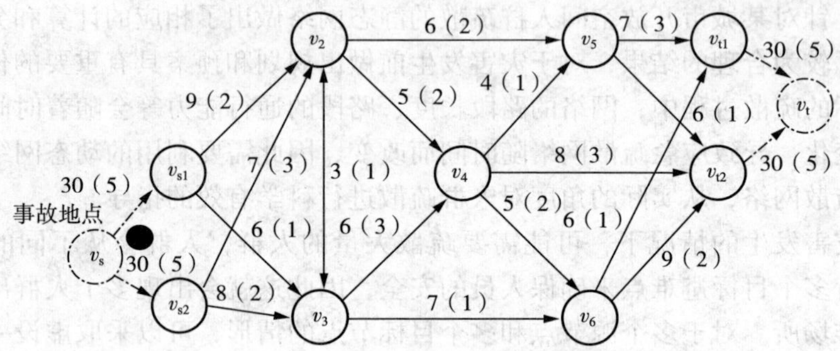

图 6－14　动态模型疏散网络图

v_s，v_t 表示虚设的总源节点 v_s 和总目标节点，弧旁的数字表示这条道路上的最大通行能力 c_{ij}，括号内的数字表示该弧上的实际流 f_{ij}。

(2)计算结果汇总与分析

根据前面的计算结果，把对各条道路流量的调整过程进行汇总，得到表6－4和图 6－15。

表 6－4　动态模型的最大流计算结果汇总

寻找增广链	寻找结果	调整结果
第一次寻找	[s]→[s2]→[3]→[6]→[t2]→[t]	11　8　7　8　11
第二次寻找	[s]→[s2]→[2]→[5]→[t2]→[t]	15　7　6　5　15
第三次寻找	[s]→[s1]→[3]→[4]→[t2]→[t]	8　4　6　6　18
第四次寻找	[s]→[s1]→[3]→[－2]→[4]→[t2]→[t]	9　5　0　3　7　19
第五次寻找	不存在	

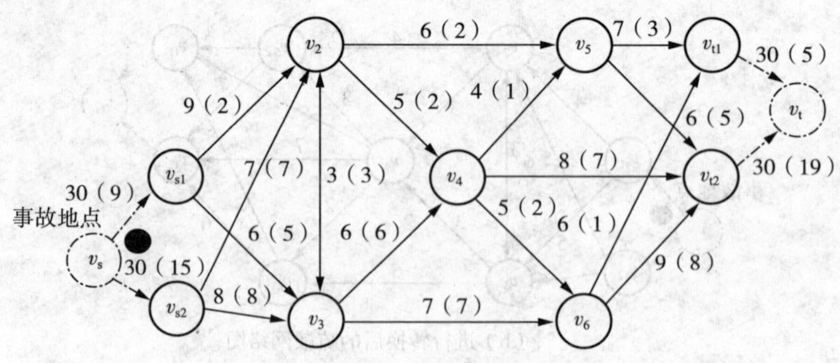

图 6－15　调整后的动态模型疏散网络图

由图 6－15 的动态疏散模型汇总结果可以看出，根据假设的某段时间的疏散信息，对原疏散网络进行调整，经过 5 次计算，得到该道路网络在假定条件下的最大疏散人流，允许的最大疏散人流为 24，相邻两点之间的人群实际流量分别为 $f_{s,s1}-9$，$f_{s,s2}-15$；$f_{s1,4}-2$，$f_{s1,3}-5$；$f_{s2,2}-7$，$f_{s2,3}-8$；$f_{2,4}-3$，$f_{2,5}-6$；$f_{3,4}-6$，$f_{3,6}-7$；$f_{4,5}-1$，$f_{4,6}-2$，$f_{4,t2}-7$；$f_{5,t1}-3$，$f_{5,t2}-5$；$f_{6,t1}-1$，$f_{6,t2}-8$；$f_{t1,t}-5$；$f_{t2,t}-19$。

把这部分的结果与上节中的结果进行对比，发现该场景下人群疏散流量比静态网络下多出 20%，并且可以确定各条道路上的最大人群流量，这对于大规模的人群疏散具有重要的意义。根据实时信息对人群疏散进行合理的分配和引导，加强对关键道路的管理和疏导工作，保证网络中的人群能够尽快的疏散到安全避难场所中。

第7章 重大毒气泄漏影响下城市区域交通疏散

随着社会不断发展，危险化学品也在各个领域得到广泛应用，这些化学品中有相当多的物质挥发性强、毒性大，有的通常环境下即处于气态，一旦发生泄漏就会释放出大量有毒气体进入大气，形成气云逐渐扩散，使得泄漏区附近来不及疏散或未采取有效防护措施的人员发生中毒，尤其是在城市人口密集区域，一旦发生重大危险气体泄漏事故（如化工厂泄漏或人为恐怖袭击事件），不但会污染环境、破坏生态系统，而且往往给附近较大区域内人群安全健康带来巨大的伤害。当发生重大毒气泄漏事故时，准确地确定危险区域和选择最佳疏散路径十分关键，有助于采取有效的安全疏散措施将人员安全快速地撤离出危险区域，将突发泄漏事件带来的损失降到最小。

7.1 毒气泄漏扩散与急性中毒

7.1.1 影响扩散的因素

泄漏产生的气体、液体等物质在大气中的扩散是一个很复杂的过程，受很多因素的影响，而且泄漏过程也可分为连续的和瞬时的，泄漏物质的动量也随泄放率或泄放速度的变化而变化，这些均导致泄漏模型更为复杂。

7.1.1.1 天气及地形条件

(1)风速

随着风速的增大，连续泄漏形成的云羽会变长变窄；泄漏物质向下风向的运动速度会变快。另外，风速增大以后，大气的湍流混合作用加强，会加快泄漏物释放速度，使其浓度下降变快。

(2)大气稳定度

大气稳定度描述的是大气的垂直混合性。在白天，大气温度随高度上升而迅速下降，由此造成大气对流运动强烈；在夜晚，大气温度随高度上升的递减作用强度下降，大气对流运动比较缓和。在有些情况下，还会出现逆温情况。所谓逆温，指的就是大气温度随高度上升而上升。在这种情况下，大气几乎不存在对流运动，非常不利于污染物质的扩散。逆温情况主要出现在夜晚，因为在晚上地面迅速冷却，造成近地面大气温度迅速下降，从而导致大气下层温度小于上层温度，产生逆温。

大气稳定度可以分为三种情况：不稳定、中性和稳定。不稳定情况多出现在晴朗的早晨，此时由于太阳照射，地面增温迅速，并对大气加热，造成了近地面大气的温度高于上层大气温度，即近地面大气密度小于上层大气密度，使大气机械湍流作用加强，大气处于不稳定状态；在中性情况下，上层大气逐渐被加热，风速逐渐增大，抵消了太阳辐射作用，此时温度梯度对大气机械湍流的影响消失；在稳定情况下，太阳辐射对地面加热作用小于地面冷却速度，造成近地面大气温度小于上层大气温度，即近地面大气密度大于上层大气密度，减弱了大气机械湍流的作用。

(3)地面状况(建筑、树木、水面等)

地面状况主要影响泄漏物质和大气的近地面混合和风速的垂直分布。树木和建筑能够加速这种混合作用，而湖面和开阔地面会减弱混合作用。

7.1.1.2 泄漏源

(1)泄漏点源高度

泄漏点源高度对泄漏物的地面浓度有很大影响。通常，当泄漏点源的高度超过附近建筑物高度25倍时，泄漏介质将不会被气流直接带回地面；若泄漏点源高度超过建筑物高度5倍，泄漏介质扩散到地面时，其宽度和厚度已比建筑物的尺度大得多，建筑物引起的局部气流对泄漏介质整体扩散影响就比较小。此时，可把建筑物或其他地面突出物仅看成增加了地面粗糙度，不会引起大的误差。因此，只要泄漏点源足够高，建筑物或突出物的影响仅相当于增加了下垫面的粗糙度，并使大气更不稳定，其扩散规律与开阔地形上的扩散没有本质的不同。

(2)泄漏物的初始动量和浮力特征

泄漏物质的初始动量和浮力特征能够改变泄漏的有效高度。向上的高速射流会使气体的有效泄漏高度比泄漏点高出许多。

泄漏气体的密度主要受环境温度和气体相对分子质量影响，它也会对扩散过程产生影响。如果泄漏气体的密度比大气密度小，由于浮力作用泄漏气云会向上运动；如果泄漏气体密度比大气密度大，泄漏气云会下沉。泄漏发生后，随着大气对泄漏气体的稀释作用，不管重气还是轻气在一定时间以后都会和大气密度相当，此时，大气湍流开始对扩散起主要作用。

(3)泄漏类型

根据持续时间的长短，可以把泄漏分为连续泄漏和瞬时泄漏。这两种泄漏形式产生的气云分别称为云羽和云团，图7－1和图7－2分别为连续泄漏和瞬时泄漏的典型实例。

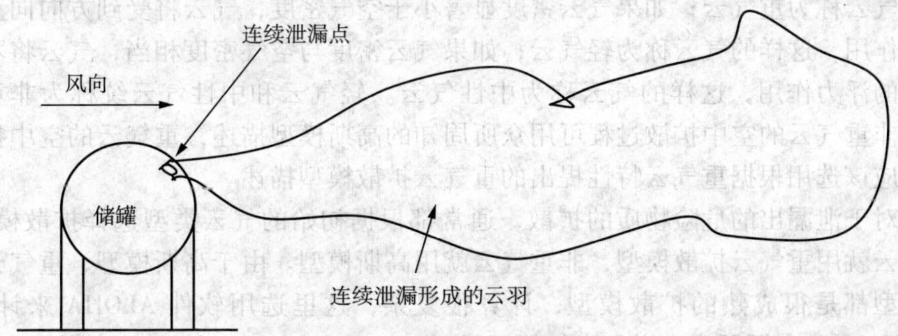

图7－1　连续泄漏形成的云羽

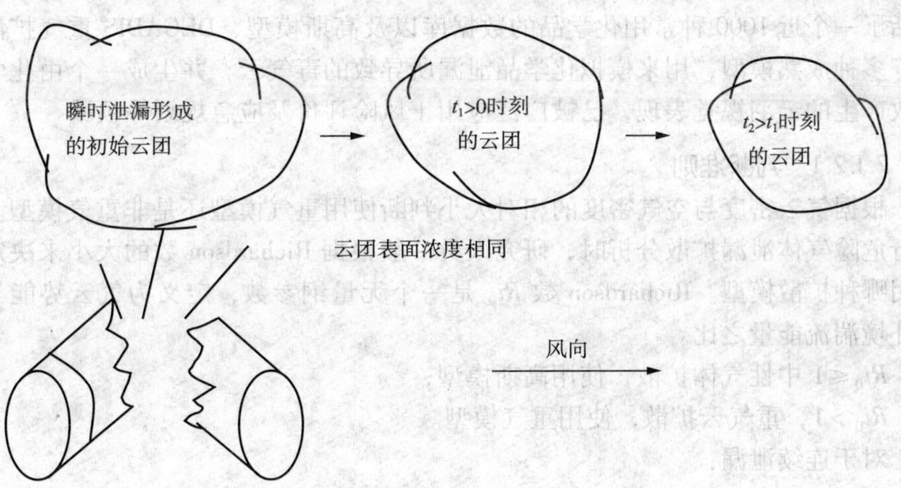

图7－2　瞬时泄漏形成的云团

一般应用如下规则判断泄漏类型：

$$vT_0/x \geqslant 2.5 \quad 为连续泄漏。$$

$$vT_0/x \leqslant 0.6 \quad 为瞬时泄漏。\tag{7.1}$$

式中　v——风速，m/s；

T_0——泄漏持续时间，s；

x——观察者离开泄漏点距离，m。

如果根据前面的规则，得到的结果既不是连续泄漏，也不是瞬间泄漏，这时要按两种泄漏形式分别计算，最终选择危险性大的泄漏类型。

7.1.2　扩散模型

根据气云密度与空气密度的相对大小，将气云分成重气云、中性气云和轻气云3类。如果气云密度显著大于空气密度，气云将受到方向向下的重力作用，这样的气云称为重气云；如果气云密度显著小于空气密度，气云将受到方向向上的浮力作用，这样的气云称为轻气云；如果气云密度与空气密度相当，气云将不受明显的浮力作用，这样的气云称为中性气云。轻气云和中性气云统称为非重气云。非重气云的空中扩散过程可用众所周知的高斯模型描述，重气云的空中扩散过程应该选用根据重气云特性提出的重气云扩散模型描述。

对于泄漏出的危险物质的扩散，通常都根据初始的气云类型选择扩散模型，重气云就用重气云扩散模型，非重气云就用高斯模型。由于高斯模型、重气云扩散模型都是很成熟的扩散模型，计算很复杂，这里选用软件 ALOHA 来计算。ALOHA 是由美国国家海洋和大气管理局(National Oceanic and Atmospheric Administration)和美国环境保护署(the Environmental Protection Agency)共同开发的软件，包括了一个近1000种常用化学品的数据库以及高斯模型、DEGADIS 重气扩散模型等多种成熟模型，用来模拟化学品泄漏所导致的毒气云，并生成一个由化学品释放产生的云羽视觉表现，已被广泛应用于风险评价及应急规划等领域。

7.1.2.1　判断准则

根据气云密度与空气密度的相对大小判断使用重气模型还是非重气模型。在进行危险气体泄漏扩散分析时，研究人员一般根据 Richardson 数的大小来决定是使用哪种扩散模型。Richardson 数 Ri_0 是一个无量纲参数，定义为气云势能与泄漏环境湍流能量之比。

$Ri_0 \leq 1$ 中性气体扩散，使用高斯模型；

$Ri_0 > 1$，重气云扩散，使用重气模型。

对于连续泄漏：

$$Ri_0 = \frac{g_0{}' Q_c}{\rho_a D_0 v_{10} u_*^2} \tag{7.2}$$

式中　$g_0{}'$——折合引力常数，定义为：

$$g_0{}' = g(\rho_0 - \rho_a)/\rho_a \tag{7.3}$$

式中　g——引力常数，9.8m/s；

ρ_0——气云的初始密度，kg/m^3；

ρ_a——环境空气密度，kg/m^3。

Q_c——连续泄漏率；

D_0——泄漏源的特征水平尺度，m；

v_{10}——高10m处的平均风速；

u_*——摩擦速度。

许多危险化学品，如氯、氨等都是用压力容器储存的，在容器中，氯、氨等被加压液化，一旦发生泄漏，液体极易汽化而形成气云。

事实上，泄漏时直接蒸发的液体将以细小烟雾的形式形成云团，剩余液体将如细小雾滴扩散那样保留在云团中，该剩余液体有一部分将随着空气在环境温度下与液体喷雾混合而蒸发。也正是因为此，所以多数高压或过热液体发生泄漏后常形成重气云团。

7.1.2.2 重气云扩散 DEGADIS(Dense Gas Dispersion Model)模型

ALOHA 运用1989年 Spicer 和 Havens 所提出的 DEGADIS 模型来计算重质气云(heavy gas)或称高密度气体(dense gas)由高压或低温的容器中泄漏、形成气云到扩散云团的过程，模型包括连续性方程、经验卷吸定律、经验重力扩散方程、侧风扩散方程、传热方程和水蒸气运输方程等微分方程，模型示意图如图7-3所示。

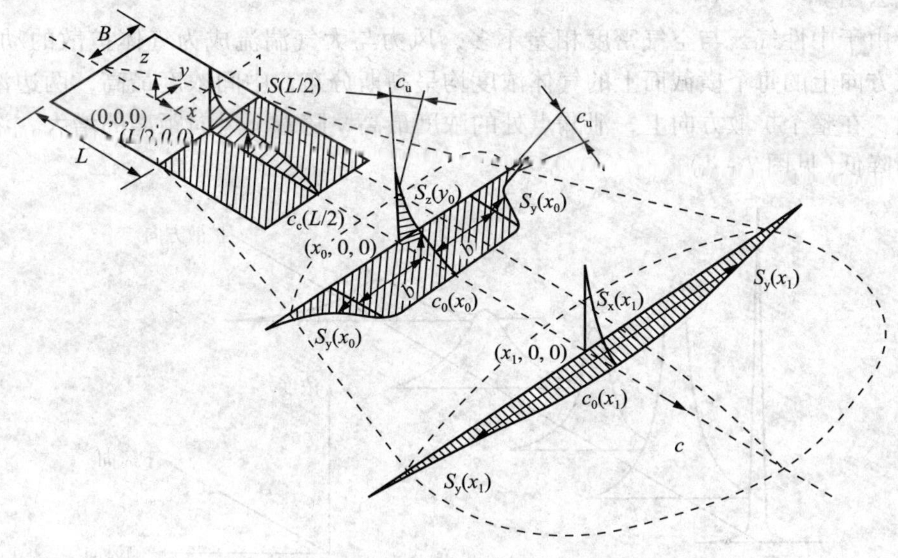

图7-3 DEGADIS 模型示意图

在上面的各式中，x，y，z 风别为下风向、侧风向和垂直方向的坐标。气体由一个 $-1/2L < x < 1/2L$，$-B < y < B$，$z = 0$ 的矩形地面面源释放，其中 L 为源长度(m)，B 为源的半宽(m)。

图 7－3 中的虚线表示 $c = c_u$ 的等浓度线、其数学表达为：

$$\begin{cases} c(x, y, z) = c_c(x)\exp[-(\frac{z}{S_x(x)})^{\beta}], \quad |y| \leqslant B & (7.4) \\ c(x, y, z) = c_c(x)\exp\left[[-\frac{|y| - b(x)}{S_y(x)}]^{\alpha} - [\frac{z}{S_x(x)}]^{\beta}\right], \quad |y| > B & (7.5) \\ u_x = u_0\left(\frac{z}{z_0}\right)^{\alpha} & (7.6) \end{cases}$$

式中 u_x——沿 x 方向的风速，m/s；

u_0——$z = z_0$ 时测得的风速，m/s；

z_0——风力图基准高度，m。

α，β——风力图常数，在目前的模型中，取 $\beta = 1 + \alpha$。

在浓度分布中有 4 个未知量，即中心线的地面浓度 c_c、垂直方向扩散参数 S_z、侧向扩散参数 S_y 和半宽 B。在被动扩散阶段，S_z 和 S_y 就变成被动扩散参数 σ_y 和 σ_z，B 随着 S_y 的增加而逐渐变成 0，于是侧向退化为高斯分布。

7.1.2.3 高斯扩散模型

ALOHA 使用高斯模型来描述危险物质泄漏形成的非重气云扩散行为，或描述重气云在重力作用消失后的远场扩散行为。高斯模型适用于中性气云的大量泄漏与大范围的影响评价。中性气云也就是与大气密度相当的气体泄漏所形成的云羽或云团。

由于中性气云与空气密度相差不多，风力与大气湍流成为气体扩散的动力，扩散方向上的每个横截面上的气体浓度均呈高斯分布，中间浓度最高，两边浓度偏低；在整个扩散方向上，泄漏点处的浓度最高，随着下风向距离的增大，浓度逐渐降低（见图 7－4）。

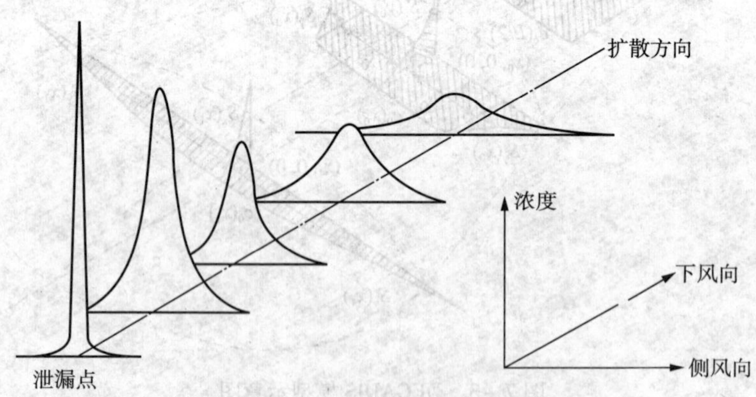

图 7－4 高斯模型示意图

根据高斯模型，泄漏源下风向某点 (x, y, z) 在 t 时刻的浓度用下面的公式计算。

瞬时泄漏：

$$\langle c\rangle(x, y, z, t)=\frac{Q_m^*}{(2\pi)^{3/2}\sigma_x\sigma_y\sigma_z u}\exp\left[-\frac{1}{2}\left(\frac{y}{\sigma_y}\right)^2\right]\times$$

$$\left\{\exp\left[-\frac{1}{2}\left(\frac{z-H_r}{\sigma_z}\right)^2\right]+\exp\left[-\frac{1}{2}\left(\frac{z+H_r}{\sigma_z}\right)^2\right]\right\} \tag{7.7}$$

式中　Q_m^*——总泄漏量；

t——泄漏时间；

x，y，z——水平与垂直方向的下风向距离；

$\langle c\rangle(x, y, z, t)$——泄漏时间为 t，距离为 x，y，z 的浓度；

H_r——泄漏点的高度；

u——风速。

$\sigma_x\sigma_y\sigma_z$ 分别为 x，y，z 的扩散系数，可以由以下各式求得：

不稳定大气：$\sigma_x=\sigma_y=0.14x^{0.92}$，$\sigma_z=0.53x^{0.73}$

中性稳定气体：$\sigma_x=\sigma_y=0.06x^{0.92}$，$\sigma_z=0.15x^{0.70}$

非常稳定大气：$\sigma_x=\sigma_y=0.024x^{0.89}$，$\sigma_z=0.05x^{0.61}$。

连续泄漏：

$$\langle c\rangle(x, y, z)=\frac{Q_m}{2\pi\sigma_y\sigma_z u}\exp\left[-\frac{1}{2}\left(\frac{y}{\sigma_y}\right)^2\right]\times$$

$$\left\{\exp\left[-\frac{1}{2}\left(\frac{z-H_r}{\sigma_z}\right)^2\right]+\exp\left[-\frac{1}{2}\left(\frac{z+H_r}{\sigma_z}\right)^2\right]\right\} \tag{7.8}$$

式中 Q_m——泄漏速率；

$\sigma_x\sigma_y\sigma_z$——x，y，z 的扩散系数。

7.2 毒气泄漏事故后果分析与应急疏散预案

7.2.1 筛选毒气泄漏事故场景

7.2.1.1 收集信息

毒气泄漏包括气体泄漏、液体泄漏和气液两相泄漏。

液体泄漏包括：

①常压液体储罐或管道液面以下泄漏；

②自然沸点高于环境温度的加压液体储罐或管道液面以下泄漏。

气体泄漏包括：

①加压气体储罐或管道泄漏；

②沸腾液体储罐的泄漏（液面上）。

气液两相泄漏包括：

①自然沸点低于环境温度的加压液体储罐或管道液面以下泄漏；

②储罐内失控反应导致的泡沫液体泄漏。

为了精确评估潜在的泄漏事故场景，首先要收集调查所研究区域或设备的详细相关信息，包括生产工艺、包装运输、原辅料的使用量以及产品贮存等；辨识物质物化特性包括毒性、蒸气压、闪点、自燃点、燃爆范围、气味、腐蚀性、溶解度等，以找出可能产生事故的风险隐患。具体如下：

①装有有毒物质的设备类型及属性，如体积、液体高度、操作条件等等；易发生泄漏的设备主要包括10种类型：管道、挠性连接器、过滤器、阀门、压力容器或反应器、泵、压缩机、储罐、用于加压或冷冻的储存容器、火炬燃烧装置和放空管。

②有毒物质特点，如物质状态、物理/化学特点、危险特性等等。

③有毒物质质量。

④可能发生的泄漏事件的特性，如裂口位置、裂口直径、泄漏时间等。泄漏孔的尺寸是任何泄漏计算都要用到的一个基础参数。对于一些阀门或管道的完全损坏，可以直接使用直径进行计算；而对于其他一些情况，必须对泄漏孔的大小进行估算。表7-1分别列出了各类设备的典型损坏情况及损坏尺寸，可供进行后果分析的参考。

表7-1　各类设备及损坏尺寸

设备类型名称	典型泄漏情况	损坏尺寸
管道（管道、法兰、接头、弯管）	法兰泄漏	20%管径
	管道泄漏	100%或20%管径
	接头损坏	100%或20%管径
储罐（露天储罐、连接管道部分和周围辅助设施）	容器损坏	全部破裂
	接头泄漏	100%或20%管径

⑤气象条件，如稳定等级、风向、风速、温度、压力、湿度、云覆盖面积等。

7.2.1.2　利用风险矩阵筛选事故场景

整套设备、一个工厂或工业区内可能有多个事故场景，这一步的目的就是利用风险矩阵选取发生频率高或事故后果严重的场景，以对其进行研究。如图 7－5 为风险矩阵：X 轴对应 4 个后果等级，Y 轴对应毒气泄漏事故发生的频率。

图 7－5 风险矩阵中定义了 3 个区域，其中可忽略效应区域内对应的事故频率足够低，可以不予考虑；处于中度效应与重度效应区域中的场景需要重新检查其对应的泄漏事故场景，以在适当的位置增添安全系统，如果仍然没有变化就要以其当前的状态进行分析。

这里选择对应 4 个等级后果的 3 个区域的频率范围是参考的欧洲国家普遍使用的风险可接受标准，比如荷兰工厂周围的个人死亡风险必须低于 $10^{-6}a^{-1}$；而英国是定义了 3 个区域：不可接受风险区域、可忍受风险区域以及广泛接受风险区域，如图 7－6 所示。

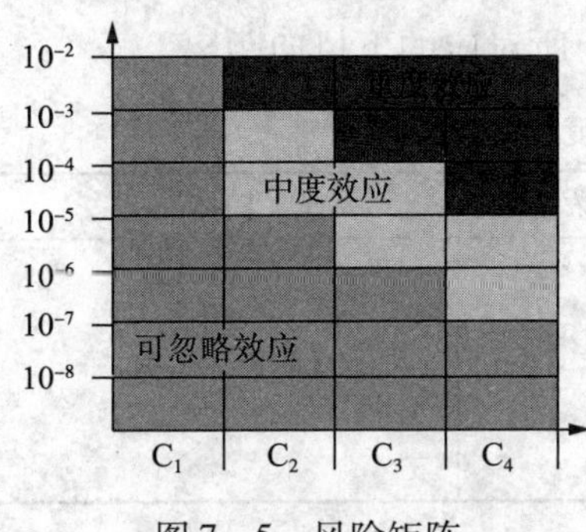

图 7－5　风险矩阵

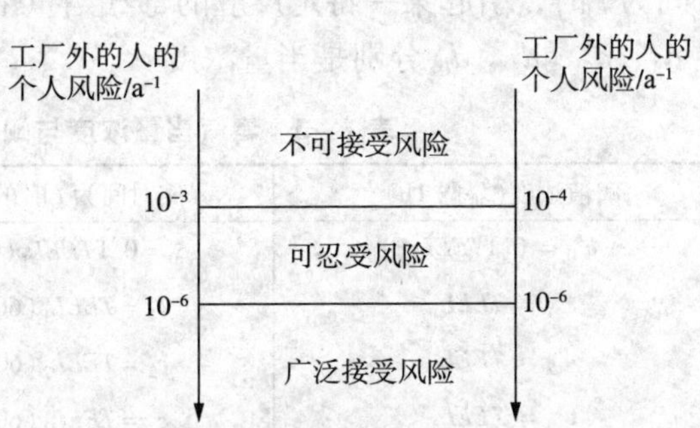

图 7－6　英国使用的可接受风险标准

需要注意的是这个风险矩阵不是风险可接受性的标准，而只是选择泄漏事故场景的一个标准，而且风险矩阵不能盲目使用，用户可以选择位于可忽略效应区域中，但他本人认为不应该忽略的场景来计算，最多就是浪费时间，但同时也可以认识到可疑场景的真实影响。

其中，毒气泄漏事故场景的频率可以利用历年文献或数据库中涉及到的数据来评估，也可以根据各个工厂自身情况统计数据来评估；而事故后果依据其对人及环境的影响将分为以下 4 个等级，如表 7－2 所示。

表 7－2　后果等级

后果		后果等级
对人的影响效应	对环境的影响	
没有伤亡或轻微受伤，工作不中断	不需要采取行动	C_1
受伤住院治疗时间大于 24h	严重影响，需要当地手段干涉	C_2
工厂内不可逆伤害或死亡；工厂外可逆伤害	对工厂外环境有影响，需要国家手段干涉	C_3
工厂外不可逆伤害或死亡	工厂外环境产生不可逆效应，需要国家手段干涉	C_4

7.2.2 毒气泄漏事故后果分析

7.2.2.1 毒气当量浓度

大部分阈值标准所定义的暴露时间为1h，但是实际情况中暴露时间不可能正好等于1h，而且在事故性泄漏中，往往是毒物浓度很大，影响时间很短，所以运用当量浓度来计算任意暴露时间下的毒气浓度。

毒气浓度，持续时间和毒剂量的非线性关系，说明暴露浓度加倍与增加暴露时间4~8倍产生同样的效果。所以利用公式 $TEEL^n \cdot 60 = c^n \cdot t$ 就可以得到暴露时间为 t 时，引起某一特定反应的毒气当量浓度 c。具体对应关系见表7-3，其中 d_3、d_2、d_1、d_0 分别是当量浓度 c_3、c_2、c_1、c_0 所对应的下风向距离。

表7-3 毒气当量浓度与阈值浓度的对应关系

阈值浓度(暴露1h)	暴露时间为 t 时的当量浓度	距离
$c'_0 = 0.1TEEL_1$	$c_0 = 0.1TEEL_1(60/t)^{1/n}$	d_0
$c'_1 = TEEL_1$	$c_1 = TEEL_1(60/t)^{1/n}$	d_1
$c'_2 = TEEL_2$	$c_2 = TEEL_2(60/t)^{1/n}$	d_2
$c'_3 = TEEL_3$	$c_3 = TEEL_3(60/t)^{1/n}$	d_3

暴露时间 t 则依据下述原则确定：

①对于瞬时泄漏，人在毒气云中的暴露时间等于浓度大于人的最大忍受浓度 LC_0 的毒气云经过时间；

②对于连续泄漏，在泄漏源周围人员无任何准备的情况下，人在毒气云中的暴露时间等于毒气泄漏持续时间；

③对于连续泄漏，如果泄漏源周围人员经过化学事故防护教育，接到报警后能采取有效防护措施或转入安全地，可按事故发生到采取安全防护措施或疏散进入安全区所需时间确定人在毒气云中的暴露时间。

7.2.2.2 气象条件的影响

风险区域是由有毒物质浓度扩散方向以及气象条件(稳定等级、风速、风向)决定的，也就是说毒气泄漏形成毒气云不仅仅由泄漏事故本身决定，还由当时的气象条件决定，然而气象条件并不是一成不变的，而是时时刻刻都在变化的。需要注意的是最好是利用所研究地区真实的气象条件，通常情况下，采用以下3种气象条件：

①稳定等级D，风速为5m/s(比较常用)；

②稳定等级F，风速为2m/s(最保守情况)；

③所研究地区最常见的稳定等级及风速。

7.2.3 毒气泄漏应急疏散预案

扩散过程特别易受风速、风向以及地形的影响。因此虽然早点命令会给被疏散者多一点的时间，但是如果命令下的太早，毒气扩散路线可能会跟着风向而改变，这样会使有些区域的疏散不必要或者将被疏散者置于一个更危险的位置。毒气泄漏事故本身的不确定性给我们带来了一个新的挑战：发生事故时，如何快速组织疏散人群，如何配置疏散车辆，如何利用现有的道路网有效的疏散车流，什么样的道路可以作为应急疏散通道这些都成为需要面对和解决的问题。

7.2.3.1 疏散范围

急性暴露下，暴露目标所受到的影响是由剂量决定的，也习惯用有毒气体浓度和暴露时间的乘积，即剂量来预测目标暴露于毒气中的反应。为了有效疏散风险区内的人群，根据阈值标准 $TEEL_s$ 将风险区域划分为 3 个区：

①死亡区（以 c_3 等浓度曲线为界）。本区人员如缺少防护或未能及时逃离，则将蒙受严重中毒，甚至死亡。

②重伤区（以 c_2 等浓度曲线为界）。本区内大部分人员蒙受重度或中度中毒，须住院治疗，有个别人甚至中毒死亡。

③轻伤区（以 c_1 等浓度曲线为界）。本区内大部分人员有轻度中毒或吸入反应症状，可恢复。

判断毒气云类型（重气云，非重气云），并运用 ALOHA 选择合适的扩散模型（高斯模型、重气云扩散模型等）计算当量浓度 c_3、c_2、c_1 对应的下风向距离，以确定 3 个区域对应的范围。为确保安全，在风向不确定以及人员密度不大的情况下根据有毒有害气体扩散的特点，以 c_1 对应的下风向距离 d_1 为半径的圆为疏散范围，如图 7－7 所示。

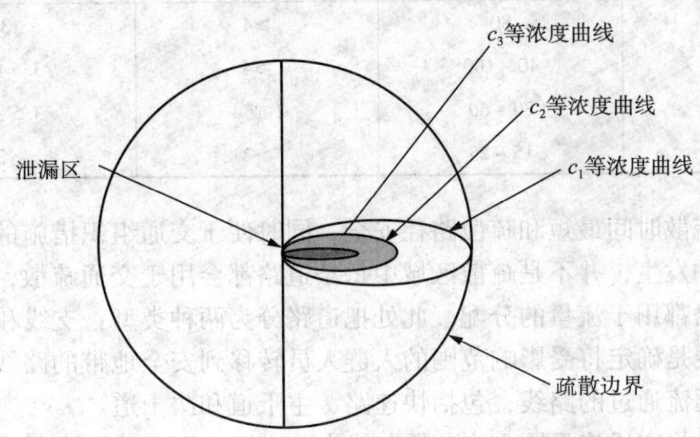

图 7－7　毒气泄漏疏散范围确定

疏散范围的确定方法如图 7－8 所示。

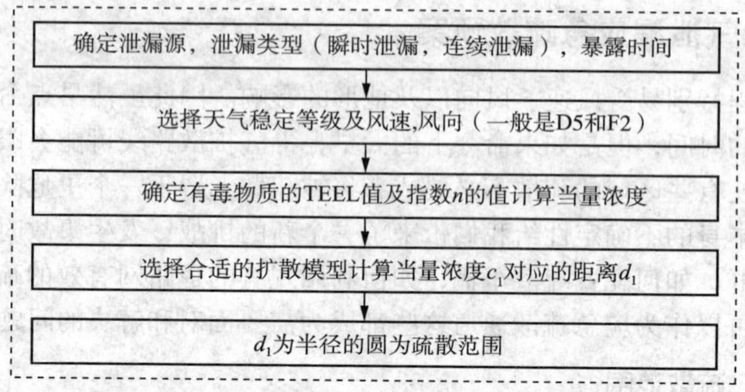

图 7－8　疏散范围的确定方法

对于有易燃易爆的有毒有害气体泄漏，在泄漏时可能出现发生火灾、爆炸的情况。当有毒物质泄漏同时发生火灾或爆炸时，分别计算火灾、爆炸、有毒物质泄漏的疏散范围，取 3 个疏散范围的合并区域作为事故疏散范围。

7.2.3.2　疏散路线及避难所选择

城市交通路网中的道路一般分为快速路、主干路、次干路和支路等 4 类。快速路是为机动车辆交通服务的，是解决城市长距离快速交通的汽车专用道路。快速路在与高速公路、主干路、快速路相交时必须采用立体交叉形式。主干路是以交通功能为主的连接城市各主要分区的干线道路。次干路是城市内区域性的交通干道。支路是以服务功能为主的，直接与两侧建筑物出入口相接的局部地区道路。各级道路主要技术指标如表 7－4 所示。

表 7－4　各级道路主要技术指标

道路级别	设计车速/(km/h)	机动车道/条	机动车道宽/m
快速路	80	≥4	3. 75
主干道	40 ~ 100	≥4	3. 5 或 3. 75
次干道	30 ~ 60	2 或 4	3. 5 或 3. 75
支路	15 ~ 25	≥2	3. 5

要满足疏散时间最短和疏散路径安全，同时便于交通组织措施的实施和防止次生突发事件发生，并不是疏散区域中每条道路都会用于交通疏散，也不是路网中的所有道路都用于流量的分配。此处把道路分为两种类型：支线和疏散线路。

疏散路线是确定将受影响范围的人群人员转移到安全地带的路线，也就是交通网络中交通流通过的路线，包括快速路、主干道和次干道。

支线就是将交通流量输入到疏散路线中的道路，即道路网中干路以外联系次干路或区域内部使用的道路。

毒气泄漏对人的伤害程度取决于人员所在位置的毒气浓度和人员的暴露时间，也就是说最安全的疏散路线往往既不是疏散时间最短的路线，也不是长度最短的路线。选择疏散路线时应满足以下原则：

①尽可能的选择没有受到毒气影响的理想路线作为疏散路线。

②当所有的疏散路线都无法保证在理想条件下时，可选有毒气体的扩散密度不足以威胁到人员生命安全的路线作为疏散路线。

③道路的路面状况、几何线形和坡度都是影响疏散的重要因素，不同的道路等级对应于不同的设计时速和通行能力，等级越高设计车速就越高，通行能力也越大。因此，要尽量选取交通状况良好的道路。

④选择经调整控制方式或者交通设施后受到社会车辆干扰较小，交叉口密度较小的路线。

总的来说，为了保证疏散安全性和有效性，应尽量选取有毒气体的扩散密度不足以威胁到人员生命安全的快速路、主干路和次干路的道路作为疏散路线。

应急避难所是指利用城市公园、绿地、广场、学校操场等场地，经过科学的规划、建设与规范化管理，能为疏散人群提供安全避难、满足基本生活保障及救援、指挥的场所。

毒气泄漏事故下的车辆疏散时，人群仅以离开事件影响区为目的，避难所则大多为可以安置人员的场馆或场所，如学校、礼堂等。当选定一些固定的场所作为避难所时，则要求这些场所具有一定的容量和设施水平，其地理位置最好处于城市中心拥堵区外围，而且具有较好的交通可达性。

7.2.3.3 疏散人群的交通组织

在影响区域内，人群集散量比较大，其中大部分人群都是步行到疏散车辆的停靠站再乘坐疏散车辆离开疏散区域。在紧急疏散时，步行群体的目的性比较统一，大多数都是为了快速离开家、工作地点等到救援和疏散车辆的停靠站去乘坐交通工具，所以步行流的整体特性比较强，受其他因素的干扰较小，而且出行时间也比较集中，如果有畅通的信息发布、合理的交通指示和引导，即能保证人群快速有序的走向疏散车辆停靠站。

采用支线分段法将受影响人群分配到疏散路线上，在图7－9(a)中，黑色线条是疏散路线，双划线是支线。此图中有两条疏散路线 X 和 Y，并且假设人群从受影响区域(阴影区)沿着这两条线向北疏散。如果一条支线连接到两条或更多条疏散道路上，就要把支线分段。

如图7－9(a)，支线A、C以及E分别有100、200和32个人在点1、2、3处进入疏散网络。但是对于支线B和D，一条支线与不止一条的疏散路线相交，因此人口流动的方向(东或西)就不太确定了。为了使人口分布于道路B和D上，将B和D分别分为B1和B2，D1和D2，见图7－9(b)。这样此段支线所通向的疏散路线的方向就决定了交通流动的方向。图7－9(b)中，流入B1和B2的人数分别为 80 和 140。

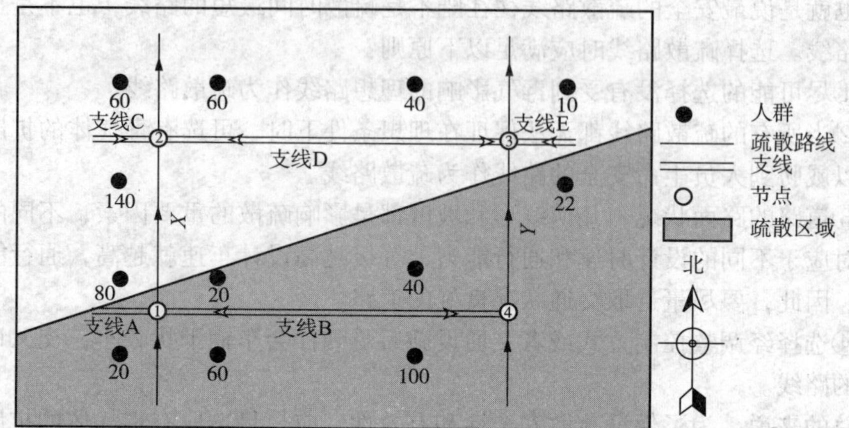

（a）道路分段前交通网络模型

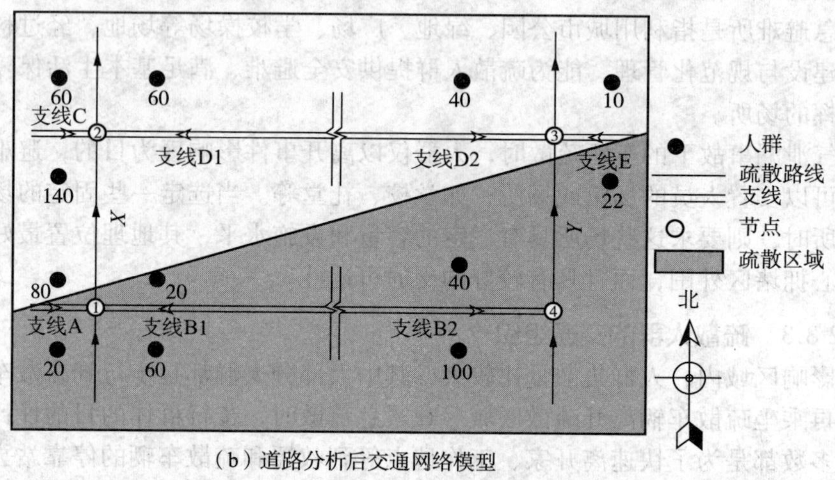

（b）道路分析后交通网络模型

图 7－9　道路分段交通网络模型

7.2.3.4　疏散车辆配置

需要疏散的人群确定之后，即可确定疏散车辆的配置。这里从两个方面考虑车辆配置，车型选择和对应的各类车型的车辆数。

根据我国的国情，私人小汽车还不是非常普及，因此在突发事件情况下以大型公交车辆作为主要交通工具，其他应急疏散车辆包括急救车、消防车、警车、拖车作为辅助交通工具。

《机动车运行安全技术条件》（GB 7258—2012）对“车辆乘坐人数的核定”作了明确规定，即按承载质量核定人数的，1t 折合 15 人（长途客车 1t 折合 13 人）；按站立乘客用的地板面积计算的，城市公共汽车及无轨电车为 0. 125m^2 核定 1 人，其他允许有站立乘客的客车为 0. 15m^2 核定 1 人。若城市公交车的额定载客量按建设部标准为每平方米8人计算，则城市公交车的额定载客量可以表示为：

城市公交车额定载客量 = 车厢固定乘客座位数 + 车厢有效站立面积(m^2) ×8(人/m^2)

但是在发生突发事件情况下，人们追求的迅速离开事发地，对于舒适的要求低于平时。因此，疏散车辆在核算其负荷能力时可将规定的载客人数扩大1.2倍。这样做是争取用最少的资源完成巨大的疏散人流。根据此观点，大型疏散车辆的载客量为：

城市公交车额定载客量 = 车厢固定乘客座位数 + 车厢有效站立面积(m^2) ×10(人/m^2)

7.3 某城市外环线液氯罐车泄漏对交通影响分析

假设某市区西南部外环线附近一辆液氯罐车发生意外泄漏。其正在举办的大型活动所在的体育场处于毒气影响范围内，该体育场可容纳8万人；泄漏点附近的居民区有时代奥城、宁发阳光公寓、新城市花园、晨曦公寓、宁发花园、翠泉公寓、立达公寓、光明公寓等，居民共有10万人左右。

泄漏点附近的主干道有红旗南路、凌宾路、水上公园西路、宾水西道、卫津南路、黑牛城道等，交通比较发达，因此选用车辆疏散的方式对泄漏影响区内的人员进行疏散。

7.3.1 毒气泄漏事故后果分析

泄漏时体内气状况及相关泄漏数据如表7－5所示。

表7－5　泄漏场景

天气状况		泄漏数据	
风速	2m/s	泄漏孔直径	10cm
风向	西南	泄漏持续时间	1min
稳定度	B	平均泄漏率	6.75 kg/s
相对湿度	50%	平均泄漏量	405 kg

7.3.1.1 疏散范围的确定

氯是一种高毒类强烈刺激性气体，在不同区域人体的不同的反应如表7－6。

表 7-6 氯气对人体的伤害

区域	毒效应阈值	对人体的伤害
轻伤区	$< TEEL_1$	有流泪、咳嗽、咳少量痰、胸闷，出现气管炎的表现
重伤区	$TEEL_1 \sim TEEL_2$	发生支气管肺炎或间质性肺水肿，呼吸困难、轻度紫绀等
死亡区	$TEEL_2 \sim TEEL_3$	肺水肿、昏迷和休克，可出现气胸、纵隔气肿等并发症。吸入极高浓度的氯气，可引起神经反射性心跳骤停或喉头痉挛而发生“电击样”死亡。

经查阅资料，液氯的 $TEEL_1$，$TEEL_2$ 和 $TEEL_3$ 值分别为 1×10^{-6}，3×10^{-6} 和 20×10^{-6}，n 为 1，由于在毒气暴露下，人要有一个识别及反应过程，这里假设暴露时间为 30min，利用表 7-7 中当量浓度与阈值浓度的对应关系可以求出暴露时间为 30min 所对应的当量浓度 c_3、c_2、c_1，然后运用软件 ALOHA 中的重气云扩散模型可计算出当量浓度 c_3、c_2、c_1 所对应的下风向距离 d_3，d_2，d_1，具体对应关系见表 7-7 及图 7-10。

表 7-7 下风向距离的计算

阈值浓度	暴露时间为 30min 的当量浓度	特征距离/km
$TEEL_1=1\times10^{-6}$	$c_1=2\times10^{-6}$	$d_1=3.2$
$TEEL_2=3\times10^{-6}$	$c_2=6\times10^{-6}$	$d_2=2.2$
$TEEL_3=20\times10^{-6}$	$c_3=40\times10^{-6}$	$d_3=1.2$

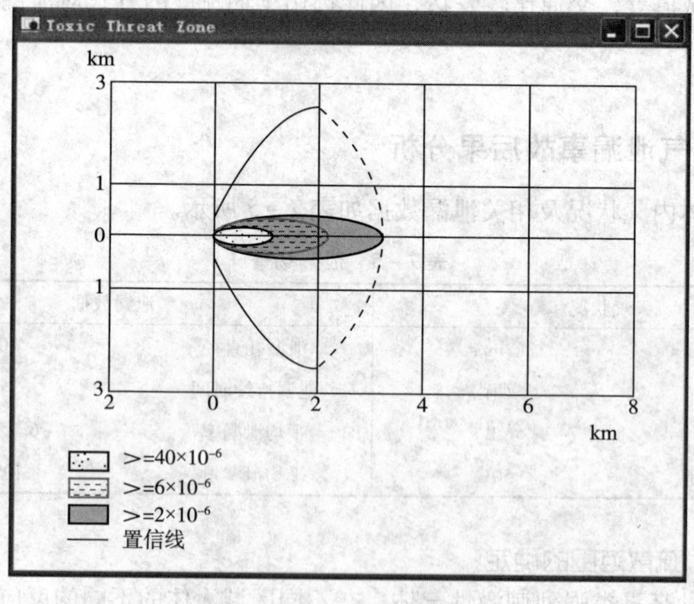

图 7-10 下风向距离的计算

从图 7－10 中可以看出，浓度为 2×10^{-6}时，影响区域达到了最大。最远的影响的下风向距离为 3.2km，而最大的侧风宽度为 0.5km 左右。

以 c_1 等浓度曲线下风向最大距离为半径的圆即为疏散范围，如图 7－11 所示。

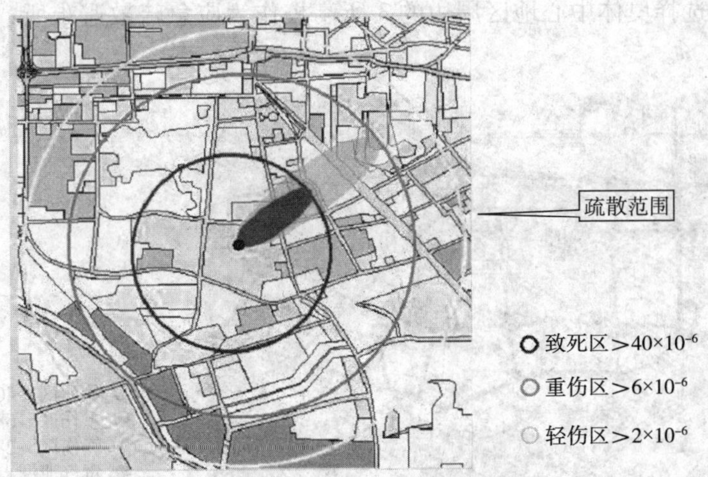

图 7－11　毒气泄漏疏散范围

7.3.1.2　疏散路线及避难所的选择

主要根据奥体中心地区周边路网的交通现状和 2008 该市道路网规划来选择应急交通疏散道路，筛选结果为：8 条城市主干道作为疏散主干线，12 条双向车道数在四车道以上的次干道作为疏散次干线，总计 20 条道路作为应急疏散的通道，如图 7－12 所示。

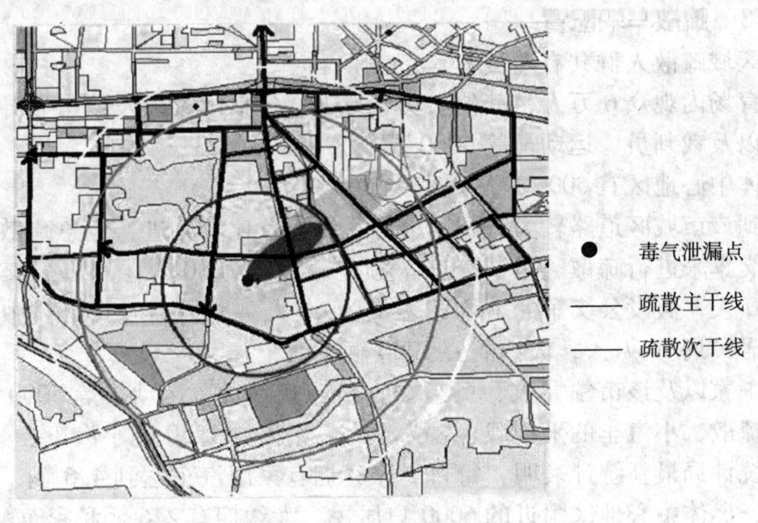

图 7－12　疏散路线图

考虑到奥运会期间正是炎热的夏季，避难所需要有充足的水源供应，能遮荫乘凉，因此奥林匹克中心应急避难所的选择主要以避难所、公园、体育场和学校为主。

奥运会期间，正是各大高校放暑假时间，由于学校内各类资源设施使用比较方便，因此选择奥体中心地区周边的3所高校作为应急疏散避难所，如图7－13所示。

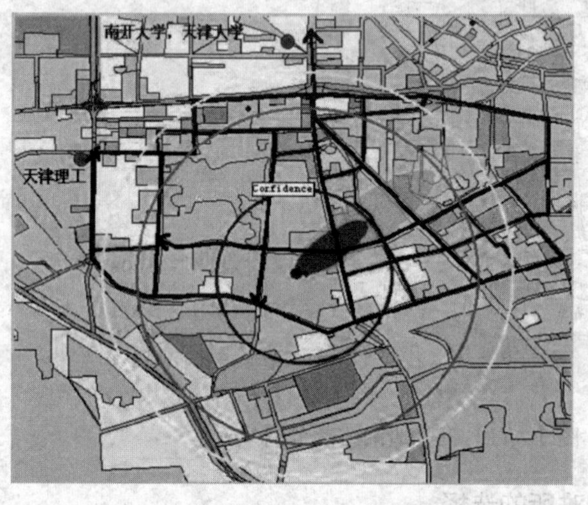

图7－13　疏散路线及避难所

学校避难所的容量 cu（人）计算公式为：

cu＝教学楼、体育场馆容量十（绿地、操场面积）/1.5

所选定的3所高校的容量大约为30万人。

7.3.1.3　疏散车辆配置

风险区域疏散人群共有两类：

①体育场内观众6万人，其他人员2万人，包括国家以及该市领导人、奥组委官员、以及裁判员、运动员等5000人；

②奥体中心地区有6000户居民，大约2万人。

考虑到该市城区道路较为宽阔，公交系统配置比较先进，应急疏散时组织大容量的公交车来进行疏散。单节公交车额定载客量为80人，双层公交车额定载客量为120人，假设公交车的平均载客量为60人。奥运高峰日奥体中心现场观众及附近居民近10万人，大约需要1700辆公交车。

对于国家以及该市领导人、奥组委官员、裁判员、运动员等5000人采用小汽车进行疏散，小汽车的平均载客量为4人，则需要1250辆小汽车。

该市统计局最新统计表明，每百户家庭拥有家用汽车达到4.6辆，按照这个比例来算，奥体中心地区附近的6000户居民，大约拥有276辆私家车。

表7－8　奥运应急疏散所需车辆数(按疏散10万人计算)

车辆类型	平均载客量/人	公交车辆数/辆
公交车(单节公交车，双层公交车)	60	1700
小汽车	4	1250＋276＝1526

7.3.2　基于OREMS疏散路网搭建与仿真

7.3.2.1　OREMS路网搭建

搭建路网过程中，需要在OREMS应急疏散交通仿真软件中输入下列数据。

①搭建应急交通疏散仿真路网，包括节点和路段，如图7－14所示。

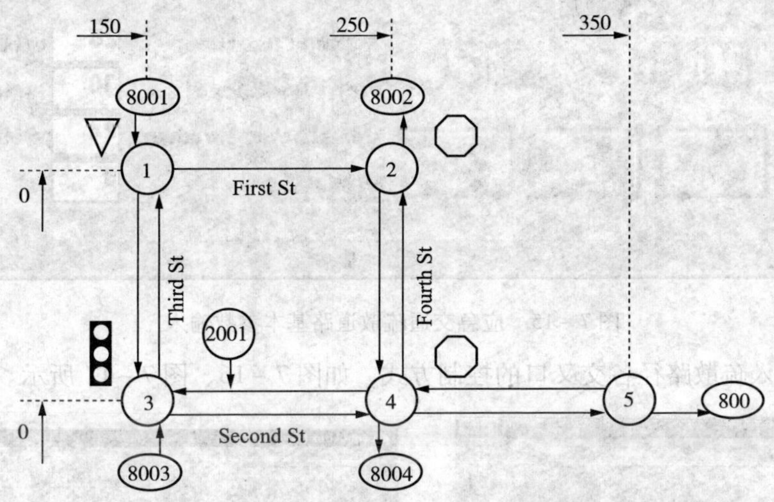

图7－14　奥运应急交通疏散OREMS仿真路网图

节点表示几何特性，比如具有等级或速度变化的交叉点或点。此模型中包括两种节点：外部节点和内部节点，其中外部节点是交通流进入或离开网络的点，用椭圆表示，如图7－14中节点8001、8002、8003及8004；内部节点就是包含在疏散区域内部，并且用于交通控制设计(红绿灯或停/让标志)和控制车辆转弯的节点，用正圆表示，如图7－14中节点1、2、3、4。内部节点也有两种：高速公路上的节点和市内街道上的节点，其中内部高速公路节点表示高速公路上或国道上的交叉点，而市内街道节点表示市内道路上的交叉点。

路段表示连接节点的道路，根据连接节点的类型不同，路段也分为内部和外部的。

②输入疏散道路基本信息及利用方式，如图7－15所示，主要是指疏散道路长度、自由行驶车速、车道划分及长度等特性。

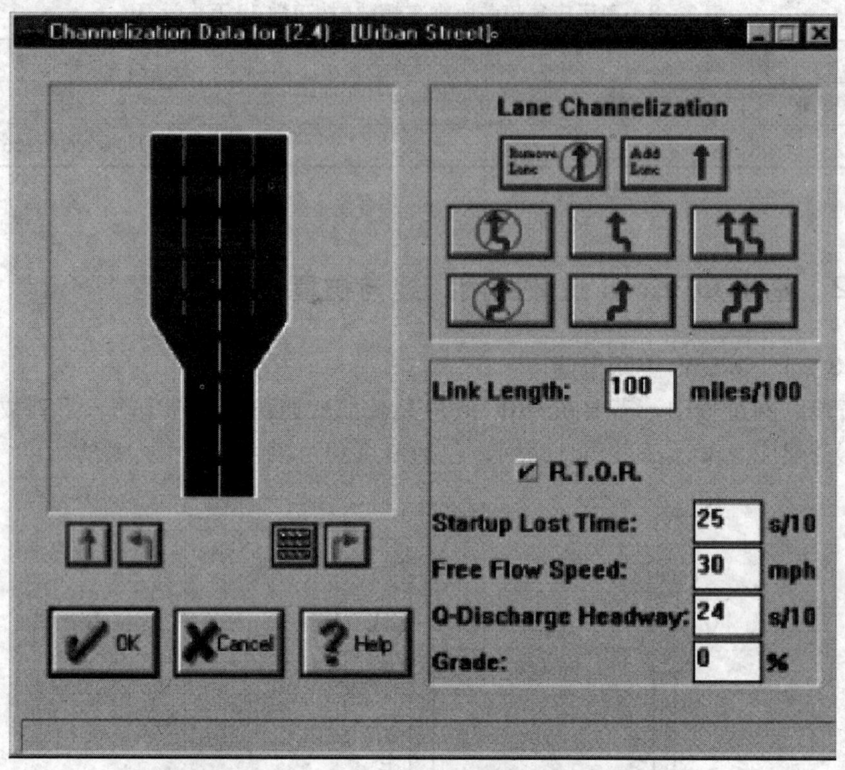

图 7－15　应急交通疏散道路基本参数输入

③输入疏散路径各交叉口的控制方式，如图 7－16、图 7－17 所示。

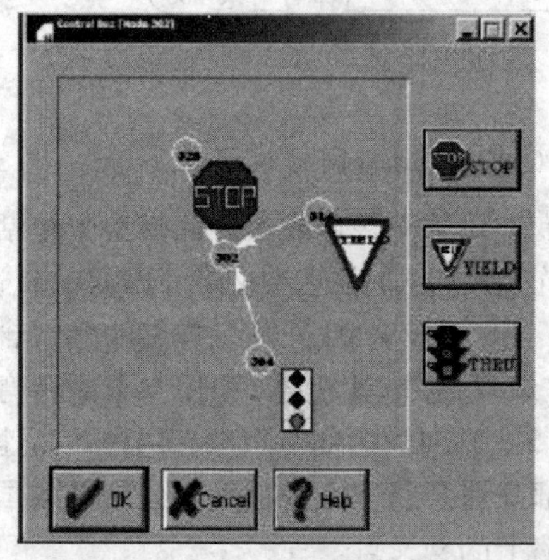

图 7－16　无信号交叉口控制方式输入

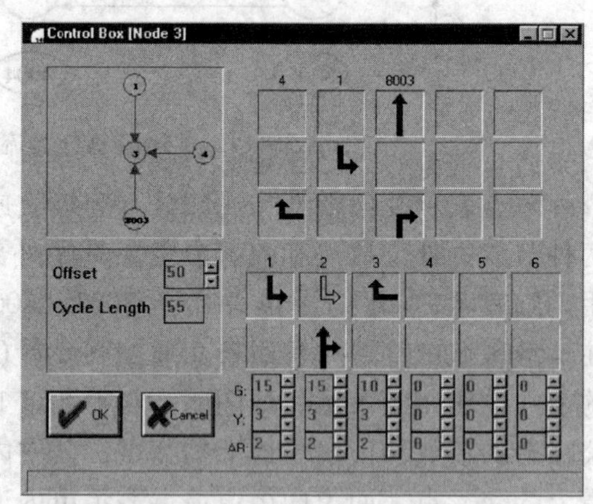

图 7－17　信号交叉口控制方式输入

④输入应急疏散交通仿真时间段，仿真时间分段输入对话框如图 7－18 所示。

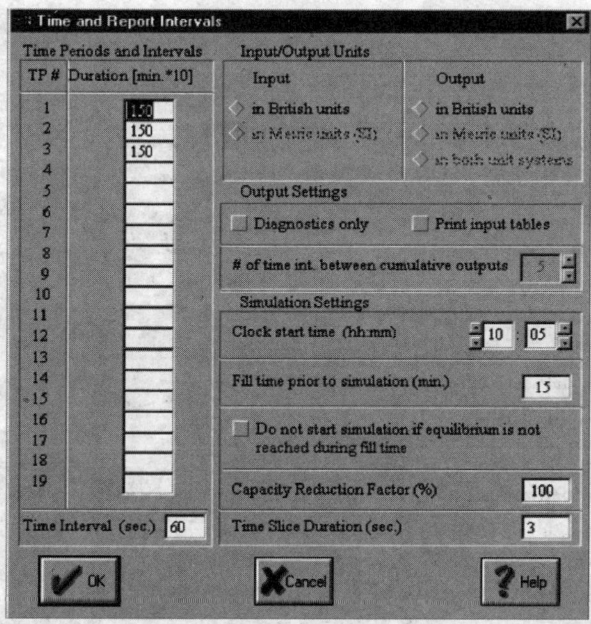

图 7－18　仿真时间分段输入对话框

⑤输入应急交通疏散模型路阻系数，如图 7－19 所示。

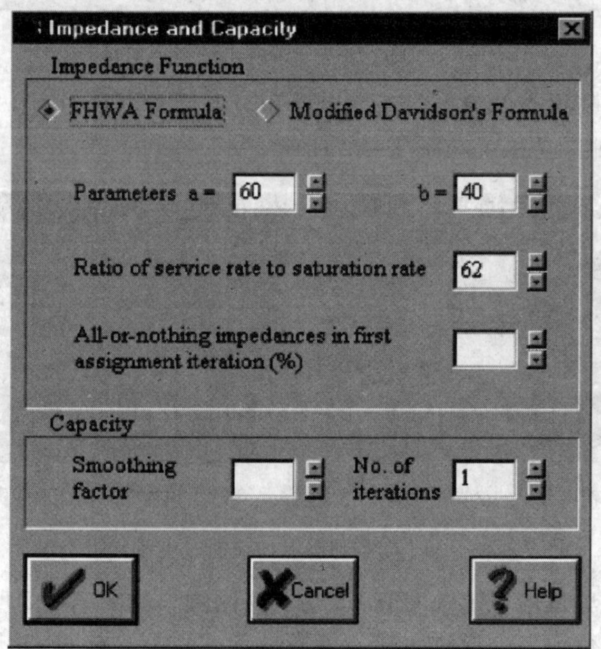

图 7－19　路阻系数输入对话框

⑥输入应急交通疏散模型疏散道路的速度－密度系数，如图 7－20 所示。

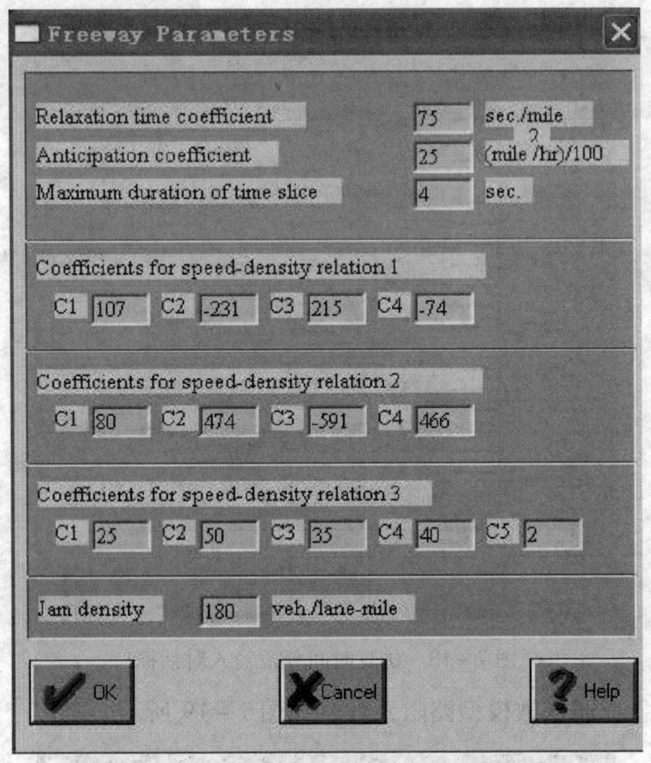

图 7－20　道路速度－密度系数输入对话框

⑦根据起点与终点的分布以及产生量和吸引量，进行 O－D 交通分配，得到 O－D 分布图，如图 7－21 与图 7－22 所示。

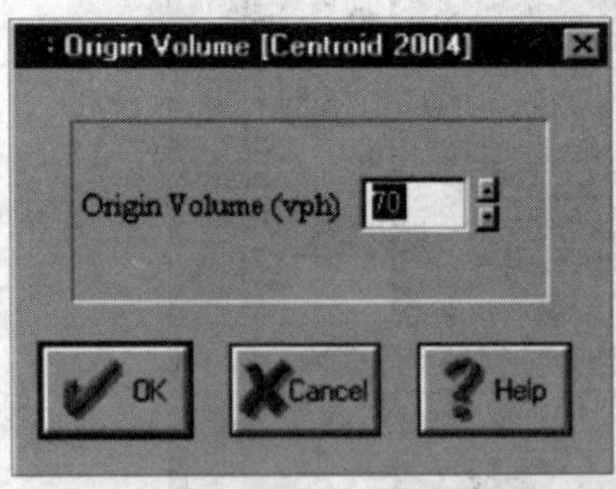

（a）输入起点的交通产生量

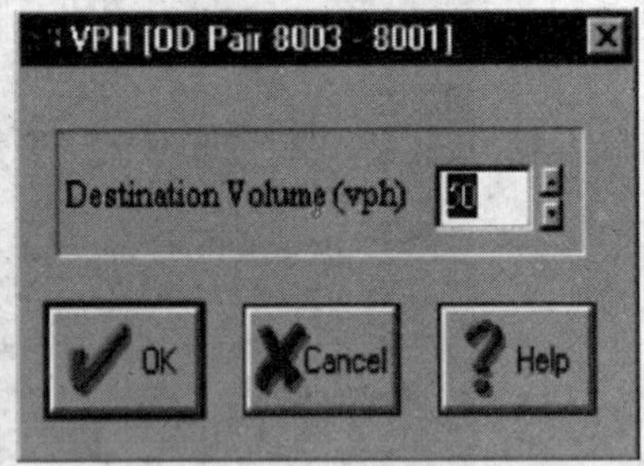

（b）输入终点的交通吸引量

图 7－21　基于起点与终点的交通产生量和吸引量

⑧最终得到奥运应急疏散 OREMS 仿真路网图，如图 7－23 所示。

⑨校准和运行模型。通过比较分析模拟疏散数据，检查 OREMS 模型输出的每段路的准确度和合理性。校准完模型就输入不同数据反复运行疏散模型，以辨识最佳疏散结果。

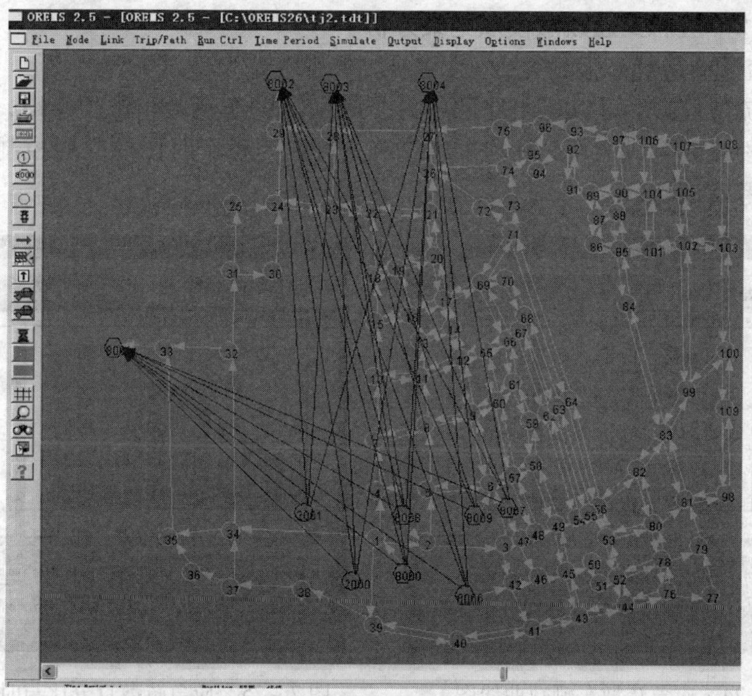

图 7－22　输入终点的交通吸引量

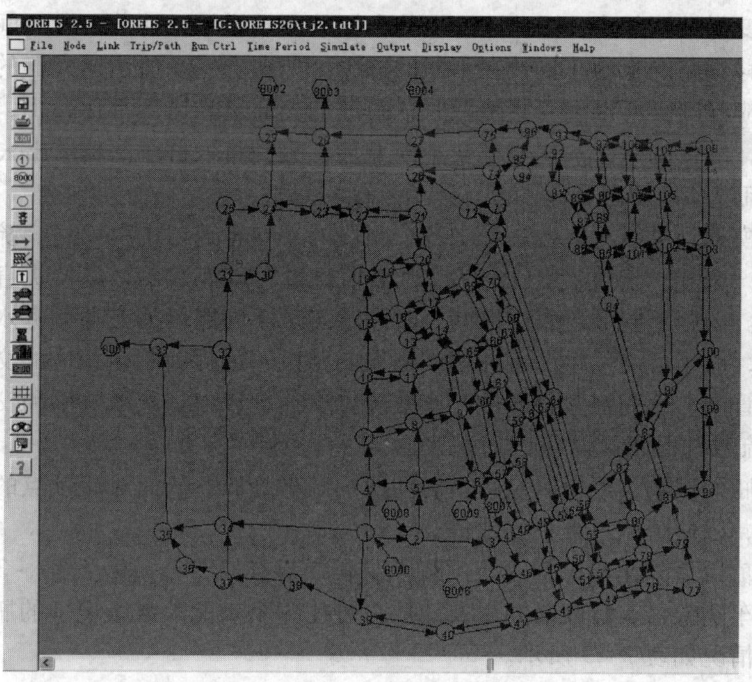

图 7－23　奥体中心地区应急疏散 OREMS 仿真路网图

7.3.2.2 应急交通疏散模拟结果分析

(1)疏散结果静态显示

通过疏散模拟，可以得出路网中每个时间段的车辆数(图 7－24)，也可以得出每个时段疏散完成的百分比(图 7－25)，可以为每个时段的交通控制和疏散指挥提供参考信息。

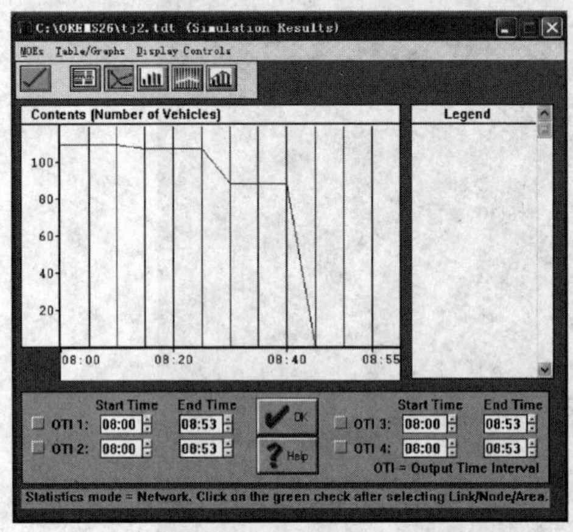

图 7－24　应急疏散车辆数曲线图

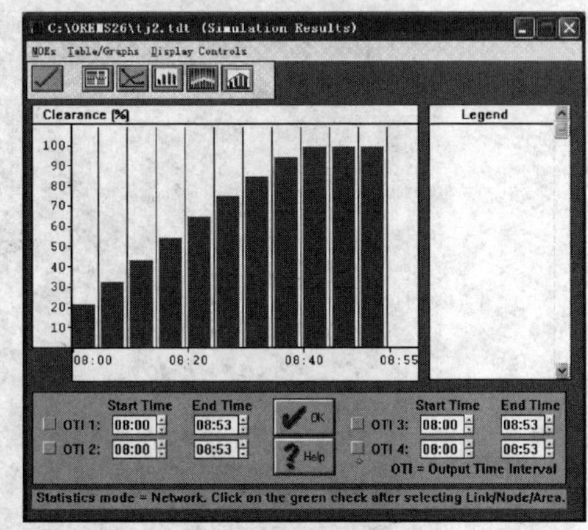

图 7－25　应急疏散百分比与时间的关系

如图 7－24 所示，刚开始疏散时，大量的疏散车辆进入路网，随着时间的变化，道路变得拥堵起来，因此路网上的车辆数开始增加，持续一段时间后，随着时间的推移，路网上的车辆数在不断的减少。如图 7－25 所示，人群的疏散需要一定的反应时间，所以刚开始疏散时，疏散的交通量和比例都比较少，而随着时间的增加，疏散的人数和比例都会不断增加，直到将人群全部疏散出去。

(2)疏散结果动态显示

通过模拟，可以对疏散过程中各个路段的平均车速(图 7－26)、疏散完成百分比(图 7－27)、车辆数量(图 7－28)等信息进行动态显示，以便更直观地把握疏散过程。图中不同颜色表示在同一时间状态下不同路段的交通服务水平。根据预案仿真，对于可能发生严重拥堵或延误的路段，可提前制定相应的交通控制措施或交通管制，从而在紧急疏散时有效疏导交通，以保证疏散效率和安全。

(3)疏散过程瓶颈识别

通过瓶颈识别，可以确定每个时间段的疏散瓶颈，从而对瓶颈点的交通进行重点疏散，以使疏散过程更好地进行。

通过疏散百分比所识别的瓶颈路段及瓶颈节点如图 7－29、图 7－30 所示。

通过车辆数目、行驶时间以及疏散百分比 3 个效能参数所识别的瓶颈路段及瓶颈节点情况如表 7－9 所示。

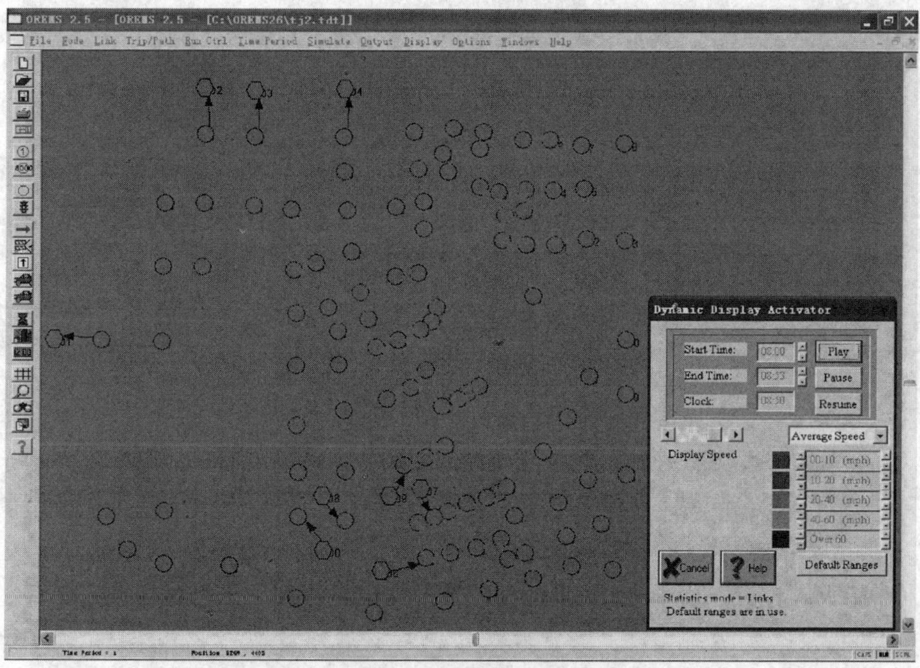

图 7－26　疏散车速动态显示

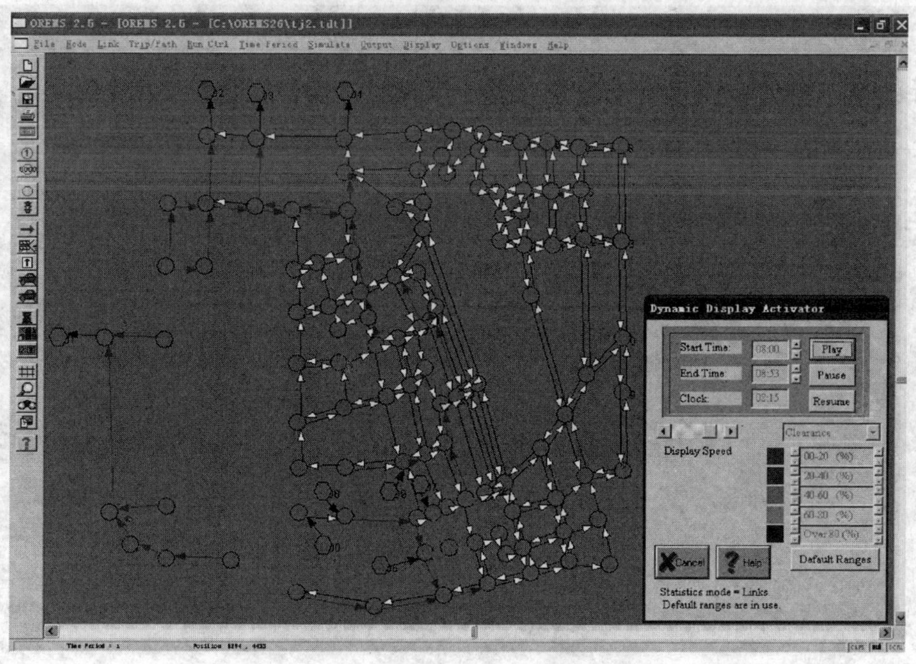

图 7－27　疏散完成百分比动态显示

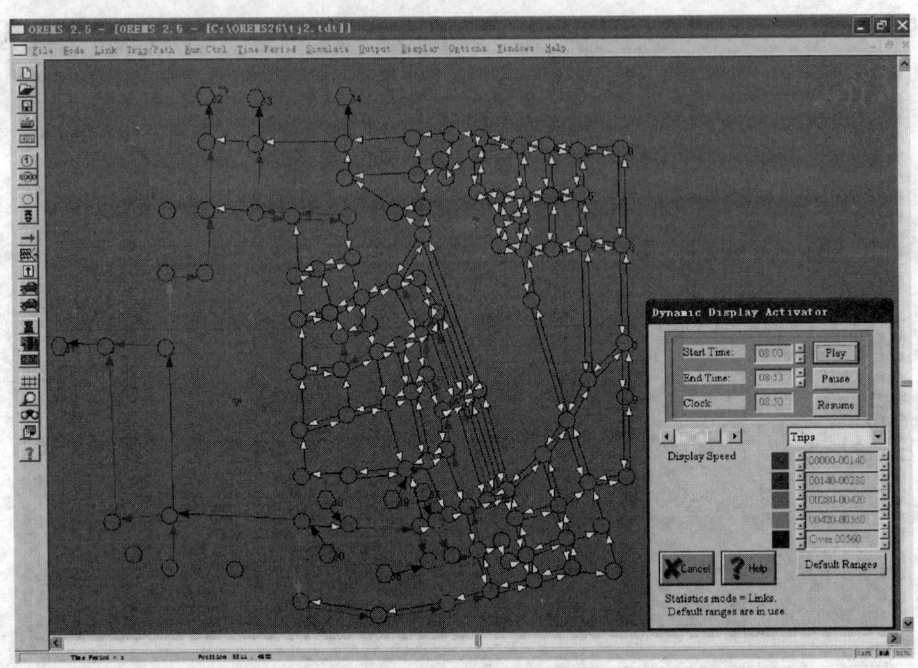

图 7－28　路段上车辆数量动态显示

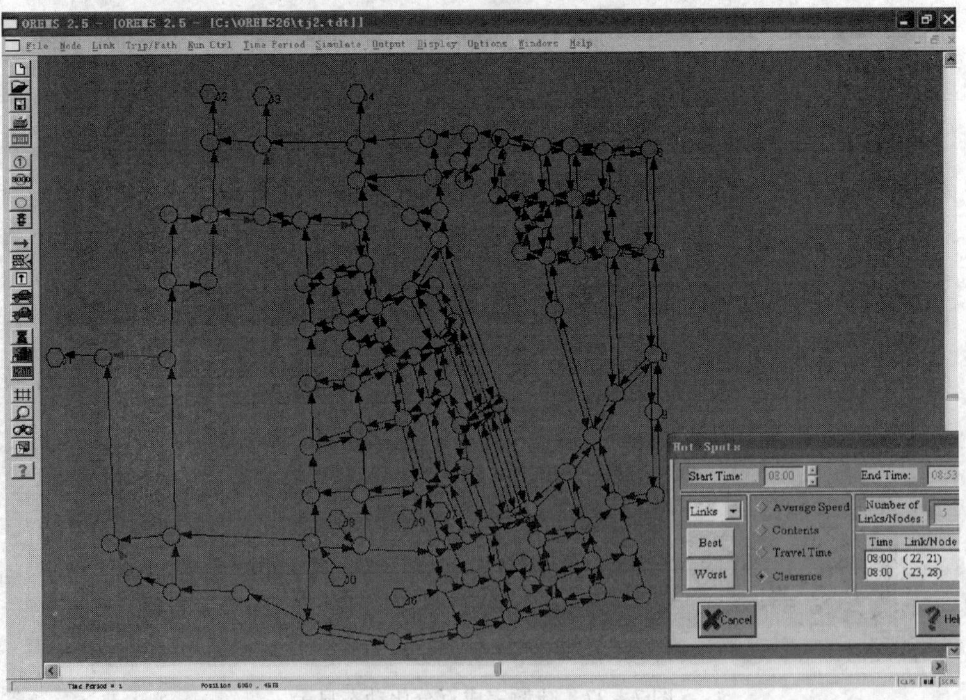

图 7－29　疏散过程瓶颈路段(通过疏散百分比识别)

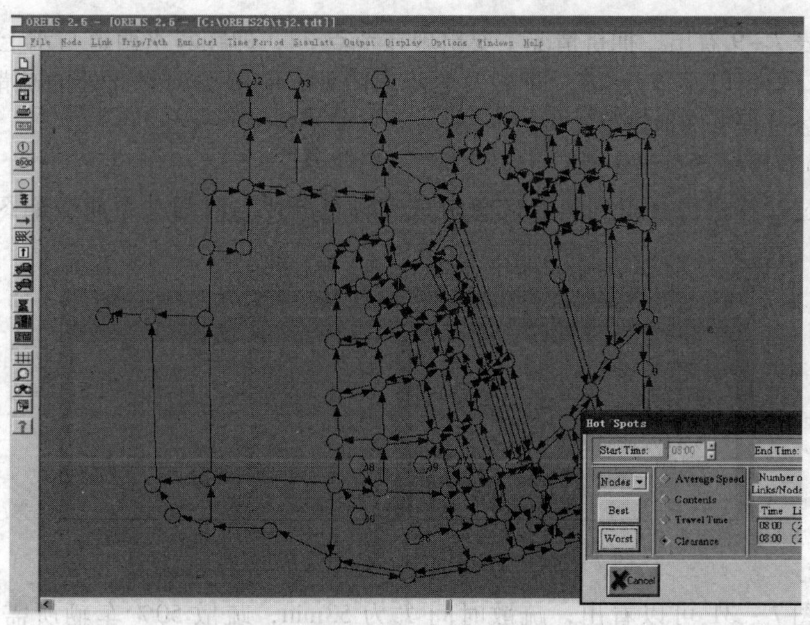

图 7－30　疏散过程瓶颈节点(通过疏散百分比识别)

表 7－9　奥运应急疏散瓶颈路段及节点总结

效能参数＼瓶颈识别	瓶颈路段	瓶颈节点
车辆数目	08：00(34，32) 08：05(34，32) 08：10(34，32) 08：15(34，32) 08：20(34，32) 08：25(34，32)	08：00(34) 08：05(34) 08：10(34) 08：15(34) 08：20(34) 08：25(34)
行驶时间	08：00(1，34) 08：05(1，34) 08：10(1，34) 08：15(1，34) 08：20(1，34) 08：25(1，34) 08：30(1，34) 08：35(1，34) 08：40(1，34)	08：00(34) 08：05(34) 08：10(34) 08：15(34) 08：20(34) 08：25(34) 08：30(34) 08：35(34) 08：40(34)
疏散完成百分比	08：00(22，21) 08：00(23，28) 08：00(24，23) 08：00(32，33) 08：00(36，35)	08：00(21) 08：00(28) 08：00(23) 08：00(33) 08：00(22)

由表 7 -9 看出，拥挤情况主要出现在节点 34，即在宾水西道与水上公园西路交叉口处，以及节点 28，即某大学西南门处，应重点调整此处的疏散策略，以使疏散过程更好地进行。

(4)疏散过程总结

通过计算机仿真得到奥运应急疏散车辆百分比与时间关系曲线如图 7 -31 所示。

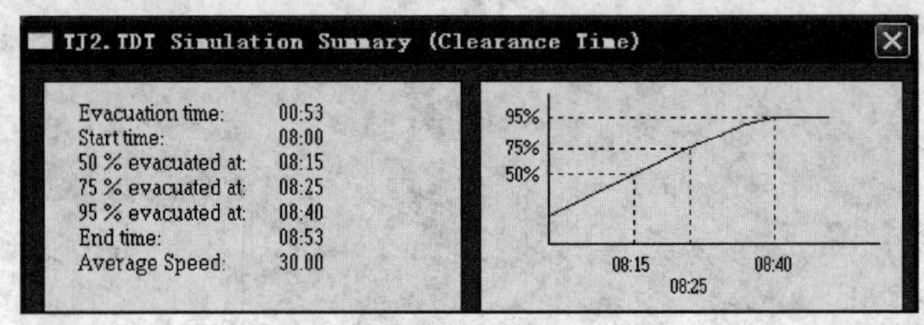

图 7 -31　奥体中心地区应急疏散过程总结

从图 7 -31 可以看出，疏散时间 T 为 53min，疏散 50% 车辆所需时间为 15min，疏散 75% 车辆所需时间为 25min，疏散 95% 车辆所需时间为 40min，平均疏散速度为 30km/h。应急疏散范围半径在 3km 左右，按照公交车车速 30km/h 计算，15min 可以行驶 7.5km，因此疏散 50% 车辆所需的时间基本上是合适的，疏散 95% 车辆时需要 40min，全部车辆都疏散出路网需要 53min，基本上符合实际情况。

第8章 城市敏感目标恐怖袭击风险分析

恐怖袭击是恐怖主义的具体表现方式和手段。某一特定恐怖袭击的目的并不限于吸引公众关注、证明恐怖组织的实力、显示政府权力存在真空、报复、获得物资支持以及引起政府部门的过激反应等。恐怖袭击事件可以有多个目的，使用的策略也是综合的。当代恐怖集团较常用的手段有暗杀、纵火、爆炸、扣押人质、绑架、劫持或劫机、抢劫或袭击设施、破坏、恶作剧和技术手段。

8.1 恐怖袭击概述

8.1.1 恐怖组织的结构和行为特征

对“9·11”事件结果的直接观察发现，这是一起精心策划和精确实施的对美国的奇袭。人们推论这是由组织严密的恐怖网络策划的、协调完善的袭击。当然恐怖组织无论如何武装永远不能与国家的经济与技术实力匹敌。正如在所有军事装备不平衡的冲突中，弱势一方只能寄希望于通过组织效率和敏捷以及战斗动作的灵巧。尽管与军队、警察等国家防卫力量相比，恐怖势力在整体数量和装备方面均处于劣势，但当其发动恐怖袭击时却可以形成超能量的风险。恐怖组织实施袭击的效力很大程度上依赖于组织结构。恐怖组织的集中化和等级化程度越低，应对反恐行动的灵活性越高。尽管等级化组织对反恐行动更脆弱，只要它的指挥控制中心能够发挥功能，它就能发动高破坏性的袭击。因此，恐怖袭击的频率和严重性主要依赖其组织结构。

为减少被反恐力量发觉，恐怖组织尽可能利用网络结构变换形式的优势。基地组织或其他恐怖组织有多种变换的网络结构，每种结构对安全机构、生命和财产都是不同的挑战。为避免领导人被当作目标，网络结构提倡领导人在空间上分散，以降低对中央控制的依赖性。

(1)多中心网络

恐怖网络一种可能的体系结构涉及多个独立的中心，每个中心都作为一定数量的卫星细胞的控制中心。为最大限度地增加在联合反恐行动中的生存机会，这些中心可能分布在不同国家，这种多中心结构见图 8－1，图中小圆代表卫星细胞；大圆代表网络中枢。

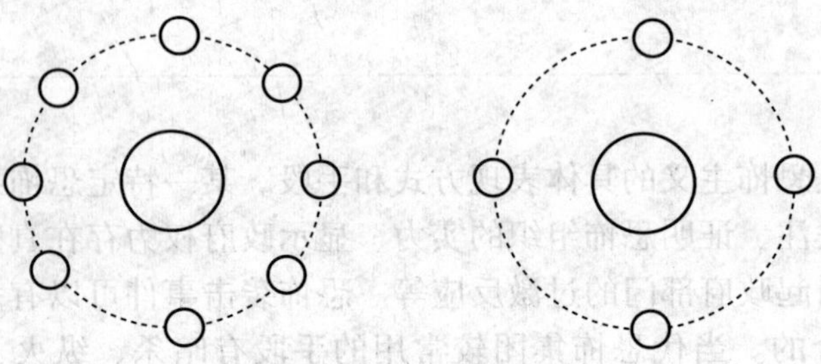

图 8－1　简单的带有多个独立细胞的两中心网络示意图

出于信息安全的缘故，特定中心的附属细胞通过限制指令的传达范围而实现互相隔离。但附属的细胞可以为实施行动而连接起来。传统的恐怖组织如英国的爱尔兰共和军(IRA)和西班牙的巴斯克分离组织(ETA)都发展复杂的细胞结构以对抗安全机构的渗透和追踪。

这种中心结构属于部分等级制的，外围细胞的资金、物流和培训支持等来自中心，战略规划将直接来自中心。但大多数战术袭击规划、细胞的补充和管理在下级层次处理。这种网络结构将通过中心的领导和连续的高级指挥，使中心的计划能够长期执行，并协调复杂的行动。最终，可以削减袭击尝试的失误率。然而犹如海战中的大型战舰，中心是高级目标，消灭它就能够迅速取得军事胜利。显然，中心越多，网络就越难于被击败。在全球反基地组织的战斗中，粉碎组织中心的目标已取得一定程度的胜利。基地组织能够无妨碍地运作中心的国际安全港已不复存在，迫使其采取其他组织伪装。

(2)全渠道智能网络

“9·11”事件以来，由于全球反恐形势的持续压力，出于自我保护和生存的目的，恐怖组织被迫改变以往的等级化组织形式，发展出一种更难捉摸和更为灵活的网络结构类型，见图 8－2。图中圆圈代表恐怖分子个体，这是 1 个由 8 个恐怖分子组成的恐怖组织网络。美国兰德公司的战略专家们指出，这种结构没有中心，由一批恐怖分子组成，可能包括一个或多个个体。这些个体可以分布于广大的地理区域，乃至全球范围，但能够为一个协调的恐怖袭击活动而聚集起来。这种网络结构不需要发挥指挥功能的领导中心，在政府的反恐行动中能够最大限度地增加生存机会。

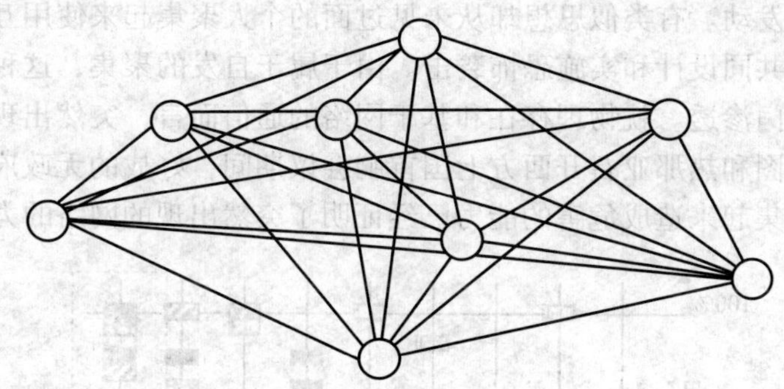

图8-2　无中心的全渠道智能网络结构

大量复杂运动无须中心指令和控制而能够协调，与鸟类和昆虫的群集行为相似。在人类的冲突领域，这种现象可以类推到二战中德国潜艇的掠夺战术。战争期间，德国潜艇散布于北大西洋几千平方公里的海域。当一条敌方船只被其中一艘潜艇发现，信息通过无线电传递给其他潜艇，处于该水域的潜艇会聚集起来发起攻击。无法针对具体的中心，反恐机构在试图追踪构成群体智能的个体细胞时面临更大挑战。更大的问题是群体聚集会或多或少地自发出现，这种聚集难以识别，安全机构预先无法获得这种行动的更多警告。

(3)突然出现的聚集群

由于细胞以确定的地理位置存在，他们对反恐机构的监视和渗透行动会变得日益脆弱。出于保护和生存的目的，当代的恐怖组织倾向于利用随机分布的恐怖主义被动支持者的同情，形成突然出现的聚集群来发动袭击。安全机构更难于阻止的是这种来自转换的网络结构：一种来自恐怖动机外围同情者或被动支持者复杂行为的几乎自发出现。所谓恐怖主义被动支持者是指那些表面上与恐怖主义没有直接牵连的正常公民，如果可能他们不会反对恐怖活动，这是一种由个人主张决定的隐藏状态。被动支持者大多集中在恐怖分子家乡的范围，随机分布于整个人口中。这种群体袭击主要不是由长期的恐怖嫌犯操纵(其活动可以通过正常的监视来追踪)，而是由安全机构不了解的偶尔参与恐怖事件的新人操纵。最难对付的网络结构是表面上组织混乱、组成成分无序运动，实际上以高度空间分布的智慧扩散。

所谓聚集是来自自然界3维空间的假想。例如蜜蜂群是以空间聚集定义的。但是，恐怖主义被动支持者的这种聚集可以在任何维度上定义，包括宗教、文化等非物理维度。为简化起见，其他维度可以归纳为承诺参与恐怖行动一个维度。由于被动支持者个体在地理上可能分布于世界各地，对安全机构的最大挑战来自在这一虚拟的恐怖主义维度上的聚集。这些个人可能与激进组织没有很长的历史。例如，出现在清真寺听过激进长老演讲后可能消失很长时间，因此他们很难事先作为潜在的恐怖主义嫌疑人被识别。他们可以通过电台、电视、互联网上的公开劝告而被发动。有类似思想却从未见过面的个人聚集起来使用互联网等全球通信手段能够共同设计和实施恐怖袭击。由于属于自发的聚集，这种集团几乎不可能被安全部门渗透。就物理存在和基于网络的通信而言，突然出现的网络确实存在，在西雅图和热那亚召开西方七国首脑会议期间，好战的无政府主义者和反资本主义者聚集起来造成危害的能力已经证明了突然出现的网络的力量。

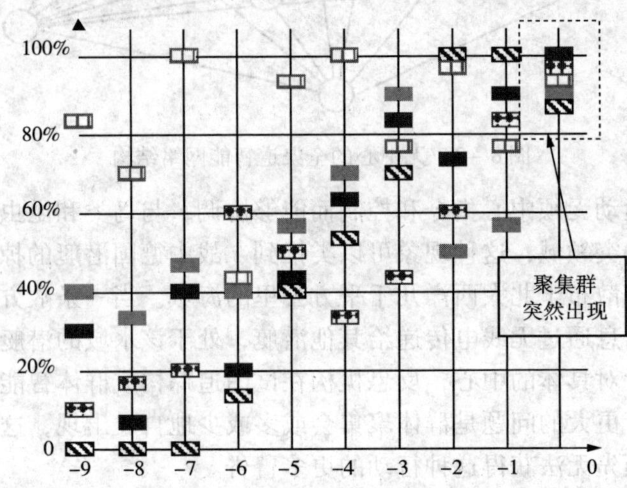

图 8－3　恐怖袭击聚集群的形成过程

注：图中 5 种图案的方块代表 5 个位于不同地点的个人，他们在初始状态时介入恐怖袭击活动的程度不同，分别为 80%、40%、30%、10% 和 0。随着恐怖袭击发动时间的临近，5 个个体在地理上逐步靠拢，参与恐怖袭击活动的程度也逐步提高。在最后一刻，形成聚集群突然出现在袭击地点，共同实施恐怖袭击。此时，5 个个体介入恐怖袭击活动的程度均达到 100%。

图 8－3 显示一个在地理上非常分散的 5 人集团无须中心控制而突然出现。纵坐标用百分数计量每个人参与恐怖活动的程度，聚集在这一虚拟的空间维度上进行；横坐标表示发动恐怖袭击的倒计时。由于安全机构无法在袭击发生前发觉这种聚集，由某一突然出现的网络实施的袭击很难预防。

8.1.2　恐怖袭击的重点目标

根据目标选择理论，恐怖袭击的目标一般可按照恐怖集团的动机或个人策划袭击划分为较宽泛的 5 种类型。

(1)政治目标

该类目标之所以被选中，是因为其身份、所在地点或者其活动，象征着恐怖分子要反对、破坏或报复的制度、政权或秩序。选择这类目标尽管伤亡人数不会太大，但其象征意义是其它目标无法比拟的。

这类目标中，每个国家都有很多，“9·11”事件中的恐怖分子预设袭击的目标即包括美国白宫、五角大楼。在中国，中南海应当首当其冲，而天安门广场、国家各机关、部委所在地、有影响力的政治人物居住场所等都存在潜在危险。

选择政治类目标，是恐怖主义一贯的、传统的选择。此类目标由于其政治上的重要性，防护等级一般也是最高的，没有缜密的计划，恐怖分子袭击成功的可能极小。近年来，政治类恐怖事件发生得越来越少。

(2)标志性建筑

选择这类目标，无论是其轰动性，还是潜在人员伤亡人数，都会刺激恐怖分子，且这类目标多为民用，不如政治目标防范严密。“9·11”事件中的纽约世贸中心"双子楼"即属此类。同时，选择袭击这类目标还可以极大地影响一个国家的正常经济生活。

这类目标中，北京国际贸易中心和上海金茂大厦都排在前列，一个是北京中央商务区(CBD)的核心，一个是中国最高的大厦。此外，各大城市的标志性建筑、金融机构、证券交易机构等也可能成为袭击目标。

(3)军事目标

选择军事目标，对恐怖分子来说风险极大。但一旦实施成功，其制造的轰动和效果无疑都是巨大的，如2002年10月美国军舰“科尔”号在海湾地区遭遇恐怖袭击造成的影响。通常恐怖分子对于军事目标的袭击都带有极强的政治目的，精神狂热，行为极端，他们并不是真想消灭和摧毁行动目标，而是要制造恐惧和惊慌，造成恐怖气氛和政治压力。

中国军事目标有很多，军港、军用机场、部队驻地、后勤保障基地等等。但从中国军队的安全状况和中国恐怖势力的实力来看，袭击军事目标的可能性较小。

(4)战略目标

战略打击目标的选择在过去更多地存在于军事对抗过程中，很少被恐怖分子加以利用，但当代恐怖主义在组织形式上不仅包括传统的国家恐怖主义和集团恐怖主义，还出现了个人恐怖主义。这种松散型的组织结构，常常使恐怖行动在方式和目标选择上几乎不受约束。因此战略目标的预警提上日程。此外，对战略目标的打击给人们投下的心理阴影往往是巨大的

在中国，战略目标有很多，三峡大坝目前来说是最引人注目的。此外，大型核电站、重要石油管线、油田、港口和大型化工厂等都是潜在目标。

但正因为这些目标所具有的战略意义，其防护等级也比较高。

(5)民用目标

从最新恐怖事件来看，恐怖分子选择民用目标有扩大化的趋势。从政府官员、军事人员到商人和无辜平民甚至妇孺，从政府设施、各种标志性建筑到机场、商场、文娱体育场所、旅游胜地、居民区等。恐怖分子选择民用目标更多的是从轰动效应来考虑，潜在伤亡人数越多，轰动效应也就越大。由于民用目标更贴近现实生活，对人们心理造成的冲击实际上更大。且这样目标比较多，没人可以判断恐怖分子会在何时何地出手，防范极难。而对恐怖分子来说，对民用目标袭击成功的概率也会变得很高。

8.2 城市工业设施恐怖袭击风险评价

8.2.1 工业设施恐怖袭击风险评价指标体系的建立

从恐怖袭击风险评价的基本原理出发，工业设施现实恐怖袭击风险评价由固有恐怖袭击风险评价和风险减缓因子评价两部分组成。两个评价子体系中每一级评价指标都可以进一步分解成多层次的下级指标，见表8－1。

表8－1　工业设施恐怖袭击风险评价指标体系

评价指标	1级亚指标	2级亚指标
R_i 固有恐怖袭击风险	V 易受攻击性	V_1 可识别性
		V_2 可接近性
		V_3 象征性与轰动效应
		V_4 内在危险性
	L 损失后果严重性	L_1 人员伤亡
		L_2 财产损失
F 风险减缓因子	F_1 物理防范设施	F_{11} 入口控制
		F_{12} 周界防护
		F_{13} 支持系统
	F_2 安全管理	F_{21} 预防策略
		F_{22} 应急响应
		F_{23} 安全培训

8.2.2　评价指标的赋值标准

8.2.2.1　评价指标权重

采用 Delphi 专家咨询法和层次分析法相结合，得到各项评价指标的权重系数，见表 8－2 和表 8－3。

表 8－2　固有恐怖袭击风险评价指标的权重

评价指标	1 级亚指标	权重	2 级亚指标	权重
R_i 固有恐怖袭击风险	V 易受攻击性	1	V_1 可识别性	0.24
			V_2 可接近性	0.20
			V_3 象征性与轰动效应	0.44
			V_4 内在危险性	0.12
	L 损失后果严重性	1	L_1 人员伤亡	0.79
			L_2 财产损失	0.21

表 8－3　恐怖袭击风险减缓因子评价指标的权重

评价指标	1 级亚指标	权重	2 级亚指标	权重
F 风险减缓因子	F_1 物理防范设施	0.34	F_{11} 入口控制	0.35
			F_{12} 周界防护	0.35
			F_{13} 支持系统	0.30
	F_2 安全管理	0.66	F_{21} 预防策略	0.46
			F_{22} 应急响应	0.30
			F_{23} 安全培训	0.24

8.2.2.2　评价指标赋值与评价方法

借鉴重大危险源评价方法中有关评价指标分级判据与赋值标准的确定原则，参照国家和行业相关法律、法规、标准及技术规范对固有恐怖袭击风险和风险减缓因子两个评价子体系中最低一级评价指标进行分级化处理，提出相应的赋值标准，见表 8－4 ~ 表 8－7。

(1) 易受攻击性赋值与评价方法

易受攻击性指标的总分值为 100。可识别性、可接近性、象征性与轰动效应等前3项2级亚指标以其基本定义作为分级依据，需要较大程度的主观判断。内在危险性根据工业设施内危险物质的数量，参照GB 18218—2009《危险化学品重大危险源辨识》，按标准规定的危险物质的临界量进行评价。对于标准中未作规定的危险物质类比具有相同或相似(道化学)物质系数的危险物质的临界量。

表8－4　易受攻击性评价赋值标准

评价指标 (权重/总分值)	分级判据	分值
V_1 可识别性 (0.24/100)	1. 只要具备很少甚至没有相关的预备知识就能很清楚地识别目标及其重要性 2. 拥有少量的预备知识就能很容易地识别目标及其重要性 3. 没有相关的预备知识就很难识别目标及其重要性 4. 需要广泛地学习预备知识才能识别目标及其重要性	100 75 50 25
V_2 可接近性 (0.20/100)	1. 很容易接近 2. 正常情况下可接近(一般目标在建筑物外或其他不安全处) 3. 中等程度的可接近(一般目标在建筑物内或围墙内) 4. 不能接近或接近极端困难	100 75 50 25
V_3 象征性与轰动效应 (0.44/100)	1. 世界知名 2. 全国知名 3. 所在省市知名 4. 几乎不为人所知	100 75 50 25
V_4 内在危险性 (0.12/100)	1. 危险物质数量超过临界量的25倍 2. 危险物质数量在临界量的10～25倍(包括25倍) 3. 危险物质数量在临界量的1～10倍(包括10倍) 4. 危险物质数量等于或低于临界量	100 75 50 25

表8－5　损失后果严重性评价赋值标准

评价标准 (权重/总分值)	分 级 判 据	分值
L_1 人员伤亡(0.79/100)	1. 预计可能造成29人以上死亡(含29人) 2. 预计可能造成9人以上死亡(含9人) 3. 预计可能造成3人以上死亡(含3人) 4. 预计可能造成死亡人数少于3人 5. 预计不会造成人员死亡	100 80 60 40 20

续表

评价标准（权重/总分值）	分级判据	分值
L_2 财产损失（0.21/100）	1. 经济损失 1000 万元以上（含 1000 万元）	100
	2. 经济损失 500 万元以上（含 500 万元）	80
	3. 经济损失 100 万元以上（含 100 万元）	60
	4. 经济损失 10 万元以上（含 10 万元）	40
	5. 经济损失不足 10 万元	20

表 8-6　物理防范设施评价赋值标准

评价标准（权重/总分值）	评价项目	分值
F_{11} 入口控制（0.35/100）	1. 各道出入口装有合适的锁并有钥匙管控制度	10
	2. 有 ID 胸卡制度	10
	3. 有来访者管控制度	10
	4. 有车船等交通工具出入管控制度	10
	5. 关键部位装有电子入口控制系统	10
	6. 受限区装有闭路电视监控系统	10
	7. 有行李检查系统	10
	8. 有出入口巡查制度	10
	9. 各生产和办公单元装有合适的门和安全铰链	10
	10. 窗户装有护栏	10
F_{12} 周界防护（0.35/100）	1. 有外围墙和关键部位的内围墙	25
	2. 边界设置护栏/栅栏或隔离沟	25
	3. 设施周边无视觉障碍物	25
	4. 设施周界处照明系统良好	25
F_{13} 支持系统（0.30/100）	1. 配备备用电力系统	20
	2. 关键部位设电子报警装置	20
	3. 通信设备加锁保护	20
	4. 安全出口、紧急疏散通道和避难所完备	20
	5. 消防设施和消防水源齐备	20

表 8-7　安全管理评价赋值标准

评价标准（权重/总分值）	评价项目	分值
F_{21} 预防策略（0.46/100）	1. 有安全保卫管理机构	20
	2. 有明确的安全管理方针和安全保卫规章制度	20
	3. 与当地公共安全执法机构或其他相关部门有合作关系	20
	4. 有事故隐患报告分析机制	20
	5. 定期检查评估安全状况	20

续表

评价标准（权重/总分值）	评 价 项 目	分值
F_{22}应急响应（0.30/100）	1. 有应急指挥和组织机构	20
	2. 有应急响应计划	20
	3. 有关键人员和安全职员的应急通讯系统	20
	4. 与场外应急服务机构联络畅通	20
	5. 定期进行恐怖袭击应急训练与演习	20
F_{23}安全培训（0.24/100）	1. 全员安全保卫培训	20
	2. 新员工岗前安全保卫培训	20
	3. 关键部位员工安全保卫培训	20
	4. 内部安全管理人员专业培训	20
	5. 有安全保卫知识宣传载体	20

（2）损失后果严重性赋值与评价方法

损失后果严重性指标的总分值为100。参照《危险化学品重大危险源辨识》中对事故后果危害程度的分级规定，将恐怖袭击可能造成的人员伤亡严重程度分为5级。同样参照上述规定中关于直接经济损失的分级原则将恐怖袭击可能造成的财产损失相应地分为5级。

（3）风险减缓因子赋值与评价方法

风险减缓因子的总分值为100。与易受攻击性和损失后果严重性评价直接赋值评分的方法不同，风险减缓因子评价是按照每项评价指标包含的评价项目进行逐项检查，每项达标给分，不达标扣分，扣完为止。

8.2.2.3 评价的数学模型

（1）易受攻击性评价

$$V = \sum_{i=1}^{4} W_i V_i \tag{8.1}$$

式中 V——易受攻攻击性的评价值；

V_i——第 i 项易受攻击性2级亚指标的评价值；

W_i——第 i 项易受攻击性2级亚指标的权重；

其中内在危险性 V_4 根据工业设施内危险物质数量与GB18218—2009《危险化学品重大危险源辨识》规定的临界量的比值进行赋值。数学表达式为：

$$r = \sum_{i=1}^{n} (q_i / Q_i) \tag{8.2}$$

式中 r——工业设施中危险物质数量的比标值；

q_i——工业设施中第 i 种危险物质的数量；

Q_i——GB18218—2009标准规定的第 i 种危险物质的临界量；

n——工业设施中危险物质的品种数。

不同 r 值对应的内在危险性指标的评价分值见表 8 –8。

表 8 –8　危险物质数量比标值与内在危险性评价值的对应关系

r	$r \leqslant 1$	$1 < r \leqslant 10$	$10 < r \leqslant 25$	$r > 25$
V_4	25	50	75	100

（2）损失后果严重性评价

$$L = \sum_{j=1}^{2} W_j L_j \tag{8.3}$$

式中　L——恐怖袭击造成的损失后果严重性的评价值；

L_j——第 j 项损失后果严重性 2 级亚指标的评价值；

W_j——第 j 项损失后果严重性 2 级亚指标的权重。

根据恐怖袭击可能造成的事故类型采用有关预测模型计算损失后果。主要的计算模型包括爆炸伤害模型、热辐射伤害模型、池火灾伤害模型、沸腾液体扩展为蒸气爆炸的伤害模型、固体火灾伤害模型、室内火灾伤害模型等。

（3）工业设施固有恐怖袭击风险评价

工业设施固有恐怖袭击风险评价是工业设施的易受攻击性与恐怖袭击造成的损失后果严重性的耦合。某一工业设施固有恐怖袭击风险评价结果的数学表达式如下：

$$R_i = \frac{1}{100} \sum_{i=1}^{4} W_i V_i \sum_{j=1}^{2} W_j L_j \tag{8.4}$$

式中　R_i——工业设施固有恐怖袭击风险的评价值；

V_i——第 i 项易受攻击性 2 级亚指标的评价值；

W_i——第 i 项易受攻击性 2 级亚指标的权重；

L_j——第 j 项损失后果严重性 2 级亚指标的评价值；

W_j——第 j 项损失后果严重性 2 级亚指标的权重。

（4）风险减缓因子评价

$$F = \sum_{k=1}^{2} W_k F_k \tag{8.5}$$

式中　F——风险减缓因子的评价值；

F_k——第 k 项风险减缓因子 1 级亚指标的评价值；

W_k——第 k 项风险减缓因子 1 级亚指标的权重。

其中

$$F_k = \sum_{j=1}^{3} W_{kj} F_{kj} \tag{8.6}$$

式中　F_k——第 k 项风险减缓因子 1 级亚指标的评价值；

F_{kj}——第 kj 项风险减缓因子 2 级亚指标的评价值；

W_{kj}——第 kj 项风险减缓因子 2 级亚指标的权重。

(5)综合评价

①数学模型

工业设施现实恐怖袭击风险评价是其固有恐怖袭击风险与风险减缓因子的耦合。某一工业设施现实恐怖袭击风险评价结果的数学表达式如下：

$$R_a = R_i(1 - \alpha F) \tag{8.7}$$

式中 R_a——工业设施现实恐怖袭击风险的评价值；

α——风险减缓因子的调节系数；

其他符号意义同前。

②风险减缓因子调节系数

根据理性恐怖分子理论，工业设施的物理防范设施和安全管理可以影响潜在的恐怖分子对可能袭击的目标的判断，有效的安全防御系统能够探测到敌人，并拖延其行动时间，从而达到风险减缓作用，但是不能保证所有的恐怖分子都按照理性思维选择目标。无论物理防范设施和安全管理如何完善，也不可能完全消除恐怖袭击的风险。由于恐怖袭击与工业事故的风险机理存在本质区别，不可能像工业事故那样，通过事故统计得到各风险减缓因素各种状况下任意组合的条件概率，并采用关联算法得到抵消因子。

因此，为保证在所有物理防范设施和安全管理全部达标的极端情况下，上述数学模型仍然适用。设定一般情况下，调节系数 $\alpha = 0.01$，此时风险减缓因子的绝对值为减缓风险的百分比；当物理防范设施和安全管理按既定规范完全达标时，即 $F = 100$，规定 $\alpha = 0.0085$，实际意义为风险减缓作用的最大值为85%。将风险减缓作用的最大值设定为85%是由于任一风险减缓因子2级亚指标只有1个评价项目未达标时，风险减缓因子的最高分值不超过85。

③工业设施恐怖袭击风险等级

为便于根据工业设施恐怖袭击风险评价的结果对工业设施进行排序，以合理分配防卫资源，有针对性地加强预防措施。提出工业设施恐怖袭击风险等级划分标准，见表8-9。

表8-9 工业设施恐怖袭击风险等级划分标准

风险等级	Ⅰ级	Ⅱ级	Ⅲ级	Ⅳ级
R_i	≥75	50~74	25~49	<25

8.2.3 工业设施恐怖袭击风险评价应用实例

8.2.3.1 评价对象的基本情况

某城市化工厂原料罐区共有8个化学危险品储罐，基本情况见表8-10。储存物质的主要物理化学特性见表8-11。

表 8－10　储罐基本情况

编号	T－100	T－102	T－202	T－104	T－105	T－213	T－223
直径/m	2	2	2.6	2.9	2.9	2.9	6
容积/m^3	30	30	80	80	80	80	200
储存物质名称	氨水	丙烯腈	丙烯腈	丁二烯	丁二烯	苯乙烯	苯乙烯
最大量/m^3	24	25.5	68	64	64	68	68

该厂原料罐区的平面布局见图 8－4。

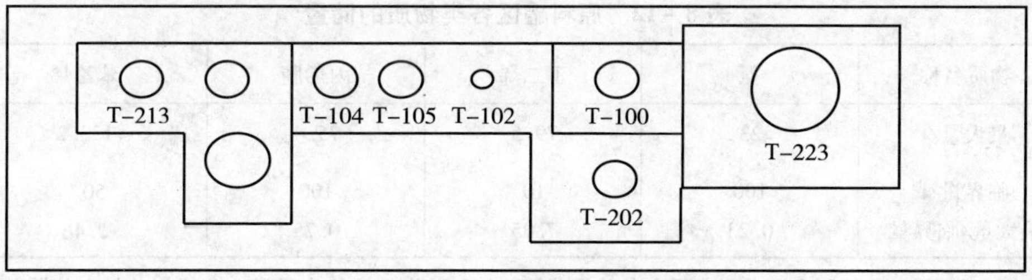

图 8－4　原料罐区平面示意图

表 8－11　储存物质的主要物理化学特性

物质名称	丁二烯	丙烯腈	苯乙烯	氨
相对分子质量	54.09	53.064	104.14	17
相对密度	0.6211	0.806	0.9059	0.88～0.96
沸点/℃	4.4	77.3	145.2	—
燃点/℃	450	481	490	630
闪点/℃	－60	2.5	32.3	—
蒸气压/mmHg	—	83.81	4.3	—
爆炸上限/V%	2	3	1.1	15.3
爆炸下限/V%	12	17	6.1	28
临界温度/℃	161.8	263	—	—
临界压力/mmHg	42.6	45	—	—
燃烧热/(kcal/mol)	607.9	420.5	—	—

8.2.3.2　易受攻击性评价

(1) 可识别性

原料罐区设有明显的标志，只要具有一般的化工常识，根据储罐的圆柱形外观就能够容易地发现原料罐区。对照评分表，此项指标评分为75。

(2)可接近性

原料罐区无封闭围墙，储罐均为露天设置，正常情况下较容易接近。此项指标评分为75。

(3)象征性与轰动效应

该企业为某外国公司在当地的合资生产厂，可认定为所在省市知名，此项指标评为50。

(4)内在危险性

原料罐区贮存物质的储量见表8－12。

表8－12　原料罐区各类物质的储量

物质名称	氨	丁二烯	丙烯腈	苯乙烯
最大量/t	23	79.5	75.4	123.2
临界量/t	100	10	100	50*
最大量/临界量	0.23	7.95	0.75	2.46

＊ GB 18218—2009《危险化学品重大危险源辨识》中未列苯乙烯的临界量，参照与其具有相同(道化学)物质系数的氯乙烯的临界量。

根据重大危险源辨识原则，当单元内存在多种危险物质时，危险物质数量比标值应为各危险物质数量比标值之和。按公式计算原料罐区危险物质数量比标值为：

$$r=\sum_{i=1}^{n}(q_i/Q_i)=0.23+7.95+0.75+2.46=11.39$$

对照评分表，此项指标评分为75。

(5)易受攻击性

按公式计算原料罐区易受攻击性的评价值为：

$$V=\sum_{i=1}^{4}W_iV_i=0.24\times75+0.2\times75+0.44\times50+0.12\times75=64$$

8.2.3.3　损失后果严重性评价

根据最大危险原则，恐怖袭击可能造成的最严重后果是丁二烯罐的燃烧爆炸。其伤害模型有两种：蒸气云爆炸(VCE)模型；沸腾液体扩展蒸气爆炸(BLEVE)模型。前者属于爆炸型，后者属于火灾型。爆炸型威力大，易造成严重后果，因此采用蒸气云爆炸模型预测死亡半径、重伤(二度烧伤)半径、轻伤(一度烧伤)半径及财产破坏半径。

(1)最大储存量

丁二烯有两个储罐，分别是T104罐(悬挂圆柱立罐，最大储存量$64m^3$)和T105罐(悬挂圆柱立罐，最大储存量$64m^3$)。因此，最大储存质量为：

$W_f=(64+64)\times 621.1=79500.8(\text{kg})$

(2)TNT 当量

TNT 当量计算公式为：

$W_{TNT}=1.8\alpha W_f Q_f/Q_{TNT}$

式中　1.8——地面爆炸系数；

α——蒸气云当量系数，取 $\alpha=0.04$；

W_f——燃料的总质量，kg；

Q_f——丁二烯的爆热，取 $Q_f=46977.7\text{kJ/kg}$；

Q_{TNT}——TNT 的爆热，取 $Q_{TNT}=4520\text{kJ/kg}$；

丁二烯的 TNT 当量为：

$$W_{TNT}=1.8\times 0.04\times 79500.8\times 46977.7/4520$$
$$=59491.8(\text{kg, TNT})$$

(3)死亡半径

$R_1=13.6(W_{TNT}/1000)^{0.37}=61.7(\text{m})$

(4)重伤半径

由方程组：

$$\begin{cases}\Delta p_s=0.137Z^{-3}+0.119Z^{-2}+0.269Z^{-1}-0.019\\ Z=R_2/(E/p_o)^{1/3}=0.00722R_2\\ \Delta p_s=17000/p_o=0.4344\end{cases}$$

解得 $R_2=151.7\text{m}$。

(5)轻伤半径

由方程组：

$$\begin{cases}\Delta p_s=0.137Z^{-3}+0.119Z^{-2}+0.269Z^{-1}-0.019\\ Z=R_3/(E/p_o)^{1/3}=0.00722R_3\\ \Delta p_3=17000/p_o\approx 0.1678\end{cases}$$

解得 $R_3=271.7\text{m}$

(6)财产损失半径

对于爆炸性破坏，财产损失半径 R_4 由下式计算：

$R_4=K_1W_{TNT}^{1/3}/(1+(3175/W_{TNT})^2)^{1/6}$

式中　K_1——二级破坏系数，取 5.6；

其他符号同前。

计算得 $R_4=218.3(\text{m})$

丁二烯罐爆炸事故后果的预测结果见表 8－13，爆炸事故破坏区域见图8－5。

按不同伤害半径所包围的封闭面积内人员和财产价值预测，损失后果为死亡 30 人，重伤 60 人，轻伤 30 人，财产损失 3062.8 万元。对照损失后果严重性赋值标准，L_1 人员伤亡指标评价值为100，L_2 财产损失评价值为100。按计算公式损失后果严重性的评价值为：

$$L=\sum_{j=1}^{2}W_jL_j=0.79\times100+0.21\times100=100$$

表8-13　丁二烯罐爆炸事故后果预测结果

事故类型	死亡		重伤(二度烧伤)		轻伤(一度烧伤)		财产破坏	
	半径/m	波及范围暴露人员	半径/m	波及范围暴露人员	半径/m	波及范围暴露人员	半径/m	波及范围暴露人员
蒸气云爆炸	61.7	罐区，变电站，控制室，冷冻站，水泵房，冷却塔等约30人	151.7	大部分厂区约60人	271.7	全部厂区及厂外部分区域约30人	218.3	全部厂区及厂外部分区域

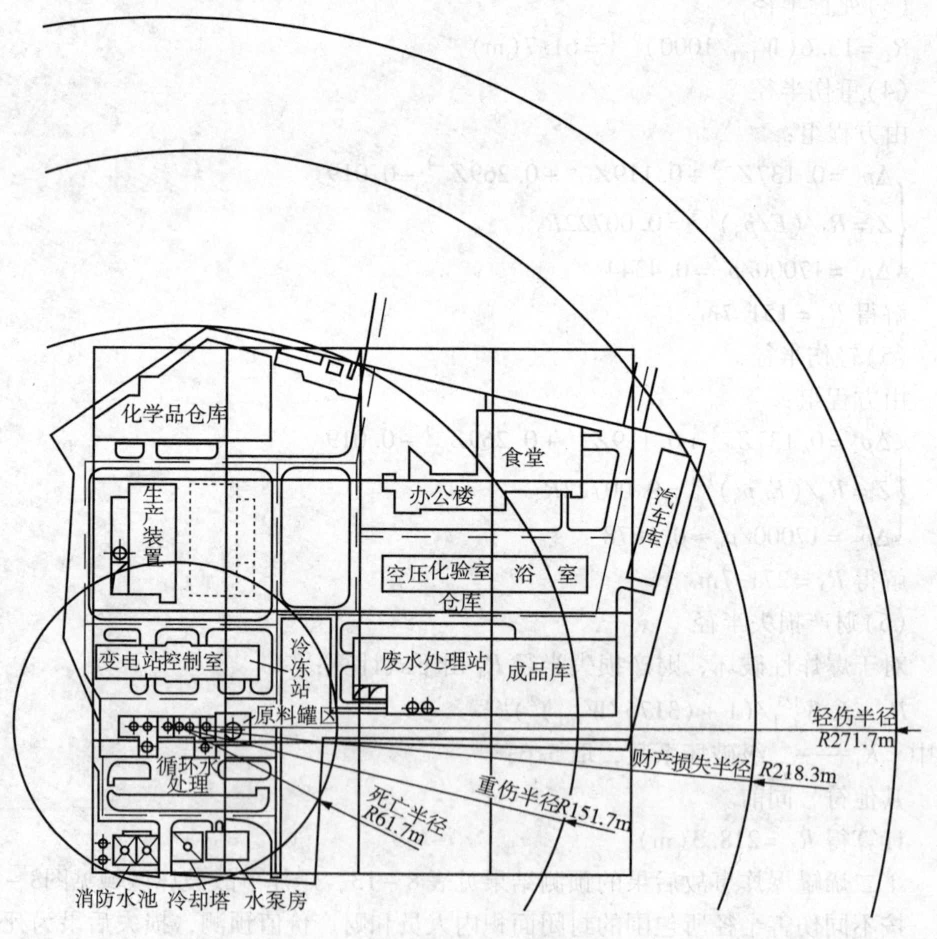

图8-5　丁二烯罐蒸气云爆炸破坏区域

8.2.3.4　风险减缓因子评价

(1)物理防范设施评价

物理防范设施评价包括入口控制、周界防护和支持系统 3 项二级亚指标。

①入口控制

入口控制共有 10 个评价项目总分为 100，检查结果如下：

a. 各道出入口装有合适的锁并有钥匙管控制度：10

b. 胸卡制度：10

c. 来访者管控制度：10

d. 车船等交通工具出入管控制度：10

e. 关键部位装有电子入口控制系统：0

f. 受限区装有闭路电视监控系统：0

g. 行李检查系统：0

h. 出入口巡查制度：10

i. 各生产和办公单元有合适的门和安全铰链：0

j. 窗户装有护栏：10

入口控制指标的实得分为：60

②周界防护

周界防护共有 4 个评价项目，总分为 100。检查结果如下：

a. 外围墙和关键部位的内围墙：0

b. 边界护栏/栅栏或隔离沟：0

c. 设施周边无视觉障碍物：25

d. 照明系统：25

周界防护指标的实得分为：50

③支持系统

支持系统共有 5 个评价项目，总分为 100，检查结果如下：

a. 备用电力系统：20

b. 电子报警装置：0

c. 通信设备加锁保护：20

d. 安全出口、紧急疏散通道和避难所：20

e. 消防设施和消防水源：20

支持系统指标的实得分为：80

④物理防范设施

按计算公式物理防范设施的评价值为：

$F_1 = 0.35 \times 60 + 0.35 \times 50 + 0.30 \times 80 = 62.5$

(2)安全管理评价

安全管理评价包括预防策略、应急响应和安全培训 3 项亚指标。

①预防策略

预防策略共有 5 个评价项目，总分 100。检查结果如下：

a. 安全保卫管理机构：20

b. 安全管理方针和安全保卫规章制度：20

c. 与公共安全执法机构的合作关系：0

d. 事故隐患报告分析机制：20

e. 定期检查评估安全状况：20

预防策略指标的实得分为 80

②应急响应

应急响应共有 5 个评价项目，总分 100。检查结果如下：

a. 应急指挥和组织机构：20

b. 应急响应计划：0

c. 人员和安全职员的应急通讯系统：20

d. 与场外应急服务机构的联络：20

e. 防恐应急训练与演习：0

应急响应指标的实得分为 60

③安全培训

安全培训共有 5 个评价项目，总分 100，检查结果如下：

a. 全员安全保卫培训：0

b. 新员工岗前培训：0

c. 关键部位员工安全保卫培训：20

d. 内部安全管理人员专业培训：20

e. 防恐安全保卫知识宣传载体：0

安全培训指标的实得分为 40

④安全管理

按计算公式安全管理的评价值为：

$F_2 = 0.46 \times 80 + 0.30 \times 60 + 0.24 \times 40 = 64.4$

(3)风险减缓因子。

按计算公式风险减缓因子的评价值为：

$F = 0.34 \times 62.5 + 0.66 \times 64.4 = 63.8$

8.2.3.5 综合评价

(1)固有恐怖袭击风险评价

按公式计算原料罐区的固有恐怖袭击风险评价结果为：

$$R_i = \frac{64 \times 100}{100} = 64$$

对照工业设施恐怖袭击风险等级划分标准，该化工厂原料罐区恐怖袭击风险等级为Ⅱ级。

(2)现实恐怖袭击风险评价

按公式计算原料罐区的现实恐怖袭击风险评价结果为：

$R_a = 64 \times (1 - 0.01 \times 63.8) = 23.2$

现实风险 R_a 值是固有风险 R_i 值的 36.25%，可见有效的物理防范设施和安全管理可以显著降低潜在目标的恐怖袭击风险。

8.3 基于博弈论的地铁车站恐怖袭击风险定量评价

近年来，恐怖分子一直将地铁作为重要的恐怖袭击目标，在 2003 年车臣恐怖分子就曾公开专门指出将会对莫斯科地铁进行袭击。针对地铁系统遭受的一系列恐怖袭击，各国安全部门特别加强了对地铁的安全保护工作，但尽管采取了诸多安全措施，由于地铁系统固有的弱点仍使其成为恐怖袭击的重要目标。地铁系统拥有纵横交错的地铁线路、狭长的地铁轨道、若干个地铁车站，日均客流量非常大，如此庞大的地铁系统不可能做到万无一失况且地铁空间狭小、救援困难、容易形成二次伤亡的特点使恐怖分子将其作为恐怖袭击的首选。地铁系统也是安全部门保护的重点，在众多的地铁站中具体哪些地铁站可能遭袭，安全部门如何在众多的地铁站间合理的分配防御资源，以最大程度的减少遭袭击损失的概率，这些问题可以使用博弈论来进行分析，也为防御者做出合理资源分配决策提供参考。

以某市地铁一号线路上的 22 个车站(图 8-6)为例研究地铁车站遭受恐怖袭击损失概率分布及防御资源配置问题。

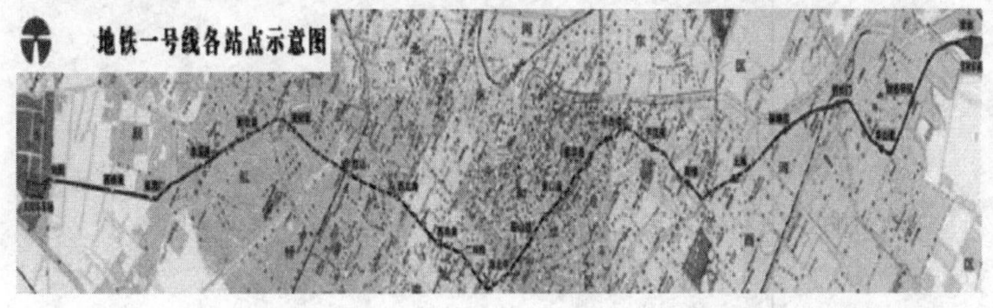

图 8-6 某市地铁一号线各站点示意

(1)初始设置及相关假设

①设此地铁线路上的 22 个车站为恐怖袭击目标，每一个目标 i 赋予一个目标值 V_i，目标 V_i 最大值取 10，且按重要程度相邻目标比值为 1.5，则 $V_i = 10 \times 1.5^{i-22}(i = 1 \cdots 22)$。此线路上的小白楼车站为最重要车站，则 V_i 为 10，重要程

度稍逊的鞍山道站 V_i 为 6.7，其他以次类推；

②假定袭击者和防御者有相同的资源，即假定袭击总资源 $A_t=20$，防御总资源 $D_t=20$，对每一个目标分配最优的防御资源来防御。

通过以上的赋值可以做出目标值、防御资源、期望损失 EL、袭击概率曲线如图 8-7 所示。

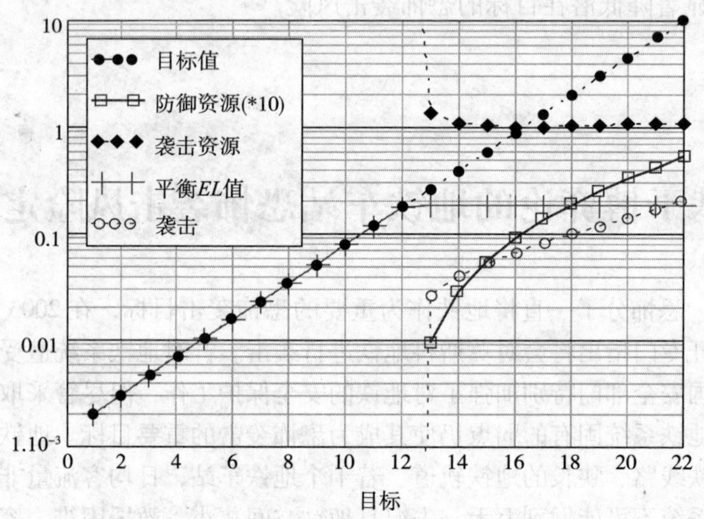

图 8-7　袭击概率分布图

③通过公式计算可以求得后 10 个目标的 A^0、D^0、EL^0、q、p（为了合理利用资源，假设前 12 个目标值较小的目标不防御，仅在后 10 个目标间分配防御资源），目标损失概率分布如图 8-8 所示。

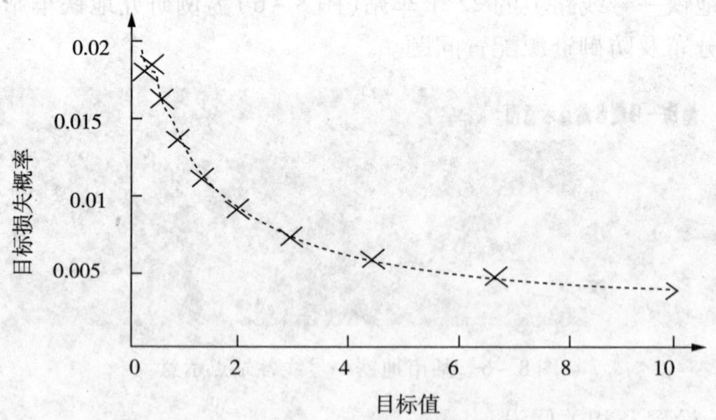

图 8-8　目标损失概率分布图

从图 8-9 可以看出，最优的防御策略在图中由方框表示。为了适合图中的比例，防御数除以了 10。因此，目标 22 的防御分配值是 5.2，而不是 0.52。注意到只有价值比较大的后10个目标被防御。前12个较小的目标没有分配防御资源。从图中可以看出目标值越大，分配的防御资源越多，但是防御资源的数量并没有呈线性关系。平衡 *EL* 值是0.178，并且防御目标间的 *EL* 值相等，以图中的十字图案表示。未防御的目标的 *EL* 小于平衡 *EL* 值，且 *EL* 曲线在目标1～12之间与目标值一致。

袭击概率以图8－8中的圆形图形表示，大约与目标值的平方根成比例。目标值越大，袭击概率越大。从图8－9可以看出，目标值最大的目标损失概率只有0.36%。目标值大的目标损失概率并不是很大，而目标值较小的目标的损失概率比较大，由此可以看出，有效的防御可以减小目标的损失概率。

从图8－8与图8－9对比可以看出，目标值越大的目标受袭击的概率越大，但是目标损失的概率越小，这说明随着对目标值大的目标的防御值增加，目标的损失概率减小，目标的恐怖袭击风险降低。

(2)防御资源假设

假设袭击总资源 $A_t=20$，防御总资源 D_t 分别设为小于、等于大于袭击资源的数即10、20、50和100，通过对每一个目标分配最优的资源来防御来进行对比分析目标损失概率变化趋势。

(3)计算结果分析

根据相关博弈计算，得到不同防御总资源 D_t 下对目标 i 分配的最优防御资源 D_i^0 及损失概率 p_i 值，见表8－14和图8－9。

表8－14　最优防御资源分配及目标损失概率

序号	目标值 V_i	$D_t=50$		$D_t=64$		$D_t=75$		$D_t=97$	
		D_i^0	p_i	D_i^0	p_i	D_i^0	p_i	D_i^0	p_i
1	0.011								
2	0.020								
3	0.023								
4	0.034								
5	0.051								
6	0.076							0.013	3.143×10^{-3}
7	0.11					0.004	2.914×10^{-3}	0.146	4.95×10^{-3}
8	0.17			0.03	5.648×10^{-3}	0.123	6.176×10^{-3}	0.365	4.726×10^{-3}
9	0.26	0.027	6.813×10^{-3}	0.182	7.212×10^{-3}	0.333	6.038×10^{-3}	0.66	4.069×10^{-3}
10	0.39	0.176	8.924×10^{-3}	0.416	6.688×10^{-3}	0.618	5.243×10^{-3}	1.032	3.359×10^{-3}
11	0.58	0.407	8.311×10^{-3}	0.725	5.697×10^{-3}	0.98	4.345×10^{-3}	1.487	2.717×10^{-3}
12	0.87	0.714	7.092×10^{-3}	1.112	4.679×10^{-3}	1.423	3.521×10^{-3}	2.036	2.178×10^{-3}
13	1.30	1.099	5.829×10^{-3}	1.584	3.776×10^{-3}	1.96	2.824×10^{-3}	2.694	1.739×10^{-3}
14	1.95	1.568	4.705×10^{-3}	2.153	3.022×10^{-3}	2.603	2.255×10^{-3}	3.483	1.389×10^{-3}

续表

序号	目标值 V_i	$D_t=50$		$D_t=64$		$D_t=75$		$D_t=97$	
		D_i^0	p_i	D_i^0	p_i	D_i^0	p_i	D_i^0	p_i
15	2.93	2.133	3.767×10^{-3}	2.834	2.413×10^{-3}	3.374	1.801×10^{-3}	4.429	1.112×10^{-3}
16	4.39	2.811	3.008×10^{-3}	3.651	1.928×10^{-3}	4.298	1.442×10^{-3}	5.567	8.934×10^{-4}
17	6.58	3.623	2.403×10^{-3}	4.631	1.545×10^{-3}	5.409	1.158×10^{-3}	6.94	7.202×10^{-4}
18	9.88	4.597	1.925×10^{-3}	5.81	1.242×10^{-3}	6.749	9.327×10^{-4}	8.604	5.824×10^{-4}
19	14.82	5.770	1.547×10^{-3}	7.235	1.002×10^{-3}	8.373	7.54×10^{-4}	10.625	4.722×10^{-4}
20	22.22	7.186	1.248×10^{-3}	8.962	8.104×10^{-4}	10.344	6.111×10^{-4}	13.085	3.836×10^{-4}
21	33.33	8.902	1.01×10^{-3}	11.06	6.573×10^{-4}	12.742	4.964×10^{-3}	16.086	3.121×10^{-4}
22	50.00	10.98	8.189×10^{-4}	13.61	5.342×10^{-4}	15.668	4.038×10^{-4}	19.751	2.542×10^{-4}

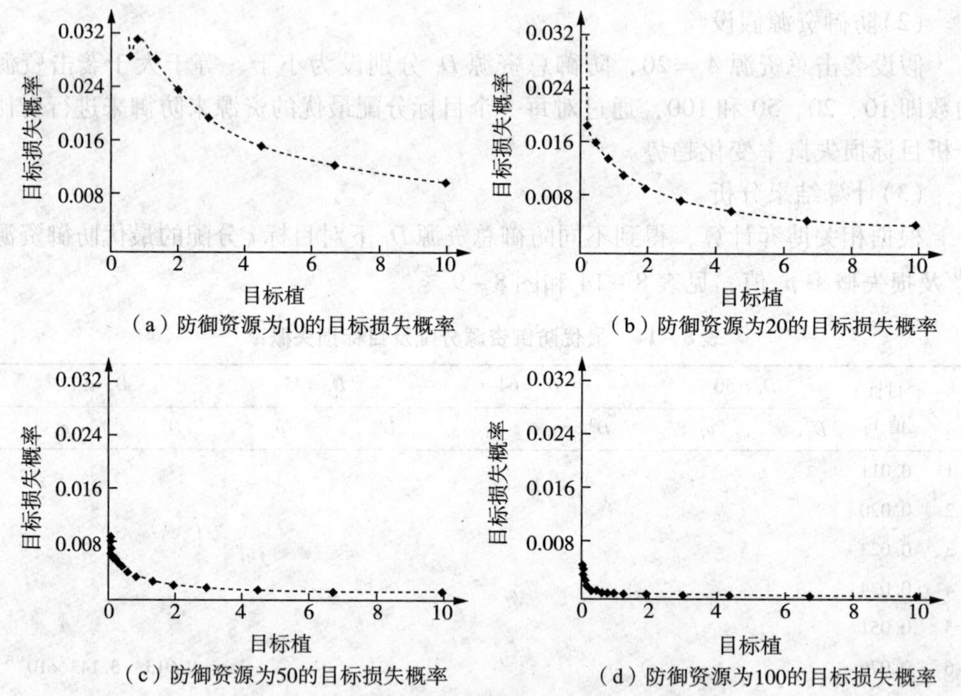

（a）防御资源为10的目标损失概率 （b）防御资源为20的目标损失概率

（c）防御资源为50的目标损失概率 （d）防御资源为100的目标损失概率

图 8-9 防御资源与目标损失概率关系

从图 8-9 可以看出：

①如果总的资源 D_t 只有 10，只对目标值 V_i 排名前 8 的目标进行防御资源优化配置，其他目标值比较小的目标不分配防御资源。分配防御资源的目标损失概率最大为 9.877×10^{-3}，最小为 29×10^{-3}，且随目标值增大而减少。

②如果总的资源 D_t 为 20，只对目标值 V_i 排名前 10 的目标进行防御资源优化配置，其他目标值比较小的目标不分配防御资源，分配防御资源的目标损失概

率最大为 3.632×10^{-3}，最小为 18×10^{-3}，且随目标值增大而减少。

③如果总的资源 D_t 为 50，只对目标值 V_i 排名前 14 的目标进行防御资源优化配置，其他目标值比较小的目标不分配防御资源，分配防御资源的目标损失概率最大为 0.8189×10^{-3}，最小 6.813×10^{-3}，且随目标值增大而减少。

④如果总的资源 D_t 为 100，只对目标值 V_i 排名前 17 的目标进行防御资源优化配置，其他目标值比较小的目标不分配防御资源，分配防御资源的目标损失概率最大为 0.2406×10^{-3}，最小为 3.613×10^{-3}，且随目标值增大而减少。

无论防御资源多少，目标损失概率随目标值增大而减少（基本符合泊松分布），则目标遭受恐怖袭击的风险也减少；且考虑在有限的防御资源情况下对价值不大的目标可以不分配防御资源，因为即使以 100% 的概率袭击这些目标，产生的损失也会小于防御目标的 *EL*。

第9章 城市突发性水污染事故风险评价

突发性水污染事故，首先必须是“突发性事件”，如果水污染造成的危害是逐渐发生的，便不构成突发性水污染事故。突发性水污染事故与长期的污染导致的危害事件的区别就在于它的污染物的流失方式是随机而且突然泄漏、排放的。突发性水污染事故主要由水、陆交通事故，企业排放和管道泄漏等造成的，一般具有不确定性、突发性、扩散性、危险性等明显特征。引发突发性水污染事故的直接原因可能是水陆交通事故、企业违规或事故排污等，这些事件发生的时间和地点具有不确定性，决定了突发性水污染事故的不确定性。突发性水污染事故处理涉及因素较多，且事发突然，危害强度大，若没有快速、及时、有效地处理，就可能对整个受污染的区域或流域导致毁灭性的打击，水生态系统遭受严重破坏，需要很长时间才能恢复，也有因污染事件造成人身伤亡的，以及导致经济或公共、私有财产遭受重大损失等严重后果。危害性的表现形式多种多样，是突发性水污染事件最明显的特征。

9.1 突发性水污染事故风险源分析

9.1.1 潜在风险源定性分析方法

进行水质污染事故风险源辨识，目的是确定江河水源地的风险因素和风险类型，并对可能发生的事故后果进行定性分类和定量分析。首先应对河流本身及其区域环境进行调查研究，尽可能多地收集水源水质相关历史资料，分析曾经出现过的水质恶化事件及其原因、影响和危害程度；对水质现状进行分析和评价，估计可能出现的自然的或者人为的水质恶化情况，将可能的恶化事件及原因按危害程度排序列表分类。风险源的定性分析方法主要有专家分析法、现场调查法、收集资料法、幕景分析法等。本书推荐使用现场调查法。主要的内容是进行三项调查，其一是流域环境调查，其二是潜在风险源调查，其三是历史突发性污染事件调查。

①流域环境调查。搜集流域水环境状况、水文气象条件、水源保护区范围和取水口设置等图文、数据信息。

②潜在风险源调查。对水源保护区所在区域的所有潜在风险源进行排查，对象包括固定源（工业污染源、废水处理厂、危险品仓库、装卸码头、废物填埋厂等），移动源（运输船舶，货运车辆）和流域源（水灾和潮汛）等。具体地，对固定源中生产、使用、储存或排放有毒有害物质的单位进行重点标注，并对这些单位的排污设施运行情况、应急预案的编制情况等进行记录；对移动源（船舶）的通航密度，船只类型、吨位，以及进出流域的有毒、有害货物的品种及总量等进行统计。

危险化学品对水环境的影响可从几个方面考虑：①水生生物长期累积毒性效应，常以BCF（bio－concentration factor）表示；②急性的水生生物毒性效应，常以半致死浓度LC_{50}表示；③短期的哺乳动物毒性效应，常以半致死剂量LD_{50}表示；④耗氧物和营养物的水生生态效应，常以BOD、COD、NH_4^+、NO_3^-等浓度表示；⑤对资源价值的影响，常以观感、味觉、持久性、致癌性、经济损失等表示。具体评价时根据实际需要对各种影响的考虑有所侧重。

美国EPA选择了毒性、易燃性和易爆性作为事故排放污染物风险管理控制清单的优先特性，提出了可能在一次事故中同时排放的所有单元的毒物储存总量阈限值（表9－1），此数据可作为污染源事故调查和确定重点事故源的参考基准。

表9－1　USEPA毒物储存总量阈限值

危险品种类	毒物	易燃物	易爆物
储存总量阈限值	≤227～9080 kg	≤4540 kg	≤2270 kg

表9－1中的毒物是指满足下列动物实验毒性水平的物质：吸入LD_{50}≤0.5mg/L；经口LD_{50}≤25mg/L；皮下LD_{50}≤50mg/L体重；易燃易爆物指蒸气压≥333Pa。由于事故排放历时短、高危害暴露的特性，主要应考虑急性毒性效应。

③历史突发性污染事件调查。可从陆上和水上两条线进行。调查所有由陆上固定源所引起的突发性水污染事件，包括工厂企业的事故性排放、仓库爆炸事故以及码头装卸事故等，对主要的事故单位、事故时间、地点、泄漏物质品种、数

量、造成的影响等作详细统计；对历年在流域发生的船舶溢油泄漏事故进行统计，详细记录事故发生的地点、时间、泄漏物质、泄漏量、事发时的水文气象条件以及事故后果影响等。

9.1.2 水风险指数法

为找出对造成流域水安全威胁最大的潜在风险区域，需要对流域的危险区域进行定量评估，这里的危险区域是指如果在该区域内发生事故可能导致河流水污染。通过该区域内的危险物质的品种和数量来评估该区域的水污染风险大小。这种定量评估只能反映该区域固有的潜在风险，实际对河流的水污染风险大小只有在分析了相应安全措施实施情况的基础上才能确定。该方法的基本思路是首先利用水风险分级法对潜在风险源内的有害物质进行分级，然后求出该风险源的水风险指数进行评价，按照水风险指数可以对潜在风险源的风险大小进行排序。

水风险分级(Water Risk Classes, WRC)是确定导致水污染的危险物质(substance - specific water hazards)潜在风险的一种评价方法，该方法在德国已应用了20多年。其基础是欧盟对控制危险物质重大事故灾害的指令“Seveso II”指令(EU “Seveso II” directive)和联合国欧洲经济委员会“工业事故协议”(“UN/ECE agreement on the transboundary effects of industrial accidents”简称 Industrial Accidents Convention)及易北河国际委员会(International Commission for the Protection of the River Elbe, ICPE)的实践成果。到目前为止按此方法已对约有6000种物质和混合物进行了分级。该方法的基本思想是将污染物导致的水污染风险分为3个等级，WRC 1：对水低危险(low danger to water)；WRC 2：对水环境有危险(dangerous to water)；WRC 3：对水环境高危险(high danger to water)。

在对物质进行水风险分级时主要考虑物质的以下特性：毒性(急性的、慢性的/对人体和哺乳动物的毒性或水生(生物)毒性)、持久性、生物降解性、生化的可消除性、在水体和土壤中的分布特性和生物累积性。某工业场所水风险指数的确定通常要经过以下几个步骤完成：

(1)基础数据评价

物质的基础数据包括4个方面的性质：对哺乳动物经口或真皮的急性毒性(如，对大鼠 LD_{50})；水生生物毒性数据[鱼(急性)，水蚤(急性)或藻]；生物降解能力；生物累积性。对物质的基础统计数据有两个基本的评价方式：①参照欧洲危险物质指导方针(European Dangerous Substance Directive 67/548/EEC)。20世纪60年代，欧盟开始着手对化学品生产经营活动进行管理。1967年，欧委会发布67/548/EC号指令，详细规定了化学品的分类、标签要求及相关测试方法。67/548/EC号指令附录III有关危险物品与其储备的特殊风险性质中对于那些有一定危害的物质特性进行了风险评价，给出了风险标示(risk phrases, 简写 R -

phrases)(表 9－2)。②对于未确定毒性的物质通过开展相应的试验研究来进行评价。

表 9－2　物质基础特性的 R－phrase

特 性	R－phrase
哺乳动物的急性毒性(经口或真皮)	21，22，24，25，27，28，20/21，20/22，20/21/22，21/22，23/24 23/25，23/24/25，24/25，26/27，26/28，26/27/28，27/28
水生物急性毒性(鱼、水蚤或藻)	50，52，53，50/53，51/53，52/53
生物降解性	50，52，53，50/53，51/53，52/53
生物累积性	50，52，53，50/53，51/53，52/53

R－phrase 仅是为了实现对物质水风险分类的一种手段。这里给出一部分 R－phrase 代表的意义：R22 吞食有害(Harmful)；R25 吞食有毒(Toxic)；R28 吞食有极高毒性(Very toxic)；R45 可能致癌；R50 对水生物有极高毒性；R52 对水生物有害；R53 可能对水环境造成长期负面影响；R50/53 对水生物有极高毒性，可能对水环境造成长期的不良影响；R51/53 T 对水生物有毒；可能对水环境造成长期的不良影响；R52/53 对水生物有害，可能对水环境造成长期的不良影响；R20/21/22：吸入、皮肤接触及吞食有害；R23/24/25：吸入、与皮肤接触及吞食会导致中毒。

对于只考虑物质基础特性数据不能给出评价的物质，可以考虑物质的其他性质如致癌等，参考“水环境危险物质管理规范的修订本”进行评价。

(2)确定物质水风险评分值

利用物质基础特性数据可以给出该物质的风险标准词 R－phrase，进而可以给出相应的评分值来对该物质进行水风险评价(见表 9－3 和表 9－4)。在确定物质风险标准词 R－phrase 时一般都依据物质最敏感数据项。这里给出两个示例。

表 9－3　哺乳动物的急性毒性的 R－phrase 和评分

暴露	LD_{50}(mg/kg 体重)	R－phrase	评分
经口	$LD_{50}\geqslant 2000$	—	0
真皮	$LD_{50}\geqslant 2000$	—	0
经口	$200<LD_{50}\leqslant 2000$	R22	1
真皮	$400<LD_{50}\leqslant 2000$	R21	1
经口	$25<LD_{50}\leqslant 200$	R25	3
真皮	$50<LD_{50}\leqslant 400$	R24	3
经口	$LD_{50}\leqslant 25$	R28	5
真皮	$LD_{50}\leqslant 50$	R27	5

表 9－4　水生物急性毒性(鱼、水蚤或藻)生物降解性和生物累积性不同组合的 R－phrase 和评分

生物降解性	生物累积性	水生物(最敏感生物)急性毒性(LC_{50}，EC_{50}，IC_{50})mg/L			
		>100	10－≤100	1－≤10	≤1
易降解(依据 OECD 301)	是	0	0	R51/53 6 分	R50/53 8 分
	否	0	0	0	R50 6 分
可降解	是	0	0	R51/53 6 分	R50/53 8 分
	否	0	0	R51/53 6 分	R50/53 8 分
不易/不可降解	是	R53 3 分	R52/53 4 分	R51/53 6 分	R50/53 8 分
	否	0	R52/53 4 分	R51/53 6 分	R50/53 8 分

其中：LC_{50}——鱼的 96 h LC_{50}；EC_{50}——水蚤 48 h EC_{50}；IC_{50}——藻 72 h IC_{50}

例 1：某物质对大鼠经口急性 LD_{50} = 1400mg/kg，则该物质风险标准词 R－phrase 为 R22，在进行水风险评价时该物质相应的评分值为 1。

例 2：某物质对鱼的毒性 LC_{50} = 7mg/L，降解实验表明该物质不易降解，无生物累积性。那么该物质的风险标示 R－phrase 为 R51/53，评分值为 6 分。对于例 1 中的物质如果是易降解的，那么就没有给出 R－phrase 的必要了，评分值为零。

在进行水风险评价的评分值分配时要遵循的原则是：所有对哺乳动物急性毒性(经口和真皮)的 R－phrase，只有一个分值(取最敏感特性相对应的分值)，如某物质的风险说明标准词 R－phrase 为 R21/22，那么在对该物质进行风险评价时的评分值为 1(而不是 2)；如果某物质风险标示 R－phrase 为 R22－24，那么其评分值为 3(即不是 1 也不是 4)。

(3)计算物质的水风险等级

根据物质所得的评分值，可以给出物质的水风险等级，如表 9－5 所示。

表 9－5　水风险等级

总分	水风险等级
0～4	1
5～8	2
≥9	3

(4)确定水风险指数

为评估工业活动的潜在水风险，引入水风险指数(*WRI*，water risk index)，类似于地震的里氏震级的概念。水风险指数越大，该工业活动对流域水污染的潜在风险越大。将工业场所中各化学品物质的量折算为 *WRC* 当量，然后所有物质的 *WRC* 当量和求对数即可得到该工业场所的水风险指数 *WRI*，表 9－6 给出了 *WRI* 的计算示例。

$$WRI = \lg \sum_{i=1}^{n} (WRC_i - Equivalent)$$

式中 *WRI*——某工业场所的水风险指数；

n——该工业场所中危险化学品的种类数；

$WRC_i - Equivalent$——物质 i 的 *WRC* 当量。

表 9－6 *WRI* 计算示例

物质	量/kg	*WRC*	*WRC* 当量(*WRC* − *Equivalent*)/kg	*WRI*
石蜡	10000	0	10	1
NaOH	10000	1	100	2
氨水	10000	2	1000	3
丙烯腈	10000	3	10000	4
合计			11110	4.046

9.2 松花江流域突发性水污染事故风险评价

依据河流突发性水质污染事故风险分析与应急管理的理论与程序，以松花江流域为工程应用实例，针对 2005 年松花江污染事故进行风险评价。

9.2.1 案例概况

9.2.1.1 流域概况

松花江流域位于东经 119°52′～132°31′，北纬 41°42′～51°38′之间，如图 9－1 所示。流域东西宽约 920km，南北长约 1070km，流域面积约为 56.1 万 km^2，占东北地区总面积的 44.9%，占国土面积的 5.8%。松花江是我国七大江河之一。

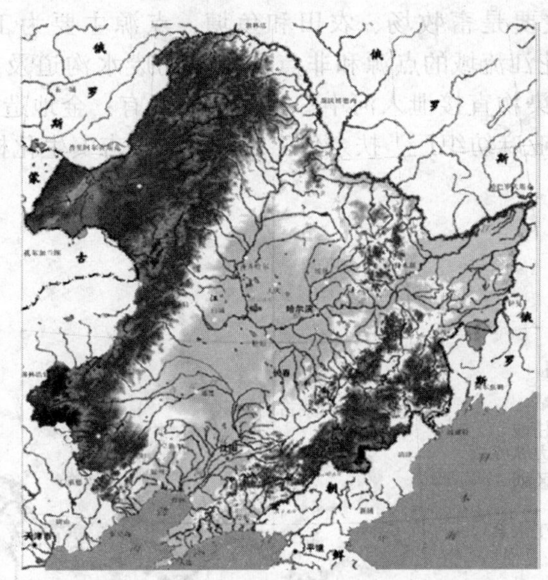

图 9－1　松花江流域地理位置示意图

松花江有南北两源：北源嫩江发源于大兴安岭支脉伊勒呼里山南侧的南瓮河，自北向南流至三岔河，全长 1379km，流域面积 28.3 万 km^2，占松花江总流域面积的 51.9%，流量占松花江干流的 31%。南源第二松花江是松花江的正源，它发源于长白山，全长 795km，流域面积 78180km^2，占松花江流域总面积的 14.33%，它供给松花江 39% 的水量。两个江源分头下行至吉林省松原市三岔河附近汇合后，称松花江干流，干流长 939km，流域面积 18.9 万 km^2。松花江流域概况如图 9－2 所示。

通过对松花江流域水文特性和水质资料情况的分析，对流域内的河道水系进行调查，选定 30 个监测站。

松花江流域多年平均年径流量为 818 亿 m^3。其中松花江干流为 360 亿 m^3，嫩江为 294 亿 m^3，第二松花江为 164 亿 m^3。松花江流域地下水资源量为 324 亿 m^3，其中松花江干流为 136 m^3，嫩江为 137 m^3，第二松花江为 51 亿 m^3。流域内多处水功能区为河道型饮用水源区。流域内 48 个主要饮用水水源地服务人口约 1390 万，其中 32 个地表水饮用水源地供水量约占供水总量的 90%，16 个地下水饮用水源地供水量约占 10%。地表水饮用水源地中 17 个为湖库型水源地，15 个为河流型水源地。需要特别说明的是松花江流域干流为沿江城市的主要饮用水源地，并且都由河道直接取水，以哈尔滨市为例，约 70% 的饮用水取自松花江。

松花江流域主要污染区域为齐齐哈尔市、吉林市，哈尔滨市和佳木斯市。主要污染物质是有机污染，污染物中以高锰酸盐指数、COD、BOD、氨氮、挥发酚、石油类等为主要污染物质。松花江流域的污染源可分为非点源污染源和点源污染源。非点源主要是畜牧场、农田和鱼塘，点源主要为工业污染源（见图9－3）。目前，松花江流域的点源和非点源排放的废水沟道及处理系统不完善，大部分废水及水污染物直接泄入河中。主要污染源有：金地造纸股份有限公司、松原炼油厂、乾安亚麻纺织厂、扶余化工有限公司、吉安生化松原公司、吉林不二蛋白公司。

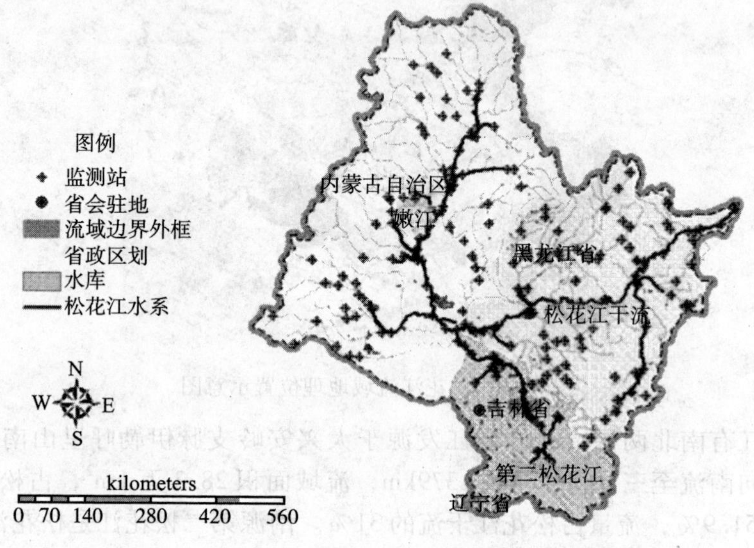

图9－2　松花江流域概况

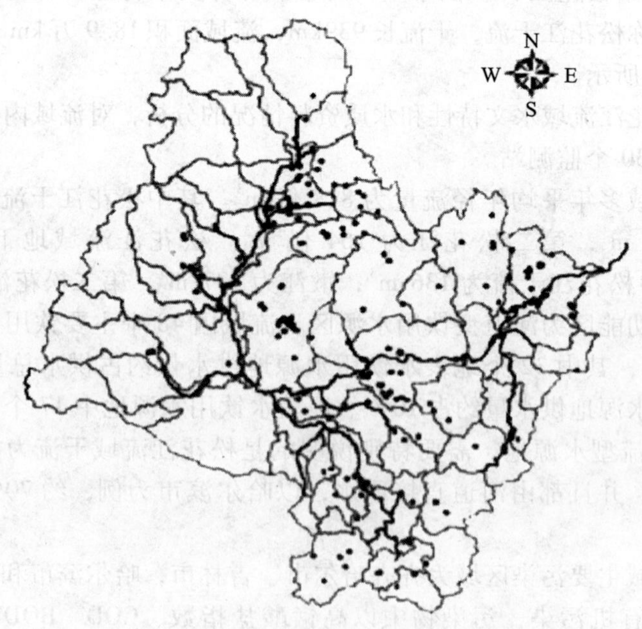

图9－3　松花江流域主要企业排污分布图

9.2.1.2 松花江污染事故概述

2005年11月13日，位于吉林省境内第二松花江段的吉林石油化工公司(下称吉化)双苯厂(101厂)的苯胺车间发生爆炸事故，共造成5人死亡，1人失踪，近30人受伤。爆炸厂区位于松花江上游最主要的支流第二松花江江北。11月14日凌晨4时，爆炸引发的大火被彻底扑灭了。可令人始料不及的是，这5000t消防用水、28t泡沫，裹挟着从爆炸中报废的1个硝基苯储罐、2个苯储罐中泄漏出来的近100t的苯类物质，绕过了吉化分公司污水处理厂而进入了市政排雨管线，直接流入了第二松花江，造成了松花江特大水污染事件。产生的污染带达80km，污染带顺松花江干流向下迁移，在同江附近汇入黑龙江，流经黑龙江流域后从黑龙江省抚远县流入俄罗斯境内并最终入海。

9.2.2 松花江突发性水污染源事故概率估计

(1)源事故发生概率

爆炸事故是因为苯胺装置一塔发生堵塞后处理不当造成的，吉林省安全生产监督管理局调查专家组认为，爆炸事故直接原因是由于当班操作工停车时，疏忽大意，未将本应关闭的阀门及时关闭，误操作导致进料系统温度超高，长时间后引起爆裂，随之空气被抽入负压操作的T101塔，引起T101塔、T102塔发生爆炸，随后致使与两塔相连的两台硝基苯储罐及附属设备相继爆炸，随着爆炸现场火势增强，引发装置区内的两台硝酸储罐爆炸，并导致与该车间相邻的号罐区内的一台硝基苯储罐、两台苯储罐发生燃烧。

导致储罐事故排放的有4种初始的事件：连接管道破裂、储存罐泄漏、装卸料倾倒溢流、火灾爆炸引发救火废水排放。由于缺乏各种事故概率数据，事故排放概率的估计十分困难，根据贝叶斯估计模型，结合后验信息(过去10年发生事故一次)。对取不同θ值时的均匀先验分布进行Poisson－Bayesian修正，则估计出的事故率平均值$E(\lambda/N, T)$及未来t年内n次事故发生概率$E(\lambda/N, T)P(n/N, T, t)$各不相同(表9－7)，$E(\lambda/N, T)$和$P(n/N, T, t)$随着先验分布所取$\theta$值增大到一定程度后，趋于稳定。根据类似经验估计对$\lambda$的先验分布取$\theta=1$,在未来10年内，发生1次此类事故的概率为0.250。

表9－7 不同θ值的贝叶斯估计计算结果

θ/a^{-1}	100	1	0.5	0.2	0.1	0.01
$E(\lambda \mid N, T)$	0.200	0.200	0.182	0.108	0.006	0.0006
$P(0 \mid 1, 10, 10)$	0.250	0.250	0.260	0.382	0.562	0.936
$P(1 \mid 1, 10, 10)$	0.250	0.250	0.260	0.320	0.306	0.006
$P(2 \mid 1, 10, 10)$	0.188	0.188	0.193	0.179	0.101	0.0002
$P(3 \mid 1, 10, 10)$	0.125	0.125	0.126	0.008	0.005	—

(2)源强估计

储存罐破裂后，泄漏的硝基苯有沿地面或地下管道等多种迁移过程(见图9-4)。

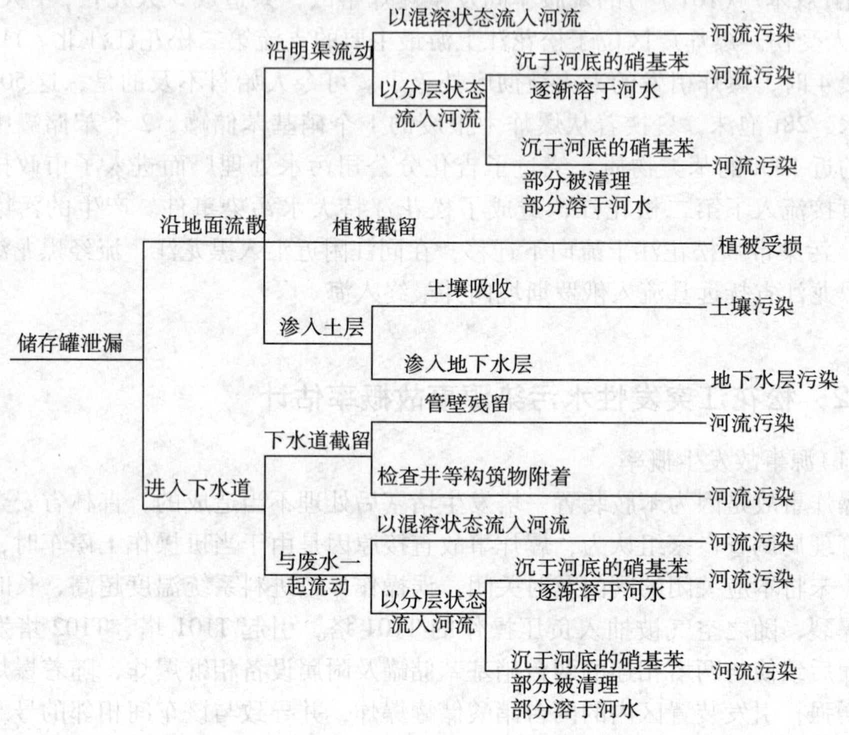

图9-4　储存罐泄漏的后果排放事件树分析

对于具体的每一种迁移过程无法用数学模型来精确求解，因此对每一种形式的排放事件所造成的污染物泄漏量、泄漏速率等，只能在实地调查的基础上，通过简化假设主观估计。考虑到沿地面流散的概率较小，在本案例中做出以下事故背景假设：

①泄漏事故发生时，硝基苯不被控制，瞬间全部泄漏，经下水道进入河流。

②硝基苯进入河流中，可能有部分沉于水底，但是会逐渐因混合与溶解而冲走，所以假设硝基苯是完全溶解的，迅速溶解于河水。

以上源强估计的假设采用"悲观原则"，按最不利的条件估计出的源强进行污染物泄漏后的水质风险预测模拟。

9.2.3　松花江突发性水污染事故后果评价

9.2.3.1　对水生生物的影响

据美国环保局报道，硝基苯的急性毒性数据为：淡水鱼类96h半数致死浓度

(LC_{50})为 24 mg/L，对淡水无脊椎动物水蚤 LC_{50}为 24 mg/L，表 9－8 为硝基苯的急性毒性实验数据。从感官性状讲，水中硝基苯浓度大于 5mg/L 时，水变黄；12～24℃时，硝基苯在水中的嗅觉阀值为 0.61 mg/L；水中浓度超过 0.003 mg/L 时，喝起来就有不愉快的气味。

表 9－8　硝基苯对水生生物的 96h LG_{50}　　mg/L

生物种	斜生栅藻	大型蚤	白鲢	红鲤	草鱼	金鱼
96h　LC_{50}	72.0	82.5	83.5	98.1	72.1	92.0

由于缺少硝基苯急性剂量－反应数据，采用比值法评价事故的急性致死风险。用 EEC_w 表示污染物在水相中的模型预测暴露浓度，LC_{50}取淡水鱼类 96 h 半数致死浓度(LC_{50})为 24 mg/L。从在国家环保局 1986 年制订的《生物技术监测规范(水环境部分)》中将化学物质对鱼类的毒性分级分为 5 个等级：LC_{50} <1mg/L 为剧毒；LC_{50} =1～100mg/L 为高毒；LC_{50} =100～1000mg/L 为中等毒性；LC_{50} =1000～10000mg/L 为低毒；LC_{50} >10000mg/L 为微毒或无毒。按此标准，硝基苯对鱼的毒性属于高毒。Marino 等提出在计算某毒物的最大容许浓度时以 100 作为防护系数。在比值<0.01 时，认为水中硝基苯浓度对鱼可接受的。

在事故排放情况下，EEC_w 是随时间变化的浓度值，以研究断面最高浓度为指标和超标历时为指标。保守估计，采用各断面峰值作为该断面和下游断面之间河流中污染物浓度值，给出哈尔滨下游各河段的鱼类致死风险。从结果(表 9－9)可知，松花江事故中哈尔滨下游河段阈值，初步估计事故排放对松花江下游哈尔滨至佳木斯段对鱼类的急性致死风险比较大。

表 9－9　事故排放对哈尔滨下游河段鱼类所致的急性致死风险

河段	模拟浓度/(mg/L)	EEC_w/ LC_{50}
哈尔滨－通河	0.5953	0.024804
通河－依兰	0.3902	0.016258
依兰－佳木斯	0.2514	0.010475
佳木斯－桦川	0.1678	0.006992
桦川－富锦	0.1641	0.006838
富锦－同江	0.1553	0.006471

9.2.3.2　对人体健康的影响

目前，关于硝基苯短期暴露的定量剂量－效应反应关系的基础研究还很不够，因此对于短期暴露的慢性健康风险评价通常采用的假定是——人体健康风险(死亡概率)与人一生中的摄入总剂量(或日平均剂量)相关。

硝基苯长期暴露人体健康风险公式为：

$$R_1 = (D \times 10^{-6} / RfD) / 70 \tag{9.1}$$

式中　R_1——长期暴露的慢性健康风险，a^{-1}；

D——日平均摄入剂量，mg/(kg·d)；

RfD——参考剂量，mg/(kg·d)；

70——人寿命，a。

某段时间短期暴露的慢性健康风险为：

$$R_s = \frac{1\times10^{-6}}{RfD\times70}\frac{\int_{t_1}^{t_2}D(t)\,\mathrm{d}t}{70\times365} \tag{9.2}$$

式中　R_s——长期暴露的慢性健康风险，a^{-1}；

$D(t)$——$t_1\sim t_2$ 期间(天)人体短期的瞬时摄入速率，mg/(kg·d)。

以饮水途径作为硝基苯摄入途径，假定的体重为70kg，日均饮水量为2L，自来水处理系统对污染物的去除率为 η，则

$$\int_{t_1}^{t_2}D(t)\,\mathrm{d}t = \frac{\int_{t_1}^{t_2}C(t)Q(t)\,\mathrm{d}t}{\int_{t_1}^{t_2}Q(t)\,\mathrm{d}t}\times2\times(t_2-t_1)\times(1\eta)/70 \tag{9.3}$$

其中，$Q(t)$ 为取水口取水流量，m^3/d；

$c(t)$ 为取水源中污染物的浓度，mg/L，本案例中指取水口河流断面硝基苯浓度。

取 $Q(t)$ 为定值 Q，则

$$\int_{t_1}^{t_2}D(t)\,\mathrm{d}t = \frac{7}{20}\times(1-\eta)\times\int_{t_1}^{t_2}c(t)\,\mathrm{d}t \tag{9.4}$$

$$\text{所以，}R_s = \frac{1\times10^{-6}}{RfD\times70}\frac{1}{70\times365}\times\frac{2}{70}\times(1-\eta)\times\int_{t_1}^{t_2}c(t)\,\mathrm{d}t \tag{9.5}$$

保守计算时，式(9.5)中自来水处理系统对污染物的去除率为 η 可以取为零，硝基苯浓度函数 $c(t)$ 可用第三章给出的浓度预测模型表示。对于硝基苯的参考量 $RfD=2\times10^{-3}$mg/(kg·d)，取保守估计，假设 $\eta=0$，代入式(9.5)计算硝基苯事故排放给哈尔滨段取水口的个人带来的健康风险为 1.67×10^{-10}，松花江干流下游各断面人体健康慢性风险 $10^{-10}\sim10^{-12}$ 数量级，表明硝基苯事故排放对人体的慢性健康影响风险很小。

突发水污染事故后果最直接的后果影响是水生生物受损、另外导致大面积长时间的供水的中断。从经济的角度来讲，经济损失包括：水生生物(如养殖的水产品)受害损失，取水口关闭损失，事故后水治理费用及其他损失。其中取水口关闭损害不仅包括自来水厂自身因停止供水所受的损失还包括因水厂突然关闭造成的工业生产和商业经营方面的损失(如，由于突然停水造成生产停产；洗浴、餐饮等经营停业)。如果处理不当，会严重影响沿岸城市的正常运转。

9.2.4 松花江突发性水污染事故应急管理

(1)事故源控制对策

松花江水污染事故源是吉化爆炸事故，要防止此类爆炸事故的再度发生应对重点污染源及危险化学品环境污染隐患进行全面排查，特别是加大对居民集中区、江河流域沿岸及水源地上游危险废物排放企业的监管力度，发现环境污染事故隐患，立即责令整改，限期消除隐患，并及时向当地政府报告。

对于此类由陆源事故引起的泄漏事故，在泄漏物流入水环境前一般都有一段时间过程，如果有完善的报警系统，则可能通过关闭排污口设置旁通引流至备用池的方法达到控制目的。所以对于涉及易燃、易爆、有害物质的火灾爆炸事故，在事故发生时一定要加强其对环境污染的预测，及时做出预警控制措施。

而在松花江事件中人们只关注了爆炸事故本身，对火灾进行了扑救，而没有更多关注爆炸可能带来的环境污染影响，造成5000t消防用水，28t泡沫，裹挟着从爆炸中报废的1个硝基苯储罐、2个苯储罐中泄漏出来的近100t的苯类物质，绕过了吉化分公司污水处理厂而进入了市政排雨管线，直接流入了第二松花江。

(2)硝基苯污染水厂技术应急处理方案

粉末活性炭PAC预吸附协同高锰酸盐复合药剂(PPC)或者活化硅酸溶液强化复合铝铁(PAF)混凝工艺是控制受污染松花江水中硝基苯的一种有效应急工艺。高锰酸盐复合药剂(PPC)或者活化硅酸溶液、复合铝铁(PAF)投加量分别为：PPC 0.4~1.1mg/L，活化硅酸溶液65~70mg/L。粉末活性炭PAC的投量根据以下两个条件确定：①经吸附后能使进厂水的硝基苯浓度<5.0μg/L；②留有充分余地以保证供水水质安全。根据原水中硝基苯的浓度水厂投加粉末活性炭(PAC)的量见表9-10。

表9-10 投加粉末活性炭(PAC)的量

硝基苯浓度/(μg/L)	PAC投加量	PAF投加量
<10	控制在10mg/L即可	30mg/L或根据当日水质进行试验确定
$10\leqslant c<17$	控制在15mg/L即可	35mg/L或根据当日水质进行试验确定
$17\leqslant c<34$	控制在25mg/L即可	40mg/L或根据当日水质进行试验确定
$\geqslant 34$	控制在40mg/L即可	45mg/L或根据当日水质进行试验确定

(3)应急供水方案

在硝基苯浓度高于0.017mg/L附近时，就要关闭水源取水口。对硝基苯浓度时空变化的模拟结果统计其浓度值大于0.017mg/L的时刻，表9－11为至哈尔滨到同江段其中六断面的污染团通过时间统计。

表9－11　松花江六断面污染团通过时间统计结果

断面	持续时间/h	污染物超标时间	污染物达标时间
哈尔滨	65	11月24日3时	11月26日20时
通河	118	12月1日2时	12月6日0时
依兰	150	12月3日17时	12月9日22时
佳木斯	106	12月8日8时	12月12日18时
桦川	102	12月9日23时	12月14日5时
富锦	93	12月13日19时	12月17日16时
同江	101	12月15日15时	12月19日20时

对于哈尔滨市来说主要饮水源就是松花江水，哈尔滨市区供水量75%以上是通过3个水源地取自松花江，其中又以二水源朱顺屯为主(供水量占全市72%)。对松花江哈尔滨断面的硝基苯浓度模拟结果可知，污染团前沿将在事故后250小时到达哈尔滨市，应及时通知哈尔滨市，哈尔滨市应在18日启动应急预案。硝基苯在哈尔滨的超标时间大约为106小时，也就是说哈尔滨将停水4天左右，对于一个拥有470多万人口的大城市，如何在事故情况下保障安全供水，维持城市的正常运转很值得关注。在城市供水系统发生事故中，供水量可以为正常供水总量的50%～70%，哈市饮用水日需求量约为18600t。必须说明，在发生突发性水污染事件时，城市供水还应本着“先生活后生产”的原则，把确保人民生活用水放在首位。

根据国内外发生供水影响事故的一般应急对策，应急供水的主要方式有以下四种方式：

①储水。提前通知有关单位、企业和家庭节约用水，并利用自备的水池、集水池、家庭用容器等储水；

②送水。调用洒水车、消防车等送水；

③取井水或临时打井。可利用地下水资源就近取水；或临时打井，但工程需耗时；

④引水。可利用城市周边的可利用水资源(包括地表水和地下水)甚至跨流域调水进行引水到城市的供水管网。但该方法工程量较大，投资大，时间也较长。依据获知事故信息，可预测污染团(物)到达水厂取水口的时间，以及污染团经过取水口的时间。在污染团到达水厂去水口的时间内，可认为是应急可利用的准备时间段；而在污染团经过取水口的时间段内，由应急指挥部(或市政府)

发布命令，供水进入应急供水状态。

具体可考虑以下几方面：

①启动备用供水系统，包括启动备用水源进入水厂处理、将其它水厂出水引入管网，当然容量大的原水或清水池将在一定程度上达到上述的效果。目前磨盘山水库一期工程已开始向哈尔滨市供水，另外可考虑西泉眼水库为应急备用水库。

目前随着地下水的超采及降水漏斗面积扩大，自备井不能全部工作，哈尔滨市的地下水源被关闭停止采用或限制开采。必须看到，为确保城市供水安全，尤其是在发生水源遭受污染的突发事件期间，为避免供水中断，紧急启用地下水作临时补充供水水源，是非常有效和必要的。松花江事故时，哈尔滨市 918 眼地下井全部启动。新打水井 108 眼，每天增加供水 2000t。当然在启动地下水源前需要对地下水是否收到污染事故影响进行监测评估。

②在城市自备水源能力无法满足需求时，要积极进行物质调控，从外地调配。

哈市可考虑从齐齐哈尔、牡丹江、佳木斯、绥化、大庆、鸡西、五常、沈阳等市调入瓶装水、桶装水。按照统一部署，哈市南岗区负责接收齐齐哈尔市、道外区接收佳木斯市、动力区接收绥化市、香坊区接收牡丹江市、平房区接收大庆市、道里区接收五常市、黑河市、松北区接收伊春市的饮用水货源。各区将通过超市、便利店等商场向市场供应，保证居民的饮用水需求。

参考文献

[1] 南开大学城市公共安全研究中心．国家“十五”科技攻关滚动项目“重大工业事故与大城市火灾防范及应急技术研究”子课题“城市典型公共场所与设施风险评价及安全规划关键技术研究”[R]．天津，2004

[2] 杨金才，城市化进程对公共安全的影响研究[J]，中国公共安全·学术版，2005(02)：11-15

[3] 刘茂，赵国敏，张青松，张峥．建立城市公共安全系统策略研究[C]，中国职业安全健康协会首届年会暨职业安全健康论坛，2004.7：29-33

[4] 邓国良主编．公共安全危机事件处置研究[M]．北京：中国人民公安大学出版社，2005.

[5] 吴爱明．公共安全：公共管理不可忽视的社会问题[J]．行政论坛，2004(6).

[6] 白钢．解决公共安全问题刻不容缓[N]．人民日报，2004.0227 第十三版

[7] Lee R C, Hughes R L. Exploring trampling and crushing in a crowd, Journal of transportation engineering [J]. Journal of transportation engineering, 2005, 131(8): 575-582.

[8] Helbing D. Traffic and related self-driven many-particle sysetms [J]. Reviews of modern physics, 2001, 73: 1067-1141.

[9] Helbing D, Farkas I, Vicsek T. Simulating dynamical features of escape panic [J]. Nature, 2000, 407, 487-490.

[10] Henein C M, White T. Macroscopic effects of microscopic forces between agents in crowd models [J]. Physica A: Statistical Mechanics and its Applications, 2007, 373, 694-712.

[11] Kirchner A, Schadschneider A. Simulation of evacuation processes using a bionics-inspired cellular automaton model for pedestrian dynamics [J]. Physica A: Statistical Mechanics and its Applications, 2002, 312, 260-276.

[12] Heigeas L, Luciani A, Thollot J. A physically-based particle model of emergent crowd behaviors [R]. Moscow: International Conference on Computer Graphics & Vision, 2003.

[13] Teknomo K. Microscopic Pedestrian Flow Characteristics: Development of an Image Processing Data Collection and Simulation Model [D]. Sendai: Tohoku University, 2002.

[14] [12] Valach L, Young R A, Lynam M J. A primer for applied research in the social science [M]. Praeger: Westport, Conn, 2002.

[15] Canetti E. Crowds and Power [M]. London: Phoenix Press, 2000.

[16] Mcphail C. The myth of the madding crowd [M]. New York: Walter de Gruyter, 1991.

[17] 卢春霞．人群流动的波动性分析 [J]．中国安全科学学报，2006，16，(2)：30-34.

[18] 张培红，黄晓燕，万欢欢等．人员群集流动自适应元胞自动机模型研究 [J]．沈阳建筑大学学报(自然科学版)，2006，22(2)：289-293.

[19] Zhang Q S, Liu M, Wu C H. A stranded-crowd model(SCM) for performance-based design of stadium egress [J]. Building and Environment, 2007, 42(7): 2630-2636.

[20] 张青松，刘茂，赵国敏．体育赛场人群疏散过程滞留人数定量模型研究 [J]．安全与环境学报，2006，6(3)：21-23.

[21] 任常兴，吴宗之，刘茂．城市公共场所人群拥挤踩踏事故分析［J］．中国安全科学学报，2005，15(12)：102－106.

[22] Qingsong Zhang, Mao Liu, Zhao G. A modify of evacuation time computational model for stadium crowd risk analysis [J]. Trans IChemE, Part B, Process Safety and Environmental Protection, 2007, 85(B4): 1－9.

[23] 刘茂，王振．行人和疏散动力学研究现状及进展［J］．安全与环境学报，2006，6(Sup)：121－125.

[24] Fruin J J. Pedestrian Planning and Design. Metropolitan Association of Urban Designers and Environmental Planners [M]. New York: Inc, 1971.

[25] Fruin J J. Designing for pedestrians: A level of service concept [R]. Washington: Transportation Research Board Business Office, 1971, 355: 1－15

[26] Hughes R L. A continuum theory for the flow of pedestrians [J]. Transportation Research Part B, 2002, 36, 507－535.

[27] Blue V J, Adler J L. Cellular automata microsimulation of bidirectional pedestrian flows [J]. Transportation Research Board, 2000, 1678: 135－141.

[28] Muramatsu M T, Nagatani T. Jamming transition in pedestrian counter flow [J]. Physica A: Statistical mechanics and its applications, 1999, 267: 487－498.

[29] Klüpfel H. A Cellular Automaton Model for Crowd Movement and Egress Simulation [D]. Standort Duisburg: University Duisburg－Essen, 2003.

[30] 徐高．人群疏散的仿真研究［D］．成都：西南交通大学，2003.

[31] 杨立中，李健，赵道亮等．基于个体行为的人员疏散微观离散模型［J］．中国科学E辑 工程科学 材料科学，2004，34(11)：1264－1270.

[32] 方伟峰，杨立中，黄锐．基于元胞自动机的多自主体人员行为模型及其在性能化设计中的应用［J］．中国工程科学，2003，5(3)：67－71.

[33] 宋卫国，于彦飞，范维澄等．一种考虑摩擦和排斥的人员疏散元胞自动机模型［J］．中国科学E辑 工程科学 材料科学，2005，35(7)：725－736.

[34] Helbing D, Buzna L, Johansson A. Self－organized pedestrian crowd dynamics: experiments, simulations and design solutions [J]. Transportation Science, 2005, 39(1): 1－24.

[35] Okazaki S, Matsushita S. A Study of Simulation Model for Pedestrian Movement with Evacuation and Queuing [C]. London: Proceeding of the International Conference on Engineering for Crowd Safety, 1993: 271－280.

[36] Matsushita S, Okazaki S. A study of sumulation model for way finding behavior by experments in mazes [J]. Journal of Architecture, Planning. Environment Engineering. AIJ, 1991, 429, 51－59.

[37] Rossetti R J F, Bampi S. An agent－based framework for the assessment of drivers′decision－making [C]. Dearborn: IEEE Intelligent Transportation Systems Conference Proceedings, 2000: 387－392

[38] Ehlert P A M, Rothkrantz L J M. Microscopic traffic simulation with reactive driving agents [C]. Oakland: IEEE Intelligent Transportation Systems Proceedings, 2001.

[39] F. Bousquet, Page C L. Multi－agent simulations and ecosystem management [J]. a review,

Ecological Modelling, 2004, 176, 313 - 332.

[40] Castelfranchi C. Modelling social action for AI agents [J]. Artificial Intelligence, 1998, 103, 157 - 182.

[41] Langston P A, Masling R, Asmar B N. Crowd dynamics discrete element multi - circle model [J]. Safety Science 2006, 44. (5): 395 - 417.

[42] Antonini G, Bierlaire M, Weber M. Discrete choice models of pedestrian walking behavior [J]. Transportation Research Part B, 2006, 40: 667 - 687.

[43] Pan X. Computational Modeling of Human and Social Behaviors for Emergency Egress Analysis [D]. Stanford: Stanford University, 2006.

[44] Graat E, Midden C, Bockholts P. Complex evacuation; effects of motivation level and slope of stairs on emergency egress time in a sports stadium [J]. Safety Science 1999, 33: 127 - 141.

[45] Simth R A, Dickie J F. Engineering for Crowd Safety [M]. Amsterdam: Elsevier Science, 1993.

[46] 范维澄等．火灾科学导论[M]．武汉：湖北科学技术出版社，1994.

[47] 霍然等，建筑火灾安全工程导论[M]，合肥：中国科学技术大学出版社，1999: 248 - 253.

[48] 温丽敏，陈全，陈宝智．火灾中群集疏散的设计方法及计算机仿真[J]．东北大学学报(自然科学版). 1998, 19(5): 446.

[49] 黄锐，杨立中，方伟峰．火灾烟气危害性研究及其进展[J]．中国工程科学，2002，4(7): 80 - 84

[50] 霍然，胡源，李元洲．建筑火灾安全工程导论[M]．合肥：中国科学技术大学出版社，1999. 32 ~ 115，219 ~ 228，270 - 275.

[51] W. K. Chow, K. W. Lau. Field tests on atrium smoke control systems[J]. ASHRAE Transactions, 1995, Vol. 101(1): 461 - 469.

[52] Ewer J, JIA F, Grandison A, et al. SMARTFIRE V4.0 User Guide and Technical Manual [Z]. Fire Safety Engineering Group, University of Greenwich, UK, 2004.

[53] J K Klote. Prediction of smoke movement in atria: Part Ⅰ - physical concepts. ASHRAE Transactions[J]. 1997, Vol. 103(2): 534 - 544.

[54] 冯瑞，霍然，李元洲．超市火灾烟气蔓延及人员疏散的模拟研究．安全与环境学报[J]. 2006, 6(1): 22 ~ 25

[55] 杨立中，郭再富，季经纬等．基于区域模拟的火灾发展模型[J]．科学通报，2005，50(12): 1272 ~ 1277

[56] 谢灼利，张建文，魏利军．地铁车站站台火灾中人员的安全疏散．中国安全科学学报[J]. 2004, 14(7): 21 ~ 25

[57] Lo S M, Fang Z. A Spatial - Grid Evacuation Model for Buildings[J]. Journal of Fire Science, 2000, 18(5): 376 ~ 394

[58] 花 军，韩本毅．国际恐怖主义[M] 北京：中国人民大学出版社，1989.

[59] 郑宝明．国际恐怖主义活动的新特点及反恐对策[J]．理论学刊，2002，1: 76 - 78

[60] 哈里·亨德森著，贾伟等译．全球恐怖主义－完全参考指南[M]．北京：中国社会科学出版社，2003.

[61] 罗云等. 风险分析与安全评价[M]. 北京：化学工业出版社，2004.

[62] Yacov Y. Haimes, Thomas Longstaff. The Role of Analysis in the Protection of Critical Infrastructures Against Terrorism[J]. Risk Analysis, 2002, 22(3): 439-444.

[63] Karen Gaspers. Questions Remain about the Security of the Chemical Industry from A Terrorist Attack[J]. Safety and Health. 2002, 9: 33-34.

[64] 胡联合. 当代恐怖主义与对策[M]. 北京：东方出版社，2001.

[65] 毛小苓，刘阳生. 国内外环境风险评价研究进展[J]. 应用基础与工程科学学报，2003，11(3)：266-273.

[66] Sokolowska J., Pohorille A. Models of Risk and Choice: Challenge or Danger[J]. Acta Psychologica, 2000, 104: 339-369.

[67] Stenchion P. Development and Disaster Management[J]. The Australian Journal of Emergency Management, 1997, 12(3): 40-44.

[68] 汪元辉主编. 安全系统工程[M]. 天津：天津大学出版社，1999.

[69] 吴宗之等. 工业危险辨识与评价[M]. 北京：气象出版社，2000.

[70] 彭力等. 风险评价技术应用与实践[M]. 北京：石油工业出版社，2001.

[71] 黄崇福，王家鼎. 模糊信息分析与应用[M]. 北京：北京师范大学出版社，1992.

[72] B. John Garrick. Perspectives on the Use of Risk Assessment to Adress Terrorism. Risk Analysis[J], 2002, 22(3): 421-423.

[73] Epstein S. Integration of the Cognitive and the Psycho-dynamic Unconscious. [J] American Psychologist, 1994, 49: 709-724.

[74] Paul Slovic. Terrorism as Hazard: A New Species of Trouble. Risk Analysis[J], 2002, 22(3): 425-426.

[75] Rottenstreich Y., Hsee C. K. Money, Kisses and Electric Shocks: On the Affective Psychology of Probability Weighting[J]. Psychological Science, 2001, 12(3): 185-190.

[76] 薛澜等. 危机管理[M]. 北京：清华大学出版社，2003.

[77] Ian O. Lesser 等著，程克雄译. 反新恐怖主义[M]. 北京：新华出版社，2002.

[78] Serge Galam. The September 11 Attack: A Percolation of Individual Passive Support[J]. The European Journal B, 2002, 26: 269-272.

[79] E. Ahmed, A. S. Elgazzar, A. S. Hegazi. On complex adaptive systems and terrorism[J]. hysics Letters A, 2005(337): 127-129

[80] KEET C M. Terrorism and game theory[M]. Ireland: University of Limerick, 2003.

[81] [17]MAJOR John A. Advanced techniques for modeling terrorism risk. Journal of Risk Finance[J], 2002, 4(1): 15-24.

[82] [18]WOO G. Quantitative terrorism risk assessment[J]. Journal of Risk Finance, 2002, 4(1): 7-14.

[83] [19]BIER W, ABHICHANDANI V. Optimal allocation of resources for defense of simple series and parallel systems from determined adversaries[J]. Decision Analysis Society, 2003, 5(2): 59-76.

[84] Jonathan David Farley. Breaking Al Qaeda Cells: A Mathematical Analysis of Counterterrorism Operations(A Guide for Risk Assessment and Decision Making)[J]. Studies in Conflict &

Terrorism. 2003, 26(6): 399 - 411

[85] 赵国敏，刘茂，张青松，杨洋，王丽. 基于博弈论的地铁车站恐怖袭击风险定量研究[J]，安全与环境学报，2006(3).

[86] 赵国敏，刘茂，张峥. 地铁车站遭恐怖袭击风险评价方法研究[J]. 应用基础与工程科学学报，2006(14).

[87] ZHAO Guomin, LIU Mao, ZHANG Qingsong, WANG Li & YANG Yang. Risk Control of Terrorism Attack Based on Order Theory[C]. Progress in Safety Science and Technology, Vol. IV Beijing/New York, 2006. 10

[88] 张保银. 经济管理复杂适应系统理论与仿真研究[D]. 天津：天津大学，2002

[89] 李振龙. 复杂适应系统的博弈分析研究[J]. 计算机工程与应用，2003. 13：25~28

[90] 王文举，杨思磊. 复杂适应性系统、博弈论及经济动态模拟[J]. 首都经济贸易大学学报，2002. 5：10~13

[91] 候定丕. 博弈论导论[M]. 合肥：中国科学技术大学出版社，2004，196

[92] 施锡铨. 博弈论[M]. 上海：上海财大出版社，2000，452

[93] HAUSKEN K. Probabilistic risk analysis and game theory[J]. Risk Analysis, 2002, 22(1): 17 - 27.

[94] POWERS Michael R. The terror of the "Black Box" [J]. Journal of Risk Finance, 2005, 6 (4): 292 - 293.

[95] Arce M., D. G. and Sandler, T., Counterterrorism: A Game - Theoretic Analysis[J], Journal of Conflict Resolution, 2005, 49, 183 - 200.

[96] Sandler, T. and Enders W., An Economic Perspective on Transnational Terrorism[J], European Journal of Political Economy, 2004, 20, 301 - 316.

[97] Heal, G. and Kunreuther, H., IDS Models of Airline Security[J], Journal of Conflict Resolution, 2005, 49, 201 - 217.

[98] Lakdawalla, D. and Zanjani, G., Insurance, Self - protection, and the Economics of Terrorism[J], Journal Public Economics, 2005, 89, 1891 - 1905.

[99] Drazen Penzar, Armano Srbljinovic. About Modelling of Complex Networks with Applications to Terrorist Group Modelling[J]. Interdisciplinary Description of Complex Systems. 2005, 3 (1): 27 - 43.

[100] 胡二邦. 环境风险评价实用技术和方法[M]. 北京：中国环境科学出版社，2000

[101] 石剑荣. 水体扩散衍生公式在环境风险评价中的应用[J]. 水科学进展，2005，16 (1)：92 - 102.

[102] 曾光明，卓利，钟政林等. 突发性水环境风险评价模型事故泄漏行为的模拟分析[J]. 中国环境科学，1998，18(5)：403 - 406

[103] Jobson H E. Predicting travel time and dispersion in rivers and streams[J]. Journal of Hydraulic Engineering, 1997, 123(11): 971 - 977.

[104] K. Kachiashvili, D. Gordeziani, R. Lazarov and D. Melikdzhanian Modeling and simulation of pollutants transport in rivers [J]. Applied Mathematical Modelling, 2007, 31 (17): 1371 - 1396.

[105] K. J. Kachiashvili, D. I. Melikdzhanian Parameter optimization algorithms of difference calcu-

lation schemes for improving the solution accuracy of diffusion equations describing the pollutants transport in rivers[J]. Applied Mathematics and Computation, 2006, 183(2): 787 - 803

[106] Thomann R V. The future "Golden Age" of predictive models for surface water quality and ecosystem management[J]. Journal of Environmental Engineering, 1998, 124(2): 94 - 103.

[107] G. J. Stam, P. H. Bottelberghs, J. G. Post etal. PROTEUS, a technical and management model for aquatic risk assessment of industrial spills[J], Journal of Hazardous Materials 2000, 71. 439 - 448

[108] D. Schowanek, K. Fox, M. Holt, et GREAT - ER: a new tool for management and risk assessment of chemicals in river basins Contribution to GREAT - ER #10[J] Water Science and Technology 2001, 43(2): 179 - 185

[109] 李继选, 王军. 水环境数学模型研究进展[J]. 水资源保护, 2006, 22(01): 9 - 14

[110] Gullick et al. Design of Early Warning Monitoring Systems for Source Waters. [J]. 2003, 95 (11): 58 - 72.

[111] Pinter, G. Gyorgy. The Danube Accident Emergency Warning System [J]. Wat. Sci. Tech., 1999, 40(10): 27 - 33.

[112] Drage B. E., J. E. Upton, M. Purvis. On - line monitoring of micro pollutants in the River Trent (U. K.) with Respect to Drinking Water Abstraction[J]. Water Science and Technology. 1998, 38(11): 123 - 130

[113] Gullick et al. Design of Early Warning Monitoring Systems for Source Waters. [J]. 2003, 95 (11): 58 - 72.

[114] Christopher Ward. First responders: Problems and solutions: Water supplies[J]. Technology in Society, 2003, 25: 535 - 537

[115] James P. Dobbins. Development of an inland marine transportation risk management decision support system[D]. Vanderbilt University, May, 2001

[116] 谢红霞, 胡勤海. 突发性环境污染事故应急预警系统发展探讨[J]. 环境污染与防治, 2004 26(1): 44 - 45

[117] 潘莹, 冯文钊等 Web Service/Web GIS 在突发性环境污染事故应急预警系统中的应用[J]. 计算机应用研究, 2004(11): 184 - 186

[118] 李福仁, 梁玉兰. 突发性环境污染事故应急系统探讨[J]工业安全与环保 2002, 28 (8): 28 - 29

[119] Tim Bedford, Roger Cooke, Probabilistic Risk Analysis: Foundations and Methods [M], Cambridge University Press, 2001, 61 - 75.

[120] 汪立忠 突发性河流污染事故风险分析与管理[D], 上海: 同济大学, 1998

[121] Choi, J., Harvey, J. W., Conklin, M. H. Characterizing multiple timescales of stream and storage zone interaction that affect solute fate and transport in streams[J]. Water Resource Res. 2000, 36(6): 1511 - 1518.

[122] Schmid, B. H. Simplification in longitudinal transport modeling: case of instantaneous slug releases[J]. Journal of Hydrologic Engineering, 2004, 9(4): 319 - 324

[123] Hunt, B. Dispersion model for mountain streams[J]. Journal of Hydraulic Engineering,

1999, 125(2): 99 - 105.

[124] Hunt, B. Asymptotic solutions for one - dimensional dispersion in rivers[J]. Journal of Hydraulic Engineering, 2006, 132(1): 87 - 93.

[125] De Smedt, F.,. Analytical solutions for transport of decaying solutes in rivers with transient storage[J]. J. Hydrol, 2006, 330: 672 - 680.

[126] De Smedt, F., Brevis, W., Debels, P. Analytical solution for solute transport resulting from instantaneous injection in streams with transient storage[J]. J. Hydrol, 2005, 315(1 - 4): 25 - 39.

[127] Davis, P. M., Atkinson, T. C., Wigley, T. M. L. Longitudinal dispersion in natural channels: 2. The roles of shear flow dispersion and dead zones in the River Severn, UK[J]. Hydrol. Earth Syst. Sci. 2000, 4(3): 355 - 371.

[128] Bencala, K. E.. Hyporheic exchange flows[G]. In: Anderson, M. (Ed.), Encyclopedia of Hydrological Sciences, vol. 3(10). New Jersey: John Wiley and Sons, 2005: 1733 - 40.

[129] Mazijk, A. van. Modelling the effects of groyne fields on the transport of dissolved matter within the Rhine Alarm - Model[J]. Journal of Hydrology, 2002, 264(1 - 4): 213 - 229.

[130] Mazijk A. van, Veling E. J. M. Tracer experiments in the Rhine Basin: evaluation of the skewness of observed concentration distributions[J]. Journal of Hydrology, 2005, 307(1 - 4): 60 - 78.

[131] Jos van Gils. Development and maintenance of the Danube Basin Alarm Model Project Component 2. 3 - 4: Final Report [R], Delft: WL | Delft Hydraulics UNDP - GEF Danube Regional Project, 2003.

[132] 邵学强 水力学模型在水文中的应用研究[D]. 南京: 河海大学, 2005.

[133] Heather Patricia Mustard A Probabilistic Approach for the Design of an Early Warning Source Water Monitoring Station[D] University of Waterloo, Waterloo, Canada, 2007

[134] W. M. Grayman R. M. Males Risk - based modeling of early warning systems for pollution accidents[J] Water Science and Technology, 2002, 46(3): 41 - 49

[135] Technologies and Techniques for Early Warning Systems to Monitor and Evaluate Drinking Water Quality: A State - of - the - Art Review. EPA/600/R - 05/156 [R]. New York: United States Environmental Protection Agency, 2005.

[136] Marino Balsa JC, Poza E, Vazqez E, et al. Comparative toxicity of dissolved metals to earl larval stages of Palaemon serralus, Maja squinado and Homarus gammarus(Crustacea: Decapoda)[J]. Arch Environ Contam Toxicol, 2000, 39: 345 - 351.